本书是中央高校基本科研业务费专项资金资助，陕西师范大学博士研究生自由探索项目
“全球化视野下英国在尼日利亚的殖民主义经济变迁研究（1914—1960）”
（项目编号：LHRCTS23054）的阶段性成果

英国在尼日利亚的殖民经济政策研究（1914—1960）

British Colonial Economic Policies in Nigeria (1914-1960)

袁再毕　著

天津出版传媒集团
天津人民出版社

图书在版编目(CIP)数据

英国在尼日利亚的殖民经济政策研究 : 1914—1960 / 袁再毕著. -- 天津 : 天津人民出版社, 2024. 11.

ISBN 978-7-201-20887-9

Ⅰ. F156.151

中国国家版本馆CIP数据核字第2024CR8371号

英国在尼日利亚的殖民经济政策研究(1914—1960)

YINGGUO ZAI NIRILIYA DE ZHIMIN JINGJI ZHENGCE YANJIU (1914—1960)

出　　版　天津人民出版社
出 版 人　刘锦泉
地　　址　天津市和平区西康路35号康岳大厦
邮政编码　300051
邮购电话　(022)23332469
电子信箱　reader@tjrmcbs.com

责任编辑　李佩俊
封面设计　汤　磊

印　　刷　天津新华印务有限公司
经　　销　新华书店
开　　本　710毫米×1000毫米　1/16
印　　张　20.25
字　　数　290千字
版次印次　2024年11月第1版　2024年11月第1次印刷
定　　价　98.00元

目 录

引　言

尼日利亚常被人们称作是“穷人的富国”，尽管外界普遍认为资本匮乏是制约其发展的主要因素，然而尼日利亚却凭借着丰富的石油资源获得了可观的收益。遗憾的是，即便在如此巨大的经济潜力之下，尼日利亚仍有众多民众深陷贫困的泥沼。这一现象，究其根源，可追溯到殖民时期英国所实施的殖民经济政策，这些政策遗留下来的负面影响至今仍在阻碍着尼日利亚的社会进步。尼日利亚的欠发达状况，其深层次原因实际上可归咎于殖民统治时期英国所实施的殖民经济政策。这些政策的建立，本质上是一个有组织、系统化且持续不断的暴力过程。通过暴力手段，英国塑造了尼日利亚的殖民经济结构，这一过程中不仅发生了对潜在经济盈余的窃取，更伴随着对物质资源的肆意破坏。这种行径，无异于明目张胆的抢劫、对生产力的摧残。正是通过这种掠夺性、剥削性和浪费性的行为，英国强行将殖民主义的生产方式植入了尼日利亚的社会肌理之中。[①]

英国霸权时期的殖民经济政策，实则是其与欧洲盟友共谋构建的一种全球劳动分工体系，旨在实现资源的全球积累。在此分工框架下，作为宗主国的英国独揽了制造业的霸主地位，同时强行使殖民地专注于为工厂提供基础原材料，并为其本土劳动力提供价格低廉的食品补给。尽管这种初级生产模式将殖民地民众牢牢束缚于无知、贫困与落后的桎梏之中，但其所提供的廉价食物却在一定程度上助长了对欧洲劳动力的剥削。

① B. Onimode, *Imperialism and Underdevelopment in Nigeria: The Dialectics of Mass Poverty*, London: Zed Press, 1982, pp.35-36.

更为甚者,殖民地所蕴含的丰富且廉价的原材料资源,为宗主国殖民地倾销劣质制成品并攫取巨额利润提供了坚实保障。这一系列卑劣的行径,竟被巧妙地包裹在所谓自由贸易理论华丽外衣之下,实则是对自由贸易精神的极大歪曲与践踏。[①]

因此,英帝国操控着殖民地经济中初级生产的动机和流程,而殖民政府则倾力为其营造一个有利的环境。在尼日利亚这一案例中,英国的主要目标是将其打造成一个农业产地,为其本土工厂提供原材料,进而激发尼日利亚人的购买力,以便他们能够购置英国的工业制成品。这两个目标共同确保了经济盈余从尼日利亚流向英国。初级生产的实际操作涵盖了经济作物种植、林业开发和矿业开采。农民们主要承担经济作物的种植任务,这不仅是因为他们的效率高于种植园主,更得益于卢加德间接统治政策对尼日利亚传统土地的保护。然而,高利润、高资本密集的林业和矿业则牢牢掌握在英帝国手中。

尼日利亚的发展潜力唯有在彻底摒弃殖民时期经济政策的桎梏后方能得以充分释放。当前,该国正深陷于严峻挑战之中,包括失业率居高不下、贫困问题普遍存在、文盲率高、社会与物质基础设施日益衰败、技术滞后、社会与政治弊端丛生、债务负担沉重以及疾病频发等多重困境。[②]探究尼日利亚欠发达状况的根源,责任归属可从两个维度审视。首先,应归咎于殖民经济政策的持续影响,该政策不仅严重消耗了尼日利亚的财富资源,还阻碍了其资源向可持续发展方向的有效配置。其次,那些操控并实施这些殖民经济政策的幕后推手——西欧的资本家们,将他们的剥削触角从欧洲本土延伸至整个非洲大陆,进一步加剧了尼日利亚的发展困境。

本书依托于尼日利亚一年一度的殖民地报告,以及国会记录、调查报告等珍贵的一手资料,针对所述议题进行了全面而深入的探讨。此外,本

---

① B. Onimode, *Imperialism and Underdevelopment in Nigeria: The Dialectics of Mass Poverty*, London: Zed Press, 1982, p.42.

② Z. Meshach, Political Economy Perspective of Development Planning in Nigeria, Available at SSRN: https://ssrn.com/abstract=4300669 or http://dx.doi.org/10.2139/ssrn.4300669, 2022, p.15.

书还广泛吸纳了众多二手资料，其核心目的在于深化对英国殖民经济政策与尼日利亚欠发达之间关联性的历史演变的理解，并揭示英国殖民经济政策在促成尼日利亚发展滞后与对外依赖中的核心角色。为了根除尼日利亚的发展滞后及对西方的依赖，关键在于对殖民时期遗留下来的经济结构进行根本性改革，确保尼日利亚民众能在经济活动中实现利益最大化。在此背景下，产业政策的巧妙运用成为推动尼日利亚经济实现转型与结构调整目标的关键手段，旨在奠定尼日利亚经济可持续发展的坚实基础。

第一章　英国的殖民统治与剥削

本章深入剖析英国对尼日利亚的殖民征服与剥削。英国在19世纪后期至20世纪初对尼日利亚实施了暴力征服与殖民统治。通过军事手段与和平外交相结合的方式,英国逐步控制了尼日利亚的领土,并建立了间接统治制度来剥削当地资源。殖民者旨在将尼日利亚纳入国际资本主义体系,为英国工业提供原料和市场,尼日利亚的传统经济和社会结构在殖民统治下遭受严重破坏,经济货币化加剧了尼日利亚的贫困和债务问题。尽管尼日利亚人民进行了多次反抗,但殖民统治仍在持续。张伯伦(J. Chamber lain)推行殖民发展政策,进一步剥削尼日利亚经济。

第一节　英国的暴力征服与殖民统治

本节概括了英国对尼日利亚的暴力征服与殖民统治过程。从19世纪开始,英国通过外交和军事手段逐步控制尼日利亚,建立殖民统治。南部通过传教士与政府合作征服,北部则依赖皇家尼日尔公司(Royal Niger Company)与军事力量。尼日利亚人民虽多次反抗,但因武器落后与组织松散而失败。在殖民统治下,英国在尼日利亚推行资本主义生产方式,鼓励经济作物种植,导致传统经济体系瓦解。英国通过垄断出口、征税、强迫劳动等手段剥削尼日利亚,同时引入了间接统治制度,利用封建酋长压迫尼日利亚人民。整体而言,英国对尼日利亚的殖民过程充满暴力与剥削,并深刻影响了尼日利亚的社会经济结构。

一、英国的暴力征服

(一)对尼日利亚南部、西部和东部的征服

在经历了各种征服和抵抗战争后,1851年至1914年,英国将尼日利亚置于殖民统治之下。在实行殖民统治之前,尼日利亚是由各种政治团体组成的,从大型中央集权的王国到部落社会,种类繁多。在北部,有中央集权的王国,如位于乍得湖(Lake Chad)周围的卡内姆-博尔诺(Kanem-Bornu)王国和豪萨(Hausa)王国,以及戈比尔(Gobir)王国、卡诺(Kano)王国、凯比(Kebbi)王国、卡齐纳(Katsina)王国和扎里亚(Zaria)王国,这些王国在19世纪的伊斯兰圣战中聚集在一起,形成了索科托(Sokoto)哈里发国。在尼日利亚西部有许多王国,其中奥约(Oyo)王国和贝宁(Benin)王国是最强大的。尼日利亚东部主要由伊博(Igbo)人、伊贾(Ijaw)人和埃菲克(Efik)人的部落组成。尼日利亚中部由乌尔霍布(Urhobo)和伊索科(Isoko)部落组成。

英国殖民尼日利亚的直接动力是控制和利用其领土上的原材料。19世纪早期奴隶贸易的废除及西方工业所需的"合法"贸易的兴起,为尼日利亚与欧洲国家之间的关系引入了一个新的维度。工业革命使欧洲国家对尼日利亚和其他非洲国家的原材料产生了巨大的需求,这种情况助长了它们之间为控制原材料来源而进行的激烈竞争。为了确保对非洲领土的争夺不会导致欧洲列强之间的战争,1884年至1885年西方国家召开了柏林会议(Berlin Conference),以制定承认欧洲国家对非洲领土的主张。柏林会议有两项重要决定:"势力范围"和"有效占领"原则。这有助于使其他欧洲国家相信,欧洲国家对非洲领土的主张是有效的,这些原则加剧了对非洲领土的争夺。

英帝国对尼日利亚的入侵始于1851年对拉各斯(Lagos)的炮艇袭击,导致了拉各斯主权的丧失,随后在1861年将拉各斯作为英国殖民地吞并。但在柏林会议之后,征服和吞并尼日利亚领土的步伐加快了。拉各斯成为英国人渗透到约鲁巴兰(Yorubaland)的基地。奥约王国崩溃后开

始的旷日持久的约鲁巴(Yoruba)内战使各个交战的王国遭到削弱,因此没有能力对英帝国的侵略进行顽强的抵抗。事实上,英国人对与约鲁巴腹地的自由贸易很感兴趣,他们利用这场内讧和战争的机会调解了双方的冲突。英国于1886年成功与约鲁巴国家缔结和平条约。1892年,英国人袭击了约鲁巴王国伊杰布(Ijebu)。英国人利用所谓侮辱G. C.登顿(G. C. Denton)总督为口实,发动了有充分准备的讨伐,讨伐队拥有来复枪、机枪和一架马克沁机枪装备起来的1000名士兵。伊杰布人勇敢召集了7000到10000人的兵力。虽然伊杰布人在数量上占有优势,有些人还持有火枪,但英国人还是打败了他们。[①]伊杰布的失败使其他被内战削弱的约鲁巴王国无法在军事上抵抗英国的殖民统治。其余约鲁巴国家从这次入侵中汲取了教训,从1893年到1899年,阿贝奥库塔(Abeokuta)、伊巴丹(Ibadan)、埃基蒂(Ekiti)、伊杰沙(Ijeza)和奥约都纷纷向英国谈判签订条约,并接受英国驻扎官。1895年英国人炮击奥约,其目的是要阿拉芬(Alafin)人完全屈服。[②]

英国人占领尼日尔三角洲(Niger Delta),是因为该地区对英国和其他欧洲国家意义重大。尼日尔三角洲自奴隶贸易时代起就在国际贸易中发挥着战略作用。尼日尔三角洲各州首先在奴隶贸易中扮演了中间人的角色,随后在废除奴隶贸易后,又在原材料贸易中扮演了重要的角色。"合法"贸易创造的机会导致了商人王国的崛起,比如奥波博(Opobo)国王贾贾(J. Jubogha)和伊茨基里兰(Itsekiriland)国王纳纳·奥洛姆(N. Olomu)。想从"合法"贸易创造的机会中获益,导致了尼日尔三角洲不同程度的冲突。比如国家内部的冲突、国家之间的冲突,以及尼日尔三角洲王国与欧洲商人之间的冲突。还有来自不同欧洲国家(主要是英国、德国和法国)的商人在贸易中的特权地位的竞争。这一时期一个重大发展是欧洲人参与尼日尔三角洲国家的国内政治。此外,欧洲公司试图绕过尼日尔三角

① R. Smith, "Yoruba-Ijebu," in M. Crowder, *West Africa Resistance: The Military Response to Colonial Occupation*, London: Hutchinson, 1971, p.180.

② [加纳] A. A.博亨主编:《殖民统治下的非洲1880—1935年》,《非洲通史》第七卷,中国对外翻译出版有限公司,2013年,第120页。

洲的中间商，通过渗透内陆地区来增加自己的利润。这进一步加剧了他们与尼日尔三角洲当地领导人之间的冲突。

G. T. 戈尔迪(G. T. Goldie)是一个帝国主义者，他于1877年抵达尼日尔三角洲，对该地区的贸易和政治产生了重大影响。戈尔迪试图通过终止来自德国和法国商人的竞争，在该地区实行贸易垄断，维护英国在尼日尔三角洲的商业和帝国利益。为了实现这一目标，1879年，他将所有的英国贸易公司合并在一起，成立了一家公司，即联合非洲公司(United African Company)。1882年，他重组了该公司，并将其更名为国家非洲公司(National African Company)，目的是结束法国贸易公司的竞争。到1884年，戈尔迪已经与不同的酋长签署了大约37项条约，这使他能够干涉酋长国内部的政治。根据柏林会议的决定，并利用法国和德国的殖民野心对英国在尼日尔三角洲的帝国利益构成的威胁，戈尔迪向英国政府申请了皇家特许状。该特许状于1886年获得批准，赋予了戈尔迪公司在签署“保护”条约地区的政治和行政权力，以及通过征服新领土来扩大英帝国利益的权利。有了这份特许状，戈尔迪将他的公司更名为皇家尼日尔公司。[①]

皇家尼日尔公司在阿萨巴(Asaba)设立了总部，拥有自己的行政机构、高等法院和警察。该公司通过征收高额进出口关税、要求外国公司和尼日利亚人为获得贸易许可支付高额费用，以及将法国人和德国人驱逐出境，实现了对贸易的垄断。皇家尼日尔公司使用武力维持其在尼日尔三角洲的垄断地位，这种情况导致了土著人的不满。土著人于1895年袭击了皇家尼日尔公司在阿萨巴设立的总部。此外，1897年，该公司以掠夺奴隶进入其领土为借口，使用武力迫使中部地区的伊洛林(Ilorin)和努佩(Nupe)的统治者签订条约，从而将其势力范围扩大到尼日利亚中部地区。因此，到1899年底其宪章被撤销时，皇家尼日尔公司已经成功地为英国获得了大片领土。

当皇家尼日尔公司在尼日尔三角洲推进英帝国的利益时，英国政府

---

① J. I. Dibua, *Modernization and the Crisis of Development in Africa: The Nigerian Experience*, London and New York: Routledge, 2018, p.66.

也通过其领事的活动进行扩张,领事们忙于与当地统治者签署“保护”条约。英国希望将法国人和德国人驱逐出尼日尔三角洲地区,保护其公民的商业利益。尼日尔三角洲的一些统治者怀疑这些条约会对其主权和贸易产生影响,因此不愿签署这些条约。例如,奥波博国王贾贾在得到领事E. 休伊特(E. Hewett)的保证后,于1885年签署了该条约,该条约不会威胁到他王国的主权或贸易,而旨在确保另一个欧洲国家不会殖民奥波博。然而,当贾贾阻止英国商人进入内陆进行贸易时,他被骗到一艘英国船上来解决争端,但在上船后,贾贾被逮捕并驱逐到西印度群岛。

1891年,英国进一步扩大了其在尼日尔三角洲的帝国利益,宣布在该地区设立“油河保护国”。1893年,该地区被宣布为“尼日尔海岸保护国”(Niger Coast Protectorate)。伊茨基里王国的纳纳也与英国人发生冲突,因为他拒绝允许英国商人进入内陆,这将损害他丰厚的利益。英国人指责纳纳阻碍英国商人贸易,1894年8月至9月,两国之间发生了军事对抗,英国人获胜,这主要是因为他们拥有强大的军事力量。

在完成对尼日尔三角洲的征服后,英国人决定将注意力转向贝宁王国,因为贝宁王国的国王拒绝与他们签署保护条约。1897年,贝宁军队击败了代理总领事J. 菲利普斯(J. Phillips)率领的英国探险队,但即便在贝宁士兵顽强而英勇的抵抗下,英国在第二次进攻中仍然击败了贝宁王国。胜利的英国士兵洗劫了贝宁宫殿里的宝藏,而国王O. 诺格拜西(O. Nogbaisi)被俘虏并流放到卡拉巴尔(Calabar),在流亡17年后去世。[①]

英国对尼日利亚南部的征服随着1902年伊博族的失败而结束。在这里,伊博人顽强抵抗英国人的入侵,但经过1901年至1902年的长期战争,伊博人最终被击败。然而,由于伊博社会的非中央集权性质,一些伊博群体继续抵抗英帝国主义,直到第一次世界大战爆发。

(二)尼日利亚北部的征服与反抗

在完成对尼日利亚南部的征服之后,英国人将注意力转向了北部,北

① J. I. Dibua, *Modernization and the Crisis of Development in Africa: The Nigerian Experience*, London and New York: Routledge, 2018, p.67.

部大部分地区都在索科托哈里发国的控制之下。英国征服北部地区所使用的方法同法国在西苏丹的措施相似，即军事征服。在军事征服之前，尼日利亚北部统治者和皇家尼日尔公司之间签订了一系列条约。这些条约有计划地使英国人而不是法国人或德国人获得这个地区，法国人与德国人对该地区的威胁分别来自西方和东方。①

根据柏林会议确立的有效占领原则，为了赶在法国人和德国人之前占领尼日利亚北部，皇家尼日尔公司感到必须加快对北部的占领。向北推进要通过伊洛林和努佩，而这两个国家都坚决维护自身的主权和独立。英国于1897年入侵努佩。根据D. J. M. 穆弗特(D. J. M. Muffett)自身的的记载，皇家尼日尔公司的兵力，“有A. R. 阿诺德(A. R. Arnold)少校指挥的31名军官和其他欧洲人，以及乔治·戈尔迪爵士指挥的507名普通士兵组成的7个连队。另外英国拥有565名运输兵，以及5门有来复线的前装发射7磅炮弹的炮和6门45口径马克沁机枪”②。努佩的埃朱(Eju)和他的部队(估计有2.5万到3万名骑兵和步兵，主要装备是弓、箭、矛、剑等传统武器)进行斗志昂扬的抵抗，但是皇家尼日尔公司最终获得胜利，废黜埃朱，指定一个服从英国统治的人来接替其地位。努佩的失败正如M. 克劳德(M. Crowder)所指出的，它不懂得“如何面对速射来复枪、大炮和马克沁机关枪，用骑兵正面冲锋是最坏的军事战略”③。同年，皇家尼日尔公司发动对伊洛林的入侵，在遇到伊洛林斗志旺盛的抵抗以后，该公司最终也迫使伊洛林屈服。

与此同时，皇家尼日尔公司的活动为英国人在中部地带提供了一个立足点，从那里他们可以对北部酋长国发动攻击。为了达到这个目的，皇家尼日尔公司的宪章在1899年被废除，F. 卢加德(F. Lugard)被任命为尼日利亚北部高级专员，通过创建皇家西非边防军(Royal West African

① [加纳] A. A. 博亨主编：《殖民统治下的非洲1880—1935年》，《非洲通史》第七卷，中国对外翻译出版有限公司，2013年，第122页。

② D. J. M. Muffett, “Nigeria-Sokoto Caliphate”, in M. Crowder, *West African Resistance: The Military Response to Colonial Occupation*, London: Hutchinson, 1971, pp.269-299.

③ M. Crowder, *West Africa under Colonial Rule*, London: Hutchinson, 1968, p.313.

Frontier Force)继续推进英国在该地区的帝国野心。英国对北方的征服始于1901年对比达(Bida)酋长国和康塔戈拉(Kontagora)酋长国的入侵,并继续对每个酋长国进行系统的攻击,直到1906年最终征服索科托。

使人惊讶的是,北部的其他统治者并未被敌人这些胜利吓倒。相反,除了扎里亚的统治者外,所有其他酋长在对异教徒难以平息的仇恨的激励下,决心宁死不放弃他们的土地和信仰。如索科托的苏丹于1902年5月通知卢加德:"在我们和你们之间,除了像穆斯林教徒和异教徒那样的关系外没有什么交道可打……像全能的真主嘱咐我们那样打仗吧。"[①]所有这些酋长国的统治者都起来应战,但是无法有效抵抗他们敌人的马克沁机关枪、来复枪和发射7磅炮弹的前装加农炮,所以都遭受失败。[②]

虽然每个酋长国都对英国的侵略进行了顽强的抵抗,但他们最终都以失败告终,主要原因是英国的武器优势。英国人在中部地区面临着最大的阻力,特别是在提夫(Tiv)人中间,英国人不得不与非中央集权的提夫群体作战。虽然到1914年,中部地带的大部分地区已被英国控制,但直到20世纪30年代,部分地区的抵抗仍继续存在。

(三)尼日利亚人的能动性反抗

到1900年,尼日利亚维护他们主权和独立的努力以失败告终。从1900年到第一次世界大战爆发的这段时期,殖民者在殖民地建立起各种各样的行政机构,首先是剥削新获得的工业机构。所有殖民者都使用以下方法来树立自身权威:任命地方专员和巡回专员;成立新法院,引进新法典和新法律;重新确认和黜免酋长,任命新人接替;采取直接和间接的税制;为修建道路和铁路强制劳动。[③]所有这些政策均产生不同的反应。

---

① D. J. M. Muffett, "Nigeria-Sokoto Caliphate", in M. Crowder, *West African Resistance: The Military Response to Colonial Occupation*, London: Hutchinson, 1971, pp.284-287.

② [加纳] A. A.博亨主编:《殖民统治下的非洲1880—1935年》,《非洲通史》第七卷,中国对外翻译出版有限公司,2013年,第123页。

③ [加纳] A. A.博亨主编:《殖民统治下的非洲1880—1935年》,《非洲通史》第七卷,中国对外翻译出版有限公司,2013年,第123页。

在这一阶段，尼日利亚人的目标有三个：首先，恢复主权和独立，这意味着驱逐殖民统治者；其次，要求纠正殖民制度某些特殊弊端和压制性的做法；最后，在殖民制度范畴内寻找适应的办法。这一阶段他们所采用的战略既非屈服也非结盟，而是抵抗战略，而这个策略又有多种形式：起义或造反、移民、罢工、抵制、请愿和意识形态方面的抗议。这一阶段的领导层实际上和1880年至1890年的一样，主要还是传统的统治者。尼日利亚人这一阶段使用最普遍的反抗方式是起义，如1898年至1900年尼日利亚东部的埃库默库（Ekumeku）叛乱。[①]

尼日利亚人所采取的抵抗行动不只是起义和叛乱，抗议殖民统治的方法还有大规模迁移、罢工、意识形态方面的抗议及上层精英组织的协会等。大规模迁移是抗议殖民统治的一种方法，在1900年至1914年，有大量人口离开尼日利亚去达荷美（Dahomey）。[②]应该指出，这些叛乱和抗议性迁移，大体上是农村居民和这些殖民地的内陆部分人口采用的方式，那些人只是从19世纪80年代和90年代才与欧洲人有直接接触。在沿海地区和新建城市中心，那里住着受过教育的上层人士，并且出现了工人阶级，城市里面的人采取比较温和的行动，例如罢工。第一次世界大战以后，以罢工作为抗议的武器变得越来越普遍，但在这个时期之前，尼日利亚就有过罢工经历。1897年拉各斯工人罢工，要求增加工资，B. 戴维森（B. Davidson）描述这次行动是“殖民地第一次重要罢工”。[③]

这一时期，意识形态抗议主要发生在宗教领域，即在基督教徒、穆斯林和传统宗教的信徒之间。非洲基督教徒，特别是英属西非殖民地的非洲基督教徒，也起来反对欧洲人对教会的控制及强加于他们的欧洲文化和宗教仪式。这种情况造成这些教徒的脱教，他们组织自己的教会，例如

---

① [加纳] A. A. 博亨主编：《殖民统治下的非洲 1880—1935年》，《非洲通史》第七卷，中国对外翻译出版有限公司，2013年，第124页。

② A. I. Asiwaju, “Migrations as revolt: the example of the Ivory Coast and the Upper Volta before 1945”, *Journal America of History*, Vol.17, No.4, 1976, pp.577-594.

③ B. Davidson, *Africa in Modern History,* London: Allen Lane, 1978, p.173; A. G. Hopkins, “Economic aspects of political movements in Nigeria and in the Gold Coast,1818-1939”, *Journal America of History*, Vol.7, No.1, 1966, pp.133-152.

土著人浸礼会(Native Baptist Church),它是1888年4月成立于尼日利亚的第一个非洲人教会。[①]

与此同时,居住在城市中心的受过教育的非洲人组成各种俱乐部和协会,这也是在这段时间里抗议殖民制度暴行和罪恶的一种工具。这些团体利用报纸、戏剧、短文和小册子作为他们从事斗争的主要武器。1908年和1912年,尼日利亚受过教育的人先后成立人民联盟和反对奴隶制及保护土著人协会(Anti-Slavery and Aborigines Protection Society)。

从上述情况来看,尼日利亚人民设计出各种战略和战术。首先是反对建立殖民制度,当它们的早期努力失败后,就转而成立抵抗殖民制度的某些机构。这些不同的战略和方法,总的来说是不成功的。每次抵抗和武装暴动总是归于失败。虽然尼日利亚人既不缺乏勇气也并非不懂军事科学,但是他们面对入侵者的时候总是处于劣势。敌人的武器在技术上比他们优越,他们没有真正能抵消这种优越的长处。的确,他们对自己国家的地形比较熟悉,而酷暑的气候,迫使欧洲人不得不在一年中的某一段时间停止军事行动,这两点偶尔也给他们一点喘息的机会。但大批的征服军是由欧洲人率领的非洲人组成的,因而欧洲人也有天时地利的优势。此外,尼日利亚人从来没有成功地建立起有组织的联盟,迫使敌人同时在几条战线作战。他们也清楚地看到建立这一联盟的必要性,但是他们推行这个行动的努力终归毫无结果,大部分抵抗者从失败中逐步认识到:不论是常规战争还是堡垒防御系统,面对拥有巨大毁灭性武器的敌人,没有成功的机会。除了上述情况外,1890年帝国主义列强在布鲁塞尔会议上达成协议,各国不得再出售军火给非洲人。此后,非洲人遇到严重的后勤供应问题。最后,像其他地方的非洲人一样,尼日利亚人不得不使用落后的武器,如旧式的丹麦炮、弓箭来对付英国人的加农炮和马克沁机关枪。综合这些因素,尼日利亚失败的根源一目了然。[②]

---

① E. A. Ayandele, *The Missionary Impact on Modern Nigeria, 1842-1914: a Political and Social Analysis*, London: Longman, 1966, pp.194-198.

② [加纳] A. A. 博亨主编:《殖民统治下的非洲1880—1935年》,《非洲通史》第七卷,中国对外翻译出版有限公司,2013年,第131—132页。

综上所述，我们得出四个结论：第一，1860年至1914年尼日利亚的自由贸易基本上是由贸易扩张主义驱动的。第二，殖民统治的建立从根本上来说是一个有组织的、系统的、持续的暴力过程，与火力的不平等有关。第三，与殖民主义对"文明使命"的神秘化相反，整个殖民时代尼日利亚人民都系统地抵制英帝国主义。尼日利亚人民抵抗英国军事远征等暴力冲突都凸显了这一点。第四，通过暴力创造尼日利亚殖民经济的过程，导致了对潜在经济盈余的盗窃和物质破坏。

二、间接统治制度

在占领整个尼日利亚后，英国在尼日利亚殖民地上建章立制，实施殖民统治。殖民统治的建立和运作需要一个稳定的政治秩序，使英国以最小的代价实现其剥削目标。这就需要建立一种英国统治者接受的政治体系，该体系就是间接统治制度。间接统治制度是英国在治理尼日利亚时采用的一种独特的管理方法。这是"一种地方政治体系，使英国人能够通过土著统治者和机构来治理尼日利亚"。这些地方机构通常对殖民地地区的行政长官负责。间接统治体系既是经济紧急状况的产物，也是对幅员辽阔、气候不利于欧洲人的地理区域进行管理的实际反映。作为一种经济选择，英国人希望节省资金，因此限制了从英国引进有益的殖民地管理人员。[①]英国政客认为，通过利用土著统治者统治其臣民，可以减少土著人民对英国统治的反对。[②]在这种制度下，殖民官员与大多数土著居民之间很少联系，殖民统治的规章制度通过酋长传递给土著人民。[③]

然而，间接统治制度是否是真正的本土制度是存在争议的。将间接统治视为本土制度忽略了该制度存在的真实目的。间接统治是为了实现殖民主义的剥削目的而对土著文化进行颠覆，而不是利用传统的土著机构来管理人民。在实践中，间接统治使用"传统"酋长作为地方一级的代

---

① E. E. Anugwom, *Development in Nigeria: Promise on Hold?* London and New York: Routledge, 2020, p.17.

② T. Falola, *The History of Nigeria*, London: Greenwood Press, 1999, p.70.

③ T. Falola, *The History of Nigeria*, London: Greenwood Press, 1999, p.70.

理人。尼日利亚北部是推行间接统治制度最成功的地区,但传统的统治者不再是土著文化的捍卫者。相反,他们成为剥削和颠覆土著传统的代理人。这种政治体系改变了土著统治者与其臣民之间的权力关系。

卢加德是尼日利亚间接统治的设计者,根据他在苏丹和印度运用这种政策的经历,以及1900年至1906年他在尼日利亚北部遇到的问题,他提出了这项政策。作为尼日利亚北部的行政长官,他面临着人员和收入短缺的问题。在这些困难中,他看到尼日利亚北部有一个相对发达的官僚机构,他将其转变为为英国利益服务的机构。因此,他决定将权威强加给埃米尔(Emir),并利用埃米尔传统的行政机构和官员作为英帝国的代理人。

1914年南北尼日利亚合并后,卢加德将间接统治扩展到尼日利亚南部。在南部它面临许多问题。为了证明合并和间接统治向南方扩展的合理性,卢加德提出了自己的论点。英国实行间接统治是出于人员短缺、通信问题和财政问题方面的考虑,我们急需用南部的收入来补贴北部较贫穷保护国的行政管理,这使得在尼日利亚不同地区采用间接统治的方法。然而,在尼日利亚西部,奥巴(Oba)的权力不如北方埃米尔大,间接统治使奥巴成为独裁者,从而疏远了约鲁巴人。比如,在间接统治体系下,奥约的阿拉芬(Alaafin)被赋予了广泛的权力。这种独裁统治者的创建导致了约鲁巴兰部分地区的叛乱,例如1916年的伊塞因(Iseyin)叛乱和1918年的埃格巴(Egba)叛乱。前殖民时期,尼日利亚东部没有酋长国,间接统治遭到了伊博人激烈的反对。卢加德决定创造“酋长”,英国创造出的这些酋长是在传统社会中没有任何地位的男性,授予这些酋长广泛的权力使他们成为暴君。他们违背了传统,变得腐败而暴虐。这些因素导致了人民对间接统治制度的怨恨和示威,其中最著名的是1929年的阿坝妇女暴动(Aba Women's Riots)。[①]

实际上,采用间接统治制度为开发尼日利亚的资源提供了有效的手段。土著当局酋长不再代表土著人民的传统制度和文化。相反,他们只

---

① F. K. Ekechi, “Perceiving Women as Catalysts”, *Africa Today*, Vol.43, No.3, 1996, p.243.

是殖民帝国主义的代理人，因此依赖于殖民当局，而不对自己的人民负责。因此，他们代表了具有剥削性的殖民制度。为了使他们在基层有效发挥剥削和统治其臣民的作用，他们可以支配各种行政机构。只要他们能够征收税款，确保劳动力的持续供应和经济作物的持续生产，酋长们可以不受约束地对其臣民行使权力。[①]因此，间接统治不是一种地方政府制度，而是促进了“分散专制”。这一体系以“四大支柱”为标志：土著金库、土著法院、土著当局及地区官员的行政监督。[②]

在推行殖民经济政策过程中，间接统治制度通过以父权制和男权主义的方式定义发展。英国启动了在发展进程中将妇女边缘化的殖民政策。在这种观念下，人们重视男性在商业、农业中的作用。这种父权制的概念是西方观念的产物，即男性是养家糊口的人，妇女是家庭主妇，这与尼日利亚妇女在前殖民时期积极参与各种社会经济活动不同。间接统治强调主要由男性种植经济作物和实行由男性支付税款，这促进了男性进入货币经济。而由妇女主导的粮食作物生产被认为是传统的，基本上属于非货币化经济。由于经济作物被认为是殖民经济所必需的，因此该部门受益于各种殖民农业研究，而忽视了粮食生产。根据C. 科奎尔-维德罗维奇（C. Coquery-Vidrovitch）的说法：总的来说，殖民政府忽视了妇女的作用，在很长一段时间里，非洲和外国的发展“专家”也忽视了妇女的作用。殖民者把注意力集中在男性身上，他们向男性征收货币税和强制经济作物税，为男性进入货币经济提供特权。经济作物的生产将人们留在土地上，改变了土地的耕作方式。[③]

对殖民地来说，间接统治政策实际上是双重剥削。殖民地人民是帝国权力齿轮上的一个组成部分，他们在其中发挥了积极的作用。这对英国人来说是一种权宜之计，因为他们发现不可能像传统统治者那样

---

① M. Mamdani, *Citizen and Subject: Contemporary Africa and the Legacy of Late Colonialism*, Princeton: Princeton University Press, 1996, pp.52–53, 78.

② A. H. M. Kirk-Greene, *The Principles of Native Administration in Nigeria: Selected Documents 1900 - 1947,* Oxford: Oxford University Press, 1965, p.24.

③ C. Coquery-Vidrovitch, *African Women: A Modern History*, Boulder: Westview, 1997, p.63.

对殖民地人民拥有同样的权威。传统权威成了巩固帝国统治的工具,而实际权力仍然掌握在欧洲人手中。这一政策是披着新外衣的殖民主义。英帝国本来在重压下崩溃,但通过高效整合传统管理体系,它得以维持了几十年。①

间接统治政策的实施导致了四种后果:第一,尼日利亚传统经济和基本制度受到影响。英国对尼日利亚进行间接统治改变了尼日利亚国家的传统经济生活。间接统治对贫困的影响占据着主导地位。它破坏了当地的传统经济,即破坏了自给自足的家庭经济,而家庭经济是满足家庭成员生活所必需的。②与此同时,间接统治体系更改了尼日利亚基本的体制,因而也破坏了这种体制本身的作用。例如当酋长犯下严重违法行为时,如侵吞政府资金或者犯下谋杀罪,或引发严重民众骚乱时,殖民政府不会将他们监禁。③

第二,在那些非洲酋长权力得到殖民当局认可的地区,酋长与其臣民之间的关系发生了变化,他们的感情联系逐渐瓦解,传统的义务失去了保障。④那些由殖民当局新立的酋长与其臣民的关系纯属新的关系,这种关系往往得不到人民的认可,其行政效率低下,如在尼日利亚的东部地区。

第三,在那些建立了不同民族之间上下级隶属关系的殖民地,间接统治破坏了原有制度中的平衡性,从而加剧了不同民族间的矛盾和冲突。⑤间接统治使统治者和臣民之间的利益分歧越来越大,土著酋长作为间接统治的管理者很难对其臣民的意识形态进行影响。这需要他们采取强制手段来维持法律。英国殖民当局允许土著酋长保留他们在前殖民时期的

① B. U. Ukelina, *The Second Colonial Occupation Development Planning, Agriculture, and the Legacies of British Rule in Nigeria*, London & New York: Lexington Books, 2017, p.32.

② U. Usuanlele, "Poverty and Welfare in Colonial Nigeria, 1900-1954", A Ph. D Dissertation, Queen's University Kingston, Ontario, Canada, 2010, pp.43-44.

③ [英]A. D.罗伯茨编:《剑桥非洲史·20世纪卷(1905—1940)》,李鹏涛译,浙江人民出版社,2019年,第327页。

④ A. Li, "Asafo and Destoolment in Colonial Southern Ghana, 1900-1953", *The International Journal of African Historical Studies*, Vol.28, No.2, 1995, pp.327-357.

⑤ 李安山:《非洲现代史》,江苏人民出版社,2021年,第123页。

守卫,这些人履行警察的职责。有了这些权力,酋长就对土地、劳动力和税收进行控制,这是一种迫使土著臣民步入贫困的方式。

第四,间接统治产生的另一个重大消极影响是促进种族主义的发展,这对尼日利亚的殖民和后殖民政治产生了不利影响。根据分而治之的殖民政策,英国人将间接统治用来促进尼日利亚人之间的族群情绪。[①]族群被定义为间接统治管理的单位,因为每个尼日利亚人都属于一个族群。换句话说,族群身份而非公民身份成为定义尼日利亚人的基础,从而导致尼日利亚人"被关在不同的族群容器中,每个容器都由本地当局保护的习惯外壳"[②]。在尼日利亚实施这项政策时,英国殖民者是经过深思熟虑和精心策划的,强调了不同族群之间的差异。间接统治的分而治之政策故意强调尼日利亚北部和南部之间的宗教和文化差异。

尽管南北尼日利亚合并,但西方文化的代理人,如传教士,在北方的活动受到严重限制,而只允许他们在南方自由活动。事实上,在间接统治制度下,北方被视为高贵的"野蛮人"的土地,应该保持其原始的自然状态,不受西方文明的腐蚀影响。[③]同样,北方也要受到保护,以免受到已经受到西方影响的尼日利亚南部人的腐败影响。这导致了在北方城镇和城市建立"Sabogaris"(陌生人宿舍),南方人可以住在那里。此外,强调白话的使用对间接统治的分而治之政策也有很大的帮助。重要的是,间接统治在北方效果最好,因为北方的白话政策更成功,而相反的是,在南方,英语的使用在受过教育的人群中传播开来。这种与殖民地分而治之政策非常吻合的本土政策导致的一个结果是,在受到西方影响方面,南北之间的差距加剧了。此外,商人和传教士在北方穆斯林地区的活动受到限制,导致工业、商业活动和教育机构集中在南方。这不仅导致了南北教育差距

① J. S. Coleman, *Nigeria: Background to Nationalism*, Berkeley: University of California Press, 1958, p.210.

② M. Mamdani, *Citizen and Subject: Contemporary Africa and the Legacy of Late Colonialism*, Princeton: Princeton University Press, 1996, p.61.

③ U. O. Eleazu, *Federalism and Nation-Building: The Nigerian Experience, 1954-1964*, Ilfracombe: Stockwell, 1977, p.80.

的扩大,而且还扩大了南北人民之间的社会距离。[①]这对尼日利亚的政治产生了深远的负面影响。

三、殖民主义与尼日利亚国家和资产阶级

尼日利亚国家的起源要归功于殖民主义。1885年至1906年,随着对尼日利亚不同地区的征服,英帝国主义者创建和培育了新的领土和权力单位,并建立其他殖民剥削和社会控制机构。到1914年南北尼日利亚合并的时候,南方和北方的保护国已经被划分为地区、部门和省。与内部划分相对应的两种行政类型出现了,即殖民地上层建筑和地方权力体系。

随着1914年南北尼日利亚的合并,殖民地的上层建筑由总督、省专员、分区官员和地区官员组成(他们都是英国人)。从属于殖民地上层建筑的是地方行政当局,由地区专员直接监督。正如M. 马姆达尼(M. Mamdani)所指出的那样:"殖民国家是一个双层结构:农民由土著当局管理,而土著当局反过来又由白人官员监督。"[②]由于殖民国家的这种两面性,殖民官员、英国和其他西方国家的公民,以及来自非欧洲国家的公民都享有公民自由。此外,在地方当局管辖下的绝大多数尼日利亚人被视为臣民,因此无权享有公民自由。因此,可以采取强制措施迫使他们生产殖民地经济所需的资源。从某种意义上说,殖民统治虽然没有彻底摧毁尼日利亚前殖民社会的力量和权威模式,但催生了新的力量和社会生产关系。从这个角度来看,殖民政治经济包括了前殖民时期、殖民时期的生产、分配和交换的社会关系组织。[③]

土著当局的主要职能是确保实现殖民政府的剥削目标。为了达到这个目的,他们拥有许多强制机构,如土著金库、土著法院、警察和监狱等。

---

① O. Nnoli, *Ethnic Politics in Nigeria*, Enugu, Nigeria: Fourth Dimension, 1980, p.119; B. Nkemdirim, *Social Change and Political Violence in Colonial Nigeria*, Ilfracombe: Stockwell, 1975, pp.30-34.

② M. Mamdani, *Citizen and Subject: Contemporary Africa and the Legacy of Late Colonialism*, Princeton: Princeton University Press, 1996, p.287.

③ Federal Republic of Nigeria, *Report of the Political Bureau*, Lagos: Federal Government Printer, 1987, p.32.

此外，税收的引入和英国货币作为法定货币，确保了土著当局迫使农民生产英国工业所需的经济作物，而铁路和港口的建设促进了这些货物从尼日利亚的撤离。因此，殖民国家的另一个特点是：强制机构和市场的关系并不是对立的。更重要的是，强制机构和市场成为调节生产过程的两种可供选择的方式：交换和剥削，市场关系与外部经济纠缠在一起。[①]

事实上，在合并时，尼日利亚殖民国家的基本结构已经建立，而所有前殖民时期的国家制度完全服从于英帝国的剥削设计。人们指出，合并不是标志着尼日利亚殖民国家的开始，而是标志着这个殖民国家基本结构的建立。在拥有所有行政、经济和强制机构的情况下，殖民国家成为尼日利亚积累盈余的主要工具。以同样的方式，它成为国家欠发达的主要工具。对殖民地国家的控制保证了获得国家积累的盈余。此外，为了实现殖民主义的目标，即无情地剥削尼日利亚的资源，殖民国家有责任为实现这一目标提供必要的基础设施、技术、贷款和补贴。所有这些都符合英国实行殖民经济政策的要求，该政策将殖民国家视为尼日利亚经济转型的主要工具。实现这一愿望使殖民国家变得武断。事实上，C.阿克(C. Ake)描述了殖民国家的专制主义：殖民国家是不同于中央集权主义的。殖民国家重新分配土地，并决定谁应该生产什么及如何生产。它关注劳动力的供应，有时采取强制劳动。它大量生产剥削尼日利亚人的行政工具和制定税收政策，以诱导传统社会生产关系瓦解。它进入农业行业，以确保工人能够完成乏味的工作。它修建公路、铁路和港口，以方便商品的收集和出口，以及制成品的进口。它通过商品委员会销售商品。事实上，它严格控制着殖民地经济的各个方面，以维持其权力和统治，实现殖民经济政策的目标。[②]

此外，与殖民国家一样，尼日利亚资产阶级的起源也要归功于殖民主义。殖民统治使一小群受过西方教育的尼日利亚人，需要在殖民剥削项

---

① Federal Republic of Nigeria, *Report of the Political Bureau*, Lagos: Federal Government Printer, 1987, p.32.

② C. Ake, *Democracy and Development in Africa*, Washington: Brookings Institution Press, 1996, p.2.

目的不同方面提供帮助。间接统治制度正在帮助征服和剥削尼日利亚人及其资源,但需要一些受过教育的尼日利亚人在基层的官僚机构服务。因此,殖民当局雇佣尼日利亚人担任政府职员、教师、翻译、农产品采购员等。这群人主要是小资产阶级,他们构成了尼日利亚资产阶级的核心。他们在本质上从属于殖民当局。作为殖民主义的产物,殖民机构操纵着他们的生存和发展。①

第二节　建立殖民生产方式与压迫机构

本节讨论了英国在尼日利亚建立殖民生产方式和压迫机构的过程。英国通过军事征服,将尼日利亚纳入其殖民地经济体系,推行了以经济作物种植为主的殖民生产方式,瓦解了尼日利亚传统自给自足的农业经济。同时,英国建立了包括直接殖民行政与间接统治在内的压迫结构,利用封建酋长进行统治,并通过征税、强迫劳动等手段剥削尼日利亚人民。这种殖民生产方式和压迫结构确保了英国对尼日利亚资源的垄断与控制,促进了英国资本主义的发展,但对尼日利亚造成了深重的经济与社会苦难。②

一、融入国际资本主义体系

英国在印度的掠夺性殖民使命在尼日利亚得到了复制。因此对尼日利亚来说,英国殖民侵略的影响不仅是对其社会的破坏和征服,而且是将其全面纳入英国霸权下的国际资本主义体系。这就提出了一个理论问题,即尼日利亚在遭受殖民侵略后如何融入国际资本主义体系?

正如R. 卢森堡(R. Luxemburg)所阐述的那样,粗放增长或扩大再生产最终取决于资本主义生产方式和非资本主义生产方式的结合。非资本主义生产方式可能是公共经济、奴隶经济、亚细亚经济、农民经济或独立

① J. I. Dibua, *Modernization and the Crisis of Development in Africa: The Nigerian Experience*, London and New York: Routledge, 2018, p.78.

② J. I. Dibua, *Modernization and the Crisis of Development in Africa: The Nigerian Experience*, London and New York: Routledge, 2018, p.64.

的生产方式。[①]随着资本主义模式的发展,它与非资本主义模式发生对抗,这些对抗是通过军事侵略进行的。后来,资本主义模式又强行将外来国家及其土地、资源和产品转化为国际资本主义体系的商品,努力创造一种依附资本主义的经济体系。卢森堡认为,这种殖民社会形态的形成涉及以下机制:有组织的暴力和殖民统治的军费支出,资本主义"核心"或宗主国制造的产品交换,向殖民地国家进行投资和贷款,剥削廉价商品等。通过农民无产阶级化来利用当地劳动力,通过打破传统土地所有权来掠夺当地资源。[②]

这种资本主义模式的进程包含两方面:首先,资本主义模式为了殖民与非资本主义模式进行暴力斗争;其次,资本主义模式与非资本主义模式进行经济斗争。比如不平等交换、雇佣劳动、商业农业等,还有国家的作用,包括通过税收、强迫劳动、法令等形式剥削殖民地,摧毁非资本主义经济体系。在生产方式是传统经济的地方,与资本主义生产方式的结合会瓦解传统经济的生产方式。但是,在农业发达、人口众多的印度,占统治地位的是亚洲制度,它只通过交换同世界帝国主义联系在一起。在社群主义统治下的非洲,资本主义模式的结合导致其与国际资本主义体系在交换层面的融合,而从属的国内统治阶级仍然存在,并以各种方式抵抗资本主义在非洲大陆不同地区的入侵。[③]

在尼日利亚,19世纪中期英国资本主义模式与尼日利亚传统经济生产方式的结合首先是军事征服,后来导致了资本主义的系统渗透。英国传教士、私人资本主义企业,如皇家尼日尔公司、英帝国和尼日利亚的传统贵族,在这场社会转型中发挥了至关重要的作用。尽管这种殖民社会形态受到现存非资本主义模式的抵制,但斗争结果并没有产生马克思主

① R. Luxemburg, *The Accumulation of Capital — an Anti-Critique*, New York: Monthly Review Press, 1968.

② B. Onimode, *Imperialism and Underdevelopment in Nigeria: The Dialectics of Mass Poverty*, London: Zed Press, 1982, p.38.

③ B. Bradby, "The Destruction of Natural Economy", *Economy and Society*, Vol.4, No.2, 1975, pp. 128-158; B. Bradby, "Unequal Exchange and the Imperialism of Trade", *Bulletin of the Conference of Socialist Economists*, Vol.4, No.3, 1975, pp.1-12.

义的生产方式组合,而是资本主义生产方式占据明显优势。

资本主义模式的存在将尼日利亚转变为国际资本主义体系的卫星国。这种模式破坏了传统的土地所有权,强迫劳动、征收以货币支付的压迫性税收,从而迫使农民生产者从事雇佣工作。帝国主义者在尼日利亚进行不平等交换、建立殖民生产方式和压迫结构。

二、殖民生产方式的建立

英国在尼日利亚建立殖民经济政策与其工业革命的经济需求有关。到1850年,早一个世纪就开始的工业革命已经成熟,把英国变成了一个工业资本主义国家和“世界工厂”。英国需要面向世界采购原材料和寻找工业制成品市场。因此,英国废除了重商主义政策,成为自由贸易政策的捍卫者。①

英国在征服尼日利亚之后,迅速建立了新的殖民生产方式,即将尼日利亚经济从传统经济转变为殖民地经济。在前殖民时期,农业是尼日利亚人的支柱。在这一事业中,粮食生产在尼日利亚大部分地区占据显著地位。尼日利亚的粮食供应是自给自足的。然而,英国殖民政府的建立瓦解了尼日利亚传统的生产方式。根据英国为其工业提供原材料的目的,尼日利亚目睹了本土经济体系的瓦解。殖民当局通过阻止粮食作物种植政策,使尼日利亚人民转而种植英国所需的经济作物,导致当地人民陷入饥饿之中。地方政府在这一过程中是作为破坏当地粮食作物生产的工具和大力推行新殖民经济政策的代理人。由此可见,英国殖民尼日利亚的目的是确保英国工业获得廉价和稳定的原材料供应,殖民政府不鼓励粮食作物种植,而鼓励经济作物的生产。②

尼日利亚殖民生产方式是为了改善殖民国家的经济而构建的。从总体上看,重要的是殖民地经济如何使殖民者受益,对于被殖民的土著居民

---

① B. Onimode, *Imperialism and Underdevelopment in Nigeria: The Dialectics of Mass Poverty*, London: Zed Press, 1982, p.31.

② E. J. Usoro, “Colonial Economic Development Planning in Nigeria, 1919-1939: An Appraisal”, *Nigerian Journal of Economic and Social Studies*, Vol.19, 1977, pp.121-136.

来说,他们很少从殖民地经济中获益。尼日利亚土著居民成为殖民者实现殖民化的主要工具:殖民势力对土著居民实行统治和剥削。

殖民当局除了将尼日利亚作为原材料供应地之外,还为尼日利亚农产品开拓广阔的市场以赚取巨额利润。棕榈油、棕榈仁、锡、可可和花生开始从尼日利亚殖民地流向海外。这些货物由欧洲船只运输,由欧洲资本提供资金。作为回报,这些船只还为从出口贸易中获利的尼日利亚人运送外国制造商的产品。与此同时,为尼日利亚引进了供外国需求的新产品和新的生产方法。当地生产的食品市场也随着通信和商业技术引进得到扩大。广阔的市场和商业化的结合为国内投资的扩大和经济的增长提供了基础。①

虽然上述情况反映了出口作物的产量稳步增加,但生产这些作物的工具主要是锄头和弯刀。随着现金支付的普及,一些原始积累开始了,这破坏了现存的封建关系,就像欧洲的圈地运动一样。他们将一些雇佣劳动力引入农业领域,以采集橡胶、生产可可和出口其他农产品。由于英帝国垄断了这种出口贸易,他们从中获得巨额利润。1900年以前,英国主要通过排挤尼日利亚中间商来垄断出口。这反映在1895年对奥波博国王贾贾、伊茨基里兰国王纳纳和贝宁国王的军事征服中。

受欧洲对可可需求的推动,19世纪末可可从费尔南多波(Fernando Po)传入尼日利亚。1887年,拉各斯殖民征服者建立了一个种植可可幼苗的种植园,并将可可种子免费分发给农民,以此鼓励种植可可。此时可可的产量为25吨。到1897年,拉各斯和尼日尔海岸保护国分别出口了70吨和54吨可可。尼日利亚的可可产量直到1897年才超过加纳,到1900年,尼日利亚可可出口量仅为202吨,而加纳为536吨。②

1870年开始尼日利亚的橡胶需求开始增加。这源于自行车轮胎的生产,以及1895年和1900年米其林(Michelin)和邓禄普(Dunlop)汽车轮

① E. G. Charle Jr, "English Colonial Policy and the Economy of Nigeria", *The American Journal of Economics and Sociology*, Vol.26, No.1, 1967, p.80.

② A. B. Aderibigbe, "Trade and British Expansion in the Lagos Area in the Second Half of the Nineteenth Century", *Nigerian Journal of Economic and Social Studies*, Vol.4, No.2, 1962, p.158.

胎引入尼日利亚。与此同时,随着巴西橡胶供应的枯竭,英帝国的注意力集中在橡胶树生长繁茂的西非。尼日利亚橡胶出口量从1896年的2894吨下降到1899年的890吨,而那时,尼日尔海岸保护国种植了更多的橡胶树。

棉花在西非萨赫勒(Sahel)地区种植历史已有几百年之久,尼日利亚北部城市卡诺以其染色坑为名,当地生产的棉布在坑中染成深蓝色,然后连续重击使之光滑且发亮。那里的棉布在萨赫勒地区买卖,有些还经过跨越撒哈拉沙漠的贸易销往北非。尼日利亚北部的气候和土壤很适合棉花生长,英国人断言,大规模商业种植棉花肯定会在尼日利亚北部一炮打响。①

卡诺在尼日利亚北部的重要性已经使它成为西非的曼彻斯特。但直到20世纪初,棉花生产主要供应非洲内部,特别是跨撒哈拉贸易。②1912年通向卡诺的铁路通车,它的主要目的就是促进卡诺周围地区的棉花生产和出售。在铁路开通之时,名叫英国棉花种植协会(British Cotton Growing Association)的销售局③已经为增加棉花生产奠定了基础。销售局最初是在欧洲设想出来的,当时它们的职责是规定农产品最低价格,目的是稳定农产品价格,以使农民在种植之前就知道他们的作物最低能卖到销售局的价格。殖民地的销售局往往具有很大的强制性,它们不但规定最低价格,而且还要求农民以销售局规定的价格——通常更低——把他们的作物卖给销售局。

英国棉花种植协会开始在尼日利亚北部开展工作,建立棉花加工厂,分发种子和肥料。1912年,铁路通畅后,英国棉花种植协会准备迎接滚滚而来的棉花,但他们失望了。大部分当地出产的棉花都像以前那样销售,英国棉花种植协会给出的价格并不比当地商人更高。所以农民把棉

① [美] E. 吉尔伯特、[美] J. T. 雷诺兹:《非洲史》,黄磷译,海南出版社,2007年,第296页。

② B. Onimode, *Imperialism and Underdevelopment in Nigeria: The Dialectics of Mass Poverty*, London: Zed Press, 1982, p.44.

③ 销售局(marketing board)是非洲殖民地国家和独立国家在20世纪常见的政府机构。销售局规定可可、棉花和咖啡等商品作物的收购价格,然后将这些物品运到世界市场出售。

花出售给本地商人。之后两年，尼日利亚北部商品作物生产有所增加，但并不是棉花，而是花生。花生成了商品作物的首选。花生价格高于棉花价格，而且即使作物歉收或遇到其他灾祸，农民还可以吃花生。1912年尼日利亚北部曾发生一次大饥荒，几乎饿死3万人。以后几年，经过那次饥荒的农民种植的花生越来越多而棉花越来越少。英国为了刺激一种商品作物生产而修建铁路，却导致另一种作物出口成为重要行业，奔向南方的列车装载的货物不是棉花而是花生。这并不是说北部地区不再生产棉花，棉花在尼日利亚北部一直广泛种植，只不过殖民政府夺取这一经济领域的计划失败了。[①]

与此同时，贸易商的前景也有所改善。随着新财富渗透到社会中，少数人能够作为专业人员或公务员获得更大的经济回报。英国为外国投资资金流入尼日利亚提供便利，规定殖民政府出售的证券应被赋予"受托人"地位。这使它们有资格被所有英国投资者购买，包括那些投资选择受到法律严格限制的机构。殖民政府用借来的钱修建铁路、港口和其他公共设施。

尼日利亚殖民生产方式的特点与其说是由于殖民统治、出口新的产品和对外贸易，不如说是为社会生产引入新的社会经济形态。[②]殖民经济活动在尼日利亚主要表现为农业、采矿、贸易、金融和航运。生产资料是劳动力、土地和商业资本，尽管当时商业资本在英国已经转化为工业资本。尼日利亚劳动力的类型主要有四类：农民生产者、小商人、强迫劳动力和雇佣劳动力。[③]

生产的社会组织包括私有制，特别是农业和小买卖。一些外国人在尼日利亚南部拥有农业种植园。英国殖民者控制采矿、进出口贸易、商业银行和航运等部门。但主要的形式是农民私人生产和其他部门的资本主

① [美] E. 吉尔伯特、[美] J. T. 雷诺兹：《非洲史》，黄磷译，海南出版社，2007年，第297页。

② A. G. Frank, *Capitalism and Underdevelopment in Latin America*, New York: Monthly Review Press, 1967, pp.1-2.

③ I. Nzimiro, *Studies in Ibo Political Systems — Chieftaincy and Politics in Four Niger States*, Berkeley: University of California Press, 1972, pp.59-91.

义企业。

由于奴隶制和封建主义的残余一直延续到殖民时代,殖民地的生产关系基本上是对立的,包括奴役和强迫劳动的非人性化的主仆关系。随着尼日利亚陷入资本主义剥削的深渊,资本劳动关系逐渐取代了其他类型的社会关系。

在这种殖民生产方式下,英国人垄断了利润。实际上,英国对尼日利亚的掠夺是其自由贸易的根本原因。殖民关系的核心是剩余价值的转移,以加强英国的资产阶级和资本主义生产方式。在尼日利亚,这种剩余价值的转移既由英国政府集体实施,也由不同群体的英帝国主义剥削者单独实施。这种剩余价值的转移和贸易成为一种纽带,将殖民生产方式与英国资本主义联系起来,后来又与世界资本主义体系联系起来,以确保尼日利亚的资源用于发展英国和国际资本主义制度。①

三、殖民压迫结构的建立

1900年至1914年这一时期至关重要,这一时期英国建立起对尼日利亚历史产生重大影响的各种行政、经济和社会结构。到1906年,拉各斯殖民地、南尼日利亚保护国和北尼日利亚保护国成为英国领土。1906年,拉各斯殖民地和南尼日利亚保护国合并为拉各斯首都。这一发展主要是基于经济考虑,因为英国需要具有丰富资源的尼日利亚南部的资金来建设港口和铁路等基础设施,这对开发尼日利亚的资源至关重要。

英国征服尼日利亚后,为了把尼日利亚纳入殖民地经济轨道,英国殖民当局采取了殖民压迫的方式。英国的殖民压迫结构分为两层,这与以拉各斯为中心的殖民中央行政和卢加德实施的间接统治制度相对应。英国殖民压迫结构是由正式的殖民行政结构组成的。在1914年尼日利亚南北保护国合并之前,英国的殖民行政结构由伦敦的殖民部指导制定,与英国内阁一起制定整个英帝国的政策。在整个英属西非殖民地,包括尼

① B. Onimode, *Imperialism and Underdevelopment in Nigeria: The Dialectics of Mass Poverty*, London: Zed Press, 1982, p.37.

日利亚、黄金海岸(现在的加纳)、塞拉利昂和冈比亚,直到1886年拉各斯从黄金海岸分离出来,都设有一个总督。尼日利亚第一位总督是1912年任命的卢加德。他直接负责制定英国压迫政策,并监督实施,包括对尼日利亚不同地区的军事侵略、征税和强迫劳动。卢加德就这样建立了他的间接统治结构。他下面是副总督,像拉各斯的副总督,如C. A. 莫罗尼(C. A. Moloney)和G. T. 卡特(G. T. Carter)。最后,对尼日利亚殖民地土著人最熟悉的是地方长官,由于地方长官们控制着几个地区的事务,他们与民众的联系最多。在税收、土地和劳工等问题上他们也经常与民众发生冲突。这些英国殖民官员,连同英国和欧洲其他商人,构成了殖民地占统治地位的帝国主义资产阶级。他们总是住在种族隔离的地方,比如山顶和政府保留区,控制着殖民地经济的全部盈余。①

卢加德在对尼日利亚北部封建酋长进行军事侵略时,对他们的专制权威印象深刻,并受到财政和官员短缺的困扰,他决定通过这些酋长执行他的压迫和剥削计划。他的"双重授权"依赖于这些酋长对土著人的权力,作为巩固英国殖民统治的一种手段。因此,他将尼日利亚北部的酋长和税收制度扩展到南部,并在没有封建酋长的尼日利亚东部创造"授权酋长"制。英国殖民者通过土著酋长对他们的支持,间接地压迫尼日利亚人。

这些帝国主义代理人的主要职能包括征收货币税和实物税,提取法院的罚款,将土地转让给殖民政府和帝国主义贸易公司,招募劳工。②鼓励农民种植殖民主义者需要的可可、棕榈、橡胶、棉花和花生等经济作物,以及维持"法律与秩序"。这些封建酋长的子女接受了帝国主义教育,并被招募到新兴的尼日利亚小资产阶级的行列中,这些小资产阶级与英国及其他帝国主义者结盟继续压迫当地人。

与此同时,英国强迫尼日利亚人与其进行贸易。这一时期尼日利亚的主要出口产品是棕榈产品、贝籽、皮革、象牙、木材、玉米和可可,进口的是诸如镜子、珠子、手镯、手帕和梳子之类的轻浮物品,此外还有食盐、棉

① B. Onimode, *Imperialism and Underdevelopment in Nigeria: The Dialectics of Mass Poverty*, London: Zed Press, 1982, p.39.

② F. Lugard, *The Dual Mandate in British Tropical Africa*, London: Blackwood, 1922, pp.40–48.

织品、独木舟、枪支、火药、杜松子酒、火柴、餐具等,成为当地产品的进口替代品。后来,当地殖民者还进口了黄油、面包、雪茄和蔬菜。虽然英国控制了32%~52%的出口和51%~81%的进口,但在1865—1899年,德国人控制了1%~49%的出口和10%~35%的进口。英国的贸易是由像皇家尼日尔公司这样的老牌垄断公司和1862年《有限责任法案》(Limited Liability Act)后涌入的英国公司组织的,但竞争对手主要是来访的贸易商。奥波博国王贾贾直接向英国出口棕榈油,以及从德国进口日内瓦酒和朗姆酒,是早期对英国贸易垄断的主要挑战。表1.1显示了1865—1899年尼日利亚的对外贸易。

表1.1　拉各斯1865—1899年进出口总额

单位:1000英磅

年份	总出口	总进口	贸易平衡
1865—1869	428	283	+145
1870—1874	501	353	+148
1875—1879	621	512	+109
1880—1884	577	438	+139
1885—1889	522	445	+77
1890—1894	710	625	+85
1894—1899	914	873	+41

出处: R. O. Ekundare, *Economic History of Nigeria 1860-1960*, London: Methuen & Co Ltdp, 1973, p.93, Table 5.5。

在1900年以后,出口保持不变,可可、花生、棉花和锡的重要性日益增加,进口包括资本货物如铁路硬件和蒸汽船,以及耐用消费品如自行车、汽车、缝纫机和电器产品。进口需求的来源载于1911年一位民政专员的报告:"报告显示,教堂有所增加,几乎每个村庄都有清真寺。这些教堂和清真寺意味着需要进口大量的建筑材料。也许可以在教堂的家具和装饰品上做交易……教育正在迅速普及。一些有用的文学作品、廉价的百科全书、字典……维多利亚女王、爱德华七世国王的廉价画像……国王和王后华丽的大画像会找到买主。"①

① M. Crowder, *The Story of Nigeria*, London: Faber and Faber, 1978.

最后，与此同时，英国引入了强迫劳动制。强迫劳动是一种剥削制度，其根本目的是将尼日利亚劳动力产生的剩余价值转移到国外。英国殖民当局强迫劳动的做法进一步加剧了尼日利亚社会的混乱和贫困。英国在尼日利亚建立出口经济时面临的第一个问题是确保充足的劳动力供应，并消除与之竞争的本地农产品。[①]法律保护强迫劳动的做法。1903年《道路与溪流公告》(Roads and Creeks Proclamation)等法律规定，所有15至55岁的成年男子和15至45岁的成年女子每年必须从事24天“政治劳动”。对违反法律的臣民和酋长处以罚款和监禁。酋长还利用《土著自治条例》(Native House Rule Ordinance)和《集体惩罚条例》(Collective Punishments Ordinance)，强迫劳工到奥尼察省的埃努古政府煤矿工作。[②]公共工程强迫劳动的法律来源是《集体惩罚条例》。该条例除了罚款外，还对反叛社区规定的人进行强制无偿劳动，卢加德在尼日利亚北部即使用这种方法。[③]

随着殖民统治的巩固，强迫劳动制的使用得到加强。政治劳工被用于修建铁路、公路、电信基础设施、政府大楼的建设，以及政府及其货物运输系统。强迫劳动是臣民反叛的原因之一。虽然北尼日利亚政府有时会向劳工支付工资，但支付的工资较低。在南尼日利亚，政府从未向劳工支付工资。1903年，伊巴丹酋长抱怨强迫劳动没有支付劳工报酬，当地居民要求酋长将自己的收入用于支付劳工工资，酋长拒绝这一要求。[④]

强迫劳动对社区经济造成了毁灭性影响。社区酋长要求劳工从事多种劳动任务。社区劳工不仅参与修建公路、铁路和基础设施建设，还参与采矿或伐木工作。例如，1900年至1920年，贝宁省和高原(Plateau)省的

---

① A. G. Frank, *Dependent Accumulation and Underdevelopment*, London: The Macmillan Press Ltd, 1982, p.60.

② C. A. Brown, *"We were all Slaves": African Miners, Culture and Resistance at the Enugu Government Colliery*, Portsmouth: Heinemann, 2003, pp.70-71.

③ F. Lugard, *Political Memoranda: Revision of Instructions to Political Officers on Subjects chiefly Political and Administrative, 1913-1918*, Memo No. VII, Para.21, p.257.

④ T. Falola, *Politics and Economy in Ibadan, 1893-1945*, Lagos: Modelor Design Aids, 1989, p.92.

情况就是如此。当时的劳工全年都在从事各种形式的强迫劳动。来自尼日尔省的报告表明,仅1909年就有78.3万人参与了修建铁路的工作。到1912年铁路建设结束时,总人口25.326万人的省总共雇佣了25.14万人参与强迫劳动。[①]在铁路修建到乔斯(Jos)省之前,锡矿是由人工搬运的。1912年,估计需要10.36万人搬运2800吨锡,每次运输12天。[②]这一大批劳工是从矿区附近雇佣的。光是动员这些劳动力就会对当地经济产生影响。一份关于强迫劳动对贝宁省影响的报告指出:

> 在人烟稀少的贝宁城区,村民大多被征召去劳动,当(橡胶)采伐到来时,经常会发现一个村庄几乎没有人,拥有村庄的酋长也签订劳动合同,并将村民带走数周,当他们回来时,他们希望耕种和修理房屋,而不是在政府建立的公共橡胶种植园工作。[③]

同样受到强迫劳动影响的还有当地的手工业。这种劳动力的转移剥夺了当地手工业的劳动力,为欧洲替代品创造了一个有利的市场,这些替代品通过作为交换和支付劳动力的"货币"而进一步普及。欧洲进口替代品在当地市场的主导地位不仅扼杀了一些当地工业,而且增加了人们的财政负担,他们不能再为自己的需要生产产品,而是不得不依赖于现金购买进口产品。这损害了家庭自给自足的传统经济的基础。强迫劳动导致人口外流是家庭贫困的一个有力原因,因为很多正值壮年的人无法从事农业生产,从而降低了农业生产率,抑制了经济的发展。

---

① A. Iyela, "Colonialism and Famines in Niger Province 1900-1945: A Study of an aspect of Colonial Underdevelopment", M.A. Thesis, Zaria: Ahmadu Bello University, 1987, p.212.

② B. Dan-Azumi, "Tin Mining and Peasant Impoverishment in Jos Division 1900-1950: A Study in Colonial Domination and Underdevelopment", M.A. Thesis, Zaria: Ahmadu Bello University, 1986, p.203.

③ NAI BP 364/1914 Report on communal rubber plantations- Conservator of Forest, Central Province to Commissioner, Central Province 03/01/1914.

第三节 张伯伦的殖民发展政策与剥削

本节概述了张伯伦的殖民发展政策及其对尼日利亚的经济剥削。张伯伦在19世纪末推行的殖民发展政策,旨在通过投资公共基础设施、鼓励对外贸易等措施,将尼日利亚转变为原材料供应地和市场,以缓解英国的经济危机与社会问题。然而,该政策加剧了对尼日利亚的经济剥削,包括强制种植经济作物、实施税收制度、强迫劳动等。尽管初期取得一定成效,如促进出口增长,但后续因资金不足、政策调整等因素未能持续。张伯伦的离职及其继任者的政策转向,标志着该殖民发展政策的终结。

一、张伯伦的殖民发展政策

19世纪末,随着对尼日利亚征服和占领,英国经历了一场经济危机。这场危机表现为工业品价格下跌、利润下降、美德经济竞争下降和关税壁垒对自由贸易世界的削弱。这场危机震惊了英国商人和政客。此外,危机期间由于资源有限和财政紧缩,海外的政治和军事挑战威胁着英国的安全。与此同时,英国工会的动荡和独立工人政党的形成对国内现状也构成威胁。

在这种背景下,有人强调了新获得领土的经济价值。人们在英帝国身上看到了解决英国经济、政治和社会问题的办法。人们认为,殖民地的市场和原材料资源可以成为宗主国经济扩张的宝贵资产。由此带来的财富成为维持英国在海外军事和政治地位的基础。在典型的西非殖民地经济中,原材料大量出口,且数量不断增加。作为回报,殖民地进口了大量欧洲制造的产品。[①]另一些人认为,殖民地资源有助于解决国内的社会问题,而这些问题是造成社会动荡的原因。

一些观察人士主要关注殖民地资源是否具有开发的潜力。他们认

① M. Johnson, "Cotton Imperialism in West Africa", *Africa Affair*, Vol.73, No.291, 1974, p.178.

为,兼并领土是不够的,往来于殖民帝国的贸易,特别是新获得领土的贸易仍然不足。因此,他们希望殖民部采取积极的殖民政策。这种政策将增加殖民地的生产,增加殖民地与外部世界之间的贸易。但是,在私企能够有效利用这些资源之前,殖民地国家必须在新占领殖民地修建铁路、公路、港口和其他经济基础设施,并对生产问题进行干预。[①]

张伯伦将这种办法引入殖民部。1895年,张伯伦被任命为殖民大臣。张伯伦是一个坚定的帝国主义者,他坚持开发殖民地,对殖民地进行公共投资。他说:"我们的许多殖民地处于未开发的状态,没有帝国的援助,这些殖民地将永远无法得到开发。"他用利己主义原则为自己辩护,"英国将受益于英属殖民地市场的发展以及工业原材料的来源"。"我们拥有一个组织良好的帝国,我们消费的食物、奢侈品、贸易原料和生活必需品都来自英帝国。"此外,"只有开发殖民地,我们才能解决国内面临的社会问题。除了开发旧市场和创造新市场外,没有其他办法可以解决就业问题"。[②]

他认为,殖民地将成为英国工业原材料的来源,同时也是英国工业制成品的市场。随着与德国竞争的加剧,他认为,开发殖民地的任务迫在眉睫。这需要殖民当局鼓励私人资本向殖民地投资,政府资助铁路的计划主要是吸引私人资本投资。国家对铁路的投资可以达到双重目的:一是为英国资本货物提供出口;二是吸引未来的殖民地投资者。张伯伦坚持投资铁路,他认为,只有国家才能承担铁路的投资。[③]

张伯伦殖民发展政策的第一个表现是建设从拉各斯到内陆的铁路和改善拉各斯港口,这些建设都是由外部贷款资助的。这样做的动机是为了方便内陆的商品从拉各斯港口运送到欧洲。1896年通过的《殖民地贷

① S. Constantine, *The Making of British Colonial Development Policy, 1914-1940*, London: Frank Cass, 2005, p.9.

② A. Milner, *"Mr. Chamberlain and Imperial Policy," A Chapter in the life of Joseph Chamberlain Published immediately after Chamberlain's death by Associated Newspapers*, London: Associated Newspapersj, 1914, pp.219-221.

③ A. Phillips, *The enigma of colonialism: British policy in West Africa*, London: James Currey Ltd, 1989, p.27.

款法案》(Colonial Loans Act)鼓励殖民地使用贷款来建设基础设施,从而在相对较短的时间内促进进出口贸易,在1896年到1916年,英国总共给殖民地提供了140万英镑的贷款。[①]

为了实施殖民地发展政策,英国殖民当局鼓励尼日利亚发展对外贸易。英国殖民政府鼓励农民种植欧洲需要的一些主要初级产品,比如可可、棉花、橡胶和坚果。在出口作物和当地产品都可以种植的地区,种植哪种作物在很大程度上取决于出口产品和当地产品的价格。一些尼日利亚农民开始意识到农业的商品化,并在很大程度上受到追求利润最大化动机的影响。[②]

从某种意义上说,对外贸易将通过增加经济收入使殖民地受益。世界其他地区将获得殖民地生产的初级产品,并为殖民地的初级产品提供市场。殖民地出口什么产品在很大程度上是由世界市场经济决定的。殖民地的气候、资源和传统技能决定其生产的商品。政府主要的任务是提供便利的基础设施、对外籍商人和采矿企业给予优惠政策,成立农产品检验站和制定农业研究计划,以促进殖民地商品流向欧洲市场。[③]

尽管张伯伦在殖民部创造了一个推进帝国发展的框架,但他的继任者未能延续这一政策。R.海姆(R. Hyam)认为,在1914年之前,张伯伦没有放弃"建设性帝国主义"的努力。[④]然而,张伯伦从殖民部离开后,他的继任者没有实施这一雄心勃勃的政策。[⑤]一方面是因为帝国政府用于殖民地发展的资金十分有限。另一方面,1914年以前,没有任何一届英国政府通过提供大量现金赠款、贷款援助来加速殖民帝国的经济发展。

① T. Falola, *Development Planning and Decolonization in Nigeria*, Gainesville: University Press of Florida, 1996, pp.9–10.

② R. O. Ekundare, *An Economic History of Nigeria, 1860–1960*, New York: Methuen & Co Ltd, 1973, p.197.

③ S. Shepherd, "Cocoa in Western Nigeria, 1890–1940: A Study of an Innovation in a Developing Economy", Ph. D Thesis, The University of Michigan, 1967, p.26.

④ R. Hyam, *Elgin and Churchill at the Colonial Office*, London: Melbourne, 1968, p.430.

⑤ S. Constantine, *The Making of British Colonial Development Policy 1914–1940*, London: Taylor & Francis, 2005, p.10.

张伯伦的继任者坚持自由放任的经济政策,在这种意识形态下,殖民地财政自给自足的政策是指导原则。1903年9月张伯伦离职后,A. 贝尔福(A. Balfour)于1903年10月任命A. 利特尔顿(A. Lyttleton)担任殖民大臣。利特尔顿的妻子写道:这一任命对他来说是一个惊喜,他从来没有在政府部门工作过,也从来没有参加过任何行政管理工作。他对自己的能力充满了怀疑。当时,人们预计利特尔顿担任殖民大臣的任期不会超过几个月。①

利特尔顿上任后,他就怀疑自己是否有能力履行其职责。他花了很多时间在南非的中国劳工问题上。自由统一党政府反对"华人奴隶"事件('Chinese Slavery' Affair),这导致保守党领袖贝尔福于1905年12月辞去首相职务。1906年1月,爱德华七世要求H. 坎贝尔-班纳曼(H. Campbell-Bannerma)领导的少数党组建政府。在1906年1月的选举中,自由党获得了84个席位,超过了其他所有政党席位的总和。②V. A. 布鲁斯(V. A. Bruce)被任命为殖民大臣,W. 丘吉尔(W. Churchill)被任命为殖民副大臣。自由党政府反对中国的劳工计划。对他们来说,这是英帝国的一个污点,因为该计划把中国劳工当作工具,这是一种类似于奴隶制的做法。③

海姆说,在布鲁斯任职期间,英国对英属非洲的政策做出调整。首先,收集非洲人关于政治方面的观点。其次是支持"非洲按本土制度发展本土结构,以作为实现第一个目标的手段"④。1908年,H. H. 阿斯奎斯(H. H. Asquith)当选首相时,R. 克鲁-米尔恩斯(R. Crewe-Milnes)取代了布鲁斯成为殖民地事务大臣。与利特尔顿和布鲁斯一样,克鲁-米尔恩斯在殖民部的影响微乎其微。他对帝国事务不感兴趣。⑤1910年至1915

① E. Lyttleton, *Alfred Lyttleton an Account of His Life*, London: Forgotten Books, 2013, p.287.

② L. C. B. Seaman, *Post-Victorian Britain 1902-1951*, London: Methuen, 1966, p.16.

③ R. Hyam, *Elgin and Churchill at the Colonial Office, 1905-1908*, London: Macmillan, 1968, p.63.

④ R. Hyam, *Elgin and Churchill at the Colonial Office, 1905-1908*, London: Macmillan, 1968, p.369.

⑤ J. M. Carland, *The Colonial Office and Nigeria, 1898-1914*, Stanford: Hoover Institution Press, 1985, p.15.

年,L. 哈考特(L. Harcourt)担任殖民大臣,他没有倡导张伯伦提出的殖民发展政策。[①] 在下议院发表的一次演讲中,他把殖民部比作"暴君"。他提出:"在殖民部,殖民地大臣直接管辖殖民地事务。他承担着权力、职责和焦虑,就像一个勤劳的暴君,他只受自己判断力和对手的控制。"[②]激进派和自由党抨击了张伯伦的帝国意识形态,认为张伯伦的观念对宗主国具有破坏性。取而代之的是民族学家M. 金斯利(M. Kingsley)倡导的"沿着本土路线"发展的新学说。她认为,"非洲人应遵循自己独特的文化发展道路"。[③]

在战前,阻碍张伯伦殖民发展政策的障碍是根深蒂固的。殖民部对财政部的抱怨很多。这两个部门之间存在着敌意和猜疑。[④]殖民部认为,财政部提出的财政反对意见限制了殖民地发展政策的主动性。[⑤]

在1914年以前,就能看出帝国援助殖民地出于两个理由。首先,它援助殖民地是通过改善出口设施来实现殖民政府的财政自给自足。其次,它强调的宗主国的优势来自开发殖民地资源。殖民地的市场和原材料资源可以成为宗主国经济扩张的宝贵资产。但是,无论是经济上的需要还是张伯伦的帝国学说,都没有对殖民发展政策产生根本性的改变。[⑥]

二、帝国主义的劳动分工与初级生产

殖民当局直接参与了对尼日利亚的经济剥削,致使尼日利亚欠发达。

---

① N. R. Malmsten, "British Government Policy Toward Colonial Development, 1919-1939", *The Journal of Modern History*, Vol.49, No.2, 1977, p.1250.

② L. Charlotte Anne Knowles, *The Industrial and Commercial Revolutions in Great Britain during the Nineteenth Century*, London: George Routledge & Sons, 1922, p.328.

③ J. Morgan Hodge, *Triumph of the Expert: Agrarian Doctrines of Development and the Legacies of British Colonialism*, Ohio: Ohio University Press, 2007, p.48.

④ A.M. Burton, "Treasury Control and Colonial Policy in the late Nineteenth Century", *Public Administration*, Vol.44, No.2, 1966, pp.169-192.

⑤ S. Constantine, *The Making of British Colonial Development Policy, 1914-1940*, London: Frank Cass, 2005, p.11.

⑥ S. Constantine, *The Making of British Colonial Development Policy,1914-1940*, London: Frank Cass, 2005, p.21.

在尼日利亚,殖民部与总督合作,执行有利于宗主国的殖民经济政策。这些政策主要有以下四点:第一,制定殖民地税收制。第二,强制殖民地种植经济作物。第三,进行基础设施建设。第四,强迫劳动制,为资本主义的扩张和掠夺创造条件。

第一,制定殖民地税收制。殖民地税收制的主要目的是为管理殖民地提供必要的资金。欧洲殖民者要确保尼日利亚人为欧洲殖民官员和警察买单,并充当私人资本的监督者。事实上,19世纪征税的目的是让殖民列强收回他们派遣去征服尼日利亚的武装成本。因此,殖民政府实际上从未向尼日利亚投入过一分钱,所有的费用都是通过剥削土著劳动力和自然资源来支付的。地方税收必须满足所有开支,并建立储备金。英帝国在尼日利亚土地上建立了警察、军队、公务员和司法结构后,殖民国家就能直接干预土著居民的经济生活。从资本主义的角度来看,殖民国家面临的一个主要问题是如何引导土著人成为劳工或经济作物农民。

第二,是强制尼日利亚农民种植经济作物。随着张伯伦殖民发展政策的推行,不管价格多低,殖民政府强迫尼日利亚人种植经济作物。尼日利亚出口作物从1900年的188.7万英镑上升到1913年的679.9万英镑。而在同一时期,其进口值从173.5万英镑上升到633.2万英镑。[①]此外,殖民政府还对农民征收货币税,纳税的钱是靠种植经济作物或在欧洲公司控制的矿场工作获得的。当时,该国部分地区仍受战争困扰,例如,1906年,贝努埃(Benue)河上穆库尔迪(Makurdi)附近的提夫人在中南部的叛乱,以及索科托的一些富拉尼(Fulani)人在西北地区的叛乱,最终这些叛乱都以失败告终。[②]

第三,进行基础设施建设。为了加大对尼日利亚经济的剥削,英国殖民政府建设了公路、铁路、电信等基础设施。[③]在1900年以前,尼日利亚

---

① G. K. Helleiner, *Peasant Agriculture, Government and Economic Growth in Nigeria*, Homewood: Richard D. Irwin, 1966, p.492.

② M. Perham, *Lugard, The Years of Authority 1898–1945*, London: Collins, 1960, pp.247–265.

③ T. Falola, *Development Planning and Decolonization in Nigeria*, Gainesville: University Press of Florida, 1996, p.4.

南部已经大量出口棕榈油、棕榈仁、可可和野生橡胶。然而，由于缺乏有效的运输系统，尼日利亚北部的生产潜力没有得到开发。在1896年至1911年，从拉各斯港延伸到尼日利亚北部的铁路开通，农产品可以通过铁路把尼日利亚北部的商品出口到海外市场，为欧洲出口商和工业制成品商人赚取巨额利润。其中，欧洲进口商将斧头、锯子、锤子、水壶、瓶子、枪、自行车和床架等欧洲制成品销往尼日利亚。与此同时，殖民列强对土著人诉诸人身威胁，要求尼日利亚农民种植棉花。然而，土著人并未受此胁迫，他们并未生产棉花，转而生产花生。因为欧洲市场对花生的需求增加。同时，花生也是一种宝贵的食物。在欧洲，花生有双重用途。首先，它可以压榨花生油，这是人造黄油工业的主要成分。其次，花生的残渣可作为高蛋白牛饼供奶牛食用。在爱德华七世时代，这两种产品的价格持续上涨。1911年英国殖民政府修建了一条到达尼日利亚北部花生种植中心卡诺的铁路，这条铁路全长711英里。[①]这条铁路对尼日利亚北部的花生出口产生了重大影响。尼日利亚花生出口量从1905年的790吨增加到1913年的1.9288万吨，并在1925年飙升至12.7226万吨（见表1.2）。

表1.2　1905—1925年尼日利亚花生出口量

年份	出口（吨）	价值（英磅）
1905	790	7,000
1912	2,518	19,000
1913	19,288	175,000
1916	50,368	474,000
1925	127,226	2,394,000

出处：G. K. Helleiner, *Peasant Agriculture, Government and Economic Growth in Nigeria,* Homewood: Richard D. Irwin, 1966, pp.7-8。

铁路的影响在1912年还没有完全体现出来，但到1913年，尼日利亚经济作物的出口吨位增长了近7倍，到1916年又增长了2.5倍。如果没有因战时航运短缺人为地限制商品出口，这一数字无疑会更高。当然，这些

① A. G. Hopkins, *An Economic History of West Africa,* London: Longman, 1973, pp.194-195.

快速增长不能完全归功于铁路。正如A. G. 霍普金斯(A. G. Hopkins)指出的,卡诺地区长期以来一直为市场生产谷物和棉花,因此农业没有陷入自给自足的困境。农民们热衷于开发一种有利可图的出口作物以便纳税,为他们在旱季的贸易活动提供资金,总体上扩大了他们的购买力。[①]英国殖民主义者建立基础设施是服务于他们剥削性贸易的。英国殖民当局没有建立真正的国家基础设施网络,所以不能有效地投资尼日利亚的资源,从而扭曲了尼日利亚经济,无情地对该国进行剥削和掠夺。

与此同时,当地商人对基础设施的建设做出了迅速的反应,正如张伯伦所预测的那样。它还产生了连锁效应,因为尼日利亚的主要收入来源是关税,贸易的增长增加了关税收入,这为进一步扩大基础设施建设提供了资金。卢加德总督在尼日利亚东部建立了一个新的远洋港口(哈科特(Harcourt)港),这个港口于1911年开放。他还规划了从卡杜纳(Kaduna)连接尼日利亚北部的铁路,这条铁路于1926年开通。这几年政府的收入和支出迅速增长,收入从1900年的63.9万英镑增加到1913年的332.7万英镑,同期支出从73.5万英镑增加到291.6万英镑(见表1.3)。

表1.3 尼日利亚政府收支情况

年份	总收入(英镑)	海关税收(英镑)	总支出(英镑)
1900	639,000	601,000	735,000
1907	1,673,000	1,262,000	1,716,000
1913	3,327,000	1,773,000	2,916,000

出处: G. K. Helleiner, *Peasant Agriculture, Government and Economic Growth in Nigeria*, Homewood: Richard D. Irwin, 1966, Table V-E-3。

从表1.3中可以看出,虽然所涉及的金额相对较小,但增长率一直攀升,并没有受到通货膨胀的影响。收入的增加也使尼日利亚政府能够根据《殖民地公债法令》(Colonial Stock Act)在伦敦贷款,到1914年,仅在铁路上就花费了965.6476万英镑。1919年尼日利亚的债务总额接近1080万英镑。[②]除了铁路,到1914年,政府还修建了2000英里的公路,在拉各

① A. G. Hopkins, *An Economic History of West Africa*, London: Longman, 1973, p.220.

② R. O. Ekundare, *An Economic History of Nigeria, 1860-1960*, London: Methuen,1973 p.137.

斯还进行了电力建设,在尼日利亚东部的埃努古(Enugu)开设了煤矿,并引进了邮政电报系统和统一货币。[①]

第四,强迫劳动制。这些铁路与港口的建设都是强迫劳动建成的,这为私人资本主义投资提供了基础设施,并促进经济作物的出口。[②]这些劳工在艰苦的条件下劳作,导致大量劳工在铁路上死亡。政治劳工被用于修建铁路、公路、电信基础设施、政府大楼,以及政府及其官员的货物运输系统。1917年,阿贝奥库塔省伊拉罗(Ilaro)区长官沃德·普莱斯报告说,道路建设是年轻人在鞭子下完成的。[③]

如上所述,在尼日利亚不同地区,由于区域不同,有些劳工会得到部分工资,而另一些劳工将无偿为政府修建基础设施。少付和公然不付工资是官员和酋长们的常态。这些劳工从应征入伍到工作期间,再到被遣散,作为受害者遭受了压迫和剥削。最终,1923年出台了《地方当局条例》,限制在搬运、铁路和公路建设中使用强制劳动。1930年,所有殖民国家签署了一项国际限制强迫劳动公约。但在实践中这些条例都遭到蔑视,无法执行。

三、经济货币化:剥削与贫困

除了张伯伦的殖民发展政策外,殖民时期造成尼日利亚欠发达的最重要因素之一是经济生活的货币化。棚屋税和人头税只能用货币支付,否则只能用强迫劳动来支付,只有作为雇佣劳工为欧洲人工作才能赚到现金。而欧洲工业制成品的引进进一步推动了这一趋势。[④]虽然伊利夫指出了"现金饥渴",并提出:"纳税和世界市场经济的波动滋生了农村的

---

① G. K. Helleiner, *Peasant Agriculture, Government, and Economic Growth in Nigeria*, Homewood: Richard D. Irwin, 1966, pp.13-15.

② W. Rodney, *How Europe Underdeveloped Africa*, London: Bogle-L' Ouverture Publications, 1973, p.254.

③ H. L. Ward Price, *Dark Subjects*, London: Jarrolds Publishers, 1939, p.63.

④ A. G. Frank, *Dependent Accumulation and Underdevelopment*, London: The Macmillan Press Ltd, 1982, p.60.

新型贫困,税收耗尽了农村村民的收入。"[①]然而,他不仅对这个问题的论述很少,而且他对欧洲垄断商人及其非洲代理人通过操纵价格来实现贸易剥削的论述也很少。为了理解这种剥削,有必要通过观察商品货币化和税收的过程来研究这种经济是如何发展的,这些过程的结合使人们遭受了贸易剥削。

殖民地国家重组经济的手段是将当地商品货币化,用统一的殖民地货币取而代之。这种发展迫使需要现金的人从事由殖民地发起的货币支付报酬的活动。废除当地货币和接受殖民货币花了很长时间,特别是在伊博、伊比比奥(Ibibio)地区及尼日尔三角洲东部地区,尽管受到胁迫,但当地货币的使用一直持续到20世纪40年代。[②]这是因为殖民国家和欧洲商人不愿意在这个过程中付出一点成本。W. 奥弗纳戈罗(W. Ofonagoro)认为,欧洲公司在尼日利亚制造假币,并继续与非洲人进行易货贸易,[③]这使得欧洲公司获得了高额利润,[④]从而使得货币形势变得更加复杂。

拉各斯殖民政府于1880年通过一项法令开始废除当地货币。随后,保护国采取了谨慎的做法,因为担心强制废除纸币会造成社会混乱。[⑤]保护国的行政当局开始以殖民货币进行交易。但这一措施只影响了少数地区,因此殖民当局颁布了法律,使殖民地货币成为唯一的法定货币,并禁止在政府事务中使用当地货币。这使地方货币逐渐从市场上退出流通。

政府采用殖民地货币对从事建筑、运输、铁路、采矿和伐木工作的劳工支付费用,这在很大程度上促进了经济货币化。政府和采矿公司雇佣

---

① J. Iliffe, *The African Poor: A History*, Cambridge: Cambridge University Press, 1989, p.154.

② W. I. Ofonagoro, *Trade and Imperialism in Southern Nigeria, 1889-1929*, New York: NOK. Publishers International, 1979, p.6.

③ W. I. Ofonagoro, *Trade and Imperialism in Southern Nigeria, 1889-1929*, New York: NOK. Publishers International, 1979, p.271.

④ R. Shenton, *The Development of Capitalism in Northern Nigeria*, London: James Currey, 1986, p.54.

⑤ R. Shenton, *The Development of Capitalism in Northern Nigeria*, London: James Currey, 1986, p.262.

的劳工大多是身体健全的年轻人,他们赚到新货币使他们在族群内中拥有权力。赚取的货币使他们能够贿赂年长的男性,使其默许引诱女性结婚,并使他们的族群充斥着金钱和廉价的进口商品,这些商品逐渐成为家庭必需品。它还将以前的实物交换货币化。这些发展增加了家庭对现金的需求,并迫使很多人从事赚取殖民货币的工作。挣钱的压力导致劳动力从家庭中离开,这破坏了自给自足的传统经济,从而使当地人负债累累。

第二章　战争与重建(1914—1929)

本章详细阐述了1914年至1929年间,第一次世界大战对尼日利亚经济的影响,以及战后英国在尼日利亚的重建措施。首先,战争期间,英国为了维持经济运转和战争需求,加强对尼日利亚的掠夺,将其变成后勤生产基地和物资仓库,以满足战争需求。战后,英国通过基础设施建设刺激殖民经济,但这些措施主要是为了扩大与英国的贸易,并未有效促进尼日利亚的发展。其次,本章分析了战时国家干预政策、外派公司与殖民经济的关系,以及战争对尼日利亚经济、贸易、基础设施的破坏。最后,本章还讨论了战后成立的帝国营销委员会(Empire Marketing Board)和1929年《殖民地发展法案》(Colonial Development Act)对英国和尼日利亚的影响。这些措施旨在缓解英国的经济危机,但实际上对尼日利亚的帮助有限,甚至起了阻碍作用。1929年法案提供的拨款少且结构不完善,加上英国对尼日利亚的剥削政策,导致尼日利亚经济依赖初级产品出口,无法实现真正的工业化。以上均揭示了英国殖民经济政策的剥削本质,以及这些政策对尼日利亚发展的深远影响。

第一节　战时国家干预政策、外派公司与殖民经济

本节概括了第一次世界大战期间,英国对尼日利亚实施的国家干预政策及外派公司对殖民经济的影响。英国通过征收粮食作物、分配航运吨位、实行出口税等手段加强了对尼日利亚的控制,导致尼日利亚经济遭

受严重破坏,基础设施建设停滞,农产品出口市场受阻。外派公司主导殖民经济,通过联合压低农产品价格剥削农民。战争虽然打击了德国在尼日利亚的贸易地位,但英国垄断贸易也阻碍了尼日利亚经济的发展。此外,战争迫使尼日利亚承担军事开支,且英国实行了强制征兵,进一步扰乱了社会稳定。第一次世界大战使尼日利亚深陷动荡,但为欧洲统治带来了暂时稳定,同时,播下了民族自决的种子。

一、战时国家干预政策

第一次世界大战期间,国家干预的程度逐步增加。国家干预的形式有:征收粮食作物、分配航运吨位、实行出口税、制定战时经济政策、强迫劳动和强制征兵。[①]

(一)征收粮食作物与控制商品价格方面

传统的自给农产品,比如甘薯、木薯和豆类等,均作为给养供应给欧洲协约国、非洲和中东前线的军队。这导致自给经济的非洲人生活更加困难。凡是自给农产品被征集或按低于市场价格收购的地方,生产者本身也同样受到伤害。

(二)航运吨位分配与对德贸易方面

战争期间,德国韦尔曼航运公司(Woermann line)从西非海域消失,从而导致运费和保险费大幅提高,进而使进入英属西非港口的轮船吨位减少至战前水平的一半。与此同时,航运的匮乏限制了货物运输的空间,从而限制了从英国为殖民地提供公共工程材料。由于对德贸易的丧失,导致英国贸易公司垄断了对外贸易。德国贸易公司原本占整个英属西非出口商品的三分之一以上。[②]为了处理现有货存,尼日尔公司停止收购某些

① [加纳] A. A. 博亨主编:《殖民统治下的非洲 1880—1935 年》,《非洲通史》第七卷,中国对外翻译出版有限公司,2013 年,第 273 页。

② [英]A. D. 罗伯茨编:《剑桥非洲史·20 世纪卷(1905—1940)》,李鹏涛译,浙江人民出版社,2019 年,第 344 页。

商品,停止支付现金,开启以货易货。从长远来看,德国竞争的消失有助于确立英国对西非殖民地对外贸易的主导权。英国战时实行的对外贸易和船运吨位的控制,对规模较大的英国贸易公司有利,而对小规模的西非商人不利,因而导致寡头买主垄断的局面。

(三)工程项目建设、裁撤森林部和实行出口税方面

战争使殖民地总督对财政预算感到发愁。因为战时进口税减少了,而进口税是官方税收的大头。此外,英国财政部为紧急军事目的保留财政资源,限制殖民地进入伦敦股票市场,敦促殖民地在当地筹集他们需要的贷款,并要求殖民部在履行职责时节约开支。这些压力使殖民部的支出从1913—1914年的78.1195万英镑减少到1918—1919年的60.5257万英镑。[①]与此同时,殖民当局还需要承担皇家西非皇家边防军的战时开支、搬运兵的招募及战争的财政负担。殖民当局需要采取措施来应对这些困难。战争导致殖民政府大幅削减发展基础设施的预算。正如R.拉斯伯恩(R. Rathbone)所言,在1914—1918年,对公共部门的支出下降了三分之一,非洲人在战争期间为维持殖民统治付出了沉重的代价。[②]与此同时,1915年,殖民当局暂停了尼日利亚大多数工程项目,例如埃努古以北的铁路建设和乌迪(Udi)煤矿的建设。裁撤尼日利亚森林部队,失去工作的英国官员回到原来所在兵营,或者到皇家西非边防军服役。政府还实行削减非洲人员开支和停止加薪的政策,提高大众消费品,比如盐、烟草和酒精的进口税,并开始实行出口税。

(四)制定战时殖民经济政策方面

英国使尼日利亚经济处于英国的牢固控制之下。例如,1917年,殖民政府全面禁止尼日利亚向英国之外出口棕榈油,目的是将同一产品

① Colonial Office 323/718/Treas 2935, *Annual Appropriation Accounts* in parliamentary papers.

② R. Rathbone, "World War I and Africa: Introduction", *The Journal of African History*, Vol.19, No.1, 1978, p.8.

的出口转移到其他地方。[①]因此,许多学者认为,战时经济政策是一个由外籍公司和殖民政府共同建立起来的压迫和剥削制度。[②]对尼日利亚来说,战前几年的贸易条件相对便利。1914年,欧洲经济向战时经济生产转变,航运匮乏,以及战后的通货膨胀提高了进口成本。随着战前德国市场和德国公司的消失,以前作为主要出口物的棕榈产品价格下降了。可可、花生和锡作为新的出口商品出现。然而,这些出口商品并不能弥补传统贸易的衰落。德国商人遭到驱逐,英国贸易公司在失去德国的贸易竞争后,开始主导出口经济。殖民政府和外籍公司希望促进贸易,将殖民地纳入世界资本主义经济。[③]

因此,殖民政府在尼日利亚建立起殖民经济结构。尼日利亚殖民地经济依赖三种主要出口作物——可可、棕榈和花生。其中,它们在殖民时期约占尼日利亚出口总额的70%。[④]因此,英国在农业领域的殖民政策和做法旨在组织和激励尼日利亚的所有人力和物质资源,以最大限度地生产和出口满足英国工业所需。这对尼日利亚经济产生了严重的影响。贫穷的尼日利亚农民在殖民经济政策强加给他们的环境下,被迫放弃粮食作物生产,转而专注于经济作物,这一切都伴随着剥削。农产品采购和出口业务由英国公司主导,比如联合非洲公司约翰·霍尔特(John Holt)公司、帕特森和佐乔尼斯(Paterson and Zochonis)公司及利华兄弟(Lever Brothers)公司。[⑤]

---

① O. N. Njoku, "Trading with the Metropolis: An Unequal Exchange", in T. Falola, *Britain and Nigeria: Exploitation or Development?* London: Atlantic Highlands, 1987, pp.137-138.

② R. Rathbone, "World War I and Africa: Introduction", *Journal of African History*, Vol. 19, No.1, 1978, p.1.

③ P. J. Yearwood, "The expatriate firms and the Colonial economy of Nigeria in the First World War", *The Journal of Imperial and Commonwealth History*, Vol.26, No.1, 1998, p.49.

④ J. O. Ahazuem, T. Falola, Production for the Metropolis: Agriculture and Forest Products, In T. Falola, *Britain and Nigeria. Exploitation or Development?* London: Zed Books, 1987, pp.76-93.

⑤ G. Ajayi, Internal Politics of Decolonization and the Emergence of Neo-Colonialism in Post-Independence Nigeria, In G.Ajayi, *Critical Perspectives on Nigeria' s Socio-Political Development in the 20th Century*, Lagos: Stebak Books, 1999, pp.21-28.

(五)强迫劳动方面

强迫劳动是一种剥削制度,1917年,阿贝奥库塔省伊拉罗区长官H. L. 沃德-普莱斯(H. L. Ward-Price)报告说,道路建设是年轻人在鞭子下完成的。[①]强迫劳动滥用于为私人工作。政府动员劳工为矿山和获取木材特许权的酋长及私人雇员工作。人们试图制止这种剥削行为,例如1918年,副总督命令尼日利亚各省的官员停止为矿山招募劳工。[②]1919年,英国殖民部官员R. T. 巴林(R. T. Baring)提出:“我们认为,为私利而使用劳工是不合理的。”[③]尽管有这些指示,滥用职权的行为仍然存在。据报道,1923年埃努古官员命令提夫区每100人中需要派出1人到矿场工作。[④]高原省、包奇(Bauchi)省和扎里亚省的官员哄骗农民到矿场劳作以赚取纳税钱,而不是鼓励他们从事农业生产,卖掉庄稼来纳税。[⑤]贝宁省也同样使用强迫劳动来动员农民在木材区工作。例如,第一次世界大战期间,虽然卢加德拒绝了伦敦商会秘书A. 多贝尔(A. Dobell)为米勒兄弟(Miller Brothers)公司履行与海军部签订的劳动合同而使用强制手段动员工人的要求,但他建议驻地酋长“协助”该公司征用劳动力。[⑥]这种劳动只能通过武力来获得,酋长使用各种强制劳动的方

---

① H. L. Ward-Price, *Dark Subjects*, London: Jarrolds Publishers, 1939, p.63.

② B. Freund, *Capital and Labour in the Nigerian Tin Mines*, Atlantic Highlands: Humanities Press, 1981, pp.74-75.

③ W. I. Ofonagoro, "An aspect of British Colonial Policy in Southern Nigeria: The Problem of Forced Labour and Slavery, 1895-1928", in Boniface I. Obiechere, *Studies in Southern Nigerian History*, London: Frank Cass, 1982, p.227.

④ K. Agber, "The Tiv Economy in the Colonial Era", in A. A. Idris and Y. A. Ochefu, *Studies in the History of Central Nigeria Area, Vol.1*, Lagos: CSS Limited, 2002, p.392.

⑤ National Archives Ibadan CSO 26/1 /03878 Vol.1 Taxation in Pagan Areas, 1921-1940; B. Dan-Azumi, "Tin Mining and Peasant Impoverishment in Jos Division, 1900-1950: A Study in Colonial Domination and Underdevelopment", M.A. Thesis, Zaria: Ahmadu Bello University, 1986, pp.204-212.

⑥ National Archives Ibadan, BP 218/1918 Messrs Miller's Timber area, Labour for- Lugard to Resident, Benin Province, 13/06/1918.

法来迫使人们在木材区为他们工作。[①]

殖民当局将强迫劳动用于巩固殖民地行政和实现扩大贸易而进行的基础设施建设。强迫劳动对个人和社会的破坏性极大,它导致了社会生产的混乱。劳工在强迫劳动过程中受到严重伤害,而这种伤害很少得到治疗。因此造成的残疾或死亡都无法得到赔偿。第一次世界大战期间从贝宁省派往东非的420名搬运工的报告称:他们存在很高的死亡率,他们因不适应当地的食物和战役而备受折磨,其中13人下落不明。[②]从事木材和采矿业的劳工死亡率也很高,因为这些行业需要长途运输。这些伤亡给家庭带来了巨大的灾难,尤其是那些失去顶梁柱的家庭,这可能使一个家庭陷入贫困。

(六)提供军事援助方面

英国在殖民地实行强制征兵制。在战役过程中,英国在西非的兵力已经扩大到2.5万人。在多哥战役中,尼日利亚承担了大约1500万英镑(占1919年尼日利亚税收总额的三分之一)的战时开支。喀麦隆被吞并后,尼日利亚的一个炮兵连和四个步兵营被派往东非前线。与此同时,帝国政府在尼日利亚开展了征兵运动。这扰乱了尼日利亚本已不稳定的社会。

第一次世界大战期间,广泛使用强迫劳动的后果及大规模从农业经济中撤出劳动力的后果开始显现。由于当地农业依赖热带降雨,而且农业具有性别特殊性,因此缺少男性,加上不能按时播种和收获,导致农作物歉收和粮食短缺。如果在粮食短缺之后又出现迟降雨或降雨不足的情况,就会发生饥荒,导致农民陷入长期的贫困。个别殖民官员承认强迫劳

① National Archives Ibadan, BP 240/1914 Report: Method of obtaining and paying carriers and labourers for concession- James Watt, Provincial Commissioner, Benin Province to Secretary, Southern Provinces, 28/09/1914.

② National Archives Ibadan, BP 4/2/4 James Watt, Resident, Benin Province, Annual Report for the Year ending 31/12/1917, pp.16-17; National Archives Ibadan, BP 4/2/5 R. Hargrove, Resident, Benin Province, Annual Report for the year ending 31/12/1918, p.7; National Archives Ibadan, BP 4/2/7 James Watt, Resident, Benin Province, Annual Report for 1919/1920, p.29.

动对破坏当地经济的影响,但殖民当局却将饥饿定性为气候问题或当地人懒惰的结果。当地的食品经济遭到严重破坏,人们不得不寻找购买食物的手段,而这些食物是他们作为税收支付的。由于粮食短缺和饥荒,人们通过迁徙来挣钱购买食物。例如,在1914年的扎里亚饥荒期间,他们迁移到其他地区。[①]这些人为了赚钱成为雇佣劳动力。

二、外派公司与殖民经济

第一次世界大战瓦解了尼日利亚殖民经济中贸易的区域划分。这种区域划分受到法律协议的限制,该协议在英国两家公司——米勒兄弟公司和非洲协会(African Association)——之间建立了一个联合体,该联合体仅限于在尼日利亚南部贸易。[②]这反映了以海岸和河流划分商业区域的模式。1912年,尼日利亚铁路延伸至扎里亚和卡诺,实际上创造了新的海岸和港口,[③]这迅速吸引了其他大型德国和英国公司,但米勒兄弟公司和非洲协会不能进入北部的贸易市场。米勒兄弟公司热衷于打入北部卡诺省花生市场。[④]他们认为,之后不久,哈科特港和东部铁路的发展可能会吸引其他公司进入东部三角洲及其腹地,从而威胁到米勒兄弟公司和非洲协会的地位。[⑤]正如1914年R. 米勒(R. Miller)对尼日尔公司董事长A. 卢姆利(A. Lumley)所说的那样,如果这种安排"一直持续下去,它将阻碍缔约各方的发展,而不是促进它们的利益"[⑥]。这两家公司面临两种

① M. Tukur, "The imposition of British colonial domination on the Sokoto Caliphate, Borno and neighboring states, 1897-1914: a reinterpretation of colonial sources", Ph. D Thesis, Ahmadu Bello University, 1979, p.624.

② F. Pedler, *The Lion and the Unicorn in Africa, A History of the Origins of the United Africa Company 1707-1931*, London: Heinemann Educational, 1974, pp.265-268.

③ R. J. Gavin and W. Oyemakinde, "Economic Development in Nigeria. Since 1800", in Obaro Ikime, *Groundwork of Nigerian History*, Nigeria: HEBN Publishers, 1999, p.500.

④ J. Hogendorn, *Nigerian Groundnut Exports: Origins and Early Development*, Zaria: Ahmadu Bello University Press, 1978.

⑤ J. E. Trigge (Managing Director, Niger Co.) to Lord Scarbrough (Chairman, N. C.), 21 May1917, MSS Afr s.93, Scarbrough papers, Rhodes House, Oxford.

⑥ Miller to Scarbrough, 29 June 1914. A similar opinion had already been voiced by Harry Cotterell of the African Association, to Scarbrough, 23 June 1914, MSS Afr s.93, Scarbrough papers.

选择:要么解体,其后果是造成毁灭性的竞争;要么各方推进合并,以控制尼日利亚的出口贸易。

1914年这两家贸易公司开始与尼日尔公司进行谈判,但进展并不顺利。考虑到尼日尔公司将在新公司中占据主导地位——提案设想尼日尔公司拥有14个董事职位中的7个——而且有可能通过关闭南部贸易站点来简化运营。此外,南部贸易公司(Southern Trade Company)只关注农产品贸易,而尼日尔公司则涉足更广泛的贸易,特别是在采矿领域,采矿业是该公司利润的重要组成部分。这给尼日尔公司的股票带来了健康的溢价,尼日尔公司希望在合并条款中反映出来。非洲协会对此表示反对,它不愿意投资21.4万英镑"在西非的采矿业,这与它的传统业务截然不同"[①]。与米勒兄弟公司的谈判又持续了一个月,但由于在价格上无法达成一致,谈判于1914年7月中旬暂停。[②]

第一次世界大战的爆发给这些公司带来了机遇。战争打击了尼日利亚殖民地经济中棕榈贸易项目,即1913年向德国出口价值240.5625万英镑的棕榈仁,销往英国的棕榈油受到的影响较小。[③]然而,1914年8月,棕榈仁在利物浦根本卖不出去,[④]这种情况持续了大约三个月。事实上,棕榈仁的发展还是有前景的。[⑤] 虽然棕榈油主要用于制造肥皂,并且需要硬化才能用于人造黄油,但棕榈仁粉碎后可以获得一种富含月桂酸的油,这种油可以直接用于制造高质量的人造黄油。碾碎后的棕榈仁可以加工成牛饼。炸药中使用的甘油是棕榈油的副产品。粉碎棕榈仁的工作主要在德国完成,就像制作牛饼一样,这是英国人无法复制的过程。英国压榨机主要粉碎较小的种子,比如棉花籽、油菜籽和亚麻籽,而不能压榨棕榈

① Miller to Scarbrough, 29 June 1914. A similar opinion had already been voiced by Harry Cotterell of the African Association, Cotterell to Scarbrough, 15 June 1914, MSS Afr s.93, Scarbrough papers.

② Miller to Scarbrough, 7 and 9 July, Committee of Control minutes, 16 July 1914, MSS Afr s.93, Scarbrough papers.

③ Tables of Nigerian exports can be found in Red Book, pp.45-46.

④ Addition to unsigned note, 15 Aug. 1914, MSS Afr s.99, Scarbrough papers.

⑤ Trigge to Scarbrough, 15 Sept. 1915, MSS Afr s.86, Scarbrough papers.

仁或椰子仁。[①]

与此同时,英国大部分的花生油均流入了荷兰的人造黄油生产商A. 尤根斯(A. Jurgens)和S. vd. 伯格(S. vd. Bergh)手中。这两家公司反过来给英国市场供应一半的花生油。尤根斯和伯格看到了英国良好的市场前景,于是切断与德国的联系,采取行动在英国本土建立生产基地。此外,1914年之前,英国人造黄油的销量一直在增长。战争期间,人造黄油也稳步扩张。政府既鼓励国内生产人造黄油,也鼓励从荷兰进口人造黄油。荷兰的人造黄油销量一直持续增长,到1916年几乎达到了60%的市场份额。[②]英国和荷兰对人造黄油需求的不断增加,加上英国政府对炸药和甘油的迫切需求,导致了棕榈仁贸易的复苏。利物浦的棕榈油和棕榈仁价格远高于战前水平,1916年初涨幅尤其迅猛。尽管如此,尼日利亚棕榈的价格一直处于低迷状态。战前,拉各斯和利物浦之间棕榈油的差价在5到6英镑之间,棕榈仁的差价在4到5英镑之间。到1916年,棕榈油和棕榈仁的差价分别为22英镑和13英镑。在这两种情况下,拉各斯的成本不到利物浦的一半。[③]

轮船吨位不足是造成这种差距的主要原因。战争期间,整个西非都受到了轮船吨位的影响,但尼日利亚的棕榈产品受到的影响尤其严重。与黄金海岸的主要产品可可相比,尼日利亚的棕榈产量庞大,即使在1907年至1913年进行港口改进之后,拉各斯仍然是一个贫穷的港口。[④]最重要的是,德国的航运业无法被取代,它提供了战前40%的航运能力。[⑤]英国

---

① C. Wilson, *The History of Unilever, A Study in Economic Growth and Social Change*, London: Cassell, 1954, pp.148–151.

② F. J. Pedler, *The lion and the unicorn in Africa: A history of the origins of the United Africa Company 1787–1931*, London: Heinemann Educational, 1974, p.196.

③ Nigeria Trade Statistical Abstract No. 8, 12, Colonial Office 660/4.

④ A. J. Harding (Acting First Class Clerk, Niger Dep't, Colonial Office) min., 1 Jan., W.D. Ellis (Principal Clerk, West Africa and Mediterranean Department) and Sir Charles Strachey (Principal Clerk, Niger Dep't) mins., 3 Jan., A. Steel-Maitland (Parliamentary Under Secretary, Colonial Office) min. 6 Jan. 1916, Colonial Office 583/38/5921; Elder Dempster to Colonial Office, 11 Dec, Ellis min., 20 Dec., Strachey min., 21 Dec. 1915, Colonial Office 583/43/57279.

⑤ C. G. Jung, *The Red Book*, New York: Philemon Foundation and W. W. Norton & Co., 2009, p.46.

埃尔德·登普斯特公司(Elder Dempster)公司当时完全垄断了航运市场。该公司声称运送棕榈仁的数量与之前运往英国和德国的数量总和相同,但运费需要提高。到1915年10月,棕榈仁的价格比战前高出41%,棕榈油的价格比战前高出25%。[①]到1916年10月,由于缺乏运输,尼日利亚积压了10万吨农产品。[②]

与此同时,其他外部因素也使尼日利亚的农产品价格较低,即外籍公司的政策。1914年8月,当棕榈仁在英国卖不出去的时候,各大公司达成了一项协议。在拉各斯,这被称为"环"(Ring)。其成员有约翰·霍尔特公司、米勒兄弟公司、H. B. W. 拉塞尔(H. B. W. Russell)公司和帕特森·佐霍尼斯(Paterson Zochonis)公司。尼日利亚其他地方的协议缔约方包括非洲协会、非洲与东方贸易公司(African and Eastern Trade Corporation)、非洲商人公司(Company of African Merchants)、霍尔特兄弟(Holt Brothers)公司、麦克尼尔·斯科特(McNeil Scott)公司、托马斯·威尔士(Thomas Wales)公司和尼日尔公司。这种分组可以称为"组合"。[③]当利物浦棕榈仁的价格回升时,联合公司并没有解散,相反,联合公司的活动变得更加协调。它的政策很简单,1915年1月发给尼日尔公司代理商的指示是:"你们现在要做的是尽可能便宜地购买所有能买到的农产品。"[④]联合公司的这一政策加强了对尼日利亚农产品生产者的剥削。

鉴于此,卢加德鼓励外籍公司之间竞争,防止联合公司对尼日利亚经济的控制。他认为,德国商业的消除对尼日利亚来说是一场灾难。这种竞争的消失和联合公司的出现导致了农产品价格大幅下降,对社会购买力产生了负面的影响。这反过来使政府的海关收入急剧下降。外国公司之间的竞

① P. H. Davies, *The Trade Makers, Elder Dempster and West Africa 1852–1972*, London: George Allen & Unwin Ltd,1973, pp.198, 477 (table 79).

② Association of West African Merchants (A.W.A.M.) to Steel–Maitland, 9 Nov. 1916, Colonial Office 583/53/37164; Owen Philipps (Chairman, Elder Dempster) to Steel–Maitland, 13 Nov. 1916, Steel–Maitland papers, GD/193/93/1, Scottish Record Office, Edinburgh.

③ T. F. Burrowes, Notes on the trade combine in Nigeria, 6 Nov. 1916, Colonial Office 583/54/53413.Burrowes omits Thomas Welsh, which was certainly a member. Colonial Office memorandum to Lagos, Accra, and Freetown, 24 Aug. 1916, Colonial Office 583/53/37164.

④ Niger Co. to Agent, Anambra, flimsy, 18 Jan. 1915, MSS Afr s.99, Scarbrough papers.

争对于保持健康的贸易和确保生产者的产品获得合理价格是必不可少的。因此,1916年4月,卢加德制定了一项殖民经济政策,包括取消烈性酒贸易、对可可和棕榈产品征收出口关税和在尼日利亚南部征收直接税。①

综上所述,第一次世界大战扰乱了尼日利亚正常的贸易往来,从而进一步阻碍了经济的发展。与此同时,战时尼日利亚的殖民经济是由少数几家大型外国公司主导的。正如W. 罗德尼(W. Rodney)指出:非洲农民带着锄头进入殖民主义,也带着锄头走出殖民主义。它暗示所有非洲人在殖民主义之前都是农民,并且一直是农民,尽管许多人后来成为商人、企业家和中间商。在殖民统治下尼日利亚的农业技术一直很落后,这在很大程度上是商人占据主导地位的结果,同时也是家长式政府重视保护农民生产的结果。②

三、第一次世界大战对尼日利亚的影响

第一次世界大战对尼日利亚的影响主要体现在以下四个方面:

第一,战争给尼日利亚带来了极为严重的经济破坏。战争使非洲初级产品价格下跌,因此,人们断定今后进口货物必将短缺,从而造成这类货物价格的上涨。战争打乱了尼日利亚正常的贸易往来,并损害了尼日利亚的主要农产品出口市场。比如棕榈仁和花生市场,这些农产品在战前基本上是进入德国的市场。战争期间,由于协约国把德国人从殖民地排斥出去,非洲同欧洲的贸易格局发生了急剧变化。德国曾是热带非洲的主要海外贸易伙伴,现在被排斥在非洲大陆贸易活动之外,德国商人全

---

① Lugard to Colonial Office no. 1126, 4 Dec. 1915, Colonial Office 583/38/59211; Lugard to Colonial Office no. 282, 8 April 1916 (first quotation), and confidential, s.d. (second quotation), Colonial Office 583/45/20789, 20906.For the advertisement of the sale of enemy property, Lugard to Colonial Office no. 643, 30 Aug. 1916, Colonial Office 583/48/41329, and Crown Agents to Colonial Office, 5 Dec. 1916, Colonial Office 583/51/58558. This was done without consulting the Colonial Office, Sir George Fiddes (Permanent Under Secretary, Colonial Office) min., 23 Oct. 1916, Colonial Office 583/52/50041.

② A. Phillips, *The Enigma of Colonialism; British Policy in West Africa*, London: Indiana University Press, 1989.

被英国商人取代。[1]由于英国市场不能完全消化尼日利亚生产的农产品,从而导致尼日利亚农业生产者陷入贫困,阻碍了尼日利亚经济的发展。

第二,战争对尼日利亚工程项目和基础设施的建设产生不利影响。战争期间拉各斯港口和码头的建设项目暂停了,而哈科特港作为一个成熟的铁路总站和港口要等战后才能得到发展。战争期间的财政紧缩不仅导致铁路扩建的经费被大幅削减,还使尼日利亚政府取消了维护铁路的支出,从而导致现有铁路线没有得到有效的维护。由于尼日利亚大部分铁路工厂变为弹药厂,使得铁路车辆无法更换。战争对铁路最显著的影响是缺乏现代化车间。到1919年,尼日利亚铁路系统的长度已超过1100英里,在整个铁路系统中,没有任何一个站点具备充足的设施来吊装最小的机车或对机车进行维修。[2] 至于车间的建设,特别是在南部主要工程区埃布特-梅塔,直到战后才开始建设车间。在战争期间,卢加德在卡杜纳建立的车间被抛弃,因为该地区缺乏熟练的工匠。而且南方熟练的工匠不愿意去北方工作,他们担心受到北方人员的骚扰,尼日利亚北部的人将南方同胞视为不受欢迎的陌生人。[3]

第三,战争影响了尼日利亚的对外贸易。战争期间,殖民政府将尼日利亚与德国和奥匈帝国的市场全部关闭,德国航运公司的撤出破坏了战前航运和海上贸易格局和结构。[4]战时的航运无疑是尼日利亚海上贸易组织中最关键的因素,它提供了尼日利亚与英国的唯一联系。英国是尼日利亚出口商品的主要接受国,也是尼日利亚大部分进口商品的供应国。[5]

第四,战争导致尼日利亚面临银币短缺。银币短缺是一个非常棘手的

---

① M. Crowder, “The 1914-1918 European War and West Africa”, in J. F. A. Ajayi and M. Crowder, *History of West Africa, Vol. II*, New York: Columbia University Press, 1974, p.506.

② Colonial Office 583/74/23397, G. M. Bland to D. C. Cameron 26 Feb. 1919.

③ J. Osuntokun, “Post- First World War Economic and Administrative Problems in Nigeria and the Response of the Clifford Administration”, *Journal of the Historical Society of Nigeria*, Vol.7, No.1, 1973, p.36.

④ A. Osuntokun, *Nigeria in the First World War*, London: Longman, 1979, pp.21-63.

⑤ M. Crowder, *West Africa Under Colonial Rule*, London: Hutchinson & Co. Publishers Ltd, 1973; M. Crowder, “The 1914-1918 European war and West Africa”, in J. F. A. Ajayi and M. Crowder (eds.), *History of West Africa* ,Vol.2, London: Longman, 1974, pp. 484-513.

问题,政府被迫使用纸币来代替银币。这导致贸易公司和民间囤积银币,从而使银币退出流通市场,造成当地食品和进口物品价格上涨,流通货币贬值。这种通货膨胀导致尼日利亚和英国政府工作人员要求提高工资。[①]殖民大臣对这些要求感到震惊,但如果尼日利亚殖民政府想要维护统治,他们必须做出让步。A. 米尔纳(A. Milner)要求H. C. 克利福德(H. C. Clifford)研究他们的要求,并进行必要的改革,对提高工资进行全面的审查。[②]

与此同时,战争改变了白人统治者对非洲人的看法。战争迫使白人统治者重新思考非洲的资源,包括人力和物力资源。[③]在人力方面,第一次世界大战期间,非洲人提供了士兵和搬运工。战争爆发后,西非就有1.4785万名非洲人组成的军队。[④]非洲人组成的军队不仅用来在非洲本土作战,而且还增援西方战线和中东的欧洲军队。此外,非洲人军队还是镇压各种反抗殖民政权叛乱的工具。[⑤]在物力资源方面,战争期间,英国对非洲产品的依赖加强:英国从撒哈拉沙漠以南进口商品的比重从1909—1913年的2.8%上升到1919—1923年的4.3%。这些数据反映了英属殖民地原材料的价值增加。[⑥]

第一次世界大战虽然基本上是一场欧洲人的战争,但尼日利亚被深深卷入其中。这次世界大战标志着瓜分非洲的终结,也标志着尼日利亚人企图恢复瓜分前政治实体为基础的独立的终结。对于尼日利亚国家来说,战争虽然代表了社会和经济发生巨大动乱的时期,但是也为欧洲人在

---

① J. Osuntokun, "Post- First World War Economic and Administrative Problems in Nigeria and the Response of the Clifford Administration", *Journal of the Historical Society of Nigeria*, Vol.7, No.1, 1973, p.37.

② Colonial Office 583/77/55482, Clifford to Milner, 28 August 1919; Somerville to Boyle, 1 May 1919, quoting the Whitley Report published in London on 7 March 1919.

③ [英]A. D.罗伯茨编:《剑桥非洲史·20世纪卷(1905—1940)》,李鹏涛译,浙江人民出版社,2019年,第33页。

④ [加纳] A. A. 博亨主编:《殖民统治下的非洲1880—1935年》,《非洲通史》第七卷,中国对外翻译出版有限公司,2013年,第267页。

⑤ [加纳] A. A. 博亨主编:《殖民统治下的非洲1880—1935年》,《非洲通史》第七卷,中国对外翻译出版有限公司,2013年,第265页。

⑥ [英]A. D.罗伯茨编:《剑桥非洲史·20世纪卷(1905—1940)》,李鹏涛译,浙江人民出版社,2019年,第33—34页。

非洲的统治带来了20年的平静时期。在战争期间,民族自决的理念与殖民国家需承担责任的观念便已萌芽。在随后的和平时期,这些思想对发展早期民族主义运动产生了深远的影响。而民族主义者争取更多参与政治活动的要求转化为完全控制政府的要求,则有待于第二次世界大战所起的催化作用。①

第二节　战后重建:基础设施建设与殖民工业化政策

本节讨论了战后尼日利亚的重建,特别是基础设施建设与殖民工业化政策。新总督克利福德提出新殖民管理体系,取消卢加德时期的间接统治,实施宪政改革。但这些改革受到尼日利亚北部人的反对。克利福德重视经济的发展,推动基础设施如铁路、公路、港口等的建设,以促进帝国贸易和经济盈余转移至英国。然而,这些建设服务于宗主国的掠夺目的,限制了尼日利亚的工业化。殖民地的对外贸易与矿石开采由欧洲人控制,导致了经济盈余流向宗主国。尽管尼日利亚出口贸易扩大,但制造业发展滞后,殖民政府忽视工业化,维护英国出口商的利益。这揭示了殖民经济中存在不平等关系和剥削。

一、克利福德新的殖民管理体系

随着战争的结束和新殖民地总督克利福德的上任,殖民政府结构发生了巨大变化。新总督克利福德提出了与卢加德间接统治完全不同的新殖民管理建议。他来到尼日利亚时,对卢加德实行的间接统治制度没有好感。克利福德指责卢加德的制度使国家政治官员短缺。到1918年底,134名英国政治官员管理尼日利亚北部约900万人口。例如,人口282.6897万人的卡诺省仅由19名英国官员管理。这些地方缺乏英国官

① [加纳] A. A. 博亨主编:《殖民统治下的非洲1880—1935年》,《非洲通史》第七卷,中国对外翻译出版有限公司,2013年版,第280页。

员的监督,导致统治阶级的腐败、压迫和不公正。正如克利福德所指出的那样:地方政府在某种程度上从控制中解放出来,他们需要强有力的监督,第一次世界大战使政府以前的腐败行径重新出现,并使政府无法履行监督贪腐的义务。①

克利福德批评卢加德的间接统治原则。他认为,维持现状,借助于一切自然和人为的权宜之计,将使殖民地处于中世纪状态。在英属热带殖民地中,保护土著不受外来因素影响,这会使土著难以达到发展的目的,如果不加以改进,这将是一个无效的管理制度。②1921年,克利福德总督提出宪政改革计划,取消了卢加德时期的尼日利亚委员会(Nigeria Committee),并恢复了立法会(Legis Lative Council)。这一举措进一步加剧了非洲领导层的分裂。在这一背景下,尼日利亚的非洲人于1923年取得了立法会代表权。不过,这只是有限的选举权,只针对殖民地城镇中心的富裕非洲人,其他非洲人被排除在外。拉各斯近10万人中,到1923年只有1601名投票人。除此之外,经由选举产生的立法代表数量少于殖民酋长等"传统统治者"。很多精英认为这是殖民政府背信弃义的行径,政府试图让那些投票支持政府的非洲人进入由政府控制的立法会。在尼日利亚,H. 麦考利(H. Macaulay)的尼日利亚民族民主党(Nigerian National Democratic Party)在拉各斯政治中居于主导地位,在每五年一次的立法会选举和每三年一次的拉各斯市镇委员会(Lagos Town Council)选举中获胜。事实上,20世纪20年代的宪法"改革"导致精英阶层利益发生了两极分化,其中包括传统阶层和资产阶级。从政治上来说,受过教育的资产阶级精英仅限于沿海殖民地。而按照传统间接统治原则,殖民政府赋予无数土著权威以政治职责,这进一步加剧了分裂性的族群民族主义。③

克利福德虽然认识到卢加德间接统治制度的问题,以及行政人员短缺给他带来的限制。但他感到北方的埃米尔权力受到了限制。简而言

① Colonial Office 583/89/34687, Clifford to Milner, 25 June 1920.

② Colonial Office 583/89/34687, Clifford to Milner, 25 June 1920.

③ [英]A. D.罗伯茨编:《剑桥非洲史·20世纪卷(1905—1940)》,李鹏涛译,浙江人民出版社,2019年,第356页。

之,卢加德把精力集中在间接统治原则上,以维持殖民地现状,并使当时在尼日利亚北部盛行的"中世纪状况"永久化。克利福德并不反对保留当地的习俗,但他认为,这些习俗阻碍了当地经济的发展。[①]

在发展国家经济方面,新政府希望放宽限制私人企业投资的法律。克利福德希望制定新法律,在保留"土著权力"的同时,向开发商提供"土地和矿产特许权"。[②]为了实施他的计划,他觉得需要与过去一刀两断。他决定抛弃卢加德的行政管理体系。他建议废除尼日利亚北部副总督的职位,以首席专员的头衔取而代之,同时废除尼日利亚南部总督,因为尼日利亚总督本人驻扎在拉各斯,可以处理尼日利亚南部的事务。他打算设立一个政务司司长的新职位,职权仅次于总督。他认为,这将使尼日利亚的公务员制度达到锡兰殖民地的标准。[③]

克利福德支持在战后控制尼日利亚主要农产品的出口,比如棕榈油、棕榈仁、可可和花生等。以便为他所计划的重建工作筹集资金。克利福德甚至将这些农产品的出口关税从战时棕榈仁每吨1.2英镑(2.25奈拉)提高到战后每吨2英镑(4奈拉),棕榈从油战时每吨2英镑(4奈拉)提高到战后3英镑(6奈拉),花生从战时10先令(1奈拉)提高到战后1英镑(2奈拉)。[④]这一决定符合食品部将帝国的资源引入英国市场的决定,但遭到了英国其他有影响力政治家的反对。这源于既然与德国签订了和平条约,就不能再要求殖民地牺牲自身利益以帮助赢得战争的问题了。有人认为,食品部通过出口禁令和规定最高价格来强迫尼日利亚产品进入英国,而不是允许正常竞争的存在。这是一项不公平的殖民经济政策,特别是考虑到生产商在战争期间所获得的不合理价格。[⑤]由于这些关税只适

① Colonial Office 583/78/66560, Clifford to Milner, 28 Oct. 1919.

② J. Osuntokun, "Post- First World War Economic and Administrative Problems in Nigeria and the Response of the Clifford Administration", *Journal of the Historical Society of Nigeria*, Vol.7, No.1, 1973, p.43.

③ Colonial Office 583/80/73600, Clifford to Milner, 3 Dec. 1919.

④ Colonial Office 583/78/66568, Clifford to Milner, 31 Oct. 1919.

⑤ Colonial Office 554/49/23293, Travers Buxton of Anti-Slavery and Aborigines Protection Society to Milner, May 1920.

用于出口到外国的货物,而不适用于出口到英国的货物,反对保护主义的自由党人强烈反对这一建议。反对派将政府的行为描述为"帝国偏好的结果"[①]。

政府也认为这项措施是帝国优惠政策,旨在保护英国建立起来的人造黄油和肥皂工业免受外国制造商的竞争。但新重商主义者对这一政策进行反击。殖民副大臣A. 埃莫特(A. Emmott)在战争期间担任战争贸易部部长,他对出口税的抨击最为猛烈。在他看来,当剥削臣民成为统治手段时,所有帝国都会衰落,英国还没有从美国革命中吸取教训。埃莫特认为,征收出口税的错误在于,虽然它可以在尼日利亚征收,但尼日利亚政府作为托管喀麦隆领土的部分地区,这将是非法的。这意味着喀麦隆人可以在世界市场上以最高的价格出售他们的产品,而在第一次世界大战中与英国并肩作战的尼日利亚则无法做到这一点。[②]

埃莫特认为,出口关税是为了制造商的利益,而不是为了消费者的利益。不需要对德国征收出口关税,因为德国可以在其他地方找到替代品,而英国不应该树立一个其他大国可能效仿的出口关税榜样。英国的贸易利润丰厚,不需要制定出口关税政策来保护。他认为,应该实施一些合理的保护措施,而不是通过制定政策来剥削本地土著,为国内的商人谋取利益。[③]

殖民政府声称,此举旨在保障殖民地商品在国内市场的稳固地位,且是依据帝国优惠政策而制定的。克利福德陷入了这场争论之中。他同意征收出口税只是作为增加收入的一种手段,而不是出于帝国偏好。但政府在解决这一问题上比较教条主义,克利福德发现自己被归到反对尼日利亚出口税的阵营。然而,在克利福德的干预下,尼日利亚生产商做出了一些妥协。食品部取消了植物油的价格上限,但出口关税一直延续到1921年才被废止。[④]

整个出口关税问题的关键在于,人们担心肥皂和人造黄油制造商会

① Hansard, 5th series, House of Lords, Vol.38, 1919, col 226-227.

② Hansard, 5th series, House of Lords, Vol.38, 1919, col 231.

③ Hansard, 5th series, House of Lords, Vol.38, 1919, col 231.

④ Colonial Office 554/44/66739, Ministry of Food to Colonial Office., 20 Nov. 1919.

以牺牲"本土"生产商的利益为代价而获利。除非根据出口的物品支付1英镑(2英镑)到3英镑(6英镑)不等的关税,否则禁止这些产品出口到国外,这意味着英国买家支付的金额低于世界市场价值。①

克利福德反对出口关税和帝国优惠政策出于以下原因。首先,他受到19世纪传统自由贸易正统观念的影响,即殖民地不需要因重商主义控制而被迫与宗主国进行贸易,否则英国将购买它们昂贵的产品,它们的经济效率将变得低下。这些观点让人想到张伯伦选择帝国优先政策造成的保守党内部的分裂。整个问题与当时的自由贸易政策分不开,即必须恢复自由贸易政策,并结束确保原材料供应的战时措施。其次,将关税与非洲对自然资源和生产的所有权和控制权问题联系起来。最后,引入委任统治原则。②

对尼日利亚出口到帝国以外的某些商品征收"出口税",这是帝国优惠的一项措施。但当加拿大试图利用这一优惠来促进其与尼日利亚的贸易而遭到拒绝时,帝国的优惠就成为简单的重商主义。克利福德打算用这个办法来增加税收,但由于出口到英国的商品不需要纳税,因此由此增加的收入很少,因为尼日利亚的贸易在很大程度上由英国人控制。在解决了人为限制的问题后,克利福德试图将尼日利亚的贸易引入英国。但这对尼日利亚的生产商造成了巨大损失。首先,他出于经济方面的考虑阻止了英埃苏丹当局在尼日利亚招1万名劳工建造马克瓦尔(Markwar)大坝的企图。③尼日利亚需要这些人来进行战后大规模经济重建和矿业开采工作。④

其次,在政治上,战后是政府与受过教育的精英的和解期。克利福德

① J. Osuntokun, "Post- First World War Economic and Administrative Problems in Nigeria and the Response of the Clifford Administration", *Journal of the Historical Society of Nigeria*, Vol.7, No.1, 1973, p.46.

② J. Osuntokun, "Post- First World War Economic and Administrative Problems in Nigeria and the Response of the Clifford Administration", *Journal of the Historical Society of Nigeria*, Vol.7, No.1, 1973, p.46.

③ Colonial Office 583/91/49541, Clifford to Milner, 18 Dec. 1920.

④ Colonial Office 583/91/495, H. R. Palmer's end. m Clifford to Milner, 18 Dec. 1920.

纠正了政府与当地非官方人士之间缺乏接触的现象。[①]克利福德向合格的非洲人开放了公务员制度,尽管他认为"英属西非全国代表大会"(National Congress of British West Africa)的决议要求选举有财政权力的人民代表是不切实际的,但他仍然同情他们的想法。克利福德执行了卢加德1918年4月的决定,将两名选举产生的议员引入拉各斯市议会。他遵循了这一原则,于1922年颁布了新宪法,规定新的立法会由46名成员组成,其中27名是官员,19名是非官员。其中3名非官员将从拉各斯所有成年男性中选举产生,这些具有参选资格的成年男性年收入为100英镑(200奈拉),其任职时间为1年。另外一名非官方成员也将在卡拉巴尔的选举中产生。[②]

1922年,克利福德废除了由卢加德创立的尼日利亚议会,这一举措显然是在受过教育的尼日利亚民众及其麾下欧洲人的压力之下,他所推行的一系列改革中的一环。自1919年12月以来,尼日利亚议会的欧洲成员一直敦促他废除尼日利亚议会,他们说尼日利亚议会没有任何用处,代之以整个国家议会。[③]如果不是殖民部的事先变动,这项规定早在1922年就已经实行了。当它在1922年被引入时,克利福德说这是尼日利亚走向自治的第一步。[④]

总之,在解决战争造成的一些问题时,克利福德给尼日利亚带来了一种新的现代主义,这不仅反映在他的经济政策上,而且也反映在他的整个政府管理上。给予非洲人在政府中的发言权,向合格和有能力的非洲人开放公务员岗位,将非洲人带入政治进程,预示着尼日利亚大规模民族主义时期的到来。他的政策不仅是第一次世界大战催生的结果,而且也反映了他在政治和职业生涯中的成长路径,该路径将克利福德与卢加德的政策区分开来。[⑤]

---

① Colonial Office 583/78/66560, Clifford to Milner, 28 Oct. 1919.

② M. Crowder, *The Story of Nigeria*, London: Faber & Faber, 1962, p.228.

③ Colonial Office 583/84/7580, Proceedings of the Sixth Meeting of the Nigerian Council, 2 Dec. 1919.

④ M. Crowder, *The Story of Nigeria*, London: Faber & Faber, 1962, p.228.

⑤ J. Osuntokun, "Post- First World War Economic and Administrative Problems in Nigeria and the Response of the Clifford Administration", *Journal of the Historical Society of Nigeria*, Vol.7, No.1, 1973, p.48.

二、基础设施建设与对外贸易

尼日利亚农产品的采购始终掌握在欧洲人手中,而将其运往世界市场的运输将由欧洲人拥有和管理的铁路与船只来管理。基础设施的建设意味着将殖民地的经济盈余输送到宗主国。对外贸易和忽视殖民地工业化也是殖民地盈余转移到宗主国的手段之一。

(一)殖民地基础设施建设

随着国家进入战后重建,并受到外部力量的管理,如果要满足殖民目标,土著经济需要在运输和生产力方面更好地实现一体化。殖民经济政策带来的变化加强了尼日利亚人参与国际贸易和进口商品的消费。[①]

实现这一目标需要建立铁路系统,建立新的道路,以实现人员流动。[②]为了把尼日利亚的各个地区连接起来,有效地管理和开发广大农村的资源,建设一个现代化的交通设施网络是必要的。随着新交通设施的建立,促进了经济大规模的扩张。在公路和卡车还没发挥其作用时,铁路是最好的选择。拉各斯—伊巴丹铁路于1896年开工,1900年完工。1907年至1909年,伊洛林、卡杜纳、扎里亚和卡诺铁路线的延伸部分完成。其他铁路线也相继开通,1913年开通了通往卡诺的铁路线,1926年开通了哈科特港、埃努古港和迈杜古里(Maiduguri)港的线路。[③]1909年,拉各斯的铁路经过伊巴丹和奥肖博(Oshobo)到达尼日尔河的杰巴(Jebba),1914年,一座横跨河流的桥梁在杰巴开通。[④]南尼日利亚保护国提供了建设铁路的资金,此外还提供了一笔帝国补助金,用于修建从巴罗(Barro)到尊格鲁(Zungeru)、扎里亚和卡诺的铁路。1912年,从拉各斯到卡诺的直通

① T. Falola, *Economic Reforms and Modernization in Nigeria, 1945-1965*, Kent & London: The Kent State University Press, 2004, p.74.

② R. J. Gavin and Wale Oyemakinde, "Economic Development in Nigeria since 1800", in Obaro Ikime, *Groundwork of Nigerian History*, Ibadan: Heinemann, 1980, pp.482-517.

③ S. Wright, *Nigeria: Struggle for Stability and Status*, Boulder: West View Press, 1998, p.18.

④ Commonwealth Office, *Handbook of Railways in Africa*, Cambridge: Cambridge University Press, 1919, p.910.

线路随着南北铁路的合并而开通。1909年在埃努古发现煤炭,导致东线的建设,从埃努古到哈科特港于1916年完成铁路的建设,而东线和西线于1926年在卡杜纳连接。

这些铁路是进出口贸易迅速扩张的催化剂,特别是在向拉各斯和哈科特港的港口运送大宗原材料方面。这些线路的成本分别是1914年的660万英镑、1925年的1500万英镑和1938年的2340万英镑。收入来源包括货物运输、马车、电报和汽车运输服务。[①]东线于1916年完工,全国铁路线总数达到1780条。铁路使花生、棉花和可可运往拉各斯成为可能。在拉各斯、哈科特港、萨皮莱(Sapele)港和卡拉巴尔港,提供港口和码头设施,以完成尼日利亚与外部世界,特别是英国、西欧和北美之间的货物流动。[②]

然而,仍需要把出口商品从村庄运到火车站,这就促进了道路的建设。随着1907—1909年机动车的引入,道路发展势头强劲。伊巴丹—奥约公路于1905年开始建设,到1914年和1920年,卢加德的地方当局分别完成了2.24万英里和2.5万英里的B干线公路。到1926年,拉各斯中央政府建设了大约2950英里的A干线公路。这些公路从铁路线延伸到内陆,方便从内地运送"经济作物"。1929年至1945年经济大萧条时期,由于铁路建设的竞争,许多道路不是被遗弃就是年久失修,特别是在1930年至1934年。但随着1932年尼日利亚汽车运输联盟的成立,道路发展在1937年后得到改善。到第二次世界大战时,像乔斯堡(Josburg)—拉米(Lamy)这样的公路都是为了军事目的而修建的。1946年,道路总长为2.5433万英里。[③]

从1907年到1939年,尼日利亚全国各地修建了大约1.9万英里的道

---

① B. Onimode, *Imperialism and Underdevelopment in Nigeria: The Dialectics of Mass Poverty*, London: Zed Press, 1982, p.58.

② T. Falola, *Economic Reforms and Modernization in Nigeria, 1945–1965*, Kent & London: The Kent State University Press, 2004, pp.74–75.

③ E. K. Hawkins, *Road Transport in Nigeria – A Study of African Enterprise*, Oxford: Oxford University Press, 1958.

路,尽管只有一小部分铺了柏油。道路的修建促进了汽车和卡车数量的增加,从1907年拉各斯只有两辆汽车增加到1960年的31.131万辆汽车和2.0829万辆卡车。从20世纪20年代后期开始,卡车的广泛使用进一步提高了货物和人员的流动性。与铁路相比,卡车促进了当地贸易的发展,并以更高效的方式将农村与城市结合起来。[①]由于货车业务通常由尼日利亚人控制,当地商人得以发展自己的生意并赚取利润,而且还促进了牛、西瓜、食品和奢侈品的跨地区贸易。[②]

然而,尼日利亚本地农产品的采购始终掌握在欧洲人手中,而将其运往世界市场的运输(比如铁路和船只)也控制在欧洲人手中。[③]尼日利亚的殖民基础设施要么由英帝国拥有和管理,要么由英国政府拥有和管理。这意味着它是为英国的利益而运作的。尽管尼日利亚在伦敦拥有巨额英镑储备,但这些基础设施建设要么是由垄断资本的私人所有者直接融资,要么是通过在伦敦资本市场筹集的贷款间接融资,其利率高于尼日利亚从其英镑储备中获得的利率。

1900—1945年,远洋运输被西非航运联盟(West African Shipping Ring)下的一小群英国私人公司垄断,该集团对大公司的高额运费和回扣制度,促使政府1906年对其进行调查。到1914—1918年战争期间,英属西非的海运由帝国政府控制,以确保重要原材料的供应。航运运输于1924年重组,到1939—1945年战争期间,在英国埃尔德登普斯特航运有限公司埃尔德登普斯特航运有限公司(Elder Dempster Lines Limited)的领导下,六家欧洲和美国寡头垄断了该行业。1939年德军从尼日利亚撤离时,其他船只被征用,为英国食品和供应部运送油籽、棕榈油和可可等。

1903年,由皇家尼日尔公司领导的贸易公司对内河运输的垄断被打

① G. Walker, *Traffic and Transport in Nigeria: The Example of an Under Developed Tropical Territory*, London: H.M. Stationery Office, 1959.

② T. Falola, *Economic Reforms and Modernization in Nigeria, 1945-1965*, Kent & London: The Kent State University Press, 2004, p.75.

③ H. C. Clifford, *Address to the Nigerian Council, 29 December 1920*, Lagos: Government Printer, 1920, p.186.

破,内陆水道也随之扩张。海事处于1925年开通拉各斯—阿帕帕(Apapa)渡轮服务之后,科科(Coco)运河、尼日尔河和伊莫(Imo)河及奥基蒂帕(Okitipa)—阿格巴布(Agbabu)航道通航。1915年后,这些水道从乌迪运送棕榈产品、木材和煤炭,并将进口的制成品运送到内陆。

为了将铁路、公路、水路与海运联系起来,沿海港口的建设是必要的,1926年,第一个拥有四个泊位的现代码头在拉各斯的阿帕帕开放,而哈科特港的远洋码头也于同年开始建设。1900年至1945年,邮局、电话和电报服务进一步向内陆扩展。邮局在1913年增加了20个。电话的发展使拉各斯—伊巴丹干线于1929年建成。①

在航空领域。1925年,英国皇家空军在尼日利亚进行了第一次有记录的飞行。1931年,一架水上飞机访问尼日利亚,试图开始商业飞行,但以失败告终。此后,英国在拉各斯和卡诺之间准备了着陆场地,航空服务发展委员会(Air Services Development Committee)于1935年成立,准备了六个全季节机场。同年,英帝国航空公司(Imperial Airways)制定了一项计划,在英国和西非之间开始航空邮件服务,作为帝国航空邮件服务的一部分。

尽管有了这些改进,殖民地的有形基础设施仍然很少,与尼日利亚的面积、人口和资源相比严重不足。此外,它们与欧洲的垂直一体化产生了两个额外的制约因素,使殖民地一直处于欠发达状态。首先,南北平行的铁路、公路和水路意味着不可能在铁路几英里之外有效地渗透到内陆地区,结果无法调动内陆的大量物质和人力资源用于国家发展。其次,对欧洲实体基础设施网络的热衷,致使人们忽视了对外向型经济增长的培育和发展。这很快将大部分经济盈余转移到海外,并限制了非洲内部的经济互动和发展协调。

综上所述,在第一次世界大战后,英国殖民当局在尼日利亚推进基础设施建设,其主要目的是促进帝国贸易和从殖民地转移经济盈余。基础

① B. Onimode, *Imperialism and Underdevelopment in Nigeria: The Dialectics of Mass Poverty*, London: Zed Press, 1982, p.59.

设施的建设意味着将殖民地的经济盈余输送到西欧、北美和日本。这些基础设施管道从沿海垂直延伸到内陆,构成了早期双边联系,这些联系将加强英国对尼日利亚的剥削和掠夺。[①]

(二)对外贸易

对殖民贸易和基础设施的分析在一定程度上是相辅相成的。虽然对外贸易是将殖民地盈余转移到宗主国的手段之一,但殖民地的基础设施构成了将剩余价值转移到宗主国的物质基础。宗主国在殖民地建设基础设施的目的,是希望扩大贸易获得盈余和对殖民地进行合法的掠夺。

自由贸易帝国的剥削动机主要通过两种手段——对外贸易和殖民金融体系来实现。但殖民贸易绝不是自由的,其贪婪的掠夺欲望在其动机、方向、参与者、竞争结构、交换条件和盈余转移方面得到了最好的理解。

帝国主义的贸易动机是对殖民地原材料的掠夺和将殖民地作为其制成品的出口市场。这两者都提高了帝国主义国家的国际贸易地位及其货币的国际价值。这是通过从国外转移经济盈余来实现宗主国经济发展的来源。从19世纪50年代开始,尼日利亚就为英帝国实现了这些目标,当时尼日利亚向英国出口了21.7225万吨棕榈油,从英国进口了价值27.7807万英镑的棉花制成品和盐。[②]

尼日利亚殖民地贸易的对象国是英国,英国一直控制着尼日利亚所有进出口的50%到80%。德国、美国、法国和荷兰仅次于英国。在这些国家中,贸易商都是私人帝国主义贸易公司,由诸如皇家尼日尔公司(联合非洲公司的前身)、约翰·霍尔特公司和利华兄弟公司等贪婪集团领导。

尼日利亚殖民时期对外贸易的竞争结构多种多样,如1900年前的皇家尼日尔公司宪章,有的则是操纵性的寡头垄断。其他占统治地位的帝国主义贸易公司包括非洲商人公司、盎格鲁—非洲公司(Anglo-African

① B. Onimode, *Imperialism and Underdevelopment in Nigeria: The Dialectics of Mass Poverty*, London: Zed Press, 1982, p.57.

② R. O. Ekundare, *The Economic History of Nigeria, 1860-1960*, London: Methuen, 1973, charps. 11 and 17.

Company)、布里斯托尔非洲商人公司(African Merchants of Bristol)、尼日尔河航运与贸易公司(River Niger Navigation & Trading Company)和伦敦—利物浦商人公司(Merchants of London-Liverpool)到非洲西海岸的贸易。在整个殖民贸易的历史中,通过军事征服、进口配额、许可证和关税等一系列措施,英帝国的进出口不断得到保护。

英国规定了尼日利亚进出口的贸易条件。这些贸易条件对尼日利亚人极为不利,因为无论出口总额是否超过进口总额,这些价值是由英帝国决定的,并且帝国主义者还决定了如何处理进出口收入。英国对尼日利亚施加了无耻的剥削性贸易条件,即英国需要尼日利亚原材料对其出口,并且需要尼日利亚成为其制成品的消费者。随着时间的推移,这些趋势愈演愈烈,贸易平衡有利于英国的进口。这些殖民进口商品在某种程度上要么是尼日利亚国内产品的替代品,要么是彻头彻尾的垃圾,比如"国王和王后色彩艳丽的肖像""廉价的百科全书""礼仪书籍"等,这反映了进口收入对尼日利亚造成的剥削程度。

(三)矿产的开采

除了对外贸易,基础设施的建设也刺激了采矿业的发展和对煤炭的需求。埃努古的煤炭开采始于1916年,英殖民当局首次尝试在乌迪开采煤炭,产量为7000吨。这些煤炭的使用为当地的火车、锡矿的熔炉和轮船提供了动力。总体而言,外国公司控制了尼日利亚的采矿业,赚取了巨额利润。[①]采矿业的发展取决于两个关键因素:其一是建立矿业垄断权,这些权力享有殖民政府的保护;其二是建立法律架构,将非洲人提出的倡议视为犯罪活动,同时强迫他们在矿山、铁路和农场工作,而非洲人的劳动几乎得不到报酬。[②]

1910年,尼日利亚北部开始大量出口锡矿。外国投资者对该领域的投资做出了热情的回应。这种热情因殖民管理和执法程序制度的存在而

① I. N. Chimee, "Coal and British Colonialism in Nigeria", *RCC Perspectives*, No.5, 2014, p.19.

② A. Afigbo, *The Warrant Chiefs: Indirect Rule in Southeastern Nigeria 1891-1929*, London: Longman Group Ltd, 1972, pp.42-43.

得到加强。当矿产开始从尼日利亚土地流出时,英殖民当局制定了两项殖民经济政策来保护本地土著人的利益。首先,土著土地不能出售给非尼日尔人。其次,矿山经营者必须向殖民政府支付租金和吨位使用费。[①]

这些矿山为欧洲人所有,尼日利亚人实际上被高额的资本排除在外。该领域的运营商数量从1912年的40家增加到1920年的105家,再到1928年的139家。一些观察家评论说,在此期间,这些企业的盈利能力很高。[②]这是一种不负责任的剥削。

20世纪30年代,根据《国际锡协定》(International Tin Agreement)的条款,尼日利亚锡矿的产量受到限制。这有效遏制了欧洲人进一步开发锡矿,同时保护了老牌运营商免受利润下降的压力。否则,世界锡需求的下降将导致利润下降。尼日利亚矿产部计算利润占出口矿石价值的百分比,指出在管制生效后的1932年,采矿企业赚取的利润平均为21%,1933年至1937年平均为46%至52%。[③]《国际锡协定》在第二次世界大战期间持续生效,该协议于1946年底到期。

由于尼日利亚人不是矿山所有者,他们不能分享本土锡矿所产生的财富。他们主要通过三个替代渠道来获取财富:首先,付给矿工的工资;其次,矿山经营者购买燃料和其他当地供应品;最后,政府从矿山收取的资金用于当地支出。此外,尼日利亚工人在矿山工作中存在激烈的竞争。他们从事的大部分工作都是非技术性的,此时,政府以现金形式征税,而在尼日利亚北部,工人们除了通过在矿山工作获得现金外,几乎没有其他收入来源。[④]

矿工之间激烈的竞争也体现在他们的工资水平上。从1928年到1930年,随着就业人数从4万下降到3万,平均每周工资从6到7先令下

---

① E. G. Charle Jr., "English Colonial Policy and the Economy of Nigeria", *The American Journal of Economics and Sociology*, Vol.26, No.1, 1967, p.88.

② A. F. Calvert, *Nigeria and Its Tin Field*, London: Edward Stanford, 1912, pp. 203-204.

③ E. G. Charle Jr., "English Colonial Policy and the Economy of Nigeria", *The American Journal of Economics and Sociology*, Vol.26, No.1, 1967, p.89.

④ C. G. Ames, *Jos, Nigeria: Jos Native Administration*, Jos Native Administration, 1934, p.305.

降到4先令。此后,就业人数持续下降,1933年降至1.5万人,到1937年又回升至3.6万人。但在1937年,周薪只涨到了3先令6便士,大约是1928年的一半。[①]

矿山的工资是由政府确定的,第一次世界大战期间,由于对锡矿的需求增加,尼日利亚人在政府的指示下被迫成为矿工,以满足盟军战争的需要。[②]来自矿山的第二笔资金流入尼日利亚,用于支付当地供应的食物、燃料和木材。

但尼日利亚也从矿产中获得了第三笔资金流入。它由殖民政府从吨位使用费、采矿租赁费和政府提供的服务费中获得的收入组成。[③]政府从煤矿中获得的收益大于其在煤矿上的支出,政府处于地主收取租金的地位。锡矿石的吨位使用费从产出价值的2%到10%不等。[④]铌铁矿也有类似的特许权使用费,最高税率为12%。从1910年到1940年,矿商支付的特许权使用费远低于10%。除了特许权使用费,矿商还要向殖民政府支付租金。租金约占20世纪30年代矿石价值的4%。[⑤]殖民政府保留了租金及特许权使用费收入的一半,而将另一半支付给1900年收回尼日利亚北部土地的皇家尼日尔公司。然而,与矿主攫取的丰厚利润相比,殖民政府的这部分收入几乎微不足道。[⑥]

三、忽视殖民地工业化

在两次世界大战期间,宗主国的决策者和利益集团在英国和殖民地经济之间建立了一种互补的关系。他们声称,这带来了互利,即通过出口殖民地的初级产品,殖民地生产者可以购买欧洲制成品,从而提高他们的

① *Blue Books*, Lagos: Federal Government Printer, various years.

② *The Annual Report of the Department of Mines*, 1944, p.15.

③ *The Annual Report of the Department of Mines*, 1944, p.15.

④ F. V. Meyer, *Britain's Colonies in World Trade*, Oxford: Oxford University Press, 1948, pp.86–89.

⑤ According to the Annual Reports of the Department of Mines.

⑥ E. G. Charle Jr., "English Colonial Policy and the Economy of Nigeria", *The American Journal of Economics and Sociology*, Vol.26, No.1, 1967, p.91.

生活水平。这反过来又为欧洲的工业创造了市场。此外,就殖民地经济发展而言,通常是在改善商品出口生产方面,这意味着要巩固生产和制造业地区之间现有的劳动分工——这符合霍普金斯对殖民地“开放经济”依赖模式的描述。[①]

尽管这种经济互补性是帝国辩护者的中心论点,但殖民关系是不平等的。尽管尼日利亚在很大程度上依赖于英国的市场,但英国对殖民地的依赖很少。英国与殖民帝国的贸易从未达到与自治领和发达国家的贸易。因此,在1924年,英国的殖民地贸易仅占其总出口的6.8%,尽管到1931年这一数字上升到10%。然而,英国政治家L. 埃默里(L. Emery)敦促开发殖民地资源,就像张伯伦所提倡的那样。[②]

开发殖民地兴趣背后的信念是,尽管殖民地尚未开发,但殖民地作为英国工业市场和原材料来源,它们具有巨大的经济潜力。[③] 1918年后,随着英国经济相对衰退,开发殖民地的想法得到了加强。人们将殖民地经济视为世界贸易的开端,在未来可能保持在简单的生产水平上。[④]这种简单的概貌没有认真考虑使殖民地生产多样化。

在这一时期,殖民地的经济活动完全集中在初级产品生产上,很少向制造业转化。在尼日利亚,经济发展的特点是增长范围狭窄,主要是出口农产品。对于非洲第二大贸易单位的尼日利亚来说,棕榈产品尤为重要,是该地区在19世纪融入世界贸易的基础。20世纪20年代是尼日利亚棕榈生产的繁荣时期,棕榈出口占尼日利亚总出口的一半。然而,第一次世界大战促使了花生和可可的生产。到1937年,棕榈产品占尼日利亚出口的37%,花生占近20%,可可占10%以上。经济活动的这种转变表明,殖民经济内部仍有活力,农民生产者对新机会的反应能力也有所提高,这驳

① A. G. Hopkins, *An Economic History of West Africa*, Harlow: Longman, 1973, pp.167-186.

② L. J. Butler, *Industrialization and the British Colonial State: West Africa, 1939-1951*, London and New York: Routledge, 1997, p.14.

③ E. A. Brett, *Colonialism and Underdevelopment in East Africa: The Politics of Economic Change, 1919-1939*, London: Heinemann, 1973, pp.115-116.

④ E. A. Brett, *Colonialism and Underdevelopment in East Africa: The Politics of Economic Change, 1919-1939*, London: Heinemann, 1973, pp.71-72.

斥了宗主国认为非洲经济萎靡不振的偏见。①

虽然尼日利亚的出口贸易扩大了,但在第二次世界大战之前,其制造业能力几乎没有发展。例如,到1939年,伊巴丹有一家卷烟厂、几家棉花厂、几家锯木厂、两家棕榈油加工厂、一家金属桶厂和拉各斯的一家肥皂厂(后者由联合利华(Unilever)子公司西非肥皂公司(West African Soap Company)经营,使用当地的棕榈油)。因此,该区域规模不大的制造业主要是加工当地产品,在地理和范围上都受到限制。②

由此可见,两次世界大战期间,英国对殖民地工业发展漠不关心,甚至怀有敌意,一方面是因为工业发展威胁到它们的主要收入来源——进出口关税;另一方面是因为它们专注于限制经济发展对社会的破坏性影响。③但其动机是维护英国出口商在殖民地的市场。第二次世界大战前,殖民政府坚持自由放任政策,他们积极促进出口农业和运输基础设施的建设,以撤离热带出口产品。他们的这一行为引发了批评,因为他们加强了殖民地对初级出口产品的依赖,从而使这些领土保持在对宗主国经济有利的欠发达水平。④当然,殖民政府在促进工业化方面几乎没有什么作为,仅是拒绝为新兴产业提供关税保护、补贴和信贷。⑤虽然根据1929年《殖民地发展法案》,英国对殖民地发展提供了有限的援助,但殖民当局很少根据该计划提交工业提案。⑥

英国忽视殖民地工业化问题,源于工业化影响英国的出口利益和更

---

① B. Ingham, *Development Studies and Colonial Policy*, London: Frank Cass, 1987, p.267.

② B. F. Johnston and P. Kilby, *Agriculture and Structural Transformation: Economic Strategies in Late-Developing Countries*, Oxford: Oxford University Press, 1975, pp.490, 492.

③ D. Meredith, "State Controlled Marketing and Economic Development: The Case of West African Produce during the Second World War", *The Economic History Review*, New Series, Vol.39, No.1, 1986, pp.80-81.

④ E. A. Brett, *Colonialism and Underdevelopment in East Africa: The Politics of Economic Change, 1919-1939*, London: Heinemann, 1973, pp.300-311.

⑤ R. O. Ekundare, *An Economic History of Nigeria 1860-1960*, London: Methuen, 1973, pp.117-185.

⑥ D. Meredith, "The British Government and Colonial Economic Development, with particular reference to British West Africa, 1919-1939", Ph.D. thesis, University of Exeter, 1976, pp.119-126.

广泛的帝国经济一体化问题。第二次世界大战前,很少有殖民政府表现出对工业发展感兴趣。在这种敌对的气氛下,工业化与殖民部无关也就不奇怪了。

第三节 战后危机与1929年《殖民地发展法案》

本节主要讨论了第一次世界大战后英国的经济危机、帝国营销委员会、《渥太华协定》(Ottawa Agreement)与1929年《殖民地发展法案》。本节指出,战后英国经济萧条、失业率高,政府试图通过《殖民地发展法案》援助殖民地发展来缓解国内经济危机。然而,该法案拨款有限,实施效果甚微,未能显著促进殖民地发展或解决英国失业问题。本节还分析了《渥太华协定》对帝国内部贸易的影响,指出其并未如预期般增加英国出口总量,而是将出口从非帝国市场转移到帝国市场。总之,本节揭示了英国在两次世界大战期间通过殖民政策应对经济危机的尝试及其局限性。

一、战后危机

第一次世界大战不仅夺去了很多人的生命,还对欧洲经济造成了严重破坏。给英国带来了巨大冲击,在战争中英国损失惨重。尽管英国是战胜国,但是它已经呈现衰落之势。从英国战后经济的恢复和发展来看,第一次世界大战结束到1929年的10年大致可以分为两个阶段。从战争结束到1924年为第一阶段,这一阶段英国表现为政治动荡和经济萧条。政治动荡是由于干涉俄国引起的骚动、四届首相相继辞职和几次罢工引起的冲突。经济虽然在1922年摆脱了危机,但是由于基本工业如纺织、采煤和造船业的衰落,工业仍处于萧条状态。从1925年到1929年为第二阶段。这一阶段英国的经济发展呈现出局部稳定和逐步回升的趋势。这主要表现在1925年宣布恢复英镑的金平价,新工业部门如汽车、电气、有色金属与化学工业的发展和一批大型垄断公司的出现。到1929年,英国的工业产量才勉强恢复到1913年的水平。[①]

20世纪20年代由于经济回升缓慢和生产结构调整等原因,英国失业问题严重。虽然第三工业的就业人数增长较快,但生产部门的就业工人却明显减少。例如,1923—1930年,英国煤炭工人数目减少30.8%,纺织业减少24.9%,黑色冶金业减少21.2%;农业工人数量从1924年的92.38万人减少到1929年的88.83万人。[②]20世纪20年代平均每年有12%即100万以上的工人失业。1924年失业工人发起运动,议会通过了失业工人宪章。6月1日,失业工人和一些在业工人联合举行游行示威,这一天被称为"失业工人星期日"。

虽然英国在19世纪后期经历了经济萧条,但在战争开始时,它仍是一个相对繁荣的国家。这场漫长的战争给英国带来了巨大的经济损失。当欧洲盟友开始从美国借款时,英国的贸易赤字则通过出售其公民的证券来填补。[③]这意味着英国背负着沉重的私人债务负担。此外,英国经济的繁荣还在于其强大的工业基础和全球贸易联系。战争不仅扰乱了英国的制造业,也扰乱了其与全球贸易的联系。为了赢得战争,英国对其制造业基地进行重组。为英国贸易网络服务的船只转用于军事目的。结果,英国的商品无法销往拉丁美洲和亚洲,这为美国和日本打开美洲与亚洲市场创造了贸易条件。1913年至1928年,英国对拉丁美洲和亚洲的出口大幅下降,而美国和日本的出口则大幅增长。[④]

战争对欧洲制造业和贸易的破坏影响了英国、德国和其他欧洲国家经济的发展。经济萧条是法西斯主义、纳粹主义等极权主义思想和运动的温床。[⑤]在意大利,墨索里尼领导的法西斯党上台执政,因为民众对国

---

① 李安山:《非洲现代史》,江苏人民出版社,2019年,第421页。

② 樊亢、宋则行主编:《外国经济史·近代现代》(第3册),人民出版社,1980年,第85页。

③ B. Eichengreen, "The British Economy Between the Wars", in Roderick Floud, Jane Humphries and Paul Johnson, *The Cambridge Economic History of Modern Britain, Vol.2*, Cambridge: Cambridge University Press, 2014, p.319.

④ B. Eichengreen and D. A. Irwin, "The Role of History in Bilateral Trade Flows", in J. A. Frankel, *The Regionalization of the World Economy*, Chicago: The University of Chicago Press, 1997, p.38.

⑤ B. U. Ukelina, *The Second Colonial Occupation Development Planning, Agriculture, and the Legacies of British Rule in Nigeria*, London & New York: Lexington Books, 2017, p.34.

家政治前景日益黯淡感到不满,人们期望法西斯党能稳定经济。在德国,纳粹党利用经济衰退的浪潮上台执政。德国国会无力控制恶性通货膨胀,这为纳粹党在1932年的选举中掌权铺平了道路。欧洲国家经济的迅速崩溃导致了政治格局的变化。在英国,1923年的选举中工党赢得选票组建政府。这是少数派工党第一次组建政府。然而,工党政府仅在9个月后就垮台,保守党重新掌权。S. 鲍德温(S. Baldwin)领导的保守党政府肩负着应对英国经济危机的重任。①

与此同时,第一次世界大战后,拉各斯码头工人饱受剥削,他们的实际工资由于通货膨胀而大幅下降。他们在1919年发动罢工,要求将工资增至每天4先令。自从19世纪以来,他们的工资一直维持在每天1先令。此时,熟练的工人为保护自身利益而组织工会:在1919年7—10月铁路罢工期间,尼日利亚铁路技工同盟(Railway Workers Union)领导了尼日利亚铁路罢工。②

总体而言,战后罢工活动在20世纪20年代矿业和铁路行业十分普遍。这些抗议活动得到非洲媒体和更具政治意识的知识阶层的支持,例如尼日利亚的麦考利。律师、医生、记者和商人等西化精英对于薪酬低下的非洲职员和工人的艰难处境表示同情,他们也看到自己的经济和政治地位日益受到限制。1926年,塞拉利昂的铁路工人举行罢工。政府抓捕了罢工"罪魁"并予以严惩。随着经济条件恶化,殖民政府态度变得更为强硬。③

1920年底,随着欧洲进入战后萧条时期,短暂的繁荣阶段突然结束,非洲商品的出口价格严重下跌。在利物浦市场上,黄金海岸的可可价格从1920年3月的172先令下降到当年12月的44先令。④因此,净易货贸

① W. Brustein, *Roots of Hate: Anti-Semitism in Europe Before the Holocaust*, Cambridge: Cambridge University Press, 2003, p.234.

② [英]A. D.罗伯茨编:《剑桥非洲史·20世纪卷(1905—1940)》,李鹏涛译,浙江人民出版社,2019年,第349—350页。

③ [英]A. D.罗伯茨编:《剑桥非洲史·20世纪卷(1905—1940)》,李鹏涛译,浙江人民出版社,2019年,第350页。

④ R. J. Southall, "Polarization and Dependence in the Gold Coast Cocoa Trade, 1890-1938", *Transactions of the Historical Society of Ghana*, Vol.16, No.1, 1975, p.97.

易条款停滞,直到20世纪50年代才恢复到战前水平。殖民地货币供应与贸易平衡关系存在密切联系,因此硬币大量流出殖民地,政府因而实行信贷紧缩政策。那些以较高的战后价格获得大量储备的非洲商人发现自己失去了市场,不仅欠债,并且无法继续获得贷款。

战后,整个英属西非的关税和铁路营业收入下降了40%以上。1922—1929年,英属西非的贸易收入条件逐渐恢复,殖民政府关税收入因而增加。到1929年,尼日利亚出口额为1750万英镑,其中一半来自棕榈油和棕榈仁,其余分别是花生、可可和锡。在缺乏技术进步的情况下,出口额的增加主要通过更多的土地和劳动力用于种植经济作物来实现的:更多农民为了维持进口水平而更加努力地工作。[①]

农业种植的扩张是由交通革命推动的:主要是较为轻便的福特卡车的引入,这最早是由拉各斯的W.A.达沃杜(W. A. Dawodu)等非洲进口商引进的。这些美国福特卡车通常是由非洲人所有并经营,能够在泥泞的道路上行驶,穿越采采蝇肆虐的可可和棕榈种植区,并进入一直依靠人力搬运的丛林市场。因此,这些福特卡车开辟出新的土地,并且减少了每吨单位英里的运费。然而,非洲商人逐渐被更强大的欧洲公司排挤,后者很快就夺得了福特和其他汽车的运营权。非洲投资者被迫从事回报较低或投机性较低的行业,因而无法从殖民地银行家那里获得贷款。这一时期,随着西非发生了多次企业并购,商业经营权逐渐集中在少数公司手中,因此更容易确定购买和价格固定协议。

战后经济问题,以及欧洲人试图解决这一问题所作的努力,使受过教育的非洲资产阶级民族主义者要求在政府事务方面拥有更大的发言权。1920年3月,来自四个英属西非殖民地的代表齐聚阿克拉土著俱乐部(Accra Native Club),共同组建了英属西非国民大会,并就一系列经济和政治不满展开讨论。与会代表主要是成功的职业人士:律师、医生和教士,此外还包括少量的商人、记者和酋长。他们在经济和政治上信奉自由

---

① [英]A. D.罗伯茨编:《剑桥非洲史·20世纪卷(1905—1940)》,李鹏涛译,浙江人民出版社,2019年,第351—352页。

主义,主张进行包括选举代表权在内的立宪改革,从而消除非洲人在经济和社会领域的不利条件,但他们并不主张进行激烈的变革。[①]

二、帝国营销委员会与《渥太华协议》

第一次世界大战后,影响殖民统治的主要经济理论是亚当·斯密(A. Smith)的自由放任主义。虽然斯密认为,一个贫穷的殖民地可以向宗主国贷款,但他主张每个殖民地都应该自力更生,利用自己的资源来管理自己的事务。殖民地必须在财政上独立,并且有足够的实力来使殖民政府运作。[②]1926年,殖民大臣指出,英国纳税人不应该为殖民地的经济发展买单。除非是在紧急情况下,例如地震、飓风和饥荒,可以扩大财政援助形式。殖民地的另一个收入来源是向英国资本市场贷款。[③]

人们指责英国政府以牺牲殖民地利益为代价来保护这些出口商的利益。[④]我们还需要确定,在20世纪30年代,英国政府采取了哪些措施来保护英国人在殖民地市场上的利益。两次世界大战期间,给英国经济蒙上阴影的是主要出口工业的衰落和英国在世界贸易中所占份额的收缩。英国由于依赖初级生产国作为市场,当这些经济体的收入下降时,英国的出口就会受到影响。世界贸易下降,英国出口商缺乏竞争力,导致英国政府采取行动来支持英国的重要利益。首先,建立一个更加自给自足的帝国经济集团,为英国出口提供安全的出口渠道。其次,促进殖民地发展,从而为英国的资本货物创造市场。这两种战略都没有为殖民工业化提供太多空间。

大萧条加强了英国对帝国市场潜力的兴趣。1929年至1932年,英国

① [英]A. D.罗伯茨编:《剑桥非洲史·20世纪卷(1905—1940)》,李鹏涛译,浙江人民出版社,2019年,第353—354页。

② A. Smith, *The Wealth of Nations*, London: Barnes & Noble, 2004, p.69.

③ T. Falola, *Development Planning and Decolonization in Nigeria*, Gainesville: University Press of Florida, 1996, pp.2-3.

④ E. A. Brett, *Colonialism and Underdevelopment in East Africa: The Politics of Economic Change, 1919-1939*, London: Heinemann, 1973, p.72.

的出口量下降了37%以上。[①]尽管如此,出口对英国经济仍然至关重要。直到1938年,殖民地出口经济还占据英国近60%的进口。[②]因此,在帝国内部建立一个紧密的贸易体系是有吸引力的,它可以在一定程度上保护帝国不受国际经济问题的影响。到1931年底,英国是少数几个尚未实行保护主义政策的主要经济体之一,这使得其国内市场很容易受到外国出口商品“倾销”的影响。[③]

加强帝国经济联系的想法对宗主国来说具有很强的吸引力,跨越了政党,涵盖了工业。例如,以出口贸易为主的英国工业联合会(Confederation of British Industry)一直致力于通过保护和帝国来解决其成员的问题。随着1930年后大萧条的加剧,联邦在帝国中看到了解决办法,即一系列“软”市场,为外国竞争提供了永久的解决方案,并提供了工业重组和削减成本的替代方案。[④]

1932年的《进口关税法案》(Import Duty Act)正式结束了英国的自由贸易时代,并成为1932年夏在渥太华举行的帝国经济会议上谈判达成的帝国优惠协议的基础。这些措施在整个帝国范围内引入了互惠的贸易优惠。英国获得了关税优惠,其产品在自治领市场上获得了更大的优惠。作为回报,大多数自治领农产品可以自由进入英国,并通过对与帝国出口竞争的某些非帝国商品征收额外的关税来增加优惠幅度。[⑤]对英国来说,帝国优惠政策的目的是提高国内就业水平。[⑥]《渥太华协定》的目的是在世界贸易收缩和经济民族主义抬头的情况下增加英联邦国家内部的贸

① D. H. Aldcroft, *The British Economy*, London: Distributed by Harvester Press, 1986, pp.45–46.

② M. Cowen and N.J. Westcott, “British Imperial Economic Policy During the War”, in D. Killingray and R. Rathbone, *Africa and the Second World War*, London: Macmillan, 1986, p.29.

③ P. Kilby, *Capital Utilization in Manufacturing: Colombia, Israel, Malaysia and the Philippines*, Oxford: Oxford University Press, 1981, pp.65–66.

④ R. F. Holland, “The Federation of British Industries and the international economy”, *The Economic History Review*, Vol.24, No.2, 1981, pp.287–289.

⑤ D. H. Aldcroft, *The British Economy*, London: Distributed by Harvester Press, 1986, p.71.

⑥ I. M. Drummond, *Imperial Economic Policy 1917 to 1939: Studies in Expansion and Protection*, London: Allen and Unwin, 1974, pp.425–426.

易。[①]英国政府对海外制造业竞争的恐惧表现在《渥太华协定》之后的关税制度中,在该制度下,制成品和半成品进口的关税率提高了,食品和原材料的关税率降低了。[②]

《渥太华协定》提出的希望总体上没有实现。尽管英国对帝国的出口有所增加,但并未达到英国实业家的期望。帝国优惠政策没有增加英国的出口总量,而是将出口从非帝国市场转移到帝国市场,增加了英国对后者的依赖,减少了出口行业合理化和专注于生产更具竞争力产品的动力。[③]帝国偏好的固有弱点是,帝国的主要经济体更多地依赖帝国贸易,而不是集团内部的市场,事实证明不可能在帝国内部找到替代市场。此外,其成员之间没有共同的经济利益。英国所设想的帝国经济体系的核心缺陷是其隐含的重商主义,它是一种简单的贸易模式,即英国向主要生产领土和殖民地提供制造品。因此,这一战略源于20世纪20年代后期,宗主国政府对自治领内保护主义的日益警惕,这种保护主义旨在保护新兴产业。[④]

1933年,帝国特惠制适用于殖民帝国。《渥太华协定》总体上使自治领比殖民地受益更多。然而,伦敦的政策制定者意识到,殖民政府往往严重依赖贸易收入,不能指望它们免除对英国商品征收的关税,尤其是考虑到20世纪30年代反复出现的预算危机。[⑤]殖民地获得了与自治领一样的进入英国市场的权利。然而,除非英国政府允许,否则他们在自治领和印度市场上不享有与英国出口相同的特权。[⑥]渥太华对殖民地经济的直接影响微不足道。特别是热带农产品几乎没有得到保障,主要是因为英国

---

① S. Pollard, *The Development of the British Economy. Third Edition 1914–1980*, London: Edward Arnold, 1983, p.121.

② D. H. Aldcroft, *The British Economy*, London: Distributed by Harvester Press, 1986, p.71.

③ P. Kilby, *Capital Utilization in Manufacturing: Colombia, Israel, Malaysia and the Philippines*, Oxford: Oxford University Press, 1981, pp.65,75.

④ I. M. Drummond, *Imperial Economic Policy 1917 to 1939: Studies in Expansion and Protection*, London: Allen and Unwin, 1974, p.439.

⑤ I. M. Drummond, *Imperial Economic Policy 1917 to 1939: Studies in Expansion and Protection*, London: Allen and Unwin, 1974, pp.425–426.

⑥ Colonial Office 852/164/6, Clauson to Sir Cosmo Parkinson, 11 Mar. 1938.

进口这种农产品的能力有限,而且《渥太华协定》也没有限制帝国内部初级生产者之间的竞争。[①]

此外,现有的条约义务限制了帝国优惠对殖民地的适用。因此,在西非,《渥太华协定》可以适用于塞拉利昂和冈比亚,但由于《1898年英法公约》(Anglo-French Convention of 1898)不能适用于尼日利亚。因此,在尼日利亚,英国商品需要支付低关税,尽管英国殖民当局可以对外国进口商品施加数量限制或配额。[②]而且,1932年以后,英属西非所有领土的出口商品在英国免征关税。

帝制优惠催生了两个显著结果。首先,考虑到英国和自治领之间存在的根本利益分歧,帝国封闭的企图注定要失败,未来的世界贸易将逐步走向自由化,这一过程将基于诸如与美国等国的双边贸易协定而逐步构建。实际上,这是20世纪30年代末美国贸易委员会(US Trade Commission)吸取的广泛教训,为该部门在1939年后重新转向多边主义奠定了理论框架。[③]

其次,尽管英国在政治层面已不再直接操纵自治领的经济以谋取私利,但它仍能有效地捍卫自身在殖民地市场中的既得利益。这种"顺应形势,阻力最小"的策略,对英国的出口部门,诸如棉花行业,产生了极大的吸引力。如果他们要在新的竞争中生存下去,就会面临巨大的调整问题。正是第二个结果支撑了英国政府在20世纪30年代对待殖民帝国的方式。当世界各地的出口市场萎缩时,伦敦不仅试图巩固它可以控制的市场,特别是在殖民地,而且还阻止殖民地工业的发展,因为这可能进一步剥夺英国出口商的市场份额。[④]此外,这一时期,本土经济和殖民地经济之间互

---

① A. G. Hopkins, *An Economic History of West Africa*, Harlow: Longman, 1973, p.266.

② I. M. Drummond, *Imperial Economic Policy 1917 to 1939: Studies in Expansion and Protection*, London: Allen and Unwin, 1974, pp.429-430.

③ A. P. Dobson, *US Wartime Aid to Britain 1940-1946*, London: Croom Helm, 1986, pp.36-37, p.67.

④ E. A. Brett, *Colonialism and Underdevelopment in East Africa: The Politics of Economic Change, 1919-1939*, London: Heinemann, 1973, pp.274-275.

补性在英国观念中得到加强,这造成了敌视殖民工业化的环境。面对财政部和贸易委员会的反对,殖民部也无力影响政策。[①]

三、1929年《殖民地发展法案》

1929年,英国颁布了《殖民地发展法案》,迈出了殖民规划的第一步。大萧条为1929年工党政府推出该法案提供了契机。[②]该法案旨在通过增加与殖民地的贸易往来改善英国萧条的经济状况。它授权英国政府每年拿出100万英镑作为贷款和赠款,以援助和发展殖民地的农业和工业,进而促进英国商业和工业的发展。[③]

1929年《殖民地发展法案》是第一次真正将张伯伦殖民发展方案制度化。现在,我们有必要弄清1929年《殖民地发展法案》产生的背景、内容和实施情况,以及分析该法案实施的效果。我们需要认识到,1929年《殖民地发展法案》执行的项目是有限的,因为它们是从当地农民那里榨取盈余和收入来运作的。

(一)1929年《殖民地发展法案》实施的背景

当宗主国政府指望殖民地缓解其经济危机时,大多数殖民地的经济也面临困难。[④]例如,20世纪20年代末的经济危机之前,尼日利亚能够通过出口农产品和锡矿来平衡预算。20世纪20年代,尼日利亚一半的出口产品是棕榈产品。[⑤] 20世纪20年代的战后繁荣为尼日利亚农民带来了农

---

① D. Meredith, "The British Government and Colonial Economic Development, with particular reference to British West Africa, 1919-1939", Ph.D. thesis, University of Exeter, 1976, p.137.

② P. N. C. Okigbo, *National Development Planning in Nigeria, 1900-1992*, Fourth Dimension, 1989, p.15.

③ United Kingdom, *Colonial Development Act, 1929*, London: His Majesty's Stationery Office, 1929.

④ B. U. Ukelina, *The Second Colonial Occupation Development Planning, Agriculture, and the Legacies of British Rule in Nigeria*, London & New York: Lexington Books, 2017, p.35.

⑤ L. J. Butler, *Industrialization and the British Colonial State: West Africa, 1939-1951*, London: Frank Cass, 1997, p.15.

业增长和繁荣。一些人能够将收入多样化,将盈余投资于贸易和运输。[①]然而,随着欧洲经济开始萧条,这段繁荣遭受了打击。欧洲经济疲软必然会对殖民地经济造成影响。鉴于尼日利亚主要依靠初级产品的出口来增加收入,欧洲需求的下降必然会导致殖民地商品价格的下降。没过多久,世界对初级产品的需求就下降了50%,导致殖民地出口产品价格下跌。价格下降对依赖初级产品生产的尼日利亚产生了严重的影响。L. J.巴特勒指出,1928年至1934年,支付给尼日利亚棕榈油产品的价格下降了80%,尼日利亚的出口总值从1928年的1692.7万英镑下降到1933年的856万英镑。[②]

除了出口收入的下降,进口收入也下降了。商品价格的下跌减少了殖民地人民和政府的财政收入。政府在金融危机期间引入了财政紧缩政策,殖民地不得不减少对欧洲商品的需求,导致从欧洲进口商品数量的下降。这给依赖关税作为主要收入来源的殖民国家带来了经济损失。另一个枯竭的收入来源是棚屋税和人头税。如果没有强有力的初级产品出口制,人民就难以维持生计。20世纪20年代末和30年代初,在殖民地征税对英国来说是一项艰难的任务。[③]殖民地国家为发展经济而借的贷款使其负债累累,以至于将出口贸易产生的有限收入用来支付贷款利息。由于英国制定的殖民地财政自给自足政策,殖民政府无法从伦敦获得救助。这些因素使尼日利亚的经济无法发展。事实上,维护已经建好的基础设施也是一项挑战。宗主国与殖民地经济问题的趋同产生了两个问题:英国的失业率和殖民地的社会经济发展受阻。因此,英国开始尝试使殖民地发展制度化。[④]

---

① S. Berry, *No Condition is Permanent: The Social Dynamics of Agrarian Change in Sub-Saharan Africa*, Madison: University of Wisconsin Press, 1993, p.72.

② L. J. Butler, *Industrialization and the British Colonial State: West Africa, 1939-1951*, London: Frank Cass, 1997, pp.15-16.

③ B. U. Ukelina, *The Second Colonial Occupation Development Planning, Agriculture, and the Legacies of British Rule in Nigeria*, London & New York: Lexington Books, 2017, p.36.

④ B. U. Ukelina, *The Second Colonial Occupation Development Planning, Agriculture, and the Legacies of British Rule in Nigeria*, London & New York: Lexington Books, 2017, pp.34-35.

(二)1929年《殖民地发展法案》的内容

英国工党内阁于1929年通过了《殖民地发展法案》。该法案的通过是基于这样一种假设:宗主国现在有足够的资源为非洲的发展提供资金,非洲的发展也能为宗主国经济的进一步增长奠定基础。①

20世纪20年代,殖民大臣埃默里和米尔纳主张将殖民发展政策作为缓解战后经济危机的一种手段。英国每年需要偿还2.1亿英镑的债务,因此需要增加新的收入来源。如果没有这些收入,工业的税收负担将会增加,这将给英国经济带来沉重打击。埃默里认为,尽管1929年《殖民地发展法案》推动了殖民地经济发展,但其目的是解决英国的失业问题,而不是为了促进殖民地经济的发展。②殖民地经济的发展能够解决英国的就业问题。然而,财政部反对埃默里关于殖民地发展的计划。财政部官员认为,以开发方式投资于殖民地的资金永远不会获得回报。因此,财政部继续推行向殖民地提供贷款而不是赠款的政策,而殖民部继续推动向殖民地提供赠款。③殖民部和财政部之间的斗争十分激烈。1928年,埃默里给首相鲍德温写信说道:"四年的痛苦经历使我确信,只要把事情交给财政部,任何加速殖民地发展的企图都是无望的,财政部反对向殖民地拨款,财政部在帝国事务上持有的反对意见比议会施加的压力要大得多。"④

英国殖民地的经济发展是英帝国史上一个反复出现的问题。对于谁应该是经济发展的受益者,是宗主国还是殖民地,以及如何实现经济发展,在过去一直存在许多讨论。对英国重商主义者来说,殖民地的经济发展意味着开发殖民地的自然资源,为宗主国的利益服务。然而,他们很少

---

① [美] R. A. 奥斯丁:《非洲经济史:内部发展与外部依赖》,赵亮宇、檀森等译,上海社会科学院出版社,2019年,第327页。

② B. Niculescu, *Colonial Planning: A Comparative Study*, London: George Allen & Unwin, 1958, p.61.

③ N. R. Malmsten, "British Government Policy Toward Colonial Development, 1919-1939", *The Journal of Modern History*, Vol.49, No.2, 1977, p.1250.

④ S. Constantine, *The Making of British Colonial Development Policy 1914-1940*, London: Routledge, 1984, p.168.

考虑殖民地人民的福利。他们主要投资有保障的市场和几种基本原材料(包括供出口的农作物),以实现重商主义政策的目标。[①]

1929年初,随着英国大选临近,作为对失业危机的回应,内阁再次转向发展殖民地经济的政策。1929年5月,鲍德温"采纳了埃默里关于殖民地发展基金的建议,并主张在非洲实行殖民发展政策。但根据内阁建议,他没有解决殖民地基金管理机制的问题"[②]。然而,鲍德温政府在1929年的选举中败选了,工党赢得选举组建政府,鲍德温于1929年6月4日辞职。组建少数派政府的工党在竞选时提出要解决失业问题。此时的殖民大臣J. H. 托马斯(J. H. Thomas)认为,殖民地发展将缓解英国失业问题。埃默里得到了托马斯的支持,并让他呼吁建立一个帝国发展基金。工党政府采纳了这一建议,并迅速将这一建议立法化。[③]

毫无疑问,工党政府对1929年《殖民地发展法案》的热情支持是基于一种信念,即该法案将缓解英国的失业问题。托马斯在介绍该法案时指出:"工党政府提出这项措施,不仅源于我们有责任发展殖民地经济,也源于它将有助于缓解英国的就业危机。"[④]"我们必须刺激殖民地基础设施的发展,进而促进殖民地消费从英国进口的商品,才能扩大国内生产,从而降低失业率。"[⑤]该政策是英国的一项就业计划,殖民地的发展只是他们考虑的一部分。为了让殖民政府接受这项新政策,英国需要鼓励殖民地向宗主国贷款。尽管财政部对该计划在缓解就业问题上仍持怀疑态度,但1929年6月24日,托马斯要求财政部和议会顾问准备一份法案,这项法案在两天内就起草好了。议会很快就通过了这项法案,1929年7月26日

---

① E. R. Wicker, "Colonial Development and Welfare, 1929-1957: The Evolution of a Policy," *Social and Economic Studies*, Vol. 7, No. 4, 1958, p.171.

② N. R. Malmsten, "British Government Policy Toward Colonial Development, 1919-1939," *The Journal of Modern History*, Vol.49, No.2, 1977, p.1265.

③ S. Constantine, *The Making of British Colonial Development Policy, 1914-1940*, London: Routledge, 1984, p.183.

④ G. C. Abbott, "A Re-Examination of the 1929 Colonial Development Act", *The Economic History Review*, Vol.24, No.1, 1971, p.70.

⑤ B. U. Ukelina, *The Second Colonial Occupation Development Planning, Agriculture, and the Legacies of British Rule in Nigeria*, London & New York: Lexington Books, 2017, p.38.

这项法案也获得了王室的批准。[1]这项法案就是1929年《殖民地发展法案》。

从某种意义上说,1929年《殖民地发展法案》可以被视为英国经济政策的一种革命形式。它标志着亚当·斯密提出的古典经济自由放任哲学迄今盛行的失败,该哲学主张国家在促进经济发展方面发挥最小作用。经济发展的进程将交由市场力量这只"看不见的手"来决定。然而,随着两次世界大战之间出现了大萧条,一些学者开始质疑斯密"看不见的手"的实用性。这种对该理论的批判倾向导致了凯恩斯主义革命,凯恩斯主义认为,不应将经济发展过程的决定交给市场力量这只"看不见的手",而应由国家进行干预,积极影响经济发展的方向。然而,尽管英国受到凯恩斯主义理论的影响,但它并没有完全否定亚当·斯密的自由企业原则的福音。相反,英国采取了自由放任和国家干预的混合政策。因此,对于英国来说,殖民规划将基于政府提供有利的经济和社会环境,而将经济发展留给私营部门的原则。[2]

同时,以殖民经济政策为特征的现代主义哲学为该法案提供了理论依据。E. J. 乌索罗(E. J. Usoro)对两次世界大战期间尼日利亚的殖民地经济发展战略进行了深刻的分析。他证明了现代化不仅影响了殖民地的经济发展政策,而且被用来为英国的经济利益服务。[3]殖民经济政策将尼日利亚农业分为两类,符合现代化范式的传统农业和现代农业。传统农业涉及生产当地粮食作物和其他与尼日利亚人的福祉有关的原材料。但传统农业被认为是落后、原始和无关紧要的,因此不值得殖民援助。现代农业部门生产的经济作物是英国工业所需的原材料,被认为与殖民地的经济发展是相关的,而且非常有益。因此,现代农业部门得到了援助。

① S. Constantine, *The Making of British Colonial Development Policy,1914–1940*, London: Routledge, 1984, p.185.

② B. Onimode, *Imperialism and Underdevelopment in Nigeria: the dialectics of mass poverty*, London: Zed Press, 1982, pp.115–116.

③ E. J. Usoro, "Colonial Economic Development Strategy in Nigeria 1919–1939: An Appraisal", *Nigerian Journal of Economic and Social Studies*, Vol.19, No.1, 1977, pp.122–125.

1929年《殖民地发展法案》(Colonial Development Act)鼓励殖民地生产更多的经济作物,作为英国工业的原材料,同时增加殖民地人民的购买力。殖民地人民购买力的提高将扩大工业产品的市场,从而最终促进英国工业生产能力的最大化。

1929年《殖民地发展法案》是英国正式实行发展规划的第一步。该法案规定是从帝国资金中向殖民地提供赠款,以发展殖民地的农业和工业,从而促进殖民地与英国之间的商业往来。在该法案推行之前,虽然对特定发展项目(如铁路建设)的援助是通过担保贷款提供的,但是法案不允许殖民地从帝国获得资金来发展当地的经济。1929年《殖民地发展法案》的内容包括:促进农业和工业方面的科学研究,组织农产品种植和销售,鼓励采用改良的耕作机器和设备,改善国内运输和通讯、港口、渔业、林业、供水及水力发电,促进矿产资源的开发和公共卫生建设。[①]

该法案提供了100万英镑的资金,由一个委员会管理,该委员会将以赠款或贷款的形式每年向殖民地拨款(前十年支付贷款利息),用于殖民地的基础设施建设、农业或工业项目。这些项目将刺激殖民地对英国商品的需求,从而在英国创造就业机会。[②]

尼日利亚殖民当局对该法案作出了谨慎的反应,该法案的通过恰逢尼日利亚殖民当局认识到需要增加尼日利亚的农业生产。尼日利亚的农业正面临生产危机,威胁到尼日利亚政府的收入。此前,殖民当局的政策一直遵循"沿着本土路线发展"的原则,并按照殖民部的规定,在平衡预算的基础上实现财政自给自足。政府的收入主要来自直接税收和贸易关税,这两者都依赖于农民的农业生产。农产品价格、产量和质量的变化对政府收入影响很大。由于政府对农业保持不干预政策,出口作物生产以农民生产者的绝对剩余产品的形式扩大。在R. W. 申顿(R. W. Shenton)看来,这"取决于动员以前非商品化的劳动力资源来进

① T. Falola, *Development Planning and Decolonization in Nigeria*, Gainesville: University Press of Florida, 1996, p.10.

② B. Bourdillon, "Colonial Development and Welfare", *International Affairs*, Vol.20, No.3, 1944, p.370.

行劳动力再生产。然而,这一过程本质上具有经济、空间和时间的限制。到经济萧条最严重的年份,一些涉及出口作物生产的地区已经受到这些限制"[①]。除了最早的可可产区和野生油棕采集区已达到其生产扩张极限外,一些地区森林的增加及教育的扩展分别对土地和劳动力造成了进一步的限制。[②]

大萧条期间,农产品价格的下跌减少了政府的收入,并造成了政治和行政问题。政府已经背负了发展基础设施所需的贷款,这些基础设施是扩大和运输农产品所必需的。任何收入的减少都会威胁到政府偿还贷款和管理政府的能力。

尽管情况紧急,但尼日利亚政府的债务使它对根据1929年法案提供的贷款采取了谨慎的态度。在技术部门、各省集团和组织提出的各种建议中,只有米纳(Mina)—卡杜纳铁路线的重新分级和改线被认为值得向殖民部提出贷款申请。最初申请支付5%的贷款利息用于米纳—卡杜纳铁路线的重新分级和改线,仅获批准为期五年,而不是1929年法案规定的十年。[③]结果,尼日利亚立法会和政府拒绝了这一提议。为了回应尼日利亚和其他一些殖民政府的谨慎态度,殖民部澄清并扩大了该法案的范围。这将有助于帝国经济发展无偿项目,包括关于农业、工业、营销、通信、生产机械和自然资源的方法和做法的卫生和科学研究,并要求殖民地进一步提交提案。[④]随后提出了许多要求提供资金的建议,但只有与发展能够增加贸易的基础设施有关的项目和医疗项目都获得批准,如下表所示:

---

① R. W. Shenton, "Nigerian Agriculture in Historical Perspective: Development and Crisis, 1900-1960" in M. Watts, *State, Oil and Agriculture in Nigeria*, Berkeley: University of California, 1987, p.39.

② R. W. Shenton, "Nigerian Agriculture in Historical Perspective: Development and Crisis, 1900-1960" in M. Watts, *State, Oil and Agriculture in Nigeria*, Berkeley: University of California, 1987, pp.39, 44.

③ Nation Aarchive Ibdan, CSO 26/3 File 23668 Vol. III Colonial Development Fund: General Paper and Estimates- Memo 15/04/1930, p.158.

④ T. Falola, *Development Planning and Decolonization in Nigeria*, Gainesville: University of Florida Press, 1996, p.11.

表2.1　1929年《殖民地发展法案》和尼日利亚资金资助的援助计划支出

单位:英镑

项目	1930—1931年	1931—1932年	1932—1933年	1933—1934年	1934—1935年
铁路	18,422	10,500	21,721	13,100	16,300
兽医资金	105	885	338	126	190
营养研究	1,969	917	747	-	317
采采蝇研究	1,075	-	-	424	-
妇产培训中心	-	11	2,867	4,694	-
卫生检查员培训中心	-	-	5,455	1,219	-
国家行政机构药房	-	3,515	4,652	32	135
救护车辆(10)	-	-	4,626	-	-
麻风病定居点	-	3,000	3,000	-	-
血吸虫病和麦地那龙线虫的研究	-	88	426	1,534	-
卫生的改善	-	478	2,468	759	277

出处: T. Falola, *Development Planning and Decolonization in Nigeria*, Gainesville: University of Florida Press, 1996, p.13。

表2.2　1938年的拨款情况

单位:英镑

计划		拨款类型	收到金额
完成的计划	营养研究	全额拨款	3,543
	采采蝇研究	全额拨款	1,500
	改善公共卫生	总支出的六分之五	40,057
	航空服务	机场地面组织开支的一半(高达51,000英镑)	51,000
未完成的计划	兽医资金	尼日利亚的捐款是赠款的两倍	1,926
	农业资金	尼日利亚的捐款是赠款的两倍	2,002
	伊洛林家畜农场	3400英镑,条件是该计划的经常费用由尼日利亚承担	2,538
	昏睡病服务	如果尼日利亚在每年1.1万英镑的计划下提供余额,每年最多可提供1.9万英镑,为期5年	7,500

出处: T. Falola, *Development Planning and Decolonization in Nigeria*, Gainesville: University of Florida Press, 1996, p.15。

根据T. 法洛拉(T. Falora)的说法,1929年《殖民地发展法案》对尼日利亚没有什么好处。到1940年法案终止时,尼日利亚取得的成就微乎其微。正如其主要目标一样,贷款资金用于有限数量的项目。在收到的33万英镑中,11.445万英镑(占34.7%)用于支付修建米纳—卡杜纳铁路的贷款利息。5.1万英镑用于资助修建机场设施,9.5万英镑用于研究和治疗昏睡病。农业部门获得3400英镑用于鼓励发展混合农业,另有1500英镑用于研究采采蝇,其余用于其他小额支出。[①]

1929年《殖民地发展法案》鼓励殖民政府为某些计划提供贷款,如果没有该法案的承诺,这些计划就不会启动,从而进一步增加了尼日利亚的债务负担。此外,殖民政府还被迫制定计划并担保部分资金,作为批准该法案中资金实施的条件。[②]这项政策增加了殖民政府开支。

这些资助的项目对增加英国的就业、提高殖民地民众的社会福利或增加他们的产出几乎没有帮助。[③]1929年《殖民地发展法案》给农业的拨款很少。昏睡病的研究和治疗可能被认为是为了提高健康的农业生产力,结果更多地是针对欧洲锡矿开采利益集团的健康需求。欧洲采矿者集中在矿区,他们的健康需要得到保障,而对非洲人口的健康影响只是偶然的。阿贝奥库塔省的居民总结了该法案对于满足尼日利亚人福利需求的微不足道,他表明该省的居民只享有法案中为帝国人均分配的0.34磅中的0.1磅。他最后要求为本省人民提供更公平的资金份额。[④]鉴于微薄的资金及其对非洲人福利的无关紧要,尼日利亚的社会经济状况恶化了。

1929年实行的《殖民地发展法案》规定贷款旨在使殖民地成为英国工业原材料产地和制成品销售市场,从而使英国攫取巨大的经济利益。尽管它们涉及公共资本的使用,但其理念是帮助英国私人企业。然而,从殖民主义的角度来看,这一发展战略存在着很多问题。这些问题与尼日

---

① T. Falola, *Development Planning and Decolonization in Nigeria*, Gainesville: University of Florida Press, 1996, p.14.

② S. Constantine, *The making of British Colonial Development Policy, 1914–1940*, London, Frank Cass and Company Ltd, 1984, pp.371–372.

③ B. Bourdillon, "Colonial Development and Welfare", *International Affairs*, Vol.20, No.3, 1944, p.370.

④ Abeokuta Province–I.W. F Tods, Ag. Resident Abeokuta Province to Secretary, Western Provinces, 19 July 1939, p.4.

利亚殖民地经济结构、外籍私人企业的作用,以及当地英国殖民者的理念有关。[①]

(三)1929年《殖民地发展法案》实施的效果

1929年《殖民地发展法案》对于解决大萧条期间恶化的英国失业问题几乎没有什么作用。[②] 与此同时,大多数殖民地发现帝国的贸易条件对他们不利,并且从法案中没有得到好处。[③]由此导致1929年《殖民地发展法案》影响甚微,因为拨款少得可怜,结构也不完善。英国议会是以极其乐观的态度通过这一法案的。议员们认为,该法案能够使殖民政府将订单源源不断地送到英国,从而解决英国本土的失业问题。然而,殖民政府对该法案的反应并不强烈。究其原因,主要有以下四点。

第一,有充分的证据表明,殖民地发展在该法案的实施和管理中所起的作用微不足道。首先是涉及所提供资金的实际数额。虽然该委员会建议支出总额约为887.5万英镑,但议会拨款总额仅为665万英镑。委员会是在假定每年最多可提供一百万英镑来资助其各项建议的情况下进行工作的。[④]其次,关于制定"殖民地开发法"的酝酿与辩论自始至终都是在伦敦进行的,各个殖民政府没有机会参与制定政策甚至提供意见。同时,该法案的宗旨是促进英国经济发展和解决英国失业问题,与殖民地关系不大。最后,1929年开始的世界经济危机导致各殖民地出口不景气,这使殖民政府难以进行其他项目建设。

第二,1929年《殖民地发展法案》非但没有促进殖民地的发展,反而对殖民地的发展起了阻碍作用。该法案的范围过于狭隘,无法对殖民地

---

① M. Havinden and D. Meredith, *Colonialism and Development Britain and its Tropical Colonies, 1850-1960*, London & New York: Routledge, 1993, p.152.

② M. Haviden and D. Meredith, *Colonialism and Development, Britain and Its Tropical Colonies, 1850-1960*, London: Routledge, 1993, p.199.

③ A. N. Poter and A. J. Stockwell, *British Imperial Policy and Decolonization, Volume I, 1938-1951*, London: Palgrave Macmillan, 1987, p.12.

④ G. C. Abbott, "A Re-Examination of the 1929 Colonial Development Act", *The Economic History Review*, Vol.24, No.1, 1971, pp.74-75.

发展问题作出有效的贡献。例如,它排除了对一般社会发展,特别是教育行业的投资。当然,它确实允许在技术教育、卫生和研究等相关领域支出,但殖民地发展的一些最紧迫和最根本的问题无法得到解决,因为它们不在该法的范围之内。

第三,该法案过分强调发展的物质方面。该法案对经济基础设施和资本项目压倒性集中。因此,英国政府认为,它在殖民地发展中的作用和责任主要局限于提供基本的基础设施项目,没有这些基础设施项目,也不指望私营企业向尼日利亚进行投资。因此,在许多方面,根据1929年《殖民地发展法案》提供的殖民援助的性质和范围,似乎与19世纪的做法没有改变,当时殖民政府也重视发展铁路和经济基础设施。

第四,为了处理申请贷款,委员会对发展性质的工作和一般行政性质的工作作出了广泛的区分。虽然前者有资格获得基金的援助,但后者被认为更适合由当地资源提供资金。然而,考虑到大多数殖民地较差的经济状况,这种区分被证明是完全不现实的,而且有过度的限制。它还导致了一些相当明显的不一致和扭曲。例如,公共卫生支出被视为具有发展性质的工作,而教育,包括修建学校和农业学院,则被列为一般经常性支出。①

1929年《殖民地发展法案》对殖民地经济发展的积极作用微乎其微,加上殖民地和英国经济形势的恶化,导致了20世纪30年代两地出现普遍的不满情绪。在第二次世界大战之前的几年里,殖民地对政治和经济改革的不满与骚动程度变得更加明显。当1939年战争爆发时,英国无法承担疏远其殖民地臣民的后果。

1929年《殖民地发展法案》的失败表明,20世纪30年代尼日利亚经济的发展需要由殖民地和帝国政府负责。尼日利亚殖民政府肩负着启动该计划的责任,由于保守主义和对间接统治的信仰,它们的视野往往受到限制。间接统治意味着一种不变的社会和经济结构。

---

① G. C. Abbott, "A Re-Examination of the 1929 Colonial Development Act", *The Economic History Review*, Vol. 24, No. 1, 1971, pp.76-77.

回顾20世纪二三十年代为促进殖民地发展所采取的措施,似乎很清楚,两次世界大战期间英国提供的殖民援助与国内经济危机密切相关,他们采取治标不治本的方式应对经济危机。殖民部对长期经济危机没有明确的战略,对尼日利亚殖民地的长期经济发展也没有明确的战略。尼日利亚殖民地除了依赖初级产品出口之外,没有其他选择。正如尼日利亚总督在1939年写给殖民大臣的信中所说:"显而易见,没有任何一届英国政府在这一重要的殖民地发展问题上制定明确的政策,1929年的政府所做的一切只是承认对发展提供临时援助,殖民地财政自给自足原则从未被抛弃。"①

综上所述,1929年法案的通过是张伯伦帝国发展规划的开始,自19世纪90年代以来,这种发展规划存在于英国与殖民地关系的背景中。通过放弃财政自给自足的政策,将宗主国基金投资于殖民地,英国重新发现了张伯伦的"帝国地产"应该为英国和殖民地民众的利益而发展的想法。这一节表明,英国在非洲的发展思想起源于张伯伦的殖民发展政策。通过观察他的继任者在殖民部的政策,这种发展意识形态从未完全消失,而是在不同的殖民政策中有所表现。②

① M. Havinden and D. Meredith, *Colonialism and Development Britain and its Tropical Colonies, 1850-1960*, London & New York: Routledge, 1993, p.173.

② B. U. Ukelina, *The Second Colonial Occupation Development Planning, Agriculture, and the Legacies of British Rule in Nigeria*, London & New York: Lexington Books, 2017, pp.39-40.

第三章　萧条、英国与尼日利亚（1929—1939）

本章主要讨论了两次世界大战期间，大萧条对英国在尼日利亚殖民地的经济影响及其引发的一系列问题。大萧条导致了尼日利亚的农产品和锡矿价格下跌，出口收入锐减，殖民政府收入下降，被迫实施紧缩政策，包括减薪、裁员、扩大税收等，这些措施进一步加剧了社会动荡。殖民地经济复苏政策以保护主义和剥削非洲资源为主，未能有效解决经济危机，反而引发了劳工危机与犯罪激增。

尼日利亚工人因失业和减薪陷入贫困，许多人转向犯罪以维持生计。同时，反殖民主义情绪高涨，知识分子和政党要求改革殖民政策，增加社会服务和就业机会。外部事件如埃塞俄比亚危机和西印度群岛骚乱也加剧了英国国内的殖民政策反思。英国殖民当局开始考虑殖民政策改革，提出“托管”经济理念，旨在保护殖民地免受西方工业化带来的负面影响，同时减少管理成本。

然而，大萧条暴露了传统殖民政策的不足，促使英国政府重新审视其在非洲的角色，并最终宣布殖民帝国的自治目标，同时强调殖民地的福利与进步。整体而言，大萧条对尼日利亚殖民地经济造成了深远影响，迫使英国殖民当局进行政策调整。同时，这为非洲民族主义的兴起提供了契机。揭示了殖民地经济体系的脆弱性。

第一节　萧条与殖民经济复苏政策

20世纪30年代大萧条期间,尼日利亚经济遭受重创,农产品价格下跌,失业问题严峻。英国殖民当局为应对困境,采取了一系列保护主义政策,包括增加税收、削减开支和实施帝国关税特惠制,以期恢复经济。然而,这些措施并未能从根本上解决危机,反而加剧了当地人民的困境。尼日利亚人民通过抗议、发展本土手工业和淘金等方式来寻求缓解经济危机,但金矿开采等活动虽带来短暂繁荣,却未能成为经济的持久支撑。英国殖民官员在制定政策时更多关注自身利益,忽视了尼日利亚人的实际需求,导致经济复苏政策未能真正解决问题。本节揭示了大萧条对尼日利亚经济的深远影响,以及当地人民的挣扎与反抗。

一、萧条的爆发与官方反应

大萧条期间,尼日利亚面临失业和贫困等问题。萧条导致了尼日利亚锡矿关闭和农产品价格下跌。这给殖民政府带来负面影响。农产品价格的暴跌削弱了殖民政府的收入,这迫使殖民当局制定新的解决方案和措施。

(一)萧条的爆发

尼日利亚刚刚摆脱了20世纪20年代初的战后经济危机,在20世纪30年代很快又面临持久的萧条。早在1929年12月,尼日利亚殖民当局就感受到大萧条的影响。农产品价格下跌导致家庭收入减少。1930年6月,英国政府向殖民部发出通知,要求它们"在开支方面节约支出"[①]。这一时期,非洲生产商面临的贸易条件下降,但殖民压力迫使他们继续在国际市场上销售自己的商品。外国贸易公司之间垄断的形成也使它们能够

① Arewa House Archives (hereafter cited as AH), SNP1 12, p.307, "Draft Estimates for the Financial Year, 1931-1932."

降低支付给生产商的实际价格。[①]除了1935—1937年的短暂复苏外,净易货条件和收入贸易条件一直低于20世纪20年代的水平。[②]生产者价格在1928—1929年收购季节达到历史最高水平,之后的1930年和1931年则持续下跌。很多农民起初拒绝销售产品,期待价格会继续上升。由于购买力与出口收入有直接联系,进口和贸易下滑。

大萧条期间,尼日利亚城市地区失业增加、贫困和城市化造成了社会混乱,种族对立和学校不足等问题。尼日利亚总体发展缓慢,无法满足人们的愿望。到1940年,这个国家的人均年收入很少,公共收入和支出波动很大。投入发展项目中的资金很少,在20世纪30年代,尼日利亚对外借款的债务超过了年度公共收入的25%。[③]

自1915年以来,埃努古政府一直开采煤矿,私营公司从乔斯高原的矿井中开采锡矿。但尼日利亚经济绝大多数以农业为主,花生是北部的主要产品,可可是西南部的主要产品,东南部主要生产棕榈仁和棕榈油。然而,这些作物的价格在20世纪三四十年代持续下降。在大萧条期间,随着进口范围的扩大,廉价的进口布料和金属制品与当地手工艺品竞争,甚至取代了当地手工艺品。[④]尼日利亚从英国进口的商品比例虽然有所下降,但仍占很大比例,1929年占比为70.5%,1939年占比为54%。而向英国出口的商品比例在增加,1929年为44.1%,1939年为59.5%。[⑤]从1900到1929年,尼日利亚的出口量增长了500%,但从1930年到1945年,出口量只增长了20%,人均产量停滞不前。总的来说,产量的增长与其说

① A. G. Frank, *Dependent Accumulation and Underdevelopment*, London: The Macmillan Press Ltd, 1978, p.5; S. Amin, “Underdevelopment and Dependence in Black Africa - Origins and Contemporary Forms”, *Journal of Modern African Studies*, Vol.10, No.4 ,1972, pp.518-524.

② [英]A. D.罗伯茨编:《剑桥非洲史·20世纪卷(1905—1940)》,李鹏涛译,浙江人民出版社,2019年,第358—359页。

③ T. Falola, *Development Planning and Decolonization in Nigeria*, Gainesville: University Press of Florida,1996, pp.20-21.

④ W. M. Freund, “Labour Migration to the Northern Nigerian Tin Mines, 1903-1945”, *Journal of African History*, Vol.22,1981, p.181.

⑤ G. K. Helleiner, *Peasant Agriculture, Government, and Economic Growth in Nigeria*, Homewood: Richard D. Irwin, 1966, Tables IV-A-15, IV-A-14.

是由于新的农业技术的促进,不如说是由于耕地面积的扩大,这是"增长而没有发展"的标志。①

早在大萧条之前,尼日利亚的农业体系已经与帝国经济交织在一起,通过帝国同世界经济联系在一起。尼日利亚的花生种植为英国的制造业提供了原料;尼日利亚的棉花出口到英国的棉纺厂;来自尼日利亚南部和中北部的棕榈油被用来制造洗涤剂、润滑剂和各种消费品的添加剂;可可是一种利润丰厚的出口产品;橡胶、木材和锡矿成为尼日利亚对英帝国出口的产品。这些经济作物的出口和英国制成品的进口,将数百万尼日利亚农民、工人的财富和命运与世界商品市场联系在一起。

由于这些联系,尼日利亚经济感受了到全球经济衰退的影响,如锡的价格下跌到大萧条前水平的一半。②此外,殖民政府于1930年签订了一项国际协议,削减锡产量,以提高锡价。这导致乔斯高原上至少80%的锡矿关闭。③锡矿关闭对锡矿区及周边地区的尼日利亚人民产生了深远的影响。

尽管锡矿的情况很糟糕,但殖民政府官员更担心出口农业的状况,因为尼日利亚的大部分出口收入来自农产品。可可、花生、棉花和棕榈产品价格的急剧下跌,以及农产品出口的减少,破坏了农民生产者的个人经济,削弱了他们的纳税能力和生产能力。例如,在尼日利亚南部,1928年至1929年每磅种籽棉的价格从2.5磅到3磅下降到1929—1932年的0.375磅到0.75磅。④同样的价格暴跌影响了在尼日利亚种植的美国棉花品种。在1928—1929年,每吨花生的平均收购价为11镑6先令,1932—1933年下降到每吨6镑16先令。⑤

① G. K. Helleiner, *Peasant Agriculture, Government, and Economic Growth in Nigeria*, Homewood: Richard D. Irwin, 1966, pp.5,18.

② B. Freund, *Capital and Labour in the Nigerian Tin Mines*, London: Longman, 1981, pp.121–130.

③ Z. D. Goshit, "The Impact of the Great Depression on the Jos Plateau: A Case Study of the Tin Mine Fields in the 1930s", *Mandyieng: Journal of Central Nigerian Stadies*, Vol.1, No.1 ,2001, pp.72–86.

④ Nigeria, *Economic and Social Progress*, p.33.

⑤ Nigeria, *Economic and Social Progress*, pp.32–33.

这些商品产量的增加与价格的下跌一致。大萧条期间的趋势是主要出口作物的生产者增加了产量。只是到后来,他们对不断恶化的价格和市场感到失望。他们开始转向种植粮食作物,而不是出口作物。价格下跌使生产扩张变得不合理,除非是为了满足税收需求。由于棉花和可可不能食用,对转向粮食作物的农民来说这是一个合理的选择。与殖民当局的期望相反,税收不能促进出口作物的生产。随着萧条的不断加剧,尼日利亚人无奈地放弃了因税收激励而进行的生产扩张。棉张和可可产量的缩减引起了英国当局的关注。众多农民为应对这一局面,纷纷调整种植策略,倾向于扩大粮食作物的耕种面积,而相应减少了出口作物的种植面积。他们更倾向于种植粮食作物,而非仅仅为了纳税而种植出口作物。

在尼日利亚东部,大部分棕榈产品来自所谓的野生或灌木种植园。大萧条期间农产品价格的下跌将人们的精力从种植棕榈转移到种植粮食作物上面。棕榈仁产量的下降与棉花和可可价格下跌一样令殖民当局担忧。只有花生的种植继续保持在大萧条前的水平。[①]花生产量相对稳定的原因是花生既可作为出口作物又可作为粮食作物。它们过去是,现在仍然是许多尼日利亚人饮食中的主食。

农产品价格的暴跌削弱了殖民政府的收入,这迫使殖民当局制定新的解决方案和措施。萧条的加剧和经济衰退带来的问题都需要解决。这是尼日利亚经济复苏的前提。进行经济改革成为尼日利亚殖民官员的核心活动。由于经济问题的严重性,尼日利亚殖民地立法机构在1931年7月召开一次特别会议。尼日利亚总督D. 卡梅伦(D. Cameron)在会议上发表讲话,向出席会议的欧洲和非洲立法会成员描述了本国严峻的财政形势。这位总督重申了他的承诺:"我认为尼日利亚的财政问题很严重,我将立即予以关注。"[②]总督随后提议实行四管齐下的方法。首先,他宣布政府将把针对关键基础设施项目或改进工作的支出,记入伦敦的一个贷款账户中。其次,推迟一些公共工程项目的建设进程。再次,他要求政府部

① Nigeria, *Economic and Social Progress*, p.32.

② *Nigeria Gazette Extraordinary*, 18, No. 42, 1931, p.413.

门通过裁员计划来削减管理开支,并同时缩减业务运营规模。最后,他要求“扩大收入来源”,这是增加税收的一种手段。[①]

(二)官方的反应

面对大萧条对尼日利亚经济的摧毁,总督提出的措施成为殖民政府经济复苏政策的基石。在接下来的几个月里,政府部门裁减了数百名工作人员,其中大部分是非洲人,这增加了人员的失业和不满。由于缺乏统计数据,很难确定欧洲公司裁员的程度,但殖民政府部门的裁员接近全部劳动力的40%。[②]根据总督经济复苏政策,政府取消了很多工程和福利项目。至于其他被视为有成效的项目,如尼日利亚卡杜纳—米纳段的铁路,则从利率最高的宗主国贷款。为了符合英国的利益,殖民行政官员指示政府部门和地方行政部门从英帝国境内购买所有进口货物,这标志着尼日利亚帝国优先权的正式启动。

此外,在英国,经济萧条的特点表现为严重的失业、出口下降和新投资量的急剧减少。到1931年9月,英镑在世界市场上估值过高的问题已经变得明显,给英国工业造成了损失。同月,英国退出金本位制,恢复自由浮动汇率,这虽然有利于出口导向型工业,但却为货币危机、恐慌和对贵金属的积极追求开辟了道路,这将吞没英国和整个帝国。

长期的经济衰退经历帮助英国塑造了对经济衰退的经验和反应,使其对突然的经济变化非常敏感。大萧条开启了英国经济民族主义的新时期。然而,这种民族主义是矛盾的,它与一种沿着帝国路线运作的新型经济团结联系在一起。1929年,对于经济复苏的绝望,促使当地人认识到帝国经济的重要性,以及帝国经济命运的共同性。英国采取的经济复苏措施维持了这种新的帝国观念,强调帝国是大萧条时期的缓冲地带,是为了英国的利益而与全球经济竞争隔绝的领域。

从19世纪70年代末开始,英国经历了一次又一次的经济衰退,繁荣

① *Nigeria Gazette Extraordinary*, 18, No. 42, 1931, p.415.

② *Nigeria Gazette Extraordinary*, 8, No. 42, 1932, pp.88-104.

与萧条的周期开始出现在国民的意识中。[1]1921年至1923年的萧条，催生了一种被某些人称之为“萧条心态”的思维模式，这种心态在政府官员中根深蒂固。在此背景下，诸如经济保护生义和帝国团结之类的政策，获得了更大的影响力和权威。20世纪30年代初，英国对经济危机的关注导致少数评论家怀疑英国是否“陷入了大萧条”。大多数英国人认为，先发制人和被动应对的经济政策是合理的，因为英国经济在大萧条时期很脆弱。大萧条期间，任何旨在帮助英国公民渡过危机的努力都得到了好评。在英国，人们一致赞成通过新颖的方法解决经济危机。在这种经济危机加剧的气氛下，帝国团结和殖民地成为经济复苏的支点。

英国公众很赞成通过牺牲英帝国人民来促进经济复苏的政策。保护主义政策逐渐成为一种应对全球市场波动的缓冲机制。1932年在加拿大渥太华举行的第二次帝国经济会议之后，英国和帝国正式进入了经济合作期。该协定规定，英国属地开始实行帝国关税特惠制。从英帝国进口的海关税率定在10%至50%之间，低于一般税率。但是，由于英属殖民地之间的贸易额微不足道，这项安排的受惠对象显然是英国。1931年9月，英国殖民部向负责管理属地的官员颁发一项通知，要求他们帮助英国，并提请他们注意：联合王国的利益和殖民地及附属国的利益是不可瓜分的，相互联结在一起，联合王国面临的任何危险也就是威胁整个帝国的危险……倘若英国信誉遭到玷污，英镑汇值下降，殖民地必然也受到牵连。[2]曾经是自由贸易守护者的英国采用了一个要为帝国利益服务的贸易体系。

《渥太华协定》使帝国对非帝国商品关闭了大门，同时促进了帝国之间的进出口贸易。[3]通过帝国实现经济复苏的政策在第一次世界大战后

---

① 从1867年开始，英国进入了一个经济周期时期，其特点是短暂的繁荣被短暂的衰退所打断。这种状况一直持续到1923年。从这一轮危机中产生的心态是持续不断的全国性经济恐慌，这反过来又激发了一系列制度和经济政策的制定。

② [加纳] A. A. 博亨主编：《殖民统治下的非洲1880—1935年》，《非洲通史》第七卷，中国对外翻译出版有限公司，2013年，第365页。

③ Financial Editor, “The Need of Stability in Empire Currencies”, *Imperial Review*, Vol. 1, 1934, p.12.

很流行,在大萧条期间作为一个口号重新流行起来,它概括了英国对经济复苏的关注。《渥太华协定》将英国对帝国主义优惠政策的承诺正式化,将其作为经济复苏的工具,这导致了美国和英国之间的贸易战。前者需要英帝国的原材料,但根据《渥太华协定》的条款,它将不得不应对禁止性关税。除了走私,美国再也不能直接从英帝国进口矿物原料。这对尼日利亚和英国产生了严重的影响,特别是因为美国陆军部在第一次世界大战后将锡列为战略商品。全球95%的锡矿产自英帝国——尼日利亚北部、马来亚和英属东印度群岛,在《渥太华协定》签署之前,英国锡矿公司从美国那里受益匪浅。《渥太华协定》的条款改变了这一贸易,使之对美国不利。

帝国优惠关税和英国通过减产提振锡价的努力,严重影响了尼日利亚这样的锡生产殖民地。在价格下跌的时代,减产带来的价格上涨跟不上关闭矿山带来的经济影响,而这些矿山已成为成千上万尼日利亚农民生计的来源和市场。锡不仅是尼日利亚北部的主要出口产品,它还产生并维持了食品贸易和一大片地区的经济。对锡产量的操纵和随后锡矿开采的减少,破坏了尼日利亚锡矿地区当地的贸易模式和经济平衡。使用关税来阻止帝国以外具有价格竞争力的商品进入,在经济上影响了尼日利亚的消费者。

帝国优惠政策确保了英国垄断尼日利亚大部分制成品市场,同时将竞争对手拒之门外。在大萧条时期,尼日利亚主要的进口产品——纺织品——大部分来自英国。1932年,尼日利亚85%的进口纺织品来自英国,其余来自日本、意大利、德国、荷兰、法国和印度。[①]渥太华实行的优惠关税和配额制保护了英国进口产品的流通,这些产品的价格高于竞争对手(尤其日本)的产品。英国官员反对日本纺织品,因为日本产品最便宜,因此对走私者更有吸引力。[②]帝国的优惠政策也确保了尼日利亚的烟草

---

① Nigeria, *Report on the Economic and Social Progress of the People of Nigeria*, 1932, Lagos: Government Printer, 1933, p.39.

② Financial Editor, "Japanese Competition in Empire Markets: Co-operation If the Dominion Essential of Flood of Cheap Goods Is to Be Checked", *Imperial Review* Vol.1, 1934, p.16.

市场和盐市场。虽然这项政策限制了尼日利亚消费者的选择范围,但它帮助英国商人保住了生意。

鉴于此,在应对殖民地对政府处理萧条方式的争论时,英国采用了法国国会议员P. 布鲁斯(P. Bruce)所称的“行为宣传”。[①]这需要媒体战略性地宣传其所谓的善行,比如修建学校、诊所、桥梁和道路,来赢得那些对殖民政府持不利看法的人。《北方各省新闻》(Northern Provinces News)上的文章试图唤起人们对英国统治带来的变革和现代化影响的记忆。官员们公布了大量在经济危机前挖井、建桥和修路的照片。

在大萧条时期英国在尼日利亚北部的宣传围绕着进步和福利的主题。有人批评政府背弃了英国对非洲人社会经济进步的传统承诺。为了反驳这种批评,政府再次转向《北方各省新闻》。政府在报纸上发表了长篇文章,记录了英国殖民主义给尼日利亚带来的“社会进步”和改善。[②]这些文章将英国国王宣传为进步和现代化的象征,他的统治将尼日利亚转变为拥有现代设施和生活方式的殖民地。1935年11月,报纸上的一篇文章谈到了过去25年里记录的众多进步,这段时间与乔治五世国王(1910—1936)的统治时期相吻合。由于国王对尼日利亚北部进步的承诺,建设有桥梁的汽车公路向四面八方辐射,几乎可以在北方各省的任何地方行驶。道路上随处可见各种各样的汽车,从小奥斯丁到两吨半重的阿尔比恩和其他大型卡车。大多数酋长都有很好的汽车,几乎每个地方政府都至少有一辆卡车。卡诺地方政府拥有一支由26辆卡车组成的车队。[③]

除了这些改进之外,英国的存在还带来了其他进步:到处都是精美的石头和水泥建筑。看看卡诺、索科托和比达的建筑,并将它们与1910年的水泥建筑进行比较。现在所有的大城镇都提供了纯净的饮用水供应,

---

① A. Schmid and J. de Graaf, *Violence as Communication: Insurgent Terrorism and the Western News Media*, London: Sage, 1982, pp.184-185.

② R. Smyth, “Britain’s African Colonies and British Propaganda during the Second World War”, *Journal of Imperial and Commonwealth History*, Vol.14, No.1, 1985, pp.65-82.

③ The Reign of Our King: 1910-1935 (A Twenty-Five-Year Review of the Northern Provinces)”, Jarida Nijeria ta Arewa/Northern Provinces News, November 1, 1935, p.1.

卡诺、迈杜古里和卡杜纳已经有了电灯。[①]

英国殖民主义与物质进步的联系成为一场精心策划的宣传,旨在缓解当地的不满情绪和不断升级的反英情绪。从英国人直接的"宣传"活动中,官员们将目光转移到英国殖民主义的高尚意图上。官员们挖掘了尼日利亚文献档案,以寻找英国殖民主义对变革和现代化影响的证据。这一努力的首要目标是用过去的辉煌取代当前的经济低迷和停滞。

与此同时,外部影响也进一步激发了殖民部要求改变。自1930年初以来,英国一直参与国际联盟托管委员会(Permanent Mandates Commission)及殖民地妇女和儿童福利的机构。1939年,国际联盟发布了一份关于托管领土和殖民地营养状况的报告。作为回应,殖民部很快于1939年发布了自己的报告。该报告将营养不良归因于大多数非洲人的贫穷和缺乏谋生手段,并建议改善非洲人民获得更多资源的机会。[②]英国对殖民地福利更加关注的另一个动力来自其帝国竞争对手的竞争。20世纪30年代末,英国对其殖民地的保护主义政策引起了其他列强的愤怒,特别是德国、美国和日本,它们寻求在殖民地产品和市场上分享贸易的机会。尽管英国在其热带殖民地的进口贸易中所占的份额在20世纪30年代略有增加,[③]但它仍然很有价值,任何损失都会严重恶化英国的经济问题。[④]德国要求英国归还其前殖民地的呼声日益高涨,与此同时,对英国殖民地管理不善的批评也随之而来。人们还非常担心德国的宣传可能会在殖民地引起不满和反抗。[⑤]

撇开德国的宣传不谈,英国对殖民地日益增长的不满和反抗情绪的

---

① The Reign of Our King: 1910-1935 (A Twenty-Five-Year Review of the Northern Provinces)", Jarida Nijeria ta Arewa/Northern Provinces News, November 1, 1935, p.1.

② J. Kuhanen, *Poverty, Health and Reproduction in early Colonial Uganda*, Joensuun: University of Joensuun Publications in Humanities, 2005, p.322.

③ M. Haviden and D. Meredith, *Colonialism and Development, Britain and Its Tropical Colonies, 1850-1960*, London: Routledge, 1993, p.191.

④ 尼日利亚是殖民地中从英国进口最多的国家。

⑤ M. Haviden and D. Meredith, *Colonialism and Development, Britain and Its Tropical Colonies, 1850-1960*, London: Routledge, 1993, p.193.

担忧是有客观依据的。1936年北罗得西亚(Northern Rhodesia)的铜带罢工,紧随其后的1937年加纳和尼日利亚的农产品禁卖运动,以及1938年尼日利亚的卡车工人罢工。然而,与1938年西印度群岛大范围的骚乱相比,这些就显得微不足道了。西印度群岛大范围的骚乱严重到需要成立一个皇家调查委员会。

然而,这些经济复苏政策也产生了许多困境。因为该政策威胁到英国统治的可行性。当对酋长实施降薪时,这削弱了它们积极征税的积极性,还进一步为酋长们进行敲诈勒索提供机会。这些敲诈勒索罪侵蚀了酋长的合法性,破坏了间接统治制度。英国官员对那些试图通过向臣民勒索金钱来弥补减薪的酋长进行纪律处分和罢免,进一步损害了英国的权威,破坏了英国行政官员与非洲统治者之间的和谐,并加剧了当地人对英国统治的不满。

二、英国的殖民经济复苏政策

英国所推行的经济复苏政策,在应对大萧条期间的失业和社会问题时,收效甚微。这一严峻状况迫使英国政府不得不重新审视其政策方向,考虑采取保护主义措施,以期为深受萧条影响的社区构建更为完善的生活设施。[①]萧条使殖民政府进行有限的社会福利改革,以帮助失业者,将失业保险扩大到农业工人,为寡妇和孤儿提供抚恤金,并在20世纪30年代引入老年养老金。[②]这些政策表明,不论社会地位如何,人们越来越同情各类穷人,并日益认识到有必要改善公民的权利。殖民部认识到,非洲福利对于增加农产品出口和其他初级产品产量的关键作用。这导致殖民政府招募专家和研究人员,并成立了一个委员会。这些专家和委员会就改善社会服务,特别是医疗服务提供一些建议,旨在提高殖民地生产力。其中一项重要著作是1939年M. 海利(M. Hailey)发布的《非洲调查》。海利认为,殖民地面临的一个核心问题是社会服务部门之间缺乏协调,并主

① T. H. Marshall, *Social Policy*, London: Hutchinson University Library, 1965, pp.71-72.

② B. Harris, *The Origins of the British Welfare State: Social Welfare in England and Wales, 1800-1945*, New York: Palgrave-Macmillan, 2004, pp.202-204.

张各部门之间加强合作。①

因此,大萧条期间英国启动了一项经济复苏政策。第一,殖民地国家取代日本成为廉价商品的生产者。②在殖民部看来,在关税保护背后建立的工业是不经济的,这种不成熟的工业发展起来很困难,殖民地应该保持初级生产者的地位。1939年6月,殖民部助理秘书J. A.考尔德(J. A. Calder)认为,殖民地发展的优先顺序为:首先是粮食和出口作物;其次是矿物资源的开发;最后才是第二工业。然而,农业初级生产者的生活水平在提高之前,相对而言,发展第二工业这一问题难以解决。制造业只能以高关税保护的垄断价格在殖民地建立起来,最终生产出当地制造的产品,而这些产品对于初级农业生产者来说太昂贵了。③

第二,英国的经济复苏政策主要集中在帝国团结上。这促成了以帝国为基础的经济复苏政策的转变。在全球范围内,保护主义已成为应对萧条的一种可接受的方式。用A.施莱辛格(A. Schlesinger)的话来说,"每个国家都试图封闭自己,试图遏制大萧条的经济后果,试图阻止其他国家输出自己的麻烦"④。当英国努力将帝国作为缓解其经济危机的方法时,经济孤立主义的新趋势迫使它进一步团结帝国。德国、法国、奥地利、意大利、日本和其他西方经济体对1930年的《斯姆特-霍利关税法案》(Smoot-Hawley Tariff Act)做出了民族主义的回应,该法案关闭了美国对外国商品的市场。随之而来的关税战进一步加剧了萧条。英国强烈的保护主义政策反映了帝国的轮廓。它以帝国为基础的经济复苏政策包括对美国人的报复,以及对自由贸易政策的背弃。英国作为一个庞大帝国的守护者,其独特的地位塑造了这种新的保护主义政策。⑤

---

① Y. Usuanlele, "Poverty and Welfare in Colonial Nigeria, 1900-1954", A Ph. D Dissertation, Queen's University Kingston, Ontario, Canada, 2010, p.278.

② M. Havinden and D. Meredith, *Colonialism and Development Britain and its Tropical Colonies, 1850-1960*, London & New York: Routledge, 1993, p.170.

③ Colonial Office 23 81, Cabinet conclusions, 3 Oct. 1934, Cabinet 33 (34), p.5.

④ A. Schlesinger, in "The Great Depression and Foreign Affairs", film script, show 5 in the series Between the Wars, Los Angeles: Alan Landsburg Productions, 1978.

⑤ M. E. Ochonu, *Colonial Meltdown: Northern Nigeria in the Great Depression*, Athens: Ohio University Press, 2009, p.28.

由于实行了帝国优惠政策,1931年至1932年,尼日利亚政府对廉价的日本棉纺织品征收了一系列进口关税。由于尼日利亚人的收入和购买力大幅下降,日本棉纺织品的价格要么上涨,要么停滞不前。[①]在大萧条期间,由于对昂贵的英国棉织品的需求下降,威胁到了兰开夏郡(Lancashire)的棉花工业,日本对西非的纺织品出口增加了。[②]

正如M. 约翰逊(M. Johnson)指出的那样,在尼日利亚,日本纺织品的竞争在1932年之后成为一个特别严重的问题。[③]1934年,英国再次利用其制定关税的权力帮助其制造商占领殖民地市场。英国纺织品生产商受到来自日本低价纺织品出口竞争的影响。例如,1933年,日本出口到尼日利亚的纺织品已增至1100多万平方码,价格远低于英国同类产品。[④]为了抑制这种竞争,尼日利亚总督对日本纺织品进口设定了配额,将1934年带入尼日利亚的最大限额定为150万平方码。[⑤]立法会中的尼日利亚人对该提议表示反对,称这些限制只会使英国制造商受益,并会降低尼日利亚人的生活水平。[⑥]到1938年,尼日利亚进口的日本纺织品(360万平方码)仍不到1933年进口量的三分之一。[⑦]

显然,保护性关税并未抑制日本纺织品的普及和供应。日本纺织品的合法出口商可以支付新的保护性关税,因其产品定价远低于兰开夏郡的产品,同时仍能盈利。此外,走私者利用1898年《英法公约》,通过喀麦隆、乍得、达荷美和尼日尔等法国殖民地的边界,将日本棉织品走私到尼

---

① K. Ampiah, "British Commercial Policies against Japanese Expansionism in East and West Africa, 1932-1935", *International Journal of African Historical Studies*, Vol.23, No.4, 1990, pp.619-641.

② K. Ampiah, "British Commercial Policies against Japanese Expansionism in East and West Africa, 1932-1935", *International Journal of African Historical Studies*, Vol.23, No.4, 1990, pp.619-641.

③ M. Johnson, "Cotton Imperialism in West Africa", *African Affairs*, Vol. 73, No. 291, 1974, pp.178-187.

④ *Nigeria Blue Book*, Lagos: Federal Government Printer, 1933, pp.T63-T70.

⑤ F. V. Meyer, *Britain's Colonies in World Trade*, Oxford: Oxford University Press, 1948, chap.4.

⑥ Nigeria, *Legislative Council Debates*, 12th Session, June 12, 1934, Lagos: Federal Government Printer, pp.49-50.

⑦ E. G. Charle Jr., "English Colonial Policy and the Economy of Nigeria", *The American Journal of Economics and Sociology*, Vol.26, No.1, 1967, p.83.

日利亚。

为了阻止日本纺织品的涌入,尼日利亚殖民政府于1934年5月实施了严格的配额制。这一配额制有效减少了日本纺织品进入尼日利亚市场的数量,从而恢复了兰开夏昂贵商品在尼日利亚市场上的主导地位。实际上,对日本纺织品的限制减少了尼日利亚人在一个必需品领域的消费选择:服装。帝国优惠政策不仅使日本纺织品更加昂贵,而且还开启了一段人为的纺织品短缺时期,从而提高了纺织品的价格。正如K. 安皮亚(K. Ampiah)所指出的:“配额制适用于日本……留下了英国和其他竞争对手无法填补的(供应)真空。”①

从本质上来讲,20世纪30年代对日本采取的歧视性政策主要是为了遏制日本帝国的扩张。这是英国在这一时期对其竞争对手采取保护主义政策的原因。英国依靠它在西非针对日本设计的经济关税和配额制,来抵挡日本在全球的“攻势”。然而,英国在西非的商业政策是白厅为遏制日本帝国主义而在全球实施的许多其他措施的一个方面。还应该指出的是,虽然西非市场对英国制造商来说相对较小,但国际资本主义的动态让他们更加重视自己的长期利益。

20世纪30年代英国的新重商主义政策是经济和政治军事因素共同作用的结果。随着经济效率的下降,英国的政治和军事重要性也在下降,其霸权地位受到威胁。面对所有这些压力,英国的政策制定者启动了重商主义政策,目的是维持国内经济福利和稳定,并增加国家对潜在敌人的权力。英国对日本实施的保护主义政策不可能从经济力量本身演变而来。从本质上讲,英日关系的政治、军事方面是20世纪30年代英国保护主义政策的关键决定因素。对日本出口到英国殖民地的商品征收关税和配额,是为了抵挡日本在经济、军事和政治上的进攻。因此,两次世界大

① K. Ampiah, “British Commercial Policies against Japanese Expansionism in East and West Africa, 1932-1935”, *The International Journal of African Historical Studies*, Vol.23, No.4, 1990, pp.619-641.

战期间对日本实施的经济措施是为了遏制日本帝国主义。①

第三,英国经济复苏政策的目标是增加税收。英国商人利用大萧条,以其他方式增加了他们在尼日利亚的收益。英殖民当局在1929年末对棕榈仁、可可、花生和其他尼日利亚出口产品征收了新的出口关税。虽然新关税的目的是在收入紧缩的时候增加政府的收入,但无意中却为长期操纵生产者价格的英国商人提供了一个平台,方便他们向尼日利亚农业生产者索要更多的利润。尽管一些欧洲商业公司最初抗议政府征收的新关税,但他们很快就发现,他们的抗议是为了弥补商业公司精心策划的损害尼日利亚生产商的利益。为了应对大萧条期间收入的减少,英国船主商人在西非各地成立了联合公司,通过联合公司制定统一的农产品价格和运费。他们把农产品价格设得很低,把运费设得很高。托运人和农产品采购商之间的这种安排减少了当地花生、可可、棕榈仁和棉花生产商的平均收入。

尽管许多地区的所得税税率要么保持不变,要么略有降低,但征税范围却有所扩大。例如,1932年,扩大的税收制度带来了大约25.3万英镑的额外收入,这是自20世纪20年代中期繁荣以来最显著的增长。虽然征税的范围扩大了,但官员们审查了征税的法律基础,以适应大萧条时期的创收优先事项。特别是,他们审查了1927年颁布的《本地税收条例》(Native Revenue Ordinance),将税收拖欠定为刑事犯罪。他们有力地执行了这项法令,目标是非洲商人、城市工匠和职员——所有这些人在1927年之前都完全逃避了税收,而在1927年之后却从这项法令的早期性质中受益。②政府仍决心推行扩大收入和大幅削减政府开支的双重政策。1931年末,它对进口商品征收了额外的关税。③

然而,在20世纪30年代萧条最为严峻的时期,殖民保护主义对欧洲

① K. Ampiah, "British Commercial Policies against Japanese Expansionism in East and West Africa, 1932-1935", *The International Journal of African Historical Studies*, Vol.23, No.4, 1990, p.641.

② K. Ampiah, "British Commercial Policies against Japanese Expansionism in East and West Africa, 1932-1935", *The International Journal of African Historical Studies*, Vol.23, No.4, 1990, p.634.

③ Nigeria, *Economic and Social Progress*, p.50.

的经济恢复也只是杯水车薪。当地行政官员和投资者最初的反应是削减开支,政府雇员和公共工程项目因此必须减少。政府单位解雇了一大批欧洲人和非洲人雇员。同时,剩下的资源投入农民发展生产的事业中。[①]这些殖民经济复苏政策给挣扎中的尼日利亚人增加了负担。但这种影响是英国对尼日利亚剥削的结果,尼日利亚人的经济不断恶化,国家经济复苏政策掌握在外籍商人和英国殖民官员手中。当地人民的命运对英国殖民官员来说并不重要。英国痴迷于对尼日利亚的剥削,使尼日利亚人肩负起经济复苏的重担。尼日利亚财富的转移、工人的裁员、减薪和其他经济复苏措施加剧了尼日利亚人在大萧条时期的困境。大萧条破坏了殖民经济的基础,导致当地人对殖民地出口经济失去信心。

三、尼日利亚人对萧条的反应

保护主义与强制生产的结合未能解决尼日利亚的经济危机。这使尼日利亚人民做出回应:通常是各种形式的抗议,例如,尼日利亚1929年的阿坝妇女暴动。冲突于1929年11月24日爆发,当时英国计划向妇女征税的谣言传到了本德(Bende)区奥洛科(Oloko)村。当地长官M. 奥库戈(M. Okugo)试图评估他们的人数和财富,结果一大群伊博妇女包围了长官的大宅,发起反抗。[②]

此外,由于英国实行严格的配额制和征收高额关税,导致尼日利亚市场流通的产品价格昂贵。当地人只能寻找更便宜的本地替代品,以取代昂贵的欧洲进口产品。这促进了当地工艺品和产品市场的扩大,这是经济萧条和帝国偏好引发的后果。这种新的消费模式有利于当地的工匠,他们崛起以满足当地对欧洲制成替代品的需求。在尼日利亚,卡巴(Kabba)和伊比拉(Igbirra)的女布匠是这类工匠群体中最引人注目的。伊比拉布料制造商在适应这一新的经济机会时表现出了独特的创造力。

① [美] R. A.奥斯丁:《非洲经济史:内部发展与外部依赖》,赵亮宇、檀森译,上海社会科学院出版社,2019年,第329页。

② J. van Allen, "Sitting on a man": Colonization and the Lost Political Institutions of Igbo Women," *Canadian Journal of African Studies*, Vol.6, No.2, 1972, p.165-181.

1932—1933年的年度报告指出："购买力的下降导致了当地伊比拉的回归……同时也刺激了这种材料的出口市场。"[①]政府鼓励当地工艺的发展，显然是下定决心推动因萧条而引发的经济扩张，尽管它同时也做出了促进英国进口的尝试。

政府意识到，在经济萧条时期，消费不是立法或强制的问题，而是理性经济判断的产物。此外，政府有时对伊比拉布业繁荣的发展感到宽慰，因为布业的繁荣使当地人能够履行对国家的纳税义务。在这种情况下，他们不太关心这种繁荣会威胁到英国对尼日利亚的进口。手工业繁荣减少了该地区人民的经济犯罪。考虑到这一点，政府支持当地手工业的复兴。然而，政府夸大了当地家庭手工业的复兴程度和当地布料生产的潜在规模。地方政府对这一新兴工业进行不切实际的预测，反映了其自身的经济和政治目标。

殖民主义的愿望与纺织女企业家为自己设定的目标明显不同。手工业的扩张来自对当地纺织品的新需求。虽然当地纺织品生产的扩张没有达到政府的预期，但它在经济萧条期间创造了短暂的繁荣。妇女制布的商业化推动了经济复苏。奥贡(Ogun)-卡巴轴心的女企业家战略性地进入了一个市场，这个市场是由于英帝国纺织品价格上涨而打开的。经济危机扩大并巩固了妇女在纺织部门的主导地位，还使她们中的许多人成为家庭和亲属单位的经济支柱，从而增强了她们在家庭和社会关系安排中的能力与地位。

面对严峻的经济危机，尼日利亚人也通过勘探贵金属来寻求经济上的缓解。为了抵御经济衰退，许多人开始寻找金矿，一场淘金热随之而来。许多寻求经济缓冲以抵御大萧条的人被吸引到潜在的金矿开采中。从逻辑上讲，20世纪30年代早期尼日利亚北部金矿开采的发展具有国际成分。在大萧条时期，全世界都认识到黄金价格的稳定，随着危机的加深，拥有或获得黄金逐渐被视为金融安全的一种手段。

大约在1930年，索科托和伊洛林开始进行金矿勘探。为了在殖民地

---

① NAK, LOKOPROF, 390, Annual Report, Igbirra Division, 1932-1933, p.1.

赚大钱,欧洲企业家成为金矿勘探的领导者,依靠粗糙的方法进行黄金勘探。本土劳工却把冒险和不确定的金矿勘探作为逃避经济困难的最后一搏。根据高原省的殖民记录,Z. D. 戈希特(Z. D. Goshit)认为,在锡矿陷入困境后,工人被解雇,锡矿上的3000多名半熟练的豪萨工人迁移到索科托和伊洛林冲积金矿。[①]同样,1932年的报告也谈到了“黄金的高价”如何“吸引矿工和勘探者到索科托省东部和卡诺省的里米(Rimi)”。[②]技术和劳动力从锡矿向金矿的转移是大萧条期间向潜在或现有金矿地区迁移的例子之一。尽管许多分散的、无组织的小规模金矿勘探作业没有记录在案,但记录仍显示出淘金吸引了来自尼日利亚北部各地的年轻人,他们愿意冒险进入未知的行业,只为谋求经济上的独立与生存之道。

伊洛林和索科托的采矿业率先发展成为一种可行的、通过金矿开采创造价值的活动。库塔区(Kuta Division)莫伦多河(Molendo River)地区于1930年开始进行金矿勘探工作。[③]1934年3月,一位欧洲淘金者发现了金矿,并获得了埃米尔的批准,开始在该地区采矿。[④]他带着他的工人和工具在雨季回来,开始在阿布贾(Abuja)地区开发一个金矿,并从当地人手中买下农场,在那里建立矿场。[⑤]矿区繁荣起来后,吸引了很多欧洲人和有进取心的尼日利亚南部人。这不仅为渴望工作机会的劳动者提供了新的机会,也为购买农产品的中间商、工匠和下岗的公务员提供了潜在的经济复苏平台。塔帕(Tapa)村的一名当地人记录了塔帕地区前所未有的经济活动:“不久之后,采矿工作就加强了。来自英国、法国和德国的欧洲游客都来这里寻找财富。甚至一些富裕的尼日利亚南部人也带来了劳动力和工具。现在有十个营地,其中最大的是巴里金·里米(Barikin Rimi)。那里有四家公司,每家公司大约有200名工人。这个营地是所有营

① Z. D. Goshit, “The Impact of the Great Depression on the Jos Plateau: A Case Study of the Tin Mining Fields in the 1930s”, *Mandyieng Journal of Central Nigerian Studies*, Vol.1, No.1, 2001, pp.72-86.

② NAK, SNP1/18/116, 11096, Vol.4, Summary of Intelligence Reports for the Quarter Ending December 31, 1932, p.9.

③ Jarida Nijeria ta Arewa/Northern Provinces News, November 1, 1935, p.18.

④ Jarida Nijeria ta Arewa/Northern Provinces News, January 1, 1937, “Aikin Tonon Zinari”, p.26.

⑤ Jarida Nijeria ta Arewa/Northern Provinces News, January 1, 1937, “Aikin Tonon Zinari”, p.26.

地中最繁荣的营地,因为这里发现了很多金子。”[①]

在20世纪30年代初至中期,区域范围内的金矿开采工作加强了,使一些参与者富裕起来,并提高了尼日利亚北部创造财富手段的前景。目前尚不清楚政府是否对这波矿产勘探进行了监管,如果进行了监管,又能对其中的多少进行备案和征税。由于它的临时性,这种探索似乎是在政府控制和监管的机制之外进行的。然而,政府认识到大萧条时期矿产勘探的激增,以及它为尼日利亚北部萧条的经济带来好处。尼日利亚北部官方新闻机构《北方各省新闻》发表一篇社论宣称:“幸运的是,采矿业状况较好,黄金的高价值吸引了人们对这种金属的浓厚兴趣。我们的读者会有兴趣听到,最近一个月尼日利亚的黄金开采量非常接近1915年的开采量记录。”[②]20世纪30年代的黄金热让一些参与其中的欧洲人致富,其中包括臭名昭著的卡杜纳—米纳铁路工程师贾梅森(Jameison)。由于劳工的骚扰和他在铁路上的粗暴行为,贾梅森放弃了他作为政府承包商的工作,改为从事金矿勘探。他的努力获得了回报:“他在1933年至1934年的经济繁荣时期赚到了钱,然后退休去了欧洲。”[③]对非洲人来说,在大萧条时期,黄金勘探为金融稳定提供了保障。它表明,真正的财富不是来自硬币或纸币。事实证明,这个国家潜藏着大量的财富。一位观察家指出,金矿开采的盛行“表明尼日利亚拥有巨大的财富”[④]。此外,金矿勘探活动为那些靠近金矿中心的人和参与金矿开采的人提供了心理援助。更重要的是,这种对潜在财富丰富的信念标志着地方经济复苏。双方都力求在区域内找到经济复苏的动力,特别是在当地企业的行动中。这种偶然的趋同说明了政府和淘金者支持金矿繁荣的不同原因。非洲淘金者认为这是一种生存手段,而殖民官员则认为这是一种转移人们对政府提供救济注意力的策略。

黄金热带来了巨大的期望。也许政府鼓励这样做是为了给绝望的民

---

① Jarida Nijeria ta Arewa/Northern Provinces News, January 1, 1937, “Aikin Tonon Zinari”, p.26.

② Jarida Nijeria ta Arewa/Northern Provinces News, January 7, 1934, p.1.

③ W. R. Crocker, “Memoirs, 1902-1975”, p.139.

④ Jarida Nijeria ta Arewa/Northern Provinces News, October 15, 1934, p.1.

众带来希望。总的来说,矿业繁荣确实激发了尼日利亚北部一些人对经济复苏和繁荣的希望。一位观察家表示:“目前,金矿开采正在扩张,最近发现了一种叫作钻石的宝石,这是一块比金子贵重的石头。”①在尼日尔省发现的钻石增加了人们的希望。但更重要的是,它让一些尼日利亚人相信,摆脱萧条的方法是通过开发土地的潜在资源,把自己的经济命运掌握在自己手中。这种意识迅速传播开来,很快社区开始发起并领导矿产勘探工作。例如,1935年,卡巴地区的年轻人组织起来,开始在他们的地区勘探黄金。他们成功了,到1937年,“金矿开采活动有了很大的发展”,大约600名当地工人每月开采200多盎司黄金。②

金矿开采从未像尼日利亚北部殖民官员所希望的那样,成为该地区的经济命脉。除了帮助淘金者、村民和金矿附近的社区度过经济萧条之外,它并没有影响殖民政府的长期经济规划或目标。该行业在经济危机中诞生,在尼日利亚从大萧条中复苏后逐渐消亡。

第二节　劳工危机、犯罪与英国的殖民政策改革

本节讨论了英国在尼日利亚殖民地的经济复苏政策引发的劳工危机、犯罪浪潮及随后的殖民政策改革。经济复苏政策导致锡工业崩溃,大量工人失业,导致犯罪活动激增,破坏了社会秩序。殖民当局通过紧缩、征税和减薪等方式应对危机,却加剧了民众的不满。犯罪活动多样,多源于饥饿与失业,这导致民众开始挑战殖民统治。面对危机,殖民地内部要求改革的呼声高涨,加之外部泛非主义影响及西印度群岛骚乱,英国被迫反思并推进殖民政策改革。尼日利亚总督B. 布迪龙(B. Bourdillon)呼吁英国提供资本援助,放弃自给自足政策,推动经济发展与社会福利并重,

① Jarida Nijeria ta Arewa/Northern Provinces News, October 15, 1934, p.1.

② NAK, LOKOPROF, divisional correspondence 34/211, “General Notes on the Social and Economic Progress of the People of Nigeria, 1938.”

为殖民地的未来奠定基础。

一、劳工危机

尼日利亚殖民当局对大萧条的反应不仅使农民和酋长们付出了代价,也使工人及那些因为政府经济复苏政策而被解雇的人陷入贫困。B.弗罗因德(B. Freund)记录了大萧条对尼日利亚的主要影响之一:锡工业的崩溃。①

殖民地情报报告显示,锡矿破产除了导致矿山关闭和工人下岗之外,还导致了周围地区经济出现巨大混乱。由于尼日利亚雇佣劳动力的雇主陷入困境,尼日利亚只剩下劳动力雇主。1930年至1931年,劳动力雇主雇佣了大约两万名劳动力参加卡杜纳—明纳(Minna)铁路的铺设。②大量工人和工匠也参与了连接尼日利亚北部和南部的贝努埃大桥的建设。1931年12月,新的紧缩制度大幅削减了工人人数。③1932年,大桥的建成使更多的工人失业。这股紧缩浪潮席卷了殖民地的行政部门,造就了一个失业和半文盲的尼日利亚阶层。他们的不满引起了殖民当局的注意。

在这些矿山上,只有少数几家公司继续运营,以满足根据国际锡协议分配给尼日利亚的生产配额。根据国际锡协议,削减锡产量是保持锡价的一种方式。④这些公司太少,无法吸收大量的工人。殖民官员保留了“骨干员工”,留下了“大量失业的工匠寻找工作”。⑤矿业公司为了在锡价不断下跌的情况下维持运营,精心设计了一套工资紧缩制度,而他们聘用的员工则成为这套制度的受害者。这种情况一直持续到1931年末,当时

---

① B. Freund, *Capital and Labour in the Nigerian Tin Mines*, London: Longman, 1981, pp.121-126.

② W. R. Crocker, “Memoirs, 1902-1975”, p.138.

③ NAK, SNP1/18/116, 11096, Summary of Intelligence Reports for the Quarter Ending December 1931, p.12.

④ Gazetteers of the Northern Provinces, Vol.4, *The Highland Chieftaincy*, London: Frank Cass, 1972, pp.303-306.

⑤ NAK, SNP1/18/116, 11096, Vol.2, Summary of Intelligence Reports for the Quarter Ending March 1930, p.22.

锡的价格略有回升,提振了矿山的收入。[①]最引人注目的是,这种状况意味着大多数非洲劳工和工匠失业,他们被迫采取各种合法和非法的策略行为来生存。许多欧洲工人也失去了工作。1930年的一份报告谈到了"锡业的萧条"如何扩大了失业人数。大萧条对欧洲工人的影响也很大。[②]

该地区严峻的就业形势反映了该国的总体经济形势。由于政府削减了公共工程项目的资金,限制了在经济上重要的卡杜纳—米纳线和贝努埃铁路桥的铁路建设。采矿业的萧条导致工人失业,这些加剧了当地人的痛苦和政府的焦虑。1930年1月的一份报告简洁地总结了形势:"削减公共工程项目,关闭铁路建设项目,采矿业和贸易的萧条,是导致人们失业的原因。目前,在扎里亚和卡杜纳有很多的失业者。每天公共工程办公室都被申请者包围了。"[③]H. P. 埃利奥特(H. P. Elliott)1933年来到尼日利亚为殖民地服务,他也觉察出当时尼日利亚糟糕的情况。抵达尼日利亚后,埃利里特"遇到了一位地区官员,他引导我通过海关,遇到了一群寻求新移民厨师或管家工作的求职者。我意识到裁员导致的贫困和失业时,我感到非常震惊。尼日利亚受到世界经济衰退的严重影响。那些'男孩'推推搡搡,在我们面前挥舞着他们的推荐信"[④]。据估计,1931年锡矿的失业人数为9000人,[⑤]在大萧条爆发前,该行业超过半数的矿工都陷入了失业困境,这让殖民官员深感忧虑。他们对解决失业问题的艰巨性表示出担忧。矿业公司倾向于鼓励被裁员的工人留在矿山,"即使他们无法提供任何就业前景"。[⑥]一些矿业公司向失业的矿工提供土地,让他们耕

① NAK, SNP1/18/116, 11096, Summary of Intelligence Reports for the Quarter Ending September 30, 1931, p.11.

② NAK, SNP1/18/116, 11096, Summary of Intelligence Reports for the Quarter Ending June 1930, p.8.

③ NAK, SNP1/18/116, 11096, Vol.2, Summary of Intelligence Reports for the Quarter Ending January 1930.

④ RH, Afr. S. 1836, H. P. Elliot, "Reminiscence of Colonial Administrative Service in Nigeria", p.4.

⑤ NAK, SNP1/18/116, 11096, Summary of Intelligence Reports for the Quarter Ending June 1930, p.10.

⑥ NAK, SNP1/18/116, 11096, Summary of Intelligence Reports for the Quarter Ending June 1930, p.10.

种和维持生计。然而,从证据来看,失业矿工只有少数务农。此外,“申请耕地的人数远远超过了可用的耕地数量”①。

失业者在尼日利亚的主要就业部门和主要经济中枢建立了临时住所。他们在不同的火车站设立营地,在那里从事犯罪和半犯罪活动。其中一个铁路城镇富图阿(Funtua)是“失业人口涌入的焦虑之源”②。1931年,有人报告说,属于英国棉花种植者协会的100英镑被盗。他们将这一罪行归咎于失业的铁路工人。③但这只是社会问题的一个缩影,这个问题扰乱了英国殖民政府在尼日利亚设法建立的社会秩序。事实上,大萧条时期的劳工问题已经超越了失业问题,包括那些设法保住工作的人也强烈不满,因为他们的工资急剧下降,就像英属非洲其他地方一样,那里的劳动力同样丰富且廉价。④但获得带薪工作的机会只不过是为了生存。正如稍后将会说明的那样,劳动力的充裕使尼日利亚的英国雇主,尤其是劳务承包商,能够充分压榨工人。

英国人发现自己正在应对一场劳工危机,这场危机表现在两个层面上:首先,劳工骚乱使雇员与雇主对立,政府只能在这场危机中进行仲裁;其次,犯罪和暴力,试图破坏政府日益脆弱的统治。英殖民当局必须密切关注锡矿和铁路,这两个地方均成为犯罪和颠覆活动的中心。正如1931年的一份秘密报告指出的那样,尼日利亚北部的铁路和采矿中心贝努埃省、扎里亚省和高原省聚集了大部分失业人员,这些地区是潜在的麻烦中心。⑤

① NAK, SNP1/18/116, 11096, Summary of Intelligence Reports for the Quarter Ending September 30, 1931.

② NAK, SNP1/18/116, 11096, Summary of Intelligence Reports for the Quarter Ending March 1931, p.3.

③ NAK, SNP1/18/116, 11096, Summary of Intelligence Reports for the Quarter Ending March 1931, p.3.

④ F. Cooper, *Decolonization and African Society: The Labor Question in French and British Africa*, Cambridge: Cambridge University Press, 1996, pp.43-51.

⑤ NAK, SNP1/18/116, 11096, Summary of Intelligence Reports for the Quarter Ending March 1931, p.9.

二、萧条中的犯罪

犯罪的激增是大萧条和政府紧缩政策的后果之一。在这些罪行中,有些是源于尼日利亚人的反常聪明才智被扭曲利用,有些则是人们在面对困难时发泄的愤怒和绝望。无论他们的犯罪动机和采取的形式如何,这些犯罪活动困扰着这个殖民国家,这个国家因为在收入和支出领域实施了改革而感到压力与痛苦。

随着犯罪开始在尼日利亚蔓延,官员们迅速将犯罪的新趋势与大萧条联系起来。在公开场合,官员们倾向于关注"本土"性格的堕落。然而在报告中,官员们私下承认,这种新的犯罪浪潮源于大萧条和随后的经济复苏政策所带来的影响。1931年3月的一份报告提到,高原省及其周边地区"由于贸易和锡矿的萧条,犯罪率上升"①。同年,有关犯罪活动的报道激增,殖民官员将这些活动"归因于矿业公司裁减劳动力造成的失业"。报告进一步指出,"本地工匠阶层的失业问题仍然很严重,而且……毫无疑问,这是许多盗窃和入室行窃案件的原因"。②

犯罪活动很快在种类和强度上都变得令人不安。公路上的抢劫变得司空见惯,强盗们不放过任何人,包括当地的警察。③犯罪活动的地域范围也扩大了。事实上,整个高原省变成了一个不断扩大的犯罪走廊的漩涡。盗窃食品很快增加了失业和绝望的年轻人的犯罪范围,其中大多数是以前的矿工和铁路工人。年轻人会穿过雷区周围的区域,"从农场里偷走刚种下的山药或木薯种子"④。在粮食短缺、蝗虫入侵和粮食危机时期,这引起了殖民官员的极大关注。他们担心这种犯罪行为可能"在粮食稀

---

① NAK, SNP1/18/116, 11096, Summary of Intelligence Reports for the Quarter Ending March 1931, p.3.

② NAK, SNP1/18/116, 11096, Summary of Intelligence Reports for the Quarter Ending March 1931, p.3.

③ NAK, SNP1/18/116, 11096, Summary of Intelligence Reports for the Quarter Ending June 1930, p.7.

④ NAK, SNP1/18/116, 11096, Summary of Intelligence Reports for the Quarter Ending June 1930, p.7.

缺的时候危及粮食供应”。更令人不安的是,在两次这样的盗窃中,罪犯谋杀了农场主。[1]

随着殖民地警察严厉打击乔斯高原上的盗窃行为,一个又一个嫌疑人以饥饿和纳税为犯罪动机。对乔斯高原地方法院记录的研究表明,无论是作为开脱的说辞还是作为事实,或者两者兼而有之,饥饿和贫穷已经成为大萧条期间大多数盗窃刑事诉讼的核心。1931年至1934年,饥饿在这些刑事诉讼中占有突出地位。[2]另一名被告被指控偷了“木薯粉”,一种当地的主食,他也说“他偷是因为他饿了”。在20世纪30年代早期到中期,乔斯司法区的刑事诉讼记录中,饥饿成为这些刑事诉讼案中一个极为突出的因素。[3]其他被指控盗窃的人则辩解说,他们的亲戚穷困潦倒,亟需他们的经济支持以缴纳税金。由于雇主裁员或减薪,经济衰退使他们难以向家人汇款以支付税款。其中一名嫌疑人亚当告诉地方法院,他偷了一些衣服,因为他没有从雇主那里收到工资,“他想要钱交税,而他的亲戚给他寄来了税款”[4]。他引起了起诉法庭官员的同情。虽然法院认定亚当有罪,判处他三个月的苦役,但负责此案的英国地区官员报告说,“这不能成为他偷窃的借口”[5]。

犯罪情况给殖民当局提出了另一个难题。这些罪行虽然令人发指,但似乎是源于某种迫切的需求与无奈。因为,正如一份报告所指出的那样,“人们的动机通常是由于失业或工资下降和生活成本增加而导致的饥饿”[6]。殖民官员面临的挑战是,既要承认这些罪行的经济动机,又不能表现出支持这些罪行的样子,也不能让这些罪行破坏本已岌岌可危的粮食供应和动荡不安的社会秩序。此外,殖民官员不相信在不减少困难的情

① NAK, SNP1/18/116, 11096, Summary of Intelligence Reports for the Quarter Ending June 1930, p.7.

② NAK, Jos Magistrate Court, Criminal Record Book, 1/1/7.

③ NAK, Jos Magistrate Court, Criminal Record Book, 1/1/8.

④ NAK, Jos Magistrate Court, Criminal Record Book, 1/1/7.

⑤ NAK, Jos Magistrate Court, Criminal Record Book, 1/1/7.

⑥ NAK, SNP1/18/116, 11096, Summary of Intelligence Reports for the Quarter Ending June 1930, p.7.

况下采取残酷的安全措施就能解决问题。他们明白,有些罪犯可能利用艰苦的条件为理由进行犯罪,但他们缺乏动机。因此,尽管官员们强硬地表示要做出“惩戒性判决”,但在实践中,他们在做出任何此类决定时,都会承认一个尚未解决的根本问题,在做出裁决时都显得颇为谨慎。

与这波犯罪浪潮有关的是一个新的失业青年阶层,他们没有受过教育,他们已经习惯了城市生活和有报酬的工作。他们不打算重新进入农业领域,他们来这里是为了满足殖民资本主义的劳动力需求。显然,饥饿使局势复杂化。在锡矿上,大萧条实际上已经终止了从贝努埃省和卡巴省到采矿区的食品贸易。由于没有有利可图的市场,这种贸易逐渐减少,甚至彻底崩溃,扰乱了高原地区的粮食供应平衡。[①]

在接下来的数月或几年里,经济复苏所带来的社会成本,尤其是紧缩政策带来的影响,持续攀升。英国官员的焦虑也是如此。例如,据1932年9月的报道称,“乔斯和潘克辛(Pankshin)地区食品和农产品盗窃数量的增加”是由于“失业”的增加。[②]当局担心,“小偷和其他不法分子正在大量废弃的采矿营地中寻找据点,进行犯罪活动”[③]。这些担忧是有道理的。被削减开支的矿工开始大量居住在废弃的矿区。由于没有谋生的手段,官员们认为他们是高原地区犯罪的肇事者。尽管如此,殖民官员在“安排”对集中营进行“系统性突袭”的同时,他们也承认,这个问题超出了执法的范畴。因此,当局要求高原省的居民“区分由于真正的饥饿和困难而实施的盗窃和那些仅仅是利用目前条件所实施的盗窃”[④]。但是,他们没有提供作出这种区分的方式。官员们逐渐无奈地接受了一个事实:新增

① W. R. Crocker, *Nigeria: A Critique of British Colonial Administration*, New York: Books for Libraries, 1971, p.69.

② NAK, SNP1/18/116, 11096, Summary of Intelligence Reports for the Quarter Ending September 30, 1931, p.3.

③ NAK, SNP1/18/116, 11096, Summary of Intelligence Reports for the Quarter Ending September 30, 1931, p.3.

④ P. Lovejoy and J. Hogendorn, *Slow Death for Slavery: The Course of Abolition in Northern Nigeria, 1897-1936*, Cambridge: Cambridge University Press, 1993; Frederick Cooper, *From Slaves to Squatters: Plantation Labor and Agriculture in Zanzibar and Coastal Kenya, 1890-1925*, New Haven: Yale University Press, 1987.

的失业者拒绝接受官方赋予他们的农民身份,并转而通过犯罪活动来维持他们在雷区的生活方式。但这种官方的理解没有从根源上寻找解决问题的办法。相反,司法暴力继续成为英国打击犯罪的特征。因此,犯罪变得更具破坏性。

三、英国殖民政策改革

到20世纪30年代末,英属尼日利亚殖民地发生了严重的经济危机。一些人尝试遵循张伯伦的"殖民地发展"模式,但这是以世界经济的持续扩张和英国在其中的地位为前提的。当国际经济在20世纪20年代中期步履蹒跚,并在30年代的大萧条中彻底崩溃时,它使殖民地经济在不同程度上陷入萧条,殖民政府债务缠身,幻想破灭。大萧条削弱了英国与尼日利亚殖民地之间的关系,并使人们越来越认识到具体的"殖民问题"和殖民改革的必要性。[①]

这次经济危机在尼日利亚经济主流中表现为出口经济的崩溃。经济崩溃导致矿山关闭,出口作物生产者家庭收入急剧减少,财政紧缩,犯罪及反殖民主义行动增加。殖民时期的税收只得到了微弱的执行。帝国出现的这些问题,向英国政府发出了需要采取殖民经济改革的信号。布迪龙总督向殖民部请愿,要求改变殖民政策。

内外压力为大萧条后的英国殖民改革铺平了道路。从一开始,英国强加的殖民权力就遭到抵制。当殖民政府开展发展计划时,抵制转变为对具体政策的不满和对改革的要求。殖民统治使一部分人成为雇佣劳动者,他们受到工作环境、工资和对外部世界了解的制约,变得越来越躁动和激进。工人们开始要求提高工资,加快社会变革,并希望在政府中发挥作用。一些受过教育的人加入了他们的行列,他们渴望进入殖民地行政体系。土著商人也加入这一进程中来。他们不仅积累了资本,而且还扩大了其贸易活动的范围,获得更多的贸易机会。他们有时还与外籍公司

① M. Havinden and D. Meredith, *Colonialism and Development Britain and its Tropical Colonies, 1850–1960*, London & New York: Routledge, 1993, p.183.

竞争,这使他们要求改革殖民制度。[①]

除了既得利益集团的狭隘利益之外,还存在广泛要求改革的基础。越来越多的人开始在城市寻找工作,因此他们希望殖民制度更加开放。总的来说,人们要求在医疗和教育方面提供更多的社会服务。基于对出口收入的了解,一些能言善辩的公民甚至呼吁对财富进行再分配。比这些抵制更普遍的是一种进步的观念,这种观念由19世纪受过教育的精英提出。教会培养了一批知识分子队伍,自19世纪中叶以来,他们在尼日利亚历史上发挥了重要作用。[②]这些知识分子最初把兴趣集中在贸易和教会教育上,殖民统治时期,他们把其影响力扩大到政治、法律和医学等其他领域。

这些知识分子也为尼日利亚的经济危机提出了新方案。在20世纪40—60年代,他们对殖民国家的经济政策持批评态度。一方面,他们作为中产阶级的一员,在形成过程中需要为自己的利益发声,以宣扬他们的欲望。另一方面,他们认为自己是殖民国家和尼日利亚人之间的媒介。

知识分子的不满激发了政党的形成。在他们统治国家的前提下,有资格代表没有受过教育的人并在政府中服务,要求精英们进行改革。正如有关抗议和民族主义的文献所指出的那样,精英阶层从美国黑人的泛非主义运动中获得了支持。最初,抗议活动是在反对某些政策的基础上组织起来的,比如1895年在拉各斯反对征税的示威,1908年反对征收土地的示威,以及1912年在尼日利亚南部反对土地管制的示威。在这些示威活动中,精英们把媒体当作主要盟友。[③]

英属西非国民大会成立于1913年,并于1920年召开第一次会议。西非国民大会提出要建立西非自治领、建立大学、改善普通教育和医疗服务

① T. Falola, *Development Planning and Decolonization in Nigeria*, Gainesville: University Press of Florida, 1996, p.19.

② B. Bourdillon, *Managing the local economy: planning for employment and economic development*, Norwich: Geo Books, 1985, p.9.

③ T. Falola, *Development Planning and Decolonization in Nigeria*, Gainesville: University Press of Florida, 1996, p.20.

等要求。20世纪20年代,人们主要关注宪政改革。然而,20世纪30年代的青年运动和政党要求获得更多的权力,试图让农村参与进来。[①]这些运动中最成功的是尼日利亚青年运动。它于1934年在拉各斯成立,领导人包括O.阿沃洛沃(O. Awolowo)和N.阿齐基维(N. Archackivi)。

在20世纪30年代,殖民国家与其批评者之间的互动已经公开化:在不损害殖民国家政策的情况下,殖民国家给予殖民地有限的让步。对殖民当局来说,殖民地经济将继续维持现状,而殖民地的政治独立则是遥遥无期。然而,大萧条导致尼日利亚出现各种社会危机。尼日利亚人不满外国公司获得的特殊政策,他们对福利和社会服务提出新的要求,他们要求创造更多的就业机会。尼日利亚人的不满和政党的活动,以及其他内部和外部事件,加剧了反殖民主义情绪。

在外部,1935年埃塞俄比亚危机加剧了世界范围内的泛非主义,这进一步加深了尼日利亚对殖民国家的批评。对许多分析人士来说,英国变革的直接催化剂是1935年至1938年西印度群岛发生的一系列骚乱,这些骚乱动摇了英帝国的地位,并对其战略和动机提出疑问。在来自殖民地和国内政治团体的巨大压力下,英国政府被迫进行了反思。1938年,英国在英属西印度群岛成立了皇家调查委员会,该委员会发表了一份报告,为1940年的《殖民地发展与福利法案》(Colonial Development and Welfare Act)奠定基础。

随着埃塞俄比亚危机与西印度群岛事件的爆发,英国国内及殖民地管理者对殖民国家提出很多批评。1950年W.汉考克(W. Hancock)指出,自1939年以来,他对殖民地的恶劣状况感到担忧。许多英国人呼吁国家采取"有力的"行动来促进殖民地的发展和福利。[②]殖民大臣M. J.麦克唐纳(M. J. MacDonald)于1939年6月7日在下议院承认,殖民地的经济发展

① T. Falola, *Development Planning and Decolonization in Nigeria*, Gainesville: University Press of Florida, 1996, p.20.

② W. K. Hancock, *Wealth of Colonies: the Marshall lectures delivered at Cambridge on 17 and 24 February, 1950*, Cambridge: Cambridge University Press, 1950, p.45.

受到各种因素的阻碍,其中最重要的因素是缺乏资金。[①]

J.D.哈格里夫斯(J.D. Hargreaves)指出,20世纪30年代的观点一致认为,为了减少国内外对殖民统治的不满,国际社会应该努力给予"热带非洲平等机会"。[②]这种观点促使人们对殖民经济政策进行讨论,并提出了政府应该"尝试国家干预经济发展"的建议。[③]"改革的冲动"导致了许多想法的产生,包括经济发展伴随社会发展和福利,将科学技术推广到非洲,改善非洲农业生产的方法,保护环境,对非洲生活的不同方面进行研究。这些建议包含了殖民地权利、经济和社会福利等内容。

尼日利亚总督布迪龙向殖民部写了一份备忘录。他向殖民部表达尼日利亚借款能力有限,无法吸引巨额外国资本,也无法提供社会和发展服务方面的资金。而且,由于缺乏资金,尼日利亚的发展进程受到阻碍。[④]对布迪龙来说,尼日利亚无法为其发展筹集资金。[⑤]就给改革提出建议时,布迪龙总督认为,英国应该放弃其让殖民地自给自足的殖民政策,并向殖民地提供资本援助。殖民地不应像1929年《殖民地发展法案》规定的那样向市场贷款,而英国获得帝国财政部提供的援助,以避免承担沉重的利息负担。此外,英国政府应该以资本赠款的方式为殖民地提供发展援助,并为殖民地农业和兽医服务等关键部门提供资金。[⑥]

然而,受经济萧条及欧洲政治动荡的影响,殖民官员在应对非洲人的诉求时,已无法保持往日的自信。在此情境下,他们开始寻求与全新领导层达成妥协,这一转变最终在独立运动期间得以实现。与此同时,殖民政府留给非洲的包括:独裁统治,这一政治制度毫无民主代表性可言,成为

① E. R. Wicker, "Colonial Development and Welfare, 1929-1957: The Evolution of a Policy", *Social and Economic Studies*, Vol.7, No.4, 1958, p.180.

② J. D. Hargreaves, *Decolonization in Africa*, London: Longman,1996, p.40.

③ J. D. Hargreaves, *Decolonization in Africa*, London: Longman,1996, p.42.

④ B. Bourdillon, *Managing the local economy: planning for employment and economic development*, Norwich: Geo Books, 1985, p.910.

⑤ B. Bourdillon, *Managing the local economy: planning for employment and economic development*, Norwich: Geo Books, 1985, p.15.

⑥ T. Falola, *Development Planning and Decolonization in Nigeria*, Gainesville: University Press of Florida,1996, p.22.

独立后的西非英语国家政治遗产的重要组成部分;一种依附于世界市场的经济和运输基础设施体系;日渐强化的部落议会,这将在日后引发严重的社会纷争。[①]

第三节　萧条的影响与托管经济

本节探讨了1929年到1933年的大萧条对尼日利亚殖民地的影响及英国的"托管"经济政策。大萧条导致尼日利亚原材料出口价格暴跌,政府收入锐减,引发严重经济危机和社会动荡。工人失业,犯罪率上升,尤其是锡矿工人和可可农民深受其害。面对危机,英国推行紧缩政策,但效果有限。同时,大萧条暴露了传统殖民政策的不足,促使英国重新审视其殖民统治策略。在此背景下,"托管"经济制度强调保护殖民地免受西方经济冲击,通过间接统治减低成本。然而,随着殖民地经济恶化,托管制度受质疑,英国被迫考虑积极的殖民发展政策,为自治和福利改革铺路。

一、萧条对殖民政府与锡矿工人的影响

如此狭窄的经济基础使殖民地像所有初级生产经济体一样,在1929年后特别容易受到衰退的影响。平均而言,原材料价格的跌幅比制成品价格的跌幅高出50%。殖民地经济受到商品价格暴跌的破坏。例如,1928年至1934年,支付给尼日利亚棕榈油生产商的价格下降了近80%,尼日利亚出口总值从1928年的1692.7万英镑下降到1933年的856万英镑。[②]对初级生产经济体来说,大萧条使易货贸易和收入贸易条件恶化,削弱了这些经济体的购买力。随着实际收入的下降,生产者增加出口以维持原有的进口消费水平,这一现象在非洲非常明显,其在世界贸易中所占份额的上升便是最直观的反映。这就产生了一个连锁反应,因为当主

① [英]A. D. 罗伯茨编:《剑桥非洲史·20世纪卷(1905—1940)》,李鹏涛译,浙江人民出版社,2019年,第367页。

② R. D. Pearce, "The Colonial Economy: Nigeria and the Second World War", in B. Ingham and C. Simmons, *Development Studies and Colonial Policy*, London: Frank Cass, 1987, p.267.

要生产经济体的购买力下降时,它们购买进口制成品的能力也会下降,从而给工业世界带来萧条压力。反过来,工业世界对非洲初级产品的需求大幅下降,进一步加剧了原本就因大宗商品价格低迷而引发的困境。这一连锁反应不仅深化了经济危机的程度,还凸显了全球经济体之间相互依存的关系。①

大萧条影响了殖民政府的收入,这些收入主要来自关税和消费税,因为直接税在1939年之前还处于萌芽阶段。此外,由于两次世界大战之间的许多发展都是由政府贷款资助的,特别是在1918年之后的短暂"繁荣"时期。大萧条中断了这些发展计划,因为收入下降无法偿还这些贷款。因此,大萧条引起了宗主国对殖民地债务问题的注意,并引起了债务费用对政府资源紧张所造成的沉重负担。到1934年,尼日利亚将其总收入的近三分之一用于偿还债务。由于殖民政府开始紧缩开支,收入下降不可避免地影响到政府在经济和社会领域的服务质量。②

与此同时,大萧条对尼日利亚造成沉重打击,导致农作物和锡的出口价格急剧下滑,进而使贸易利润和收入锐减。这一连锁反应背后,是英国公司面对经济困境所采取的措施——它们或是暂停了从欧洲进口制造业产品的活动,或是积极寻求税收减免以减轻负担。这些发展对尼日利亚农民的收入造成了直接影响。收入的下降使从殖民地臣民的税收中积累资本的殖民国家感到不安。为了应对危机,伦敦的殖民部发出指示,尼日利亚殖民当局制定了一项紧缩政策,包括减薪、紧缩、扩大税收、积极增加收入和暂停公共工程建设。经济复苏政策的其他方面包括扩大出口作物,直接向英国转移资金,以及控制价格。最后,英国大力推行帝国优惠政策,这是一种旨在阻止殖民地向非英帝国出售原材料和从帝国以外进口制成品的关税制度。③

① A. J. H. Latham, *The Depression and the Developing World, 1914-1939*, London: Croom Helm, 1981.

② A. G. Hopkins, *An Economic History of West Africa*, Harlow: Longman, 1973, pp.184-185.

③ M. E. Ochonu, *Colonial Meltdown: Northern Nigeria in the Great Depression*, Athens: Ohio University Press, 2009, p.7.

大萧条还带来了很多不良后果。首先,被裁员的工人聚集在乔斯高原的锡矿和铁路上,从事各种犯罪和颠覆活动,包括贩卖儿童、偷窃和报复性破坏铁路轨道部件。这些被裁撤的人员聚集了矿山和铁路上的工人,发起劳工组织和罢工,加剧了该地区经济形势的动荡。其他许多被裁员的工人回到了他们的原籍村庄,他们没有钱,导致食物资源和家庭经济紧张。

与此同时,大萧条严重打击了尼日利亚的主要出口工业,以致支付给生产商的价格暴跌。例如,棕榈油生产商的价格从1928年的每吨24.20英镑降至1934年的每吨5英镑。花生从1928年的每吨12.90英镑跌至1934年的每吨2.7英镑。尼日利亚的出口总值从1928年的1692.7万英镑下降到1933年的856万英镑,而净易货贸易条件从1928年的86英镑下降到1934年的48英镑,收入贸易条件从1929年的40英镑下降到1931年的25英镑。[①]尼日利亚经济风暴暴露了传统殖民政策的不足,因为殖民政府除了减少开支和等待经济复苏之外,没有什么别的办法。

也许两次世界大战期间殖民主义最明显的特征就是金融正统观念,最优先考虑的是通过经常性收入来平衡支出,然后建立储备来应对"正常"的突发事件,大萧条本身被归类为明显异常的情况。因此,扩张仅排在第三位。[②]考虑到英国盛行凯恩斯主义的正统思想,以及尼日利亚殖民政府在行政上头重脚轻的事实,大萧条的出现在意料之中。[③]政府收入减少,政府支出也相应减少,进而发生了I. F.尼科尔森(I. F. Nicholson)所描述的"骨干政府勒紧裤腰带的可怕景象"[④]。社会服务减少了,政府从地方

---

① G. K. Helleiner, *Peasant Agriculture, Government, and Economic Growth in Nigeria*, Homewood: Richard D. Irwin, 1966, Tables II-B-2, II-B-4, IV-A-1, IV-A-6.

② E. A. Brett, *Colonialism and Underdevelopment in East Africa: The Politics of Economic Change 1919-1939*, New York: NOK Publishers, 1973, pp. 141-148.

③ 1936年至1937年,一项对英属非洲属地支出的分析显示,行政管理支出占总收入支出的29.3%~50.5%;尼日利亚占其支出的21.4%,而养老金支出占11.5%。Lord Hailey, *African Survey*, London, 1938, p.1433。

④ I. F. Nicolson, *The administration of Nigeria, 1900-1960: Men, methods and myths*, Oxford: Clarendon Press, 1969, p.227.

政府征收的税收中额外收取10%,并且对工资征收官方税。[①]随着世界价格上涨,经济出现了复苏,但这种情况是短暂的。1938年,尼日利亚再次陷入经济衰退。1936年12月,花生的售价为每吨10英镑,但1938年12月售价为每吨3.12英镑,下降了68.7%。就连联合非洲公司的利润也从1933年的42.83万英镑稳步上升到1937年的118.1万英镑,但在1938年又回落至69.99万英镑。[②]

在大萧条期间,商品价格的急剧波动和长期变动对尼日利亚来说是严峻的挑战,这对它的实际产出、国际收支和政府预算产生巨大影响,并因此给宏观经济政策的秩序带来重重困难。首先,这表现在农产品价格下跌破坏了农民生产者个人经济,削弱了他们缴税的能力和生产更多产品的能力。比如,在尼日利亚南部,每磅棉籽的价格从1928—1929年的每磅3.83英镑下降到1931—1932年的每磅2.83英镑。[③]同样的价格下跌影响了在尼日利亚北部种植的美国棉花品种,每吨花生的平均收购价从1928—1929年的11.6英镑下降到1932—1933年的6.16英镑。[④]

二、萧条对本土可可农的影响

此外,大萧条对尼日利亚可可农产生了巨大影响。第一,收入大幅波动和购买力下降。关于商品市场波动问题及这些波动对初级产品生产者的影响,E. 马塞尔(E. Massell)认为,出口收入波动的根源通常被认为是出口产品过多集中在少数几种不必要的产品上。[⑤]尼日利亚可可农就是把生产集中在种植可可树上。农民们热情地种植可可,以至于他们不再种植粮食作物。然而,与花生和棕榈不同,可可在尼日利亚没有任何用

---

① H. A. Gailey, *Sir Donald Cameron, Colonial Governor*, Stanford: Hoover Institution Press, 1974, pp. 101-106.

② 52nd Ordinary General Meeting of the African and Eastern Trade Corporation, archive of the United Africa Company, London, 23 March 1939.

③ Report on the Social and Economic Progress of the People of Nigeria 1932, p.33.

④ Report on the Social and Economic Progress of the People of Nigeria 1932, pp.32-33.

⑤ E. Massell, "Export Concentration and Fluctuations in Export Earnings: A Cross-Section Analysis", *The American Economic Review*, Vol.54, No.2, 1964, p.47.

途。尼日利亚的可可种植者依赖世界市场销售他们的商品。因此,世界可可价格的波动影响了尼日利亚可可农的收入。这种情况对可可农的影响包括他们无法支付学费以至于孩子无法上学。山药农场是他们的生活来源,在当时维持这个农场也极为困难。①

第二,进口商品价格、工资和生活成本上涨。进口商品价格急剧上涨,使贸易条件恶化的农场主付给工人的工资也随之上涨,这使农场主蒙受损失。②随着1936年底可可价格上涨,1937年的工资从25%增加到50%,当地的物价成本也有所上升。③报告显示,生活成本可能上涨了10%。虽然很多原材料的价格已经下降,但仍有许多原材料,如铁的价格很高。这在一定程度上是由于希特勒在德国上台,因此带来1934年欧洲的军备重整。由此,制造商忙于制造枪支、飞机和战舰,他们使用了大量重金属原材料,他们对铁的需求量比实际生产的要多,这导致了铁的价格攀升。这就是为什么在尼日利亚进口平底锅如此昂贵。④

第三,虚假的希望和快速种植可可。很明显,可可价格上涨刺激了农民种植可可树。⑤如,1927年、1928年和1929年是可可价格上涨时期,这导致了1932年可可产量突然猛增。1936年可可价格上涨时,1929年种植的可可树刚达到开始结果的时期。可可价格上涨给农民们带来一线希望。据农业部主任指出:"我们很幸运,能够从今年的价格上涨中充分获益。因此,尼日利亚的可可工业处于一个非常令人满意的位置。农民们充分利用了目前的高价格。"⑥预计这种情况将刺激可可树种植,从而进一

① Petition from Ibadan Co-operative Cocoa Marketing Union, Ibadan to the Governor dated 16 February 1938, 25808/S.2A NAI.

② M. Elsenhans, "The Great Depression of the 1930s and the Third World," *International Studies*, Vol.28, No.3, 1991.

③ From the Registrar of Co-operative Societies, Co-operative Office, Moor Plantation, Ibadan to Chief Secretary to Government dated 5 March 1938, 25807/S.2A NAI.3.

④ From the Acting Chief Secretary to the Government, C. Whiteley to the President of Ibadan Co-operative Cocoa Marketing Union, Ibadan dated 26 March 1938, 25807/S.2A NAI.

⑤ From Director of Agriculture to the Chief Secretary to the Government dated 16 December 1936, CSO26/3/28604 Vol.IV NAI.

⑥ From Director of Agriculture to the Chief Secretary to the Government dated 16 December 1936, CSO26/3/28604 Vol.IV NAI.

步增加可可产量。在政策问题上,政府没有采取措施鼓励种植可可树,因为现在可可价格上涨相当令人满意。农业部更多地关注恢复老牌种植园的活力和使用化肥来增加可可产量。除此之外,还需要寻找适宜种植可可的新地区。①

第四,可可税收的增加导致农民放弃对可可作物的生产。从大萧条开始随之而来的消费和可可价格下降,使得生产扩张变得不合理,除非是为了满足税收需要和家庭经济需要。由于可可不能食用,因此农民转向粮食作物的生产。与此同时,农民种植可可只为满足税收需求,这对尼日利亚西部的农民来说是一个合理的选择。然而,与殖民当局的期望相反,农民扩大可可的生产是服务于税收的需要。随着大萧条的发展,即使是税收主导的扩张也被农民抛弃了,这导致可可产量下降。这一发展引起了英国当局的严重关切。②国际限制可可豆的政策是可可豆消费国考虑的主题。作为限制可可豆政策的一部分,增加出口关税也被英国殖民当局考虑在内。正如尼日利亚殖民总督卡梅伦所断言的那样:"为了控制一定比例的尼日利亚可可流入市场,我们有必要大幅提高出品关税。然而,这样的举措对于尼日利亚本土生产商而言,实则并无益处可言。"③

20世纪30年代的经济危机造成了两件互相关联的事情。它加剧了暴力、保护主义和战略性地消除非洲人的选择。这些选择往往是英国殖民秩序所固有的。④大萧条时期的殖民榨取政策使经济萎缩,在这种情况下,殖民地经济活动已经运转不良了。

① From Director of Agriculture to the Chief Secretary to the Government dated 16 December 1936, CSO26/3/28604 Vol.IV NAI.

② M. E. Ochonu,"A Colony in Crisis: Northern Nigeria, British Colonialism, and the Great Depression", A Ph. D thesis, The University of Michigan, 2004, p.57.

③ "Cocoa Restriction Scheme", From Director of Agriculture, Donald Cameron, the Governor of Nigeria to the Secretary of State for the Colonies, Sir Philop Cuncliff-Lister dated 11 January 1934, 28604 CSO 26/3NAI.

④ M. E. Ochonu, *Colonial Meltdown: Northern Nigeria in the Great Depression*, Athens: Ohio University Press, 2009, p.5.

三、英国的"托管"经济

大萧条的影响削弱了传统宗主国的主张,即殖民统治通过扩大商品出口贸易刺激经济增长,从而使附属帝国受益。20世纪30年代,人们对殖民统治的机构进行了回顾。最重要的是英国殖民政策中政治和经济因素之间的紧张关系。就两次世界大战期间英国殖民统治哲学而言,这就是"托管"经济。[①]托管制度意味着殖民国家有责任"保护"殖民地臣民免受与西方文明过快接触的不利后果。具体来说,它意味着保护非洲殖民地人口不受欧洲经济活动的干扰。它的经典陈述是卢加德的《英属热带非洲的双重使命》,他接受了张伯伦的帝国观点,即欧洲和非洲的福祉是相互依存的,但卢加德发展了这一观点,强调为了非洲人的利益限制欧洲对其的渗透。[②]

托管制度含糊不清的特点使它成为发表各种建议的基础。宗主国的游说团体将"发展"等同于剥削,托管制度试图"保护"殖民地社会免受在英国和欧洲进行的工业化造成的混乱和痛苦。这种观点影响了人道主义者、传教团体、支持英国殖民利益的自由主义者和殖民部。就西非而言,这种家长式作风还表现在殖民部拒绝欧洲人在西非拥有种植园农业。第一次世界大战期间,帝国资源开发委员会(Empire Resources Development Committee对该地区提出了宏伟的发展计划,伦敦官员对此的反应很冷淡。[③]

因此,在两次世界大战之间的大部分时间里,保护殖民地不受西方的影响是其主导精神。托管原则实际上就是一种政治控制形式,通常被称为"间接统治",本质上是一种通过现有的地方精英进行统治的手段,在这

---

① R. D. Pearce, *The Turning Point in Africa: British Colonial Policy 1938-1948*, London: Frank Cass, 1982, p.4.

② A. D. Roberts, *Cambridge History of Africa Vol. VII from 1905 to 1940*, Cambridge: Cambridge University Press, 1986, p.43.

③ D. Killingray, "The Empire Resources Development Committee and West Africa, 1916-1920", *Journal of Imperial and Commonwealth History*, Vol.10, No.2, 1982, pp.194-210.

些精英无法到达的地方,殖民当局通过赋予酋长合法性进行统治。这避免了招聘大量的欧洲官员,降低统治成本,这是白厅政策制定者考虑的关键因素。殖民政府欢迎这种统治制度,在大萧条时期,由于收入下降,它们勉强维持基本的统治机构。

间接统治需要当地精英的合作,这一事实给了殖民统治者强大的动力,使其尽量减少社会变革。"保护"殖民地社会的愿望反过来又导致殖民当局规避快速的经济变革,变革可能会破坏现有的社会关系。这一观点在两次世界大战之间迅速发展,确定了经济、社会和政治结构之间的相互依存关系。[①]在实践中,这导致殖民政府不鼓励城市化,更倾向于鼓励劳动力迁移,而不是大规模的人口迁移。殖民当局的目的是抑制非洲的"去部族化"。[②]为了满足托管的经济要求,即降低管理成本,保护殖民地社会免受"不良"变化的想法发展成为一种正统观念。托管制度造成了一种不利于殖民地发展制造业的气氛。

殖民统治者更倾向于限制现代化的影响,因为现代化的影响可能会破坏殖民统治所依据的传统社会结构,但他们发现越来越有必要采取必要的发展方式。20世纪30年代的严峻形势使殖民政府意识到经济问题的重要性。在殖民大臣P. 康利夫-李斯特(P. Cunliffe-Lister)的推动下,编制了《殖民帝国经济调查》(1932年)。1936年,殖民部开始对殖民地的营养标准进行调查,结果令人不安。此外,由殖民部赞助的A. W. 皮姆(A. W. Pim)进行的财政调查得出结论,认为在一些非洲领土上有必要进行经济和社会改革,并支持采取更积极的殖民发展政策。[③] 1938年,海利和S. H. 弗兰克尔(S. H. Frankel)教授发表了里程碑式的研究,强调了提高殖民地生活水平的必要性,从而加强了殖民部的努力。

---

① A. D. Roberts, *The Cambridge History of Africa*, Cambridge: Cambridge University Press, 1982, pp.48-52.

② J. Flint, "Planned Decolonization and its Failure in British Africa", *African Affairs: The Journal of the Royal African Society*, Vol.82, No.328, 1983, pp.393-394.

③ S. Constantine, *The Making of British Colonial Development Policy, 1914-1940*, London: Frank Cass, 1984, pp.229-230.

殖民经济存在的问题不断增多,加剧了宗主国对帝国在非洲扮演角色的自我怀疑。官方的不安转变为改革殖民政策。殖民帝国内部的冲突因其人民面临的严重经济问题而成为尖锐的焦点。最具戏剧性的表现是1935年至1938年在西印度群岛发生的严重骚乱,主要是由经济不景气、世界食糖(该地区主要的出口产品)供应过剩和价格下跌的综合影响造成的。[①]由于可可贸易集中在少数几家欧洲大公司手中,西非的可可"滞留"现象揭示了冲突的潜在可能性,这些公司在1937年后被捆绑在一个购买"圈"中,非洲生产商将其视为压低可可价格的一种手段。

20世纪30年代末,德国对殖民扩张的渴望与英国的绥靖政策纠缠在一起,"殖民问题"陷入动荡的外交气氛中,使国际社会对整个殖民统治问题进行更密切的审查。这种对殖民事务的兴趣,加上不断积累的关于殖民地经济恶化的证据,促使英国为其殖民统治进行辩护,并从道德角度捍卫其殖民统治。那些为殖民统治辩护的人用实际政策来支持他们的传统言论。麦克唐纳在1938年12月的下议院声明中表示,英国的最终目标是实现殖民帝国的自治。这是第一次正式宣布英属非洲政策的最终目标是自治,因此意义重大。然而,该声明的重点是英国确保"所有殖民地人民的福利和进步"。[②]

殖民政府对于托管制度对殖民地发展的贡献越来越不抱幻想。尽管1938年之后英国重整军备计划对其支出施加了限制,但基于政治因素的考虑,麦克唐纳得以从财政部获得扩大发展资金的承诺。托管制度的破坏不仅是外部和国内批评的结果,也是由于人们认识到殖民地经济正在发生根本性变化。例如西非贸易组织已经产生了社会和潜在的政治影响,不能再忽视了。殖民地理论落后于实际的发展,殖民部急于制定一个新的、建设性的殖民政策。然而,托管制及其所表达的价值观和目标并没有被轻易抛弃,对殖民当局来说,保护"部落"社会不被外界干扰一直是其政策的目标。

---

① H. Johnson, "The West Indies and the conversion of the British Official Classes to the Development Idea", *Journal of Commonwealth and Comparative Politics*, Vol.15, No.1, 1977, p.56.

② J. D. Hargreaves, *Decolonization in Africa*, London: Longman, 1988, p.41.

第四章　战时管制与工业政策(1939—1945)

本章探讨了第二次世界大战期间英国在尼日利亚的殖民经济政策与实践,特别是战时管制与工业政策。本章指出,第二次世界大战使尼日利亚成为盟军资源供应地,英国通过直接经济剥削和干涉政策,最大限度调动殖民地资源支持战争。尼日利亚经济因出口作物生产增加而遭受重创,农民被迫放弃粮食作物种植。英国实行价格管制、进口许可证制度等战时经济政策,进一步加剧了尼日利亚的经济困境。与此同时,战争期间尼日利亚工业有所发展,但这被视为"子虚乌有"的战时工业化,因资源匮乏和英国制造业利益集团的反对而受限。此外,战争还导致尼日利亚进口物品短缺、价格上涨、社会服务效率低下、对外贸易受阻,农民深受世界市场干扰。本章还提及了1940年《殖民地发展与福利法案》的通过,旨在改善殖民地贫困状况,但其成效有限。最后本章强调,第二次世界大战对尼日利亚民族主义的发展产生了深远影响,战争造成的经济问题和战后退役军人失业问题助长了反殖民主义情绪。

第一节　战时管制与贸易

本节讨论了第二次世界大战时期英国对尼日利亚的战时管制政策与贸易政策。1939年第二次世界大战爆发后,尼日利亚被卷入战争,为英国提供战略资源。英国通过控制市场、管制价格、实施进口许可证制度等手段,对尼日利亚实行经济剥削,强制农民种植经济作物,导致粮食生产被忽视。尽管战争刺激了尼日利亚部门的扩张和某些工业的发展,但初级生产者的境况恶化,生活水平未得到提升。与此同时,英国对尼日利亚的贸易进行管制,导致粮食和基本进口物品短缺,物价飞涨,社会服务效率下降。本节质疑了战争对尼日利亚经济地位改善的观念,并指出战争加剧了尼日利亚的经济困境和社会矛盾。

一、管制政策:英国与保护主义

英国在战争中面临严峻的形势,军事上频频失败。为了转危为安,争取战争胜利,英国必须制定一种新的殖民政策,以便最大限度地调动殖民地的一切人力和物力资源为战争服务。

(一)殖民地资源的调动

1939年英国对德宣战,将尼日利亚卷入其中。到1941年,有1.6万名尼日利亚人加入军队,其中许多人在海外服役,尼日利亚旅以其战斗力和良好的纪律性给人留下深刻的印象,并获得英国陆军元帅A.韦维尔(A. Wavell)的嘉奖。①

第二次世界大战期间,随着英国战时经济环境的恶化,英国对原材料的需求越来越多。这些原材料包括用于英国纺织厂的棉花、用于轮胎的橡胶、用于肥皂和人造黄油的棕榈油和棕榈仁,还有用于制造油脂所需的花生、皮革制品所需的兽皮、家具所需的木材及锡、煤等。②尼日利亚殖民经济依赖于这些出口作物的生产。因此,英国在农业领域组织和激发尼日利亚的所有人力和物力资源,最大限度地生产和出口这些经济作物,以满足英国的工业需求。这对尼日利亚经济产生了非常严重的影响。贫穷的尼日利亚农民被迫放弃粮食作物生产,转而种植经济作物供出口。这些农产品购买和出口业务由英国公司主导,例如联合非洲公司、约翰·霍

---

① Legislative Council Debates, 4 December 1939, p.6.

② B. Onimode, "Imperialism and Nigerian Development", in Nnoli Okwudiba, *Path to Nigerian Development*, Dakar: Codesria, 1981, pp.80-81.

尔特公司、帕特森公司、佐科尼斯公司及利华兄弟公司。①

在第二次世界大战期间,英国对尼日利亚的市场保持着牢固的控制和主导地位。事实证明,英国的保护主义政策在第二次世界大战期间达到高潮。特别是在1939年日本占领远东后,英国食品部把从西非包括尼日利亚的初级产品的购买权占为己有。②因此,英国对尼日利亚殖民地经济的限制也越来越严格。③尼日利亚经济的主要部门是农业,土著和殖民地的经济都依赖农业生产。在土著农业方面,其目标是生产满足当地需要的作物,主要是供应尼日利亚人消费。④然而,第二次世界大战期间,尼日利亚必须协助橡胶生产活动,并生产必需的食品,将这些食品提交给军事当局,所得收益用于支付战争基金。随着盟国原材料供应来源的丧失,尼日利亚原材料生产国呈现出重要性,从而使它深入参与到英国的战争努力中。该国的经济生活由帝国政府接管并用于发动战争。英国采取了各种措施,包括令人痛恨的征兵制,以确保基本原材料的充足生产。英殖民政府开始了生产活动,以确保最大限度地生产棕榈油、棕榈仁、花生、橡胶、可可、锡、铌铁矿、钽铁矿和煤炭。⑤例如,1943年尼日利亚生产活动的数量如下表:

表4.1 1943年尼日利亚生产数量

产品	数量(吨)
煤炭	532,000
铌铁矿	900
棉布	8,000

① G. Ajayi, "Internal Politics of Decolonization and the Emergence of Neo-Colonialism in Post-Independence Nigeria", in G. Ajayi, *Critical Perspectives on Nigeria's Socio-Political Development in the 20th Century*, Lagos: Stebak Books, 1999, pp.21-28.

② O. N. Njoku, "Trading with the Metropolis: An Unequal Exchange", in T. Falola: *Britain and Nigeria: Exploitation or Development?*, London: Zed Books, pp.137-138.

③ M. Havinden and D. Meredith, *Colonialism and Development Britain and its Tropical Colonies, 1850-1960*, London & New York: Routledge, 1993, p.168.

④ T. Falola, *Economic Reforms and Modernization in Nigeria, 1945-1965*, Kent & London: The Kent State University Press, 2004, p.74.

⑤ H. Evans, "Studies in wartime organization—the resident ministry in west Africa", *Africa Affairs*, Vol.43, No.173, 1944, p.153.

续表

产品	数量(吨)
花生	300,000
棕榈仁	370,000
棕榈油	170,000
橡胶	8,400
锡矿	19,000
钨	220

出处:"Memorandum on the Organization of War Time Trade and Production", Government Printer, Lagos, 1943。

此外,随着英国股票和美元储备耗尽,殖民地的生产对战争的重要性稳步提升。随着征兵制在殖民地推行,为了生产剑麻和除虫菊,英国征召的劳工从1942年底的8500人(约占劳动力的3.3%)上升到1945年的3.5万人。尼日利亚政府总共征召了9.3万名劳工,这些劳工在锡矿工作长达4个月。志愿者与应征入伍者人数不断增加。在战争前夕,殖民帝国的地方军队总数为4.3万人,到1945年5月,这一数字上涨为47.3万人,其中79%是非洲人。①

与此同时,尼日利亚作为战争必需品的供应地、中转站,它本身就是一个战区,具有重要的战略意义。因此,一名战争部长被派往黄金海岸,协调英国在西非的战时需求。殖民部指示各殖民政府在殖民地中进行宣传,确保他们在战时对英国的支持、忠诚和牺牲,以换取对"自由"和发展的承诺。此外,还指示各殖民当局通过增加税收为战争创造额外收入,维持现有的社会服务水平,继续使用现有的社会和发展开支,并以各种方式为战争做出贡献。②

尼日利亚殖民政府开始招募军事人员,动员起来以满足各种军事组织的需要,为"赢得战争基金"筹集资金,出售储蓄存单,并促进地方殖民

① A. N. Poter, A. J. Stockwell, *British Imperial Policy and Decolonization, 1938-1951, Volume I*, London: Palgrave Macmillan, 1987, pp.21-22.

② NAUK Colonial Office 859/19/16, Malcolm MacDonald, S Secretary of State for Colonies to Sir John Simon, 11/10/1939, p.75.

当局为战争努力提供无息贷款和捐款。成立了一个公共关系办公室,并开放了阅览室和广播服务,用于宣传。酋长们被动员起来,劝诱土著人民捐款、参军和保持对英国的忠诚,并增加商品和服务生产,以满足战争的需要。这些措施在1939—1940年的《紧急权力防御法案》(Emergency Powers Defence Act)中得到加强,该法案授权政府采取行动来协助英国。①

在财政上,尼日利亚也为战争做出了贡献。第二次世界大战期间,尼日利亚提供了直接的货币援助,为战争捐助了10万英镑。②由此可见,英属尼日利亚殖民地在第二次世界大战期间为盟军在人力、物力和财力方面做出了巨大贡献。

(二)英国的战时经济政策

第二次世界大战期间,帝国政府的主要任务是协调经济活动和维持殖民地生活水平。帝国为战争努力调动殖民地资源,这使英国实行战时经济政策。1939年尼日利亚国防条例赋予食品管制员监管盐进口并采取措施控制其内部分配的权力,比如外汇管制、限制与非英镑国家的贸易、实行进出口配额制、控制价格和实行定量配给制。③

英国对尼日利亚出口实行的价格管制并未得到好评。民族主义者反对的不是政府控制价格,而是将价格稳定在战争爆发前的水平。④例如,N. 阿齐基韦(N. Azikiwe)指出,棕榈仁的价格被固定在比战前高出约25%的水平,这并不表明控制价格会公正地对待生产者的努力,而只是反映了战争爆发前西非主要农产品价格一直处于很低的水平。他指出,1908年每吨10英镑的棕榈仁现在以每吨5英镑10先令的价格购买,当时英镑的购

① U. Usuanlele, "Poverty and Welfare in Colonial Nigeria, 1900-1954", A Ph. D Dissertation, Queen's University Kingston, Ontario, Canada, 2010, p.284.

② G. O. Olusanya, *The Second World War and Politics in Nigeria 1939-1953*, Lagos: University of Lagos, 1973, p.53.

③ A. N. Poter, A.J. Stockwell, *British Imperial Policy and Decolonization, 1938-1951, Volume I*, London: Palgrave Macmillan, 1987, pp.20-21.

④ G. O. Olusanya, *The Second World War and Politics in Nigeria 1939-1953*, Lagos: University of Lagos, 1973, p.52.

买力较高。[1]此外,由于欧洲的工厂现在从事军火制造,而且舱位短缺,因此海运费用增加,进口物品的价格大幅上涨。进口物品价格的涨幅大大超过了出口价格的涨幅,再加上当地食品价格的上涨,并没有使人民的生活条件得到任何改善,这导致国家的经济状况和战前一样糟糕。[2]

英国对供应、运输、使用当地劳动力和从殖民地购买商品采取了控制措施。实行进口许可证制度,以防止非必需商品的进口。后来,它被严格分配的政策所取代。[3]无论是对外贸易还是国内贸易,竞争都变得更加激烈。外国和本土商人利用新旧行会作为压力集团,要求获得许可证或更多货物进行分销。外国人,如黎巴嫩人和印度人,受到他们的尼日利亚和欧洲竞争对手的攻击,从而使他们参与贸易的次数减少。[4]

与此同时,英国禁止向英镑集团以外地区出口商品,对尼日利亚的贸易进行管制。这一时期,航运短缺,尼日利亚失去了中欧市场,这给尼日利亚经济带来了灾难性的威胁。因此,为了殖民地的利益,英国政府统一全部购买尼日利亚的三种主要出口作物:棕榈产品、花生和可可,其中大部分由于缺乏运输设施而不得不被销毁。但1942年之后,英国东部殖民地(尤其是马来亚)失去了重要的生产地位,英国最大限度地提高尼日利亚生产量非常符合其自身的经济利益。因此,1940年,殖民政府为了以稳定的价格从西非各国采购可可,特此成立了西非可可管制委员会(West African Cocoa Control Board)。两年后,即1942年,该委员会更名为西非农产品管制委员会(West African Produce Control Board)。该机构在尼日利亚供应委员会的支持下,全面负责统筹和协调当地的食品及原材料生产,处理必需商品的进口事务,同时还承担着可可、花生和棕榈产品等重要农产

---

① *West African Pilot*, 15 January 1941.

② G. O. Olusanya, *The Second World War and Politics in Nigeria 1939-1953*, Lagos: University of Lagos, 1973, p.52.

③ Colonial Office, “Effects of War-time Changes in Colonial Economic Structure and Organization”, *Papers on Colonial Affairs*, No. 4, 1944, London: HMSO.

④ T. Falola, “Lebanese Traders in Colonial Southwestern Nigeria”, *African Affairs*, Vol. 89, No.357, 1990, pp.523-553.

品的销售任务。双方就销售达成了一项协议,维持了战前的现状。[①]西非农产品管制委员会雇用了外籍公司作为代理人,这些公司有权确定支付给生产者的价格。这不是N. 霍尔(N. Hall)推荐的生产组织,而实际上是经销商的垄断组织。[②]战争无疑对西非农产品管制委员会的发展造成了打击。布迪龙总督建议允许西非农产品管制委员会销售占可可总产量7%的配额,这一数量相当于德国公司在战前几年的出口量。尽管他向殖民部提出了这一建议,但几个月后,他提出的建议遭到殖民部的拒绝。[③]

1942年至1944年,战争还导致征召劳工到尼日利亚锡矿工作。当日本切断英国东部的锡矿供应时,作为尼日利亚锡矿的供应商坚持通过征兵来提高产量。增加锡矿的生产是战争努力的必要条件,但强迫劳动是对尼日利亚人的剥削。弗罗因德认为,“强迫劳动是尼日利亚锡矿开采史上最戏剧性和最可怕的时期”[④]。大约有10万人被征召入伍,为期4个月,其中1.8万人一直在锡矿工作。这些劳工经过数百英里的跋涉到达乔斯高原后,经体检,有大约50%以上的人不适合从事采矿工作。在那些健康的人中,大约15%的人在4个月结束前就离开了。殖民政府无法为这些人提供充足的物资,因此劳工们的住宿条件很差,食物不足,医疗条件极其恶劣。[⑤]1942年7月,殖民当局审查了形势,考虑放弃整个计划,但白厅坚持继续进行该计划。此后,尼日利亚政府试图改善劳工工资和分配食品,但他们的努力并没有取得成功。布迪龙的继任者——A. 理查兹(A. Richards)对该计划感到非常满意。因此劳工的死亡率很高,官

---

① F. V. Meyer, “British Colonial Exports, 1939–1945”, August 1946, Colonial Office 852/650/14.

② J. F. Munro, *Africa and the International Economy, 1800–1960*, London: J. M. Dent/Totowa, 1976, p.171; A. Olorunfemi, “Effects of War-time Trade Controls on Nigerian Cocoa-Traders and Producers, 1939-1945: a case-study of the Hazards of a Dependent Economy”, *International Journal of African Historical Studies*, Vol.13, No.4, 1980, p.678.

③ C. Beer, *The politics of peasant groups in Western Nigeria*, Ibadan: Ibadan University Press, 1976, p.27.

④ B. Freund, *Capital and Labour in the Nigerian Tin Mines*, London: Humanities Press, 1981, p.149.

⑤ D. N. Souter, “Colonial Labour Policy and Labour Conditions in Nigeria, 1939–1945”, D.Phil. thesis, Oxford,1980, pp.174–175.

方数字显示,1942年10月至1943年12月有721人死亡(每千人中有8.7人死亡)。①

但锡矿的生产令人失望。最初2万吨的目标未能实现,产量从1941年的1.66万吨上升到1942年的1.71万吨和1943年的1.74万吨。②而对于被征召在坦蒂(Tanti)修建水坝的4千名士兵来说,劳作条件同样恶劣,甚至更糟。提夫人的死亡率非常高——不到6个月就有134人死亡——结果提夫人的所有劳工均被遣返。③

与此同时,尼日利亚出口商品的采购也存在异常。可可种植者必须将作物直接交付给托运人,才能获得完全控制价格的资格,从而导致运输成本高昂。事实上,大多数农民让中间商运输农作物,而他们获得的价格却低于已经控制的价格。④野生橡胶也经常需要长途运输到采购中心。1943年的一个调查发现,尼日利亚人经常在这些由欧洲公司代理人经营的采购中心被骗走其产品的全部价值,而这些采购中心没有经过林业官员的检查。在一个经过验证的案例中,橡胶(准确估价为86便士,两周的工作成果)被带到60英里外的一个采购中心,在那里橡胶只卖到50便士。在一些采购中心,野生橡胶在没有经过适当检查的情况下被评为C3级,而C1级的种植园橡胶通常被评为A1级。除了接受这些不公的价格外,唯一的选择就是把橡胶运到更远的地方,运到那些支付适当价格的采购中心。⑤

战争导致粮食产量减少。为了解决物资短缺问题,殖民政府采取了

① B. Freund, *Capital and Labour in the Nigerian Tin Mines*, London: Humanities Press, 1981, p.147.

② B. Freund, *Capital and Labour in the Nigerian Tin Mines*, London: Humanities Press, 1981, p.148.

③ D. N. Souter, "Colonial Labour Policy and Labour Conditions in Nigeria, 1939-1945", Oxford, D.Phil. thesis, 1980, pp.174-175.

④ A. Olorunfemi, "Effects of War-Time Trade Controls on Nigerian Cocoa Traders and Producers, 1939-1945: A Case-Study of the Hazards of a Dependent Economy", *The International Journal of African Historical Studies*, Vol.13, No.4, 1980, p.681.

⑤ Colonial Office 852/515/7, "Rubber in Nigeria and in British Cameroons", Memo addressed to the Ministry of Supply by the West African Rubber Mission, 15 May 1943.

不同的经济政策。关于粮食,殖民当局的战略是鼓励国内增加粮食生产,并确保粮食在全国公平分配。为了帮助农民满足对可可、果仁和橡胶等现有作物的需求。殖民当局关注当地工业和出口淀粉的生产。上述措施不适用于酒精、纺织品、零件、汽油、火柴、布、水泥、文具、车辆、毒品和盐等物品。这些货物还受到舱位和进口资金有限的影响。有限的数量必须分发到全国各地,以确保行政部门的运作,并使大多数人满意。①

在分配稀缺的进口商品时,盐成为最为棘手的物资,因为它不是奢侈品。盐的短缺让大多数人意识到战争的意义,盐作为一种生活必需品,完全没有任何物品可以取代。人们对其他稀缺物品的需求相对较低,因为其他消费可以推迟到战争结束时再满足,那时随着市场供应的稳定,价格预计会下降。盐的重要性使政府处于守势,因为政府不能要求人们减少盐的摄入量,而是必须解决这个问题。因此,在关注稀缺物品的内部分配时,盐是最紧迫的。②

供应委员会作为另一个重要的管制机构,它签发了进口盐的许可证,在战争年代对进口实行严格的规定,确保国家资源的合理分配与利用。虽然政府预料到盐的短缺问题,但1939年拉各斯中央食品控制委员会(Central Food Control Committee in Lagos)的一些成员建议应该进口大量的盐,以维持至少6个月的供应。然而,考虑到在潮湿的气候条件下,盐的储存很困难,而且运输空间不足,所以该措施没有实施。

在收到盐的配额后,各省遭遇了将配额合理分配给辖区内所有消费者和利益集团的棘手问题。一些省在将盐分配给城镇和乡村的时候面临了一些困难。1941年,在伊杰布省,一个村庄的盐的分配是每月一个香烟罐头的量。在1941年和1942年的大部分时间里,一个家庭无法获得可以维持一周的盐。③在奥约省的奥约、奥索博(Osogbo)、伊费(Ife)、伊莱莎

① T. Falola, "Salt is Gold: The Management of Salt Scarcity in Nigeria during World War II", *Canadian Journal of African Studies*, Vol.26, No.3, 1992, p.415.

② T. Falola, "Salt is Gold: The Management of Salt Scarcity in Nigeria during World War II", *Canadian Journal of African Studies*, Vol.26, No.3, 1992, p.415.

③ National Archives, Ibadan (NAI), CSO Ije Prof. 1/2450 Vol.2, Control of Salt.

(Ilesha)和伊巴丹等较大的城镇,1944年每人每月的盐量是6盎司。[①]在奥约省和阿贝奥库塔省的许多城镇和村庄,几个月来市场上几乎无盐可售。[②]在拉各斯,1942年采用的配给方法是每人每天可获得1磅的盐量。[③]位于北部的卡诺市,有几个月盐严重短缺,削弱了作为重要商品的花生贸易。[④]在东部,人口超过100万的奥尼查(Onitsha)省每月只能配给不到200吨粮食,这个数量甚至不够奥尼查和埃努古两个城镇使用。[⑤]1942年,在贝宁省,人们担心食盐配给的减少可能会激起政治层面的不安定因素。[⑥]

在哈科特港,公众的"不安"情绪引起了广泛关注。人们担心局势会变得难以控制。在北方的许多村庄,盐成为一种替代货币。例如,在贝努埃省的拉菲亚(Lafia)区,从事钨生产的公司抱怨说,在盐缺乏的时候很难找到劳动力:当务之急是将劳动力从大约600人增加到2000人,以充分利用本季的雨季。现金不会为奥德吉(Odeji)吸引劳动力或食品供应,但盐会吸引一批劳动力。他们只有把盐带回村庄的情况下才会开始工作。如果他们把收入作为现金储存起来,他们在矿山上工作一周就会离开。一旦他们听说矿场的盐库存告罄,他们拒绝继续工作。[⑦]

(三)油棕生产

1939年,尼日利亚的棕榈业仍以农民为主导。大多数油棕树林都是

---

① National Archives, Ibadan (NAI), DCI/404I/S. 17/C. 10 Vol. I, Rationing of Salt Revised Scheme.

② National Archives, Ibadan (NAI), DCI I/I/4o4I/S.17 Vol.I, Supply and Distribution, Salt; Abe Prof i/ ABP 1497B, Vol. 3, Salt Control.

③ National Archives, Ibadan (NAI), DCI I/I/404I/S.17 Vol.3, Supply and Distribution, Salt; From the Commissioner of the Colony to the Food Controller, Lagos, 8 May 1942.

④ National Archives, Ibadan (NAI), DCI/I/404I/S.17/C. I2, Salt I.

⑤ National Archives, Ibadan (NAI), DCI I/4041/S. 17/C. 10 Vol.I, Rationing of Salt Revised Scheme.

⑥ National Archives, Ibadan (NAI), DCI I/4041/S. 17/C. 10 Vol.I, Rationing of Salt Revised Schedule.

⑦ National Archives, Ibadan (NAI), DCI I/4041/S.17/C. 10 Vol.I, from the Chief Inspector of Mines, Mines Dept. Jos to the Secretary, Nigerian Supply Board, Lagos, 24 June 1942.

通过自然再生繁衍的,果实由农民根据土地公有制规定收割。英殖民当局试图建立油棕种植园以促进棕榈油生产用于出口。

在第二次世界大战开始时,尼日利亚殖民政府和殖民地农业部都意识到必须采取措施提高该行业的竞争力。人们对棕榈油行业的未来做出了悲观的预测,尤其是它最终消亡的可能性。农业部长J. R.麦基(J. R. Mackie)指出,在苏门答腊和马来亚建立种植园工业之前,英属西非(特别是尼日利亚)垄断了棕榈产品的生产。到20世纪30年代中期,远东的出口超过了英属西非。如果面对日益激烈的竞争,尼日利亚的棕榈油工业要保持其在世界市场上的地位,生产商需要采取各种措施。[①]在麦基看来,这些措施不包括扩建棕榈种植园,因为殖民政府认为棕榈油工业是一个乡村工业,任何向最新方法的转变都必须是一个循序渐进的过程。[②]虽然政府的政策是合理的,但麦基指出,要改善棕榈油行业很艰难,因为"在农民中引入新技术的变革将会遇到很多困难"[③]。因此,在1939年敌对行动开始时,尼日利亚殖民政府希望在不改变油棕种植方法的情况下使棕榈油生产更具竞争力。

因此,殖民当局以粮食作物为代价,鼓励个人发展油棕种植园。1939年,有79个新的油棕种植园主(包括在1938年之前已经存在的种植园的扩展),仅贝宁省的油棕种植园总面积就达到了3771英亩。[④]政府给予农民各种形式的鼓励,以确保棕榈油的产量。贝宁省地方行政部门雇用初级工作人员对种植园进行扩展并维持苗圃,以象征性的价格向农民提供棕榈幼苗,到1939年底,向他们出租了1万多个保护棕榈幼苗的金

① A. E. Hinds, "Government Policy and the Nigerian Palm Oil Export Industry, 1939-1949", *The Journal of African History*, 1997, Vol.38, No.3, 1997, p.461.

② National Archives Ibadan (NAI), Ibadan Ministry of Agriculture (lb. Min. Agric.), 1/298/17457. "Proposals for the development of an Oil Palm Research Station for Nigeria" by J. R. Mackie, Senior Agricultural Officer, 1938.

③ National Archives Ibadan (NAI), Ibadan Ministry of Agriculture (lb. Min. Agric.), 1/298/17457. "Proposals for the development of an Oil Palm Research Station for Nigeria", by J. R. Mackie, Senior Agricultural Officer, 1938.

④ National Archives, Ibadan. CSO 26/2, ID14617Vol. XV, Annual Report Benin Province, 1938, pp.16-20.

属圈。[①]

1939年,大约9000棵油棕树苗被售空,大约有23个新棕榈种植园主出现,使总数达到100多个。殖民政府鼓励对现有油棕种植园进行扩建,1年内进行了11次扩建工作。1940年,越来越多的农民加入了油棕种植园的行列。随着每年越来越多的农民选择种植油棕,粮食作物种植部门受到了影响。粮食作物生产曾经是该省伊卡(Ika)和阿萨巴人的主要职业,但他们因种植油棕而放弃了粮食作物生产。[②]

在战争期间,英国在塑造尼日利亚殖民政府在棕榈油出口行业所采取的政策方面发挥了非常重要的作用。从战争开始到1942年2月盟军在远东的崩溃,殖民政府在棕榈油出口行业的所采取的政策主要集中于限制出口生产,以此缓解航运运输方面的压力。因此,殖民政府积极鼓励扩大国内市场,鼓励棕榈油运输到尼日利亚北部。[③] 1942年至1943年,有1.2175万吨棕榈油从尼日利亚东部运往北部省份。[④]

1942年2月,日本在远东战胜盟军后,对棕榈油出口的限制被取消。日本的进攻将马来亚、菲律宾和新加坡这些主要的油棕生产国排除在世界贸易之外,这引发了全球范围内的油棕危机。1943年3月,尼日利亚殖民政府增加棕榈油的出口产量。这一倡议的目的显而易见。当地官员被告知,"由于印度不能供应棕榈油,英国目前油棕的供应状况比以往任何时期都要严峻得多"。因此,"应该尽一切努力增加尼日利亚的油棕产量,这将是决定英国油棕配给的一个重要因素"。[⑤]

---

① S. A. Shokpeka and O. A. Nwaokocha, "British Colonial Economic Policy in Nigeria, the Example of Benin Province 1914-1954", *Journal of Human Ecology*, Vol.28, No.1, 2009, p.64.

② S. A. Shokpeka and Odigwe A. Nwaokocha, "British Colonial Economic Policy in Nigeria, the Example of Benin Province 1914-1954", *Journal of Human Ecology*, Vol.28, No.1, 2009, pp.64-65.

③ National Archives Kaduna (NAK), Kano Province (Kanprof), 17/3/24875, vol. I. Director of Supplies to Resident Kano Province, 29 January 1944.

④ Report of the Mission appointed to enquire into the Production and Transport of Vegetable Oils and Oilseeds produced in West African Territories, p.71.

⑤ National Archives Enugu (NAE), Calabar Province (Calprof), 3/1/24/11, CP 2626/15. Confidential Circular, Sec. Nigeria Supply Board to Res. Calabar, SEP, SNP, SWP, Commissioner of Colony, Director of Agriculture, Chief Inspector of Produce, Mar. 1943.

除了根据1943年《尼日利亚2号国防条例》(Nigeria Defence Regulation No. 2)所采取的管制国内贸易的步骤外,油棕生产授权承包商、有薪劳工或代理人收割和加工油棕和棕榈仁。农民被强制生产棕榈油和棕榈仁。采取强制措施来促进棕榈油出口的生产是在市政府的要求下完成的。在1944年初的一次生产会议上,殖民官员得知“要采取必要的措施,包括强制确保每一个棕榈坚果都能够收获,每一个棕榈仁都能得到销售”[①]。1944年5月,驻伊巴丹公使解释说:“在这种情况下,必须采取一切措施来提高油棕产量。”[②]他支持适用于1943年的“强制法规”,特别是在增加棕榈油产量方面做得不够的地区对生产者采用强制措施。

与此同时,1943年的《尼日利亚2号国防条例》对油棕产品的收集和加工采取了强制措施,引起了棕榈油生产商和油棕园所有者的抗议。他们中的许多人同情英国的事业,但反对以无情的方式增加出口生产的政策。此外,他们对政府在不是油棕生产的经济地区强迫人们种植油棕表示不满。[③]

总之,战时殖民经济的特色是在经济增长的同时,往往伴随着比战前更高的资源榨取率。英国政府通过对殖民地航运、关税及交通运输设施的管制,采取贱买贵卖,压低农产品价格等方式,榨取尼日利亚人民的血汗。[④]第二次世界大战期间尼日利亚农业发展的主线是英国急需的经济作物的集约化种植。战争时期的需求进一步加剧了对粮食作物的忽视,除了那些能够替代战争而价格上涨的欧洲食品,例如大米,其他粮食作物的种植均受到冷落。土著人民赖以生存的粮食生产在很大程度上被忽视。由于越来越多的农民在各种经济作物种植园从事雇佣劳动,从事粮食生产的劳动力供应严重枯竭。直接的结果是粮食作物农业失去了其发

---

① NAI, lb. Min. Agric., 1/373/21050, Vol.I, Palm Production Compulsory Measures. Resident Oyo Province to SWP, 9 Apr. 1944.

② NAI, lb. Min. Agric., 1/373/21050, Vol.I, Palm Production Compulsory Measures. Resident Oyo Province to SWP, 9 Apr. 1944.

③ NAE, River Province (Riverprof), 9/I/I 173/DW/5 I87, Vol.4. Confidential Oil Palm Production Officer Owerri Province to Resident Owerri Province, 4 Oct. 1945.

④ 郑家馨主编:《殖民主义史 非洲卷》,北京大学出版社,2000年,第621页。

展的内在动力。随着农业系统暴露于帝国主义市场的变幻莫测中,任何不能满足市场需求的东西都将被置于次要地位。根据G. 赫莱纳(G. Helleiner)的说法,这"导致了尼日利亚农业的停滞,甚至退化,直到今天,这个国家可能面临无法养活其人口的切实威胁"①。

二、贸易政策与尼日利亚经济

正如霍普金斯所暗示的那样,在战争期间,贸易条件决定了尼日利亚国内的经济发展。毕竟,战争期间消费品短缺。因此,用于国内商品交换的收入比例可能会提高。②根据贸易条件,初级生产者的境况变得更糟,但大多数农民并不依赖出口谋生,尼日利亚的大部分贸易都是在国内进行的。③流通中的货币数量不断增加(从1939年的585.7万英镑增加到15.386亿英镑),④这不仅增加了储蓄并加剧了通货膨胀,还刺激了当地经济。事实上,战时的紧急情况和殖民政策导致了尼日利亚经济的扩张。

英国战时对原材料的需求不断增加,这导致尼日利亚出口部门迅速扩张。锡矿出口从1938年的10.48万吨增加到1943年的17万吨。如果说锡矿的产量没有达到预期,那么橡胶的产量就是超过了预期。1942年1月,联合非洲公司预测橡胶最高年产量将达到6000吨,但实际上橡胶出口量从1939年的2778吨增加到1944年的9395吨。铌铁矿出口量从1943年的831吨增加到1945年的1975吨,当时尼日利亚是世界上最大的铌铁矿供应国。⑤

开发新的出口收入来源是尼日利亚经济多元化的一项重要措施,尼

① G. K. Helleiner, *Peasant agriculture, government, and economic growth in Nigeria*, Homewood: Richard D. Irwin, 1966, pp.93.

② A. G. Hopkins, *An Economic History of West Africa (second edition)*, London: Taylor & Francis Group, 2020, p.267.

③ A. N. Cook, *British Enterprise in Nigeria*, London: University of Pennsylvania Press, 1964, p.240.

④ G. K. Helleiner, *Peasant agriculture, government, and economic growth in Nigeria*, Homewood: Richard D. Irwin, 1966, p.194.

⑤ G. K. Helleiner, *Peasant agriculture, government, and economic growth in Nigeria*, Homewood: Richard D. Irwin, 1966, Table IV-A-8.

日利亚某些部门展现出新的生产力。埃努古的煤炭产量从1938—1939年的32.32万吨增加到1944—1945年的66.8万吨,[①]棉花产量也增加了。[②]此外,还出现了旨在消除进口需求的新第二工业。绳索产量从1940年的8400码增加到1944年的400万码。[③]战争促进了当地砖瓦的生产,也促进了阿帕帕肥皂的生产,联合利华西非肥皂公司的产量从1940年的3072吨增加到1945年的1.064万吨。在此期间,5335英镑的亏损变成了2.596万英镑的利润,这种"转变"完全归功于战争的特殊情况。[④]服务业建设刺激了木材工业,在拉各斯和萨佩莱(Sapele)的现有工厂中又增加了位于阿波努姆的一家试点锯木厂。1945年,联合非洲公司在政府的支持和批准下在那里建立了一家胶合板工厂。战争期间,尼日利亚开始制定更加系统的林业利用政策,而不是"榨取"资源。尼日利亚森林以获取红木等优质木材用于出口。[⑤]林业官员在表达殖民政策时强调"有控制的科学开发"和"与再生携手并进"的必要性。人们发现可以向其他西非殖民地出口木材和棚屋。只是由于缺乏合适的机械,才阻止了麻袋工厂的建立,而北方走私活动的增加部分抵消了进口麻袋的影响。当地的纺丝得到了扩展,木棉被用来制造救生衣,当地的木炭和阿拉伯胶也得到使用。东部各省首席专员在1942年提到"当地贸易和工业的巨大发展",而尼日利亚的工资收入者从大约18.3万人增加到30万人。[⑥]

这场战争使英国殖民政府试图改善通讯。[⑦]从1940年6月法国沦陷

---

① Report of the Commission of Enquiry into the Disorders in the Eastern Provinces of Nigeria, November, 1949, colonial no. 256 of 1950, p.57.

② R. O. Ekundare, *An Economic History of Nigeria 1860-1960*, London: Methuen & Co Ltd, 1973, p.170.

③ D. Souter, "Colonial Labour Policy and Labour Conditions in Nigeria, 1939-1945", Ph. D thesis, Oxford University, 1981, p.53.

④ D. K. Fieldhouse, *Unilever Overseas: Anatomy of a Multinational*, London: Croom Helm,1978, p.369.

⑤ Nigeria: the Making of a Nation, His Majesty's Stationery Office, 1960, pp.13-14.

⑥ Nigeria: the Making of a Nation, His Majesty's Stationery Office, 1960, p.14.

⑦ F. Smith, Transport in Nigeria, July 1939, and Comments of the General Manager, Nigerian Railway, on Mr. Frederick Smith's Report of July 1939, UAC archive.

开始,到1943年2月盟军在北非取得胜利,尼日利亚作为中东物资的中转站具有重要的战略意义,是很多军事活动开展的场所。因此,工程部建造了17座全新的机场;对现有的9座机场进行大规模扩建;对超过1900英里的现有道路进行改进,包括加固桥梁;在尼日利亚建造了许多军营和兵营,并向塞拉利昂出口了标准棚屋。①到1942年底,工务署电力分部已经安装了1.9万个新的照明点,包括68英里的架空低压配电线路,10.6英里的架空高压线路和4.2英里的地下电缆。②到1942年底,所有已完成或正在进行的公共工程的成本总计为296.8万英镑。③此外,电话交换机的数量从1940年的40个增加到1945年的59个,在此期间,邮局的数量从1个增加到113个。④

除了1944—1945年,粮食产量在战争期间下降。农业部长致力于增加粮食产量。1939年1月,农业部长麦基判断,如果农业发展得当,尼日利亚可供应"所有在热带地区种植的产品,并实现自给自足"。作为农业部长,他告诉布迪龙总督,1940年底,"从非洲人视角来看,尼日利亚的粮食产量比以往任何时候都多,而且价格便宜"⑤。在接下来的几年里,尽管1942年降雨量很少,麦基仍然对自己的处境感到满意:农产品的运输增加了,例如橙子和咖喱从东部运输到北部,山药从东部运输到北部。⑥布迪龙总督一直因工作原因无法巡视全国,直到1942年康利夫-李斯特作为驻西非内阁部长抵达尼日利亚时,他告诉立法会,他获得了"一手证

① H. E. Walker, "Notes on Activities of Public Works Department", papers of Sir Hubert Walker, Rhodes House.

② H. E. Walker, "Notes on Activities of Public Works Department", papers of Sir Hubert Walker, Rhodes House.

③ H. E Walker, "Notes on Activities of Public Works Department", papers of Sir Hubert Walker, Rhodes House.

④ R. O. Ekundare, *An Economic History of Nigeria 1860-1960*, London: Methuen & Co Ltd, 1973, pp.154-155.

⑤ Mackie to Chief Sec., 4 Jan. 1939, Mackie Papers.

⑥ Colonial Office 852/468/4, memo by Mackie on food production and supply for Oct. 1941-March 1942; Colonial Office 852/524/1, memo by Mackie on food production, April 1942-Sept. 1942.

据”,表明战争期间营养标准显著提高,人们的饮食总体上更加多样化。[①]伊洛林的埃米尔告诉布迪龙,他的人民从来没有像现在这样繁荣过,唯一的缺点是进口布料的成本太高。[②]

目前还没有确凿的证据来支持或反驳这些观点,我们需要更多的当地研究。M. 蒂芬(M. Tiffen)指出了战争期间的繁荣。[③]可以肯定的是,欧洲人的数量因服役而急剧膨胀,进口食品短缺导致了国内生产这些食品,其中只有一小部分进入了当地人的手中。农业部于1910年在南尼日利亚成立,最初负责增加出口作物的产量,增加粮食产量是其首要任务之一。战前,尼日利亚每年进口7.2万磅黄油和2.2万磅食用油。现在,尼日利亚第一家奶牛场设在兽医局总部沃姆(Vom),第二家设在卡诺。1942年,农业部决定将沃姆奶牛场扩大到高原省潘克辛(Pankshin)区。[④]结果,黄油产量从每月600磅上升到每月3万磅。1942年,北方省份的黄油产量达到32.5万磅。[⑤]黄油产量的增加主要受益者是欧洲人,但奶牛场的建设也是因为“将建立一个具有永久价值的本土工业”[⑥]。公共工程部(Public Works Department)生产了将一定比例的牛奶制成奶酪(具有切达干酪品质)的设备,沃姆还建立了尼日利亚的第一座养猪场,到1941年初,每月生产约2200磅新鲜猪肉。[⑦]土豆的产量从1939年的50吨增加到1942年的1100吨。蔬菜产量增加了,糖的产量也增加了(每年几百吨),糖是用进口的压榨机生产的。小麦在北方种植,人们建起了磨坊把小麦磨成面粉。大米的产量也增加了,1939年之前,每年进口1万吨大米,但

① Nigerian Legislative Council Debates, Bourdillon, 15 March 1943; see also Colonial Office 583/262/30519, Bourdillon to S of S, 24 Jan. 1942.

② CSO 26/03445 Vol.VII, Note on a visit of H.E. to the Ilorin Province, Oct.1942.

③ M. Tiffen, *The Enterprising Peasant: Economic Development in Gombe Emirate, North Eastern State, Nigeria, 1900–1968*, London: His Majesty's Stationary office, 1976, pp.61–65.

④ Colonial Office 852/371/12, Governor to S of S, 6 Nov. 1942.

⑤ Colonial Office 657/55, “Annual Report on the Northern Provinces of Nigeria for the year 1942”, by Sir Theodore Adams, p.9.

⑥ Colonial Office 852/348/9, OAG to S of S, 19 April 1940.

⑦ Colonial Office 852/469/10, “Schemes for the Production of Pork in Nigeria”, n.d.; Nigeria,no. 22, 1944, pp.14–15.

在1940年至1945年,进口的大米只占总量的8%。在同一时期,由于当地资源的发展,以前主要从斯堪的纳维亚进口的干鱼数量只有2%被带入该国。水果饮料的产量从1941年的1.3万瓶增加到1942年的7.7万瓶。[①]事实上,人们发现有可能从尼日利亚向其他西非殖民地出口一些多余的粮食。[②]

殖民部农业顾问H. 坦帕尼(H. Tempany)博士在一份关于尼日利亚产量的详细报告中指出,战争已经影响了尼日利亚的产量:

> 战争刺激生产并创造内部需求。在我看来,它非常有力地说明了,过去由于关注出口产品而未能充分组织内部产品交换。因此,未能充分利用提高生活水平潜在的机会。在我看来至关重要的是,战后应保持对国内贸易的刺激。[③]

因此,仅仅根据贸易条件来讨论尼日利亚生活水平的提高是不全面的,它忽视了英国的殖民政策。我们需要认识到,尽管某些部门在一定程度实现了专业化,但大多数经济作物生产者还停留在原始的水平。[④]

三、殖民政府态度的转变

在战争爆发前,尼日利亚人民的反殖情绪日益高涨。布迪龙总督对这种情况感到不安,他请求殖民部寻求新的措施,以解决尼日利亚的贫穷和不断恶化的财政问题。布迪龙总督对1929年《殖民地发展法案》持批评态度,并断言该法案的影响是消极的。因为"该法案提供的基金旨在为重大计划提供援助,而这些计划对殖民地的发展没有多大作用"。他进一步表示,"即使是通过贷款资助的小型项目,其计划的管理方式也使殖

① Nigeria: the Making of a Nation, His Majesty's Stationery Office, 1960, p.13.

② Nigerian Legislative Council Debates, 15 March 1943.

③ Colonial Office 852/524/1, minute by Dr H.Tempany, 23 April 1943.

④ Colonial Office 852/510/24, memo on 'Nigeria' by Rawlings, H.J. of John Holt and Co.,Nov. 1943.

民地处于不利地位”。[1]他认为,尼日利亚无法使用这些资金,因为其财务状况不佳。1936年尼日利亚的债务高达7500万英镑,政府已按4.69%的利率全额支付了公共/私人债务的利息。1936年至1937年,每人从真实税收中获得5先令10磅的收入。在海关收入方面,这是尼日利亚创纪录的一年,大约为1先令7便士用于偿还公共债务,近4便士用于军费开支。大约6便士用于养老,剩下人均3先令5便士用于行政管理、维护国内安全及社会和发展服务。这些债务是在将出口产品推向市场和其他服务方面产生的。布迪龙声称,英国纳税人获得了这笔支出的全部价值,而殖民地发展基金用于补偿尼日尔公司的拨款总额约为600万英镑。[2]

布迪龙认为,所有这些发展,加上财政自给自足政策和微薄的外国投资,都加剧了尼日利亚的发展危机,而尼日利亚的发展危机因土壤侵蚀和森林砍伐而恶化。最后,他主张财政自给自足政策应服从于维持社会和经济发展,停止向尼日尔公司的继承者联合非洲公司进一步支付采矿权使用费,为发展性基建工程提供融资而无需支付报酬,通过赠款或贷款承担农业、林业、兽医和地质调查的责任,并成立一个委员会访问尼日利亚,与尼日利亚政府合作制定十年发展规划。[3]

在另一份备忘录中,他建议大力引进欧式种植园农业,强迫农民种植和采用新的耕作方法,以增加出口和收入的产量。[4]尽管他指出造成发展危机的一些主要原因,但他回避了殖民地公司在操纵价格和阻碍殖民地经济发展方面的作用。布迪龙实施了一些创收和增产计划,他削减了工人工资和退休金,增加了进口关税,并指示在各省进行土壤侵蚀调查,以

---

① NAUK Colonial Office 583/243/19, Economic Development of Nigeria - Governor Bernard Bourdillon to Malcolm MacDonald, Secretary of State for Colonies, 5 April 1939, p.27.

② NAUK Colonial Office 583/243/19, Economic Development of Nigeria - Governor Bernard Bourdillon to Malcolm MacDonald, Secretary of State for Colonies, 5 April 1939, p.33.

③ U. Usuanlele, “Poverty and Welfare in Colonial Nigeria, 1900-1954”, A Ph. D Dissertation, Queen’s University Kingston, Ontario, Canada, 2010, pp.282-283.

④ Governor Bernard Bourdillon to Malcolm MacDonald, Secretary of State for Colonies, 5/04/1939, pp.22-24.

恢复土地。[①]

由此可见,第二次世界大战期间,尼日利亚殖民政府对殖民地的态度发生了明显的变化。两次世界大战期间的金融正统观念和紧缩不再是重要主题。布迪龙总督认为以前的政策是"狭隘、短视"[②]和"错误"的,[③]并对"平衡预算"进行了严厉的评论。[④]他认为,地方资金不足不应成为不向政府员工支付工资的借口。[⑤]殖民当局批准增加地方政府员工的工资,尽管这完全打乱了国家的财政,尤其是在东部省份。[⑥]战争爆发时,他的反应不是削减服务和征收税收,而是坚持"我们所有的发展工作都应该继续"[⑦],并安排从当地政府的财政储备中借钱。旧的和正统的殖民政策被摒弃,这种转变是由20世纪30年代大萧条时期积累的挫败感,1940年存在的革命形势,以及梅.凯恩斯(M. Keynes)的经济思想推动的。

布迪龙表现出了为年度预算赤字提供资金的意愿,这在十年前是不可想象的,而且他的战时提案早于殖民部批准的提案。在1940年,他提出了一项具有前瞻性的建议,主张政府应向一家非洲公司提供援助,以助力该公司在面临非洲联盟公司激烈竞争的环境下,成功在卡诺地区建立起面粉磨坊。该建议引自官方评论:"总督的提议与我们百年来一直恪守的原则背道而驰。""长久以来,我们坚信,允许英国资本与企业在发展滞后国家施展力量,可推动其进步"。然而,布迪龙却被人们视为"沉溺于反对联合非洲公司的事务之中。"[⑧]对殖民政策来说,尼日利亚政府对生产所

① U. Usuanlele, "Poverty and Welfare in Colonial Nigeria, 1900-1954", A Ph.D Dissertation, Queen's University Kingston, Ontario, Canada, 2010, p.283.

② Colonial Office 323/1695/7318A, Bourdillon to S of S, 19 Sept. 1939. Cf. Colonial Office 852/596/2, Richards to S of S, 15 Feb. 1945.

③ Colonial Office 583/262/30519, Bourdillon to S of S, 31 Aug. 1942.

④ Colonial Office 583/262/30519, Bourdillon to S of S, 31 Aug. 1942., Bourdillon to S of S, 21 Jan. 1942.

⑤ Bourdillon to S of S, 21 Jan. 1942.

⑥ R. D. Pearce, "Morale in the colonial service in Nigeria during the Second World War", *The Journal of Imperial and Commonwealth History*, Vol.11, No.2, 1983, pp.184-185.

⑦ Mackie to Financial Sec, 19 Oct. 1940, Mackie Papers.

⑧ Colonial Office 852/290, minute by Parkinson, C., 9 Nov. 1940.

持新态度至关重要,这些态度得到了殖民大臣的支持。然而,变革不再由尼日利亚人自发地接受,而需要外界加以刺激。

尼日利亚政府已成立生产队,以控制和分配运输,并对增加所需产品的生产进行密集宣传:开始建立示范区,分发种子,统一价格,并尽可能提供运输和储蓄支持。总督告诉手下的官员,任何提高产量的建议,"无论看起来多么不符合常规",都将受到欢迎。[①]战时北方花生运动的目的是"全面推动农业生产……在某些地区,强制措施是可行的"。政府致力于确保位于贝宁附近的油棕研究站能够采用最尖端的技术,以提升研究水平和生产力。尼日利亚政府在该站的开支从1938—1939年的588英镑增加到1945—1946年的9443英镑,另外还向殖民地发展和福利基金申请了50多万英镑。[②] 1944年,英国西非政府集中资源建立了西非可可研究所。[③]

战争期间,尼日利亚政府并非不关心其殖民地臣民的福利。这一点在1942年《工人赔偿条例》(Workers' Compensation Ordinance)的立法中得到了体现,该条例被阿齐基韦誉为"工人的大宪章",在战争期间,中央政府总收入从611.3万英镑增加到1320万英镑,[④]这一增长不仅是由于关税收益的增加,而且是由于直接税收入增加了一倍多。[⑤]这场战争的一个显著特点是尼日利亚首次对在那里经营的欧洲公司征税:这些公司已向英国财政部缴纳了所有税款。1939年尼日利亚地方当局开始向公司征税,税率为12.5%,1940年上升至20%,1941年上升至25%。如果说战争提高了尼日利亚外籍公司的盈利能力,那么至少保证殖民政府分享利

---

① Bourdillon to Mackie, May 1943, Mackie Papers.

② C. K. Eicher, "The Dynamics of Long-Term Agricultural Development in Nigeria", *Journal of Farm Economics*, Vol. 49, No. 5, 1967, p.8.

③ R. O. Ekundare, *An Economic History of Nigeria 1860-1960*, London: Methuen & Co Ltd, 1973, p.168.

④ G. K. Helleiner, *Peasant agriculture. Development and export instability: the Nigerian case*, Edinburgh: Edinburgh University Press ,1966, Table V-E-3.

⑤ G. K. Helleiner, *Peasant agriculture. Development and export instability: the Nigerian case*, Edinburgh: Edinburgh University Press, 1966, Table V-E-4.

润。[①]个人所得税税率也被提高,影响到英国官员和较富有的拉各斯人,并且第一次象征性地对殖民地的妇女直接征税,收入超过200英镑的征收1.5%。[②]这场战争使尼日利亚首次出现了一位专家所说的"现代累进所得税"。[③]结果,政府支出从1939—1940年的649.6万英镑增加到1945—1946年的1069.3万英镑,其中增加的份额在战争结束时专门用于发展支出。[④]

综上所述,第二次世界大战使人们认识到"强有力国家行动"的必要性。这场战争为实施发展和福利的新殖民政策铺平了道路。尽管战争的主战场远离尼日利亚,但是尼日利亚人民却深深卷入其中。随着通货膨胀、商品稀缺和恶劣生活条件的加剧,尼日利亚人民要求变革。他们迫切希望改变现状,迎来更加美好的未来。

第二节　1940年《殖民地发展与福利法案》

本节主要讨论了1940年英国政府通过的《殖民地发展与福利法案》,旨在应对尼日利亚人民的变革要求,并通过投资促进其发展。然而,该法案的实施成就有限,仅少数项目得以执行。与此同时,本节详细分析了该法案推行的背景、内容及其性能,并指出其重点在于福利提供而非经济发展,且受战争影响,发展计划未能全面展开。此外,本节还介绍了尼日利亚政府为实施该法案所设立的各级发展咨询委员会及其规划工作,但多数计划因资源短缺和战争影响未能完成。整体而言,该法案虽标志着英国殖民政策的重要转变,但其实际效果远未达到预期。

---

① D. K. Fieldhouse, *Unilever overseas: The anatomy of a multinational 1895-1965*, Stanford: Hoover Institution Press, 1978, p.361.

② N. E. Mba, "Women in Southern Nigerian Political History, 1900-1965", Ph.D. thesis, University of Ibadan, 1978, pp.414-419.

③ R. O. Ekundare, *An Economic History of Nigeria 1860-1960*, London: Methuen & Co Ltd, 1973, p.114.

④ R. O. Ekundare, *An Economic History of Nigeria 1860-1960*, London: Methuen & Co Ltd, 1973, pp.116-117.

一、1940年《殖民地发展与福利法案》

20世纪30年代后期出现的殖民地发展政策,最终在1940年《殖民地发展与福利法案》中达到高潮。这是一个重要的转变,反映了殖民部对采取缓和措施以解决殖民地贫困的直接关注。

(一)该法案实施背景

1940年《殖民地发展与福利法案》强调福利提供,而不是经济发展本身。麦克唐纳的主要目的是赢得外部的认可,他坚信英国有责任为殖民地提供社会服务的经常性支出,这与大规模资本计划的拨款不同。①此外,正如S. 康斯坦丁(S. Constantine)所言,加速发展的计划本为给英国带来经济优势,现在却变成了一项服务于其他目的而制定的政策。②因此,英国推行殖民发展政策的动力是希望在国际上,特别是美国对殖民统治的批评进行回应,而不是一种新重商主义战略。殖民部决定将殖民地发展与福利的责任委托给新的社会服务部门,而不是委托给经济部门,而社会服务部门本身就是新思想的产物。③然而,当发展倡议于1940年2月正式公布时,改善殖民地经济地位的必要性得到了强调:预计经济发展将在其他领域取得进展。④在财政部的坚持下,经济发展将使殖民政府有能力提供基本的社会服务。然而,一些官员认识到发展殖民地福利是治标不治本。殖民部财务顾问J. 坎贝尔(J. Campbell)质疑将社会福利置于经济扩张之前的概念。财政部也试图维持1929年法案中体现的对经济发展的重视,担心另一种选择是让殖民地永久领取“救济金”。⑤财政部曾一度

---

① M. Petter, “Sir Sydney Caine and the Colonial Office in the Second World War: A Career in the Making”, *Canadian Journal of History*, Vol.16, No.1, 1981, p.68.

② S. Constantine, *The Making of British Colonial Development Policy, 1914-1940*, London: Frank Cass, 1984, p.303.

③ M. Petter, “Sir Sydney Caine and the Colonial Office in the Second World War: A Career in the Making”, *Canadian Journal of History*, Vol.16, No.1, 1981, p.68.

④ Cmd.6175 Statement of Policy on Colonial Development and Welfare, Feb. 1940.

⑤ S. Constantine, *The Making of British Colonial Development Policy, 1914-1940*, London: Frank Cass, 1984, p.253.

建议从“殖民地发展与福利法案”中删去“福利”一词。[①]麦克唐纳驳斥了财政部的观点,坚持认为殖民地财政自给自足的传统观念已经站不住脚。然而,大萧条使官员们认识到,非洲的基本经济发展是必要的。[②]

主张立即采取“福利主义”战略的人与强调解决贫困原因的人之间的紧张关系,贯穿整个战争进程。同样,这两种方法都有政治上的考量与合理性。麦克唐纳的成功在于,他提出的殖民地发展与福利建议在政治上是必要的,对确保战争的胜利起到了不可或缺的作用,同时也是为了保证英国未来的帝国地位。这些政治考虑为这项倡议提供了充分理由,使内阁在战争和财政紧缩的不利情况下依然支持该倡议。[③]然而,长期经济发展作为一个问题,既提出了更广泛的殖民政策的长期目标问题,也是关于殖民地为最终自治做准备的官方讨论的一个中心特点。

与此同时,1929年的《殖民地发展法案》对尼日利亚殖民地经济的影响微乎其微,再加上殖民地和英国经济形势的恶化,导致了20世纪30年代殖民地出现普遍的不满情绪。在第二次世界大战爆发之前,殖民地对政治和经济改革的不满和骚动日益增加。当1939年战争爆发时,英国无法承担疏远其与殖民地臣民的后果。为了平息殖民地的骚动和不安,争取殖民地人民对战争的支持,英国政府于1940年通过了《殖民地发展与福利法案》。

(二)该法案的内容

1940年《殖民地发展与福利法案》是英国殖民政府第一次打算促进“殖民地社会发展的法案”[④]。该法案纳入了一揽子福利计划,这与1929

---

① J. M. Lee, M. Petter, T*he Colonial Office, War, and Development Policy: Organization and the Planning of a Metropolitan Initiative*, London: Maurice Temple Smith, 1982, p.45.

② D. K. Fieldhouse, “Decolonization, Development and Dependence: a survey of changing attitudes”, in P. Gifford and Wm. Roger Louis, *The Transfer of Power in Africa. Decolonization 1940–1960*, New Haven: Yale University Press, 1982, p.486.

③ S. Constantine, *The Making of British Colonial Development Policy, 1914–1940*, London: Frank Cass, 1984, p.255.

④ Government of Nigeria, *Preliminary Statement on Development Planning in Nigeria*, Sessional Paper No. 6, Lagos: Government Printer, 1945, p.1.

年《殖民地发展法案》有很大差异。列入这些福利计划是受到西印度皇家委员会(West India Royal Commission)的启发,该委员会建议设立一个西印度福利基金(West Indian Welfare Fund)。"福利"一词的增加有若干影响。首先,它既是对20世纪30年代末尼日利亚殖民地贫困的承认,也是对1929年《殖民地发展法案》中大量"福利"元素的接受。[①]其次,这些服务将在预算拨款的情况下进行规划。最后,必须做出努力,为福利计划筹集资金。[②]然而,该法案的本意不是出于人道主义,而是出于重商主义。

当英国政府颁布《殖民地发展与福利法案》时,尼日利亚政府仍在为如何实施发展计划而苦苦挣扎。布迪龙总督对1940年《殖民地发展与福利法案》寄予厚望,[③]并立即申请拨款用于制定稻米生产计划,建立兽医培训学校以提高食品、肉类、奶制品和兽皮生产,并申请资金改善工人的工资。他认为这些项目将有助于改善非洲人的福利,并指示首席专员、居民和立法会议员迅速拟订能够带来经济增长的计划。

根据1940年《殖民地发展与福利法案》,英国政府为今后10年的殖民地发展和福利拨款5000万英镑,其中每年的拨款不能超过500万英镑。这500万英镑中未使用的部分必须在每年年底上缴财政部。另外每年还拨出50万英镑用于殖民地研究。此外,该法案授权免除1929年《殖民地发展法案》向殖民地提供的1100万英镑的贷款。英国政府决定免除殖民地未偿还的贷款,并减少偿还债务的数额。殖民地债务会消耗每年的财政收入,进而阻碍殖民地经济的发展。[④]

英国政府对免费赠款和贷款没有施加限制。1940年《殖民地发展与福利法案》第一条授权殖民大臣在财政部的同意下,为可能促进殖民地资源开

① M. Havinden and D. Meredith, *Colonialism and Development Britain and its tropical colonies, 1850-1960*, London and New York: Routledge, 1993, p.217.

② T. Falola, *Development Planning and Decolonization in Nigeria*, Gainesville: University Press of Florida, 1996, p.25.

③ B. Bourdillon, "Colonial Development and Welfare", *International Affairs*, Vol.20, No.3, 1944, pp.372-373.

④ E. R. Wicker, "Colonial Development and Welfare, 1929-1957: The Evolution of a Policy", *Social and Economic Studies*, Vol. 7, No. 4, 1958, p.181.

发或人民福利的目的制定计划。此外,1940年法案扩大了发展项目的范围,包括运营费用及资本支出和教育支出。由于1929年法案没能为经济发展的长期规划提供机制,政府在1940年政策的声明中坚持有计划的发展,并呼吁:“为规划和执行计划提供适当的机制和充足的人员……国内和海外当局应该保持定期的联系。”[①]可见,这项政策要求殖民地与英国之间协调努力。殖民部任命了一名助理次官(assistant undersecretary),并设立了社会服务部。此外,殖民部通过派遣技术顾问和其他工作人员积极监督殖民地。这位助理次官承诺加强国内与海外政府之间的合作,尤其是加强行政部门、医疗、农业和兽医部门技术人员之间的合作,以便更好协调他们之间的工作。[②]殖民部邀请各殖民地提交其计划供咨询委员会审查,并敦促各殖民政府为“今后几年”拟定发展方案,作为1940年《殖民地发展与福利法案》提供援助的条件。这有助于减少伦敦方面对制定发展方案的指导,以确保当地人民在执行项目时进行最大程度的合作。

1940年《殖民地发展与福利法案》标志着英国殖民发展政策的重大转变。该法案与1929年的《殖民地发展法案》存在很大差异。第一,拨款数额不同。与1929年法案每年只拨出100万英镑用于殖民地发展不同,1940年法案拨出550万英镑。其中,每年有50万英镑专门用于殖民地研究。[③]该金额是1929年法案所拨款项的5倍。第二,拨款用于的发展目的不同。1940年法案的拨款是用于发展目的,殖民地不再承担发展费用的资金。1929年法案是为了促进殖民地物质发展。第三,拨款适用的范围不同。与1929年法案相比,1940年法案包含的范围更广,1929年法案允许援助用于改善英国商业和工业的项目,没有将援助拓展到教育上。作为福利计划的一部分,1940年法案对教育领域给予很大关注,教育和研究经

① E. R. Wicker, “Colonial Development and Welfare, 1929-1957: The Evolution of a Policy”, *Social and Economic Studies*, Vol.7, No.4, 1958, p.182.

② T. Falola, *Development Planning and Decolonization in Nigeria*, Gainesville: University Press of Florida, 1996, p.24.

③ T. Falola, *Development Planning and Decolonization in Nigeria*, Gainesville: University Press of Florida, 1996, pp.24-25.

费将用拨款的方式来支付。[①]

1940年法案为尼日利亚的现代化奠定了基础,它承认经济规划是在未来实现变革的一种战略。那么尼日利亚对引进经济发展计划的反应如何呢?自1940年以来,尼日利亚需要确定它需要什么来发展和需要什么为它的人民提供服务。

尼日利亚总督布迪龙对1940年法案的通过很兴奋。在大会上就该法案的性质进行的激烈辩论中,他发挥了重要作用。1939年4月,布迪龙给英国议会发了一封长信,抨击"英国在殖民地实行的财政自给自足政策,并谴责1929年《殖民地发展法案》的缺陷"。他对尼日利亚的发展危机表示遗憾,尼日利亚负债累累,无法筹集足够收入来支付贷款利息。[②]布迪龙对1929年法案的批评集中在其结构上,1929年的贷款规定把拨款集中于一个特定的项目上,或用于支付殖民地筹集的贷款或利息。因此,殖民地背负沉重的债务负担,殖民地难以从该法案提供的资金中获取资金用于当地发展。正如D. J.摩根(D. J. Morgan)所指出的那样:"尼日利亚政府一开始就感到自己背负沉重的债务负担,因为不确定承担这些债务的能力是否会有所改善。因此,对尼日利亚提供的援助计划是他们无法接受的。"[③]布迪龙不希望1940年的法案遭受同样的结构性问题。他要求伦敦以较低的利率发放贷款,并要求帝国政府全额资助农业、林业和地质调查的发展。[④]

布迪龙对殖民地发展计划充满热情,这个计划将扩大殖民地的社会服务。这是英帝国政府第一次承诺为殖民地的发展与福利提供大量财政援助。长期以来,布迪龙一直蔑视作为殖民地治理和行政标志的财政自

---

① T. Falola, *Development Planning and Decolonization in Nigeria*, Gainesville: University Press of Florida, 1996, p.25.

② S. Constantine, *The Making of British Colonial Development Policy,1914-1940*, London: Routledge, 1984, p.244.

③ D. J. Morgan, *The Official History of Colonial Development: The Origins of British Aid Policy, 1924-1945*, London: The Macmillan Press Ltd, 1980, p.60.

④ S. Constantine, *The Making of British Colonial Development Policy,1914-1940*, London: Routledge, 1984, p.244.

给自足原则。当议会通过立法后,他指示下级军官和报界向公众宣传这一法案。更为重要的是,他给所有省份规定了提交方案的最后期限。①

奥约省就是一个例子,每个部门迅速审查其进展和问题,以便提供一份资金和支出需求账目。林业部门需要资金来划定保护区、改善供水、建造木材仓库、购买卡车和进行研究。农业部希望对混合农业进行研究,并建立五个实验单位农场。伊莱—伊费—伊莱莎地区官员要求为奥杜杜瓦大学(Oduduwa)提供供水计划和援助。奥约省要求为道路铺设沥青,建设新的道路,并为省内所有主要城镇供水,伊巴丹也要求扩建医院和改善城镇道路。②

在拉各斯,每个部门都需要证实自己需求的合理性并提供预算。所有这些建议都是按照指示进行的,官员们认为这些项目不仅会促进城镇的发展,而且还促进各部门的发展。殖民发展包含所有政府的活动。私营部门没有包括在内,因为没有人要求参与进来。尼日利亚政府对规划的态度反映了殖民部的态度,后者未能准确定义发展的含义。在1940年殖民部指出:"殖民帝国经济的发展取决于从事生产和工业的人的生活条件的改善,而社会服务部门的扩张是经济发展的必要条件。首先应强调改善每一个殖民地的经济状况,期望通过此举,使殖民地能够依赖自身的资源,为其人民提供应有的社会服务和其他福利。"③

不幸的是,战争阻碍了1940年法案的全面实施。随着战争越演越烈,伦敦把注意力集中在如何赢得战争上,殖民地的生产则集中在支持战争上。殖民地必须等到战争结束后才能继续按照1940年法案的设想进行发展。然而,当时制定的发展建议尽管没有考虑到长期发展战略,但尼日利亚省级委员会在战时继续拟定发展建议。战后随着尼日利亚制定发展规划,这种发展规划发生变化。这些计划是组合起来实施的,因此,每

① T. Falola, *Development Planning and Decolonization in Nigeria*, Gainesville: University Press of Florida, 1996, p.26.

② T. Falola, *Development Planning and Decolonization in Nigeria*, Gainesville: University Press of Florida, 1996, pp.26-27.

③ NAI, CDF, Oyo Prof,2/1OY26663, Vol.1.Colonial Office to the government of Nigeria, April 30, 1940.

个部门都要根据自己领域的发展情况制定十年发展规划。为了避免部门之间的竞争,任何部门都不知道其他部门在计划中分配的资金。[①]

殖民发展政策对尼日利亚来说是一次机会,殖民国家的不同机构都积极参与这一进程。人们认为,殖民发展政策有助于加强尼日利亚的经济地位,并保证英国扩大其殖民占领。然而,由于人力和物力严重短缺,殖民地发展支出受到了限制。因此,这些计划在1945年之前几乎都没有完成。[②]

1940年《殖民地发展与福利法案》并未摆脱家长式作风。国王陛下政府是殖民帝国人民福祉的受托人,在第二次世界大战中,殖民地人民要全心全意地支持英国,这是他们履行义务的最好证明。该法案的目的是开发殖民地资源,以此来保护殖民地的利益,从而提高殖民地人民的生活水平和就业机会。尼日利亚殖民地面临着贫穷、依赖农业和负债等问题,面对这些问题,殖民政府无法应对殖民地社会和经济的欠发达。

二、发展咨询委员会

当殖民部指示殖民政府开始规划战后问题,特别是复员士兵的重新安置时,1940年《殖民地发展与福利法案》提案仍在制定中。[③]对此,尼日利亚政府执行委员会成立了一个委员会,就战后问题、复员士兵重新安置和发展问题提供咨询。该委员会又建议成立经济发展与社会福利咨询委员会(Advisory Committee on Economic Development and Social Welfare),由政府官员担任主席,成员包括三位首席专员,即劳工、农业、林业、公共部门的负责人;工程部、教育部、医疗部和兽医部门还有一名欧洲议员和两名非洲议员。[④]

---

① *Planning & Reorganization Development Proposals. Extracts from notes of a discussion with the Treasury on November 9*, 1944, TNA: Colonial Office 583/271/4.

② E. R. Wicker, "Colonial Development and Welfare, 1929-1957: The Evolution of a Policy", *Social and Economic Studies*, Vol. 7, No. 4, 1958, p.182.

③ NAK KanProf 3657 Post-War Problems - Summary of Proceedings - Residents conference 1941: Examination of Problems which may arise after the War, p.5.

④ NAI 26/3 File 41008 Advisory Committee on Economic Development and Welfare- Chief Secretary to Government to Members,13/05/1943, pp.4-5.

对以上的规划问题最初反馈是不协调的,因为没有既定的机构来响应这一新政策。1943年9月,英国在殖民部成立了殖民地经济咨询委员会(Colonial Economic Advisory Committee),正式建立了殖民地规划机构。殖民地也建立了类似的机构。在尼日利亚,1943年在国家一级设立了经济发展和社会福利咨询委员会(Advisory Committee on Economic Development and Social Welfare)。在地方也建立了类似的机构:三个省组成的地区发展委员会(Area Development Committee),省级发展委员会(Provincial Development Committee),以及地区发展委员会(District Development Committee)。这些机构主要由殖民官员组成,负责为各自辖区拟订发展建议。各个委员会提出的建议由省委员会审议,然后转交给作为协调机构的国家咨询委员会。①

当时,拉各斯是尼日利亚殖民国家的行政中心,这个新发展咨询委员会的总部就设在拉各斯。发展咨询委员会(Development Advisory Committee)的工作分为三类:第一,安置退役士兵;第二,根据委员会的职权范围为国家的行政制定政策;第三,对政府部门提出的所有项目进行审查。把解决士兵退役问题列为咨询委员会的第一优先事项,无疑表明政府担心战后士兵的复员会在战争结束时造成社会和政治问题。拉各斯打算将部分发展基金用于安置士兵。政府希望咨询委员会能够创造更多的渠道来招募劳动力,并优先考虑退伍军人。②

议程规定了关于提供资金的准则。在给予所有殖民地的500万英镑中,尼日利亚预计得到的援助不超过85万英镑。总督认为,每年投票决定一笔资金用于哪些项目的方法是不正确的。相反,首先应该确定殖民地的需求。在20世纪40年代,殖民地国家的需求成为发展委员会的指导原则。但是,发展咨询委员会要求将项目分为三类:第一类要根据1940年《殖民地发展与福利法案》的原则进行;第二类是由尼日利亚政府承担

---

① J. I. Dibua, *Development and Diffusionism looking Beyond Neopatrimonialism in Nigeria, 1962-1985*, London: Palgrave Macmillan, 2013, p.53.

② T. Falola, *Development Planning and Decolonization in Nigeria*, Gainesville: University Press of Florida, 1996, p.29.

的项目;第三类是尼日利亚政府首先考虑的项目,如果政府无法提供资金,那么它再根据1940年《殖民地发展与福利法案》申请援助。①

发展咨询委员会还讨论了土地、农业、矿业和地方工业的问题。咨询委员会的任务是确定农村土地规划的意义,提出改善土地利用的建议,并找到解决诸如土壤侵蚀、东部某些地区人口密度大和该国某些地区粮食短缺等问题的办法。咨询委员会还提出改善灌溉、矿产和牲畜、当地工业及经济和社会等方面的建议。综合来看,咨询委员会提出的建议相当广泛,几乎包含政府部门的所有活动。这些建议需要相关的权力机构来监督执行。

因此,第二个机构是为23个省设立的省级发展委员会。该委员会的成员由高级专员、基督教传教会、公司、土著当局、卫生、教育和公共工程部门的代表组成。成员分为两类:由部门负责人组成的官方成员和主要由驻地选出代表不同利益集团的尼日利亚人组成的非官方成员。殖民发展委员会的任务是协调各部门之间的工作,减少驻地在殖民发展基金有关事项方面的工作量,并就项目提出建议和拟定计划。②让各省各部门领导参与进来,并让一些非洲人参加委员会,这反映了该发展政策是自下而上执行的,代表了当地的需求。③

咨询委员会第一次会议的决定已经通知各省发展委员会。他们给各省发展委员会提供关于存在土壤侵蚀问题地区的材料,提出解决饥荒的计划。他们还协调各主要部门关于农场土地规划的意见,并审查在较大城镇铺设公路和道路的计划。他们的许多建议包括发展当地手工业、工业、学校、道路建设,扩大卫生设施、供水和供电,以及为大多数人提供就业机会。

---

① T. Falola, *Development Planning and Decolonization in Nigeria*, Gainesville: University Press of Florida, 1996, p.29.

② T. Falola, *Development Planning and Decolonization in Nigeria*, Gainesville: University Press of Florida, 1996, p.30.

③ B. U. Ukelina, *The Second Colonial Occupation Development Planning, Agriculture, and the Legacies of British Rule in Nigeria*, London & New York: Lexington Books, 2017, p.47.

将规划工作从中央行政部门下放到各省是推进反映不同需求计划的重要步骤。尼日利亚政府甚至把规划工作的开展放在各省地级市进行，他们成立了地方发展委员会。该委员会成员包括几位高级长官、地方官员及卫生部、农业部和公共工程部的高级官员。相关利益集团也加入地区发展委员会，比如基督教会、外国公司和一些受过教育的精英。[①]

委员会在地区层面考虑优先发展次序。西部省份的大多数地方要求按优先次序进行工作：净化供水、改善卫生条件(建造洗衣板、座厕和焚化炉)、扩大和维修市场、建造医疗中心、建造地方当局办事处和锯木厂(在伊费和伊莱沙)、铺设柏油大路、扩大现有电力供应和分发无线电箱。在东部省份，建议的优先事项分别为供水、进行土地调查、制定土地使用条例、提供医疗设施、建立中小学、供电、铺设柏油大路和其他一些便利设施。[②]虽然每个地区强调的项目不同，但所有项目都可以分为四类：第一是卫生，主要是提供安全饮用水、提供公厕和焚化炉。在许多地区，建造屠宰场和铺设沥青路被视为卫生设施的一部分。第二是改善市场。包括建立新的市场、扩大旧的市场，并制定清洁法规。第三是发展地方工业。对此，地区发展委员会制定了一份当地的工业清单，并请求技术援助。第四是反映当地情况的“综合发展”方案，包括建设学校，修建主干B干线[③]铁路、市政中心、图书馆、电影院、足球场、板球场、游泳池、网球场和提高电话和电报服务。

殖民官员计划把资金花在建设村庄发展上。给村庄提供安全饮用水、焚化炉和公厕。他们对扩大就业项目不感兴趣。在建议废除现有市场并将市场迁往新地区时，行政人员缺乏对市场与政治权力之间关系的理解。他们的这一计划遭到地方当局的反对。虽然大多数项目强调社会

---

① T. Falola, *Development Planning and Decolonization in Nigeria*, Gainesville: University Press of Florida, 1996, p.30.

② T. Falola, *Development Planning and Decolonization in Nigeria*, Gainesville: University Press of Florida, 1996, p.30.

③ B干线公路连接省会城市和大型城镇，与主干公路系统相连，或与铁路的车站相连。A干线道路形成一个骨架系统，包括两条主要的南北道路，从拉各斯和哈克特港出发，以及四条东西向的道路。

福利(例如卫生和村镇规划),但是大多数人的要求涉及经济或教育。殖民官员指出,他们缺乏支持工业的技术知识,需要在经济项目上增加支出,以此为他们在社会服务领域的偏好辩护。殖民当局认为,尼日利亚的大多数人民"极为原始和保守",他们存在很多"社会问题",包括生活在"乱糟糟的小茅屋和商店里"。

规划的重点由殖民官员提供给委员会。殖民官员向委员会提供三点建议:第一,计划必须要激发人民的积极性,如维持令人满意的经济条件和提高人民的生活水平,这是可以实现的。第二,要求欧洲工作人员监督和培训尼日利亚人。第三,他们拒绝非洲人按照自己路线发展的政策,他们准备干扰非洲人的发展。在这三条原则中,人们对第一条的争议较少。对行政人员来说,公共卫生、鞋子和蚊帐等物品的使用提高了当地人的生活水平。然而,当地人并不这样认为,他们反而强调发展教育,因为教育能使毕业生获得稳定的工资。第三条建议是不受当地人欢迎的,比如重新安置人口、改造村庄等,这些建议在未来也没有得到推行。[①]

人们认为灌溉不能立即产生经济效益,因此推迟了灌溉计划的实施。兽医、农业和林业部门的负责人负责拟订一项关于奶制品工业的提案,他们与省级委员会协商工作。城市土地规划由医疗和公共工程部门审查。矿物开发工作委托给地质调查局和矿业部,而肥皂、羊毛、制革、渔业和木工则被确定为需要发展的地方工业。委员会还为自己分配了一项任务,准备方案提案,并在英国政府提出的援助计划公布之前分析其成本。[②]

与此同时,在尼日利亚秘书处设立了一个发展处,以促进发展计划的发起和执行。各省成立地区委员会,任命发展官员来执行发展部门的指示并传达各省的发展建议。问题的产生不仅在于拟议计划的资金缺乏或不足,还在于官员们对资金条款的相互矛盾的看法。例如,发展部长史密斯认为,没有必要继续从殖民部那里获得资金,这会导致对殖民地的持续性喂养。他认为,许多计划可以通过长期贷款来处理,这一制度还可以使

① T. Falola, *Development Planning and Decolonization in Nigeria*, Gainesville: University Press of Florida, 1996, p.33.

② The Work of the Committee by T. Hoskyns- Abrahall, 02/08/1943, 29A.

殖民地人民更有责任感。[①]

这一观点与殖民大臣O. 斯坦利(O. Stanley)在殖民部表达的新思想相呼应,即福利应与殖民地的财政能力相适应。[②]然而,这种新的思路与一些官员和非洲人的期望相冲突,即1940年《殖民地发展与福利法案》应提供资金来实施福利计划并建立物质和社会基础设施。

由此可见,这种官僚机构体系在第二次世界大战结束时已经形成,这些委员会都想向拉各斯咨询委员会提交建议,希望能从1940年《殖民地发展与福利法案》中获益。到20世纪40年代初,随着伦敦对战时生产和战后经济社会发展的思考,这些最初的想法逐渐成为发展建议。[③]

三、1940年《殖民地发展与福利法案》的性能

1940年《殖民地发展与福利法案》的成就非常有限。具体来说,只有几个项目得到了执行。下面我将分析得到执行的几个项目和方案。20世纪40年代殖民政府主要讨论各种规划方案。在回应拉各斯的询问时,省到地方的发展委员会提出了许多建议。虽然发展委员会提出的这些建议没有得到执行,但这些想法反映了官方对国家问题的解决方案。[④]

第一,农业是国家发展的基石,因此,农业是国家优先考虑的事项。农业为出口提供了大部分产品,招募了许多人从事农业生产,并维持了大多数地方当局的财政基础。殖民官员为了减轻农业生产困难,采取措施提高出口作物的产量。与此同时,土著酋长和农民希望政府制定一项战略,将出口与粮食作物结合起来,并发展与当地农业相关的工业。

殖民政府除了倾向于发展出口作物外,还倾向于发展粮食作物和当

---

① NAI CSO 26/3 File 41008 F.E.V. Smith, Development Secretary-Agenda Item No.1: Development plans, 30/6/1944, p.72.

② F. Cooper, *Decolonization and African Society: The Labour Question in French and British Africa*, Cambridge: Cambridge University Press, 1996, p.205.

③ B. U. Ukelina, *The Second Colonial Occupation Development Planning, Agriculture, and the Legacies of British Rule in Nigeria*, London & New York: Lexington Books, 2017, p.48.

④ T. Falola, *Development Planning and Decolonization in Nigeria*, Gainesville: University Press of Florida, 1996, p.34.

地工业。殖民政府虽然支持出口作物的生产,但许多尼日利亚人要求转向生产粮食作物。1941年6月5日,在伊杰布奥德(Ode)举行的第五次西部省份酋长会议上,酋长们对政府的农业政策提出了批评,并要求对生产粮食作物采取实际的措施。[①]

虽然总督和农业部长对粮食生产很感兴趣,但是他们并不认为粮食生产是当务之急。农业部长告诉酋长们,他们应该就如何在满足外部市场和本地需求的生产之间取得平衡。例如,因为大米有市场,农业部部长就建议酋长和农民种植大米。与此同时,总督和农业部部长还建议酋长们种植水稻、可可、咖啡、棕榈产品、柑橘类水果、山药和木薯。除了山药之外,总督建议种植的农作物都是政府需要的,这些农产品要么用于出口,要么用于供给军队。提高大米产量是为了给军队提供更多的食物,而提高木薯产量是为了应对出口。1941年以后,许多关于粮食作物和新工业的方案被提交,这既是对1940年《殖民地发展与福利法案》的回应,也是对总体经济变化的回应。

第二,殖民政府还关注对土地利用、土壤侵蚀、森林储备等领域的研究工作。因此,在1940年法案中,研究项目占有独特的地位。为了保证研究资金不被挪用,政府专门为这些资金通过一项单独的预算。研究项目主要集中于农业上,以提高作物产量和减少作物病害,从所有省份收集了关于土壤的信息。这反映了殖民政府对土壤生产力的科学认知有限,比如土壤侵蚀和灌溉。

第三,殖民政府把次要的研究集中在西非工业、制造业、艺术和科学研究上。他们获得了关于制作当地使用的物品技术的资料,比如垫子、布料、拉菲亚袋、篮子和肥皂,以期提高其产量。大多数方案强调要增加拨款来改进和开发新技术,以便大规模生产手工艺品。然而,政府对出口项目比较感兴趣。作为英属西非殖民地联合项目的一部分,英国政府向西非油棕研究所提供一笔资金。该研究所于1939年在贝宁成立,并在加纳

① T. Falola, *Development Planning and Decolonization in Nigeria*, Gainesville: University Press of Florida, 1996, p.35.

对可可进行研究。

殖民政府关心的第三个工业是畜牧业。20世纪40年代,畜牧业首次得到政府的关注。从殖民政府角度来看,畜牧业可以增加人民收入,提高人民生活水平。畜牧业的主要产品是牛奶、黄油和屠宰动物的乳脂、肉和兽皮。据估计,北方每年屠宰30万头牛,南方每年屠宰12万头牛。此外,尼日利亚还向黄金海岸供应牛。据估计,每年有大约550万头山羊和羊皮用于交易。①

殖民政府的目标是扩大畜牧业的发展。殖民政府引进新品种和选择性饲养当地牛羊,降低牛肉价格,让更多的人消费牛肉。考虑到尼日利亚南部有合适的牧场,并且有很多企业家从事动物生产,1942年殖民政府计划在南部地区推广畜牧业。兽医部建议建立大型农场(1000英亩以上),沿着大规模生产线经营畜牧业。②然而,在南方建立畜牧业的计划以失败告终。这暴露出殖民官方的无知。1945年的报告指出,动物在南部村庄的街道游荡。对大多数南方的农民来说,饲养动物不是他们的全职工作,饲养动物是对农业种植的补充。在畜牧业比较发达的北方,饲养动物是他们的全职工作,因此产生的结果是不同的。

消灭采采蝇是1940年殖民政府工作的重点。采采蝇是导致昏睡病的罪魁祸首,殖民政府因此建立了昏睡病服务机构。这一新的方案试图通过一个农村项目吸引更多资金来对抗采采蝇。一些人建议把牛送到没有采采蝇的地区,并吸引牧民到这一地区。如果这一实验成功,兽医部将在这些地方建立畜牧场,并采取其他措施鼓励养牛户。

1940年《殖民地发展与福利法案》实际上并不是为了促进殖民地臣民的福利而设计的。相反,这是一种宣传形式,旨在展示为提高殖民地人民的生活水平所做的一些事情的假象。实际上,只有少数能够助力战争的项目是根据该法案执行的。此外,影响该法案的现代化模式造成了这

① T. Falola, *Development Planning and Decolonization in Nigeria*, Gainesville: University Press of Florida, 1996, p.36.

② T. Falola, *Development Planning and Decolonization in Nigeria*, Gainesville: University Press of Florida, 1996, p.36.

样一种情况,即所执行的最小项目都是与“现代”部门有关的项目,例如促进出口作物。那些将促进被认为属于“传统”部门的绝大多数尼日利亚人的福祉的项目没有得到考虑。更重要的是,《殖民地发展与福利法案》是在战争期间发起的,这是实施该法案的不利时期。因此,1940年该法案相当于“只不过是一份意向声明”[①]。在这种情况下,《殖民地发展与福利法案》的执行水平并不令人满意。到1946年3月该法案终止的时候,流入所有殖民地的全部资金是1050万英镑,而预算的金额是3300万英镑,[②]而到1944年,尼日利亚总共只收到了47.985万英镑。其中23万英镑用于疏浚,10.4万英镑用于埃努古的工人住房,5万英镑用于机场和道路,5.07万英镑用于兽医培训,1.2万英镑用于地质调查工作。根据法洛拉的说法,收到的资金仅略高于尼日利亚人向赢得战争基金捐款的40.9255万英镑,而且无论如何,大多数计划都是针对战争努力的。[③]

随着第二次世界大战的结束,英国需要采取更具体的措施来开发殖民地的资源。这场战争在英国和殖民地造成了严重的经济和社会混乱。因此,英国当局显然意识到,更有效地开发殖民地的资源对英国的复兴工作至关重要。更有效地开发殖民地资源,意味着必须确保殖民地的更广阔区域能够得以进入和利用。这种情况要求建造更多的通信设施,主要是公路和铁路,以帮助将原材料运送到港口,然后运往欧洲。

第三节　子虚乌有的战时工业化

本节主要探讨了第二次世界大战期间尼日利亚所谓的“战时工业化”的真相。本节指出,尽管战争期间尼日利亚经济有所发展,但被称为“非洲的战时工业化”并不准确。本节分析了殖民部和殖民政府对工业化的

① W. F. Stolper, *Planning without Facts. Lessons in Resource Allocation from Nigeria's Development*, London: Oxford University Pres, 1966, p.36.

② B. Niculescu, *Colonial Planning: A Comparative Study,* London: Allen and Unwin, 1958, p.62.

③ T. Falola, *Development Planning and Decolonization in Nigeria*, Gainesville: University Press of Florida, 1996, pp.39-40.

态度及其实施背景,揭示了资源短缺、利益集团反对等阻碍因素。同时,本文还探讨了战争对尼日利亚经济和社会的影响,包括物资短缺、贸易条件恶化、社会服务效率低下等问题。最后,本节强调,殖民主义的目标是开发农业和矿产资源,而非工业化。

一、殖民工业政策推行背景

第二次世界大战期间,殖民工业化遭到英国内部强大利益集团不同程度的反对。此外,殖民地本身缺乏必要的资本投资,无论是宗主国的资本还是殖民地的欧洲资本,都对其工业前景不感兴趣。

(一)殖民部的态度

西方国家对殖民地的兴趣是干预殖民地的棉纺织品市场。纺织品是英国在西非贸易中最重要的部门之一。两次世界大战期间,英国棉花工业的衰落主要是由于传统出口市场的萎缩和1918年后新的外国竞争的出现。仅在1929年至1932年,英国的棉花出口几乎减少了一半。关键是传统的海外市场流失,尤其是印度市场的流失使得诸如灰色布料这样的廉价布料失去市场。在保护性关税的推动下,当地棉花产业的发展使印度棉花市场萎缩。在政治上,印度在两次世界大战期间的权力下放,这一转变显著削弱了英国制造商在印度市场的影响力。他们发现,很难争取到能有效代表其利益并进行有效干预的政治力量。另一个问题是来自日本的竞争。在20世纪30年代,印度从日本进口的棉织品超过了从英国进口的棉织品,但印度的棉花进口总量已经大幅下降。然而,英国出口下降的主要原因是印度本土工厂的生产。[①]

鉴于传统市场所承受的压力,英国棉花制造商对于外国竞争进一步侵蚀市场份额的问题,表现出了日益增强的敏感性和警觉性。他们特别关心在殖民地市场上对抗日本的竞争。例如,20世纪30年代初,来自日

① A. Redford, *Manchester Merchants and Foreign Trade, Volume II, 1850-1939*, Manchester: Manchester University Press, 1956, pp.237-297.

本的棉织品迅速进入尼日利亚。这引起了兰开夏郡利益集团的警觉,他们寻求保护英国的市场份额。结果英国殖民政府于1934年5月实施了纺织品配额制,旨在限制日本棉花进口到尼日利亚。这些配额制是根据1927年至1931年进口计算的平均值计算的。在此基础上,日本只获得2.5%的配额。结果是日本进口水平大幅下降。尼日利亚配额制于1937年扩大到从所有外国进口的商品。①

配额制并没有恢复兰开夏郡的命运。尽管英国压制了日本的竞争,但印度和中国香港在内的其他亚洲棉织品生产商却从中受益,他们生产的棉织品在价格上比英国便宜。然而,尽管在1933年,英国棉花出口总量中只有8%流向了实施"配额制"殖民地,但在1933年至1938年,这些棉花出口仅下降了8%,而与其他帝国国家的相同贸易下降了23%。②

这就是兰开夏郡对殖民地市场感兴趣的关键所在。随着殖民地市场的吸引力增强,兰开夏郡越来越想保护他们。纺织品配额制表明,英国制造业各部门认真看待殖民地市场上外国竞争的威胁。在20世纪30年代,由于殖民地工业的发展所引起的竞争,英国工业的前景也日益受到关注。③

1934年,内阁任命了一个由殖民部、自治领部和贸易委员会代表组成的跨部门委员会,负责审查殖民地工业发展。委员会建议不应"人为"鼓励殖民地工业,应使殖民地的劳动条件与英国的劳动条件接近,以解决来自劳动力的竞争——这一问题引起了英国制造商的抱怨。④

1934年6月,当委员会的报告提交内阁时,殖民部和财政部之间发生了冲突。殖民大臣康利夫-李斯特承认,殖民工业可能会影响英国的出口利益。但他认为,阻碍殖民地工业的发展是毫无意义的,因为其他殖民

---

① Colonical Office 554/122/33650/1939, minute by Melville, 8 Feb. 1939.

② N. K. Buxton and D. H. Aldcroft, *British industry between the wars*, London: Scolar Press, 1979, pp.43-44.

③ I. M. Drummond, *Imperial Economic Policy 1917 to 1939: Studies in Expansion and Protection*, London: Allen and Unwin, 1974, p.440.

④ S. Constantine, *The Making of British Colonial Development Policy, 1914-1940*, London: Frank Cass, 1984, p.286.

国家可能会鼓励其殖民地发展制造业,那么英国殖民地将缺失这一机会。然而,他认为没有理由积极鼓励殖民地工业化,殖民地集中精力进行初级生产更为合适,而初级生产仍是他们的主要活动。[①]康利夫-李斯特要求内阁同意"努力在关税谈判中为殖民帝国争取优势,前提是这不会对联合王国造成损害"[②]。财政部无法接受这一点。英国财政大臣A. N.张伯伦(A. N. Chamberlain)区分了已经拥有大量工业部门的中国香港和几乎没有工业部门的非洲殖民地,并认为不同的地方需要采取不同的政策:虽然西非不太可能建立工厂与本国的工厂竞争,但在马来亚和殖民帝国的其他地区建立工厂是一个真实的危险,英国很可能面临工业竞争问题的挑战,在印度,英国已经有了一些经验。[③]由此可见,两次世界大战期间,英国政府对殖民地工业化并不热衷。

(二)殖民政府的态度

鉴于外国公司对制造业发展持冷漠态度,殖民政府能否独立推动制造业的兴起,成为一个疑问。两次世界大战期间的殖民政府被指责为阻止当地制造业的发展,以确保殖民地成为英国工业的市场和原材料来源。[④] 20世纪30年代,大萧条引起的贸易下降限制了殖民政府的活动。尼日利亚殖民政府严重依赖间接税,尤其是进出口关税。这种对间接税的依赖困扰着殖民部。1939年,当布迪龙提议在尼日利亚征收所得税时,麦克唐纳和殖民部支持他的政策,然而,这一政策遭到了来自联合非洲公司及英国商业利益集团的强烈反对,他们出于自身利益的考量,对此表示了明确的不满和抗议。

---

① I. M. Drummond, *Imperial Economic Policy 1917 to 1939: Studies in Expansion and Protection*, London: Allen and Unwin, 1974, p.440.

② D. Meredith, "The British Government and Colonial Economic Development, with particular reference to British West Africa, 1919–1939", Ph.D. thesis, University of Exeter, 1976, p.137.

③ M. Havinden and D. Meredith, *Colonialism and Development Britain and its Tropical Colonies 1850–1960*, London: Routledge, 1993, p.170.

④ E. A. Brett, *Colonialism and Underdevelopment in East Africa: The Politics of Economic Change, 1919–1939*, London: Heinemann, 1973, pp.300–311.

鉴于殖民政府对贸易收入的依赖,扩大公共服务取决于商品出口部门的最大化。在这种情况下,若发展替代进口的当地工业,将减少政府的进口税收入。因此殖民政府对发展尼日利亚工业不感兴趣。此外,工业化所需的基础设施会对公共支出提出更多要求。关税收入的减少不可能与工业工资和税收收入的增加相匹配。[①]另一个限制因素是,在这一时期的大部分时间里,殖民政府缺乏经济干预能力。这源于人员短缺,这一困难因20世纪30年代的紧缩而加剧。[②] 20世纪30年代后期,干预主义政策要求对政府机构进行重大改革,而这一任务受到收入短缺的阻碍。[③]从政府的角度来看,当面对自给经济和未充分利用的当地资源时,鼓励初级生产用于出口是促进殖民地福利的最佳方式。

这些考虑解释了为什么殖民政府在第二次世界大战之前很少对工业化提供直接援助。例如,政府通常拒绝为工业提供关税保护。为了生存,本地工业不得不在平等的条件下与进口商品竞争。在尼日利亚,殖民政府由于担忧殖民地人民可能产生的敌对反应,对欧洲人和黎巴嫩人的定居实施了严格限制。尽管这些群体具备成为制造业发展推动的潜力,但政府的这一举措无疑限制了制造业在该地区的拓展与壮大。因此殖民政府有选择地应用家长式的愿望来"保护"殖民地免受外国商品的竞争。[④]即使在1929年以后有了殖民地发展基金,也很少有殖民政府提交工业规划的提案,那些送交伦敦的提案往往与小型食品加工项目有关。[⑤]

殖民部抵制殖民地发展制造业出于以下原因。首先,殖民政府的收

① P. Kilby, "Manufacturing in Colonial Africa", in P. Duignan and L.H. Gann, *Colonialism in Africa 1870-1960, Vol.4, The Economics of Colonialism*, Cambridge: Cambridge University Press, 1975, pp.491-492.

② M. Havinden and D. Meredith, *Colonialism and Development Britain and its Tropical Colonies 1850-1960*, London: Routledge, 1993, p.169.

③ S. Constantine, *The Making of British Colonial Development Policy, 1914-1940*, London: Frank Cass, 1984, pp.228-229.

④ D. K. Fieldhouse, *Black Africa 1945-1980: Economic Decolonization and Arrested Development*, London: Routledge, 1986, p.46.

⑤ S. Constantine, *The Making of British Colonial Development Policy, 1914-1940*, London: Frank Cass, 1984, p.286.

入已经岌岌可危,受到当地工业造成的进口收入下降的影响。其次,英国制造商必然会反对受保护的殖民地工业的发展。殖民部的政策是"反对在殖民帝国建立可能对英国现有工业利益产生不利影响的新工业"[①]。无论官员们最关心的是政府收入还是英国工业界的抗议,政策的后果都是一样的。只要有可能,殖民当局会阻止对新产业的关税保护。[②]

殖民地工业化的问题在1936年底被殖民部重新提起。最终,在1938年12月,殖民部代表委员会起草了一份报告草案。根据该委员会的调查结果,它预测殖民地工业化将会得到缓慢的发展。因为殖民地市场规模小、购买力低,以及由此造成的规模经济障碍、殖民地工业化,难以找到海外市场。制造业的发展及当地劳动力通常缺乏技能,这一问题抵消了低工资的优势,实际上使劳动力成本相对较高。[③]对于英国官员来说,发展殖民地制造业是一个次要问题,他们关注处理殖民地的初级产品。此外,鉴于国际事态发展和国内需要重整军备,可用于殖民地发展的资金比以前要少。

(三)外派资本与殖民地制造业

发展殖民地工业的动力来自外籍贸易公司。少数公司主导了尼日利亚的经济,其中联合非洲公司是最大的贸易公司。这些贸易公司作为尼日利亚最强大、最有组织的私人资本,成为该地区经济发展的焦点。然而,他们在第二次世界大战之前仍然对工业化漠不关心,这是阻碍尼日利亚工业化发展的关键因素。

到20世纪30年代,外籍贸易公司非但没有成为经济发展的动力,反而变得保守起来,他们捍卫自己的利益,避免经济多元化带来的风险。这

① D. Meredith, "The British Government and Colonial Economic Development, with particular reference to British West Africa, 1919-1939", Ph.D. thesis, University of Exeter, 1976, p.136.

② D. G. Meredith, "The British Government and Colonial Economic Policy 1919-1939", *Economic History Review*, Vol.28, No.3, 1975, p.498.

③ Colonial Office 852/164/6, "Revised draft report of the Interdepartmental Committee on the Industrialization of the Colonial Empire", 29 Dec. 1938.

些公司的运作相对简单,利润依赖于英国和西非之间的贸易最大化。[①]他们的主要作用是将热带农产品转运到英国工业市场和其他工业市场,作为回报,英国向殖民地生产商提供欧洲消费品。[②]

在两次世界大战之间,这些公司对制造业缺乏兴趣。因为它们的专业知识是基于商业性而非工业性,而且在非洲发展制造业是很困难和危险的。此外,发展制造业会侵蚀这些公司的进口贸易,导致贸易公司航运利益收入下降。[③]虽然两次世界大战之间的商品价格不稳定,但消费品在同一时期相对稳定上涨,而消费品占了贸易公司很大的利润空间。此外,在第二次世界大战之前,这些公司没有看到西非市场能够维持当地工业的证据。[④]

一般来说,这些公司都避免向殖民地工业进行多样化的长期资本投资,而更喜欢短期投资带来的机动性。欧洲公司并没有完全忽视发展制造业。例如,在一系列合并之后,联合非洲公司的前身于1929年在拉各斯成立,1923年在拉各斯建立了一家肥皂工厂。该工厂使用当地的棕榈油,直到1939年战争爆发,进口肥皂的成本飙升刺激了当地的生产。然而,这个肥皂厂经营的规模很小。[⑤]

另一方面,外籍贸易公司在初级产品加工方面有着重要的利益。例如,联合非洲公司的棕榈油利益为母公司联合利华的肥皂生产提供原料,因此当地肥皂生产将影响后者的出口销售。农产品加工已经形成了当地工业化的基础,公司的冷漠是制约殖民地工业发展的因素。[⑥]

---

① D. K. Fieldhouse, *Black Africa 1945–1980: Economic Decolonization and Arrested Development,* London: Routledge, 1986, p.47.

② A. G. Hopkins, *An Economic History of West Africa*, Harlow: Longman, 1973, p.203.

③ P. Kilby, "Manufacturing in Colonial Africa", in P. Duignan and L.H. Gann, *Colonialism in Africa 1870–1960, Vol.4, The Economics of Colonialism*, Cambridge: Cambridge University Press, 1975, p.488, 491.

④ D. K. Fieldhouse, *Black Africa 1945–1980: Economic Decolonization and Arrested Development,* London: Routledge, 1986, p.46.

⑤ D. K. Fieldhouse, *Black Africa 1945–1980: Economic Decolonization and Arrested Development,* London: Routledge, 1986, pp.10–11.

⑥ D. K. Fieldhouse, *Black Africa 1945–1980: Economic Decolonization and Arrested Development,* London: Routledge, 1986, pp.10–11.

二、战时殖民工业政策

从1939年9月到1942年底,殖民当局面临着严峻的挑战。最初,殖民地的经济政策主要是通过减少消费来减少对宗主国生产的需求,并通过货币管制来保护英镑。尽管这些担忧在整个第二次世界大战时期持续存在,但从1942年起,殖民当局通过生产和疏散有价值的原材料,最大限度地提高殖民地对盟军战争努力的贡献。

这些任务使官员们几乎没有时间思考经济发展中涉及的长期问题。此外,伦敦和尼日利亚官员仍然缺乏足够的经济规划机制。尽管人们认识到这一缺陷,但到1942年底,伦敦或地区政府在制定、评估和实施综合发展计划方面几乎没有取得什么进展,英国官员越来越认为这些计划至关重要。尽管如此,他们还是对战后重建进行了一些考虑。因此,可以追踪这些年来官方对发展殖民地态度的演变,包括制造业在确保生产更加多元化方面的潜在作用。这些态度往往是根据当地的事态发展而形成的,这迫使殖民部与白厅一起提出工业化的主题,以获得权威的政策裁决,并将其传达给殖民政府。在此过程中,殖民部透露了自己对制造业发展的谨慎认可,但其他政府部门的回应显示出对该问题持续的模糊性,这为制定政策奠定了令人不满的基础。

(一)战争的影响

战时的经济动员及战后的发展规划,加强了殖民国家对经济的干预。农产品盈余的增长,尤其是西非的可可和油籽,给了该地区政府机会帮助当地生产者,以避免战争时期的动荡。[①] 1940年9月,伦敦成立了西非可可管制委员会,通过获得许可的采购代理以固定价格购买可可,并向非洲生产商承诺"公平"价格。[②]

---

① M. Cowen and N. Westcott, "British Imperial Economic Policy During the War", in Killingray and Rathbone, *Africa and the Second World War*, Basingstoke: Macmillan, 1986, p.42.

② D. Meredith, "State controlled marketing and economic development: the case of West African produce during the Second World War", *The Economic History Review*, Vol.39, No.1, 1986, pp.77–91.

殖民国家通过改善产品营销来稳定西非经济的替代方案或补充经济多样化,开展新的活动,例如生产供当地消费的粮食作物、出口前原材料加工及消费品制造。战争爆发时,殖民部认为工业发展既没有为战争做出重大贡献,也没有为长期的殖民地经济问题提供解决方案。然而,殖民部并没有阻碍那些显示出长期生存能力的制造业。[①]

1940年8月,时任内阁大臣A. 格林伍德(A. Greenwood)向下议院保证,内阁经济政策委员会(Cabinet's Economic Policy Committee)的一个小组委员会正在考虑农产品盈余问题,以及在殖民地建立储存和加工设施的可能性。对殖民地非必需品进口的管制扩大,也引发了人们对发展进口替代产业以帮助解决进口短缺的疑问。殖民部最初对本地制造的潜力持怀疑态度,因为英国不可能为殖民地供应必要的机械设备,而且外汇限制阻碍了从美国采购设备。1940年12月,议会副大臣G. 霍尔(G. Hall)承认,在发展战争制造业方面进展甚微,主要是因为缺乏必要的工厂。工党殖民地事务发言人G. 亨德森(G. Henderson)强调将殖民地从对原材料出口的过度依赖中解放出来,并要求为当地工业发展提供援助。对此,殖民大臣G. 劳埃德(G. Lloyd)表示对发展制造业感兴趣,并承认英国有责任帮助培养健康的殖民地经济:殖民地经济应追求多元化发展,而非仅仅依赖于单一产业或初级产品的出品贸易。在经济合理且稳健的框架下,殖民地应积极寻求第二产业的培育与发展,以构建更加稳固和可持续的经济结构。

劳埃德虽然赞同殖民地经济多元化的愿望,但也承认这样的政策很难实施,并强调英国与其殖民地之间的相互责任:"母国的纳税人为保卫直辖殖民地提供了大量资金,必须考虑到宗主国的利益。"在这种情况下,英国的"利益"是制成品出口商的利益。

(二)经济多元化:制造业的选择

1940年9月,殖民部对战时内阁经济秘书处J. 斯坦普(J. Stamp)起草

① D. Meredith, "State controlled marketing and economic development: the case of West African produce during the Second World War", *The Economic History Review*, Vol.39, No.1, 1986, p.88.

的一份关于出口贸易政策的备忘录的反应,表明了它对工业发展的看法。①这引起了殖民部的注意,因为政府原则上接受了备忘录的建议。因为在战时,有必要研究是否应该通过在当地生产类似商品的措施来缓解殖民地面临的英国进口商品短缺问题。该备忘录鼓励殖民地工业化,特别是那些以当地产品为基础、利用当地劳动力建立的工业。②

其中一些担忧包含在梅恩1941年3月随函附上的附注中。梅恩完全同意斯坦普关于鼓励殖民地经济工业化的论点,但强调殖民政府需要采取措施,要有长远的眼光。他强调,如果殖民地生产的产品在质量和价格上无法与以前进口的产品相媲美,那么建立一个产业就不会获得什么好处。一个产业越依赖保护,它就越有可能成为负担而不是资产,尽管他认识到可能需要采取"特殊措施"来反击"扼杀"当地产业的企图——例如,在竞争对手采取"倾销"的情况下。梅恩还提醒殖民政府,不能忽视英国出口商的利益。他认为,大多数殖民地都受益于与英国的联系,尤其是在国防领域。他认为,虽然殖民地的利益至高无上,但工业发展应以对英国出口商的损害为最小目标。此外,殖民地的整个市场不应为当地工业保留:现有的英国供应商应保留一些业务,当地消费者将从一些外国竞争所鼓励的效率中受益。③

从对战后重建问题的考虑中可以说明殖民部优先事项的指标。战后问题委员会是殖民部对重建计划的回应,成立于1941年2月,旨在研究战后预计会出现的问题。④然而,该委员会的讨论使两位在经济事务方面最有经验的官员G. 克劳森(G. Clausen)和S. 凯恩(S. Kane)能对战后殖民地状况进行推测。克劳森的想法在很大程度上借鉴了1918年之后的发展经验。他预见到转型时期的货物和航运短缺,认为政府干预对于防止繁

① A. Cairncross and N. Watts, *The Economic Section 1939–1961: A study in economic advising*, London: Routledge, 1989, pp.xi, 11–14.

② E. L. Hargreaves and M. M. Gowing, *History of the Second World War–UK Civil Series Civil Industry and Trade*, London: His Majesty's Stationery Office, 1952, pp.70–73.

③ Colonial Office 852/349/4, circular despatch, 22 Mar. 1941.

④ Colonial Office 859/80/3, minutes by Jeffries, 4 Mar. 1941 and Parkinson, 6 Mar. 1941.

荣之后的衰退至关重要。克劳森随后强调需要结束两次世界大战期间特有的“剧烈”短期价格波动,这预示着战后西非建立国家农产品营销体系的合理性。①

在战后发展方面,克劳森吸取了1918年后的经验教训。他认为,绝不能再重蹈覆辙,陷入“不协调”发展的陷阱,即在战后短暂的“繁荣”期启动雄心勃勃的战后计划。在某些情况下,殖民地在随后的衰退中留下了沉重的债务负担。克劳森预测了三管齐下的发展战略。首先,将继续鼓励经济多元化,例如通过增加粮食生产来满足当地需求。其次,在“经济”的基础上鼓励第二产业政策继续推行下去。克劳森认为,这项政策的目标是使殖民地能够为自己供应简单的物品,释放当地的购买力来购买更复杂的进口商品。最后,他设想扩大商品生产,无论是在数量方面(可以找到合适的市场)还是在价值方面(在原材料可以在当地加工的情况下)。②

和克劳森一样,凯恩对他的预测也持谨慎态度。他警告说,英国面临严重的财政困难,殖民地重建将对英国资源提出大量需求。因此,他认为殖民地首先应该尝试利用自己的资源为发展提供资金,利用在伦敦积累的英镑储备作为发展资本的来源。凯恩还认为,战时农产品营销安排、税收增加,以及战后可能出现的消费品短缺可能会增加政府收入。然而,他警告说,供应状况仍然会很困难:“我认为,战后恢复发展不仅需要更长的时间,而且英国商品的短缺也无法通过促进殖民地制造业得到缓解。凯恩的理由再次反映了该主题的争议性:促进任何大型工业发展的明确政策将(a)不太可能产生立竿见影的效果,(b)可能产生大量不经济的工业,以及(c)肯定会给英国制造商带来麻烦。”③

然而,在这一时期官方很少提及工业发展的内容,没有人探索制造业

① Colonial Office 852/504/5, CPP(123)1, “The overseas trade of the British Colonial Empire before, during and after the War”, 16 Feb. 1942.

② Colonial Office 852/503/9, CPP 65, 31 Mar. 1941.

③ Colonial Office 852/503/8, CPP 52, “Thoughts on reconstruction in the Colonial Empire”, n.d., but probably Apr. 1941.

的优势,这一点令人震惊。殖民部对制造业并没有表现出直接的敌意,相反,它欢迎有活力的工业。然而,官员们几乎没有花时间讨论促进工业发展的问题。1942年之后建立工业建议的增加使殖民部重新审视对工业的态度。

由于政府不仅不愿意干预经济事务,而且也不愿意直接参与生产,未来经济发展的负担会落在欧洲企业身上,因为欧洲企业拥有雄厚的资本和技能。这部分解释了为什么殖民官员不愿冒险冒犯这些公司。殖民部非但不抵制这些公司,反而让它们在战时的营销安排中发挥了宝贵的作用。然而,尼日利亚征收税收的方式表明,有可能利用联合非洲公司等大型企业创造财富的潜力,为殖民地人口的利益服务。正因为殖民政府认为经济发展的主动权掌握在私营企业手中,所以企业与政府之间的关系至关重要。A. 刘易斯(A. Lewis)的论文于1942年8月发表,研究了资本流入英国殖民地的情况。伦敦资本市场虽然准备参与殖民经济的某些部门,特别是矿产开发,但不愿考虑投资风险较大的第二产业。政府政策集中于为公共工程筹集资金,而不是为生产性企业筹集资金。此外,虽然现有的当地资本往往会再投资于农业,但西非发展起来的小型当地非采矿业却消耗了当地大量储蓄,导致大多数工厂规模有限。刘易斯建议,政府可以通过为私人投资提供担保来解决行业融资问题。此外,英国政府可以成立一家殖民地金融公司,向获得批准的企业提供贷款。①

尽管在1939年至1942年,伦敦很少鼓励殖民地发展制造业,但尼日利亚殖民政府越来越愿意探索当地制造业的发展,特别是进口替代。尼日利亚总督布迪龙已经在期待战后的规划重建。布迪龙抓住了战争带来的机遇,致力于发展粮食生产和加工,以及棕榈油的生产。然而,他认为当地缺乏资金和专业知识,需要政府在资助和运营新企业方面采取主动。②

布迪龙寻求殖民地发展和福利基金总计5万英镑来帮助尼日利亚建

① Colonial Office 852/505/3, CPP 152(10), “Some aspects of the flow of capital into the British Colonies”, circulated 4 Aug. 1942.

② Colonial Office 852/269/8, Bourdillon to MacDonald, 30 Nov. 1939.

立工业,他认为在这种发展的初始阶段,如果要建立“健全”的工业,政府的指导和管制是“必不可少的”。他设想,政府资助的计划将移交给非洲的管理层,而不是欧洲或叙利亚的企业家。[①]然而,财政部对此表示反对,它认为,《殖民地发展与福利法案》的目的不是为潜在的经济主张提供资金。殖民地发展与福利咨询委员会(Colonial Development and Welfare Advisory Committee)赞同财政部的观点,即殖民地发展与福利资金不能用于尼日利亚所需的短期融资。[②]

1942年初,盟军在远东的军事失败给尼日利亚带来了新的需求,刺激了当地工业的发展。为了盟军的战争努力,人们强烈要求最大限度地生产原材料。商品短缺取代了早期的过剩。1942年3月,伦敦要求尼日利亚殖民地总督加强当地生产,以弥补远东供应的损失:“尼日利亚殖民地的粮食和矿产已成为战争所需的巨大武器。”[③]其最重要的直接后果是国家控制的农产品营销的重大扩展,以及西非可可管制委员会向西非农产品管制委员会的转变。[④]

(三)工业发展政策

对殖民工业化问题的深入考虑促使殖民部坚持解决这个问题。虽然这个问题在1942年多次被提出,但由于其他政府部门对这个想法持有敌意,因此,殖民部需要做出裁决。它需要明确工业政策的指导方针。[⑤]殖民部同意将这一问题提交给内阁非洲委员会,该委员会成立于1942年,旨在补充驻西非官员的工作。[⑥]

---

① Colonial Office 583/262/30498/1941-1943, Bourdillon to Moyne, 17 July 1941.

② Syers (Treasury) to Dawe, 3 Dec. 1941, enclosing note on meeting with Treasury, 11 Nov. 1941.

③ M. Cowen and N. Westcott, “British Imperial Economic Policy During the War”, in D. Killingray and R. Rathbone, *Africa and the Second World War*, London: Palgrave Macmillan, 1986, p.44.

④ D. Meredith, “State controlled marketing and economic development: the case of West African produce during the Second World War”, *The Economic History Review*, Vol.39, No.1, 1986, pp.80-81.

⑤ D. Meredith, “State controlled marketing and economic development: the case of West African produce during the Second World War”, *The Economic History Review*, Vol.39, No.1, 1986, p.55.

⑥ Colonial Office 852/431/1, minute by Carstairs, 2 Sept. 1942.

在这一阶段,几乎没有证据表明殖民部将工业化视为解决西非经济问题的方法,也没有将战争视为在该地区培育进口替代部门的机会。殖民部对工业发展的态度存在矛盾。此前,克劳森曾强调,工业发展的目的是释放当地购买力,从而转向进口先进的商品。换句话说,虽然工业化会减少肥皂和火柴等简单商品的进口,但这会通过增加进口当地无法生产的商品来平衡。然而,殖民部在给殖民政府的建议中强调,只有对战争有直接贡献的工业才能被考虑。[①]尼日利亚的工业主要以当地初级产品的加工为基础。只要工业发展能够证明其对战争的价值,英国政府在短期内是可以接受尼日利亚工业化的。英国政府和贸易委员会不愿就这个问题作出长期的政策承诺。殖民部没有获得它所寻求的关于战后长期工业发展政策的指导方针。

1942年末,盟军的军事实力得到改善,这使得英国开始认真考虑战后规划。1942年11月发表的《贝弗里奇社会保障报告》聚焦了有关重建的广泛辩论。[②]殖民部和英国政府热衷于战后重建工作。与战争的第一阶段相比,1943年之后的时期需要对殖民地工业化进行认真的考虑。1943年官方讨论的主题主要集中于伦敦在发展中的作用。1943年初,斯坦利宣布殖民政府有责任详细列举规划问题。伦敦将建立一个政策框架,并提供建议、资金和专业知识。使殖民政府能够实现他们规划的目标。

1943年,尼日利亚总督布迪龙告诉伦敦,工业化对该地区的财政状况至关重要。[③]他认为,随着生活水平的提高和人口的增长,对当地上层食品的需求将会上升。因此,工业和工业的发展将是互补的。布迪龙反对"人工"工业化,但他赞同加工当地原材料。在关于战后规划的讨论中,影响尼日利亚政府对工业化态度的一个主要因素是对重新安置回国军人的关注。文职成员委员会认为,工业发展对复员和重新安置方案至关重要。[④]

---

① Colonial Office 852/480/12, Cranborne to Secretary, EAGC, 19 Oct. 1942.

② J.M. Lee, *The Churchill Coalition 1940–1945*, London: Batsford, 1980, pp.112–141.

③ Colonial Office 583/263/30560/1943, note of meeting between Bourdillon and officials, 22 June 1943.

④ Colonial Office 554/132/333712/1/1943, WAWC(CM)(15), 7 June 1943.

尼日利亚总督理查兹在谈到返回尼日利亚的士兵时说:"在战后的一段时间里,他会很高兴回到家里,但当他环顾四周,将他的部落生活与他在其他地方看到的生活进行比较时,我怀疑他是否会满意。"[①]因此在尼日利亚,即将遣散回国的士兵仍是对工业化的一种激励。

此外,殖民部认为,殖民地的贫困部分是由于对初级生产的依赖,而工业化将提高生活水平。[②]然而,正如凯恩警告的那样,在战时条件下,对个别提案是否可取的判断变得模糊。他区分了确保本地生产和实现工业化的愿望。他认为,混淆这些目标是危险的,为了自身利益而促进本土制造业可能会阻碍而不是刺激稀缺商品的生产。[③]

工业发展战略是提交殖民地经济咨询委员会(Colonial Economic Advisory Committee)的首批事项之一。官员们接受了刘易斯的提议。这项提议全面分析了他支持工业化的主张。刘易斯确定的主要优势,首先就是农业经济中未充分利用的劳动力的就业。农业改进将释放工业可以吸收的劳动力。因此,刘易斯看到了农业和工业发展之间的密切关系。此外,工业化允许外部购买力的重新分配,加上工业化带来的更高就业报酬,从而提高了生活水平。多元化将带来经济的稳定性,同时引入新技术来丰富殖民地工业。他强调了规模经济及在同一地区同时发展工业集团所带来的好处。在其他方面,刘易斯的观点比较传统。例如,同殖民部一样,他认为殖民地最好加工当地原料和进口替代品。他支持对新兴产业进行初步保护,但反对通过高价格进行人为支持,认为这会损害竞争力。[④]

然而,布迪龙认为,整个英国工业都反对殖民地制造业的发展。[⑤]他将尼日利亚工业化的失败归咎于英国公司。鉴于过去政府在殖民工业化

① Colonial Office 554/139/33764/1945, letter to Stanley, 27 Feb. 1945.

② Colonial Office 852/578/5, Cmd.6529 Colonial Products Research Council. First Annual Report 1943-1944, May 1944.

③ Colonial Office 852/482/3, minute, 30 Oct. 1943.

④ Colonial Office 990/1, CEAC 3rd minutes, 15 Feb. 1944.

⑤ Colonial Office 990/16, CEAC (Industry) 3rd minutes, 17 Apr. 1944.

方面缺乏积极的政策,加上当地资源匮乏,这种发展依赖于英国的资金和技术,而这两者英国都没有提供。布迪龙谴责这种"短视"的反应,他认为这种反应扼杀了一个潜在的巨大出口市场的增长。[①]只有发展工业才能使殖民地摆脱贫困,除非英国推动工业发展,否则殖民地将陷入永久的经济和社会黑暗中。与此同时,凯恩认为,提高殖民地的生活水平需要发展一定程度的制造业,但依赖于政府长期保护的人为的行业不会满足当地利益。凯恩赞成用当地原材料制造出口产品,或用当地或进口原材料制造当地消费品。[②]他提倡互补的农业和工业"革命":农业发展将为工业释放劳动力,而工业又将为农民创造更便宜的商品和市场。因此,应首先在选定适合工业发展的区域促进农业变革。[③]

需要对殖民地棉花制造业的发展采取建设性政策。纺织业发展中出现的第一个问题是如何培育农村纺织业。手工纺纱的产量不能满足生产能力较强的纺织工人的需求。[④]虽然手工纺纱是可行的,但手工纺纱在技术上效率低下,无法支撑一个"现代"工业。然而,在尼日利亚北部,妇女参与非正规经济是很重要的,它生产了大量的纱线。[⑤]在尼日利亚,外籍人士在调查以工厂为基础的纺织品生产。1944年3月,联合非洲公司提议在扎里亚省建造一家纺织厂。该厂拥有5000个纱锭和200台织机,每年生产约200万平方码的布料,雇用约300名员工。最终计划将工厂的产能提高五倍。[⑥]然而,1944年11月,尼日利亚总督理查兹认为,在尼日利亚发展大规模工业是不可能的。理查兹的发展顾问史密斯认为,除非尼日利亚的产品比同类进口产品便宜,否则建立工厂没有什么意义。相反,

---

① A Bourdillon, *Voluntary Social Services: Their Place in The Modern State*, London: Methuen & Co, 1945, pp.52–53.

② Colonial Office 852/578/5, CEAC(44)32, "The Development of Manufacturing Industries", 29 Aug. 1944.

③ Colonial Office 852/588/2, CEAC(44)38, ASC Third Report, "Memorandum on Planning", 14 Sept. 1944.

④ Colonial Office 852/587/4, letter to Clauson, 1 July 1944.

⑤ Colonial Office 852/574/6, minute by Tempany, 31 Oct. 1944.

⑥ BT 175/3, CB 3354a, Cotton Board 129th meeting, 19 Dec. 1944.

他欣赏当地纺织业的发展潜力,认为可能有25万人从事棉花种植。他总结道:“工业化本身是没有价值的,但有发展前景的工业化可以带来巨大的利益。”①

拉各斯于1945年4月策划了一项雄心勃勃的农民纺织业发展计划,该计划为期5年,预算投入超过9万英镑,旨在通过直接或间接的方式制造大量就业岗位。该计划尽管采用了“原始”且不经济的方法,但政府相信,通过适当的监督,可以改善农民的生产。拉各斯对乡村工业的偏爱,部分原因在于他希望在农业工作不景气时,能够通过为妇女提供就业机会、为男性创造全职岗位,来确保农民收入的稳定与增长。然而,根本原因是政府希望延缓城市化进程,阻止农村的衰落,将建立8个“地区中心”,对改进的方法进行研究,并提供培训。②

然而,尼日利亚乡村纺织业很快就面临纱线生产无法满足当地织布工需求的问题,在织造阶段造成瓶颈。一个可能的解决方案是鼓励联合非洲公司在其提议的工厂生产纱线,但在1945年春天,拉各斯对联合非洲公司提议的声明表现得冷淡。史密斯告诉伦敦该公司的规划应避免与当地农民的农业生产形成竞争,如果联合非洲公司想要在尼日利亚建立工厂,就必须与政府合作,为乡村织工生产纱线。③尼日利亚政府建立以村庄为基础的工业的目的是防止人口“外流”到城镇,工厂的发展会限制人口外流。但由于手工纺纱威胁到村庄织造工业的快速扩张,拉各斯支持建立一个生产足够数量纱线的工厂,这也将避免从非洲商人那里购买昂贵的进口纱线。殖民部同情尼日利亚的计划,并同意支持这些计划。1945年8月,它批准了一项5.345万英镑的殖民地发展与福利基金,用于该计划。④

① Colonial Office 583/271/30572/1944, note of discussion with Treasury on Nigerian development, 9 Nov. 1944.

② Colonial Office 852/574/7, CDWAC No.577, “Nigeria: Development of the Peasant Textile Industry in Nigeria”, 25 July 1944.

③ Colonial Office 852/574/7, F.E.V. Smith to Samuel (UAC), letter to Creasy, 16 Apr. 1945.

④ Colonial Office 852/574/7, telegram to OAG, Nigeria, 3 Aug. 1945.

然而,到1945年7月,尼日利亚所需的纺织机械在1946年末之前供应的可能性不大。理查兹告诉斯坦利的继任者乔治·霍尔,联合非洲公司和海顿计划需要仔细调查,因为尼日利亚没有工业管制的立法。提到海顿计划,理查兹对工厂发展提出了反对意见,其中包括城市工业发展后提供住房和食物的问题。他反对拉各斯工厂的增长,他认为,这会导致拉各斯现有住房和社会问题加剧。理查兹驳斥了纺织厂会创造就业机会的说法,他不仅担心纺织厂会与刚刚萌芽的农民工业竞争,还担心香港的棉织品进口会影响政府收入下降。[①]如果尼日利亚殖民政府一直持有这一态度,就表明该国政府在推行一项不利于工业发展的政策。

此外,英国在尼日利亚实行工业化的目标是提高当地生活水平,增加尼日利亚人的纳税能力。与此同时,在尼日利亚建立工业的目的是提高国家的经济水平,从而使人们能够消费更多来自英国的其他类型的进口商品。这些进口商品将产生正常的进口收入,以及产生更多的关税和消费税,比如香烟和啤酒等。[②]然而,战时需求和混乱的特殊条件使稳定比工业化发展更具吸引力。前者在间接支持英镑方面发挥了有吸引力的补充作用,而后者被解释为危及宗主国的利益,要么直接侵犯殖民地的出口市场,要么间接地分散殖民者对初级生产的注意力,而初级生产对英国来说是暂时为英国经济带来利润的初级产品。

综上所述,殖民主义者的目标是开发非洲领土的矿产和农业资源,直到西非贸易模式符合自己的利益,主导殖民地的出口贸易,忽视了尼日利亚殖民地的工业发展。殖民政府希望通过建立新工业来发展殖民地经济,他们也面临一些困难。首先,尼日利亚殖民地缺乏专业的知识分子,尤其是在大萧条期间出于缓解财政压力,裁减了很多政府工作人员。其次,殖民部和英国政府反对在尼日利亚建立制造业。由于社会和经济原因,殖民部认为在殖民地建立第二工业是不可取的。殖民地仍被期望给

---

① Colonial Office 852/574/10, F.E.V. Smith to A.G. Dawson (UAC, Lagos), 11 Jan. 1946.

② Colonial Office 852/574/10, Samuel (UAC) to Dawson (UAC, Lagos), 21 Jan. 1946.

予英国制造业关税优惠,并避免鼓励当地发展制造业。[①]

三、战争对尼日利亚的影响

随着战争的爆发,伦敦立即敦促各殖民政府紧缩开支。殖民地战时经济有三个主要方面:首先,伦敦敦促殖民政府减少开支或避免使用外币,尤其是美元;其次,伦敦要求殖民地通过许可证制度控制进口;最后,伦敦鼓励殖民政府引入或扩大直接税。[②]

第二次世界大战的结束并没有结束战时尼日利亚人的苦难。尼日利亚人因战争而遭受了多种苦难。这主要表现在以下六个方面:

第一,战争给尼日利亚人民造成的直接后果是一些基本进口物品的短缺和高昂的价格。这是由于航运不安全、航运空间缩小、非军事战争物资生产减少,以及外汇收入被用于采购军事需要造成的。这些短缺迫使许多殖民地公司关闭了一些商店并裁员,[③]从而加剧了失业率。第二次世界大战导致尼日利亚殖民地的货物供应急剧下降。虽然基本物品的进口并没有完全停止,但物资短缺变得难以避免,并助长了随之而来的通货膨胀。[④]自给农业在很多方面都受到了干扰——西非皇家边防军的尼日利亚军团正积极开展征兵工作,同时锡矿也在招募新兵。此外,为满足英国战争的需求,生产方向已转向制造所需的战争材料。由于种植粮食的人较少,每个人只能生产相对较小的盈余,而且由于缺乏进口商品意味着生产者的积极性较低,因此可用的粮食肯定会减少。[⑤]同样,霍普金斯认为,由于贸易条件的重要性增加,甚至西非的国内经济在战争期间也受到了

---

① M. Havinden and D. Meredith, *Colonialism and Development Britain and its Tropical Colonies, 1850–1960*, London & New York: Routledge, 1993, p.173.

② D. Killingray and R. Rathbone, *Africa and the Second World War*, Basingstoke: Macmillan, 1986, pp.1–9.

③ NAI CSO 26/2 File 12723 Vol. XV, Oyo Province, Annual Report, 1940, p.12.

④ T. Falola, "Salt is Gold: The Management of Salt Scarcity in Nigeria during World War II", *Canadian Journal of African Studies*, 1992, Vol. 26, No. 3, p.414.

⑤ D. N. Souter, "Colonial Labour Policy and Labour Conditions in Nigeria, 1939–1945", Ph. D, Oxford University, 1981, pp.87–88.

影响。他认为,国内消费水平表现在国内商品和服务的金额随着出口收入的水平而波动。因为在殖民时期,用于交换进口的收入比例基本保持不变。[①]因此,在国际市场经济的漩涡中,殖民地不可能得到庇护。

战争导致尼日利亚商品价格上涨,暴利行为和黑市泛滥,越来越多的外国公司和当地商人竞相抓住战争带来的发财机会。调查发现,售货员将股票出售给朋友,以高价转售,从而剥夺了公众以管制价格购买的机会。[②]确实,对尼日利亚人来说,大多数受管制物品的需求量并不大。但是,特别是盐及粗布、火柴、水泥的短缺给许多尼日利亚人造成了很大的困难,例如,1943年发生了食盐供应危机。

当地食品也面临短缺。例如,欧洲人口的稳步增长导致拉各斯市场的蔬菜供应不足。1943年,市场上的主食严重短缺,导致主食价格上涨,进而使拉各斯的普通民众消费不起。1943年下半年,拉各斯面临着饥饿危机。与此同时,尼日利亚咖喱严重短缺,咖喱是拉各斯贫困阶层的基本食物。不同时期各省的情况也是如此。例如,1944年11月和12月,咖喱的稀缺在卡拉巴尔省的伊科特-埃佩内(Ikot-Ekene)区引发了骚乱,发生了有5000人参加的示威活动。1944年8月,卡拉巴尔和阿坝(Aba)的咖喱价格急剧上涨。[③]普莱斯监察员在1943年5月20日的第一次广播中表示:“许多商人以远高于市场的价格出售咖喱。我想警告这些人,我们必将其绳之以法,如果被抓到,他们将会受到最严厉的惩罚。”[④]尽管许多商人被抓获并入狱,但这种高价出售咖喱的做法仍在继续。拉各斯和该国其他地区任命了委员会来审查抑制通货膨胀所需的措施,结果发现价格急剧上涨是由于贸易商推迟供应,迫使人们以高价购买。

第二,战争给生产商造成了不利的贸易条件。1939年至1940年,食

---

① A. G. Hopkins, *An Economic History of West Africa*, London: Taylor & Francis Group, 2020, p.253.

② Circular No.38784/S.17/225, Nigerian Secretariat, Lagos, 30 November 1943.

③ *Annual Report for the Northern, Western and Eastern Provinces and the Colony of Lagos*, Government Printer, Lagos, 1944, p.27.

④ *The Daily Times*, 10 May 1943.

品部将可可(二级)的价格定为每吨16.5英镑,而上一级生产者的价格为22.25英镑。①代理商购买可可的价格远低于世界价格。但在1939年至1945年,尼日利亚可可的销售为英国带来了270万英镑的利润。②尼日利亚其他出口产品的情况也类似。多年来,食品部希望提高棕榈产品和花生的价格,认为价格上涨会刺激生产。然而,尼日利亚政府坚持认为,价格上涨会导致产量下降,通货膨胀导致消费品供应短缺。③由于进口价格不受限制,贸易条件对尼日利亚生产商产生了不利影响(见表4.2)。

表4.2 1911-1963年贸易条件[1]

时间	贸易净易货条件[2]（1953=100）	收入贸易条件[3]（1953=100）	时间	贸易净易货条件（1953=100）	收入贸易条件（1953=100）
1911	137	26	1938	46	28
1912	141	27	1939	46	30
1913	169	34	1940	42	25
1914	141	31	1941	37	26
1915	105	22	1942	38	24
1916	87	21	1943	30	19
1917	86	24	1944	35	21
1918	74	20	1945	39	23
1919	78	24	1946	43	29
1920	54	18	1947	68	45
1921	46	10	1948	85	62
1922	62	18	1949	87	79
1923	68	22	1950	94	85
1924	68	27	1951	104	91
1925	64	34	1952	103	92
1926	80	34	1953	100	100
1927	72	36	1954	119	129
1928	86	38	1955	106	117
1929	78	40	1956	99	117

① A. Olorunfemi, "Effects of War-time Trade Controls on Nigerian Cocoa-Traders and Producers, 1939-1945: a case-study of the Hazards of a Dependent Economy", *International Journal of African Historical Studies*, Vol.13, No.4, 1980, p.678.

② Report on Cocoa Control in West Africa, 1939-1943, and Statement of Future Policy, Cmd. 6554 of 1944, and Statement on Future Marketing of West African Cocoa, Cmd. 6950 of Nov.1946.

③ Frederick Victor Meyer, *Britain's Colonies in World Trade*, Oxford: Oxford University Press, 1948, p.34.

续表

时间	贸易净易货条件[2](1953=100)	收入贸易条件[3](1953=100)	时间	贸易净易货条件(1953=100)	收入贸易条件(1953=100)
1930	74	36	1957	99	108
1931	52	25	1958	101	119
1932	62	30	1959	109	146
1933	54	27	1960	104	144
1934	48	29	1961	99	148
1935	58	37	1962	91	139
1936	69	47	1963	93	153
1937	75	57			

出处:G. K. Helleiner, *Peasant Agriculture, Government, and Economic Growth in Nigeria*, Homewood: Richard D. Irwin, 1966, Table-IV-A-6, p.500。

说明:

1.贸易条件,指作为国内出口商品价格指数与进口商品价格指数之比,是衡量一定量尼日利亚出口所能换取的进口货物数量的重要指标。

2.贸易净易货条件,指出口价格指数除以进口价格指数所得指数。

3.收入贸易条件,指根据贸易报告计算的出口价值指数除以进口价格指数。

因此,战争期间的贸易条件比大萧条最严重的年份还要糟糕。如果我们考察一下主要出口商品的实际生产者收入指数,我们会发现贸易条件很糟糕。1933年是大萧条最糟糕的一年,可可种植者的实际生产者收入为36.6英镑,但1943年跌至32.7英镑。对于棕榈油生产者而言,大萧条和战争最严重年份的实际生产者收入分别为47.8英镑和38.8英镑;棕榈仁的实际生产者收入分别为58.1英镑和46.8英镑;花生的实际生产者收入分别为59.6英镑和20.8英镑。①

第三,战争导致进口消费品短缺。英国经济重新定位战争生产,以及规定用"硬"货币支付进口的商品,这意味着进口消费品的短缺。②1938年至1941年,自行车的数量减少了74%。同期,鞋类销售额下降65%。

① G. K. Helleiner, *Peasant Agriculture, Government and Economic Growth in Nigeria*, Homewood: Richard D. Irwin, 1966, Tables II-B-2, II-B-3, II-B-4.

② G. K. Helleiner, *Peasant Agriculture, Government and Economic Growth in Nigeria*, Homewood: Richard D. Irwin, 1966, Tables II-B-2, II-B-3, II-B-4.

从1938年到1941年,棉织品下降了14%,而进口量减少的成本却更高——183.5万英镑比165.6万英镑。总的来说,1940—1945年的进口量与前六年相比下降了38%,而同期进口价格却惊人地增长了95%。[①]成本的增加和产量的减少助长了通货膨胀,而政府无力阻止通货膨胀。尼日利亚政府鼓励当地储蓄,以便让货币退出流通。政府实行了燃料配给制,并起诉了许多犯有敲诈勒索罪的人。然而,在尼日利亚不可能全面实行配给制,因为该国交通落后,没有准确的人口普查,而且大量的转售是日常生活的经济特征。[②]人们还发现无法消除黑市,据说叙利亚商人在黑市上随处可见。[③]结果,生活费用指数从1939年9月的100上升到1942年4月的147和1943年10月的174。[④]阿齐基韦是当时民族主义的领袖人物,在1940年6月,他认为尼日利亚本已"下降的生活水平"正在恶化,在1941年9月,他认为"到处都是生活在贫困边缘的人,在某些情况下,贫困是他们的生存法则"。[⑤]

此外,战争导致尼日利亚社会服务效率低下,特别是因为殖民政府在这个时候人手严重不足。[⑥]教育无疑是一个牺牲品,教师被征去服兵役。亚巴(Yaba)、伊巴丹和乌马希亚(Umahia)的学院一度被军方接管。教育总监称1940年的情况"令人遗憾"。在许多情况下,人们发现无法支付训练有素、经验丰富的教师的工资,取而代之的是聘用那些工资较低、未经培训的教师。[⑦]

---

① G. K. Helleiner, *Peasant Agriculture, Government and Economic Growth in Nigeria*, Homewood: Richard D. Irwin, 1966, Tables IV-A-11 and IV-A-13.

② *Statistical abstract for the British Commonwealth for each of the ten years 1936 to 1945*, Cmd. 7224 of Oct. 1947, pp.121-124.

③ Colonial Office 852/507/18, *Memorandum on the Organization and Control of War Time Production*, 1943.

④ Colonial Office 554/132/33718/1, Colonial Office memo on economic policy, Aug. 1943.

⑤ W. Ananaba, *The Trade Union Movement in Nigeria*, London: Hurst and Company, 1969, p.31.

⑥ R. D. Pearce, "Morale in the Colonial Service in Nigeria during the Second World War", *Journal of Imperial and Commonwealth History*, Vol.11, No.2, 1983, pp.175-196.

⑦ A. Fajana, "The Evolution of Educational Policy in Nigeria, 1842-1939", Ph.D. thesis, University of Ibadan, 1969, p.50.

第四,战争导致了尼日利亚对外贸易的下降。战争期间,英国殖民当局禁止尼日利亚人向弗里敦(Freetown)和黄金海岸出口当地编织的布料,这进一步加深了尼日利亚妇女对殖民政府的怨恨。这也引起了尼日利亚领导人的极大不满。战前,尼日利亚当地编织的布料在塞拉利昂和黄金海岸的贸易大幅增加,许多纺织工和中间商从中发了财。因此,战争期间英国殖民当局在没有充分解释的情况下禁止贸易,这激怒了尼日利亚人。直到尼日利亚非官方议员不断质问政府,指责政府试图摧毁尼日利亚本土工业后,英国殖民当局才作出解释。政府解释说,它从未想摧毁本土工业,但战时禁止这种出口贸易是出于某些因素的考虑,其中最重要的是航运空间。它指出,运往弗里敦和阿克拉(Accra)的当地编织布的数量已经达到非常大的比例,如果让贸易持续下去,意味着棕榈产品、花生和可可等重要的战争产品将无法被运往弗里敦和阿克拉。至于通过公路运输布料,政府指出,这是禁止的,因为需要节省汽油,特别是节省轮胎。

第五,战争使尼日利亚农民深受世界市场的干扰。因此殖民政府成立了帝国委员会,大批购买经济作物,并以固定的价格出售。最重要的是,1940年成立的西非可可管制委员会,在1942年经过重组,扩展其职责范围,正式更名为西非农产品管制委员会,其管辖范围不再局限于可可,而是涵盖了植物油、花生等各种农产品。与海外市场一样,外国供应也受到了干扰,这源于外国供应商的流失、英国转向制造军工产品和航运短缺。

第六,第二次世界大战对尼日利亚以群众为基础的民族主义的发展产生了重大影响。超过10万尼日利亚人被招募到战争中与盟军并肩作战。这些尼日利亚人受到盟国的宣传,声称他们是为解放、自由和平等事业而战。因此,尼日利亚军人和精英们期望这些原则在战争结束时同样适用于尼日利亚。1941年的《大西洋宪章》(Atlantic Charter)和联合国的成立,都表明它们致力于世界各地被征服和被殖民人民的自决,这加强了尼日利亚人的这一信念。还有美苏的反殖民立场,这两个国家在第二次世界大战结束后崛起为超级大国。1945年曼彻斯特泛非会议的各项决议同样促进了对在尼日利亚和其他非洲国家铲除殖民主义的承诺。[1]此外,战争造成的经济问题和战后退役军人面临的大规模失业问题,进一步助长了反殖民主义情绪。

综上所述,第二次世界大战严重影响了尼日利亚的社会经济发展。正是在第二次世界大战期间,帝国通过实行大宗采购、货币、关税和航运限制,加强了对殖民地经济的控制。殖民国家利用战争制定了管制措施和商品购买许可制,这进一步加强了宗主国对殖民地农民的剥削,加强了殖民政府对农民的控制。[2]

① J. I. Dibua, "Pan-Africanism", in T. Falola, *Africa: Vol. 4: The End of Colonial Rule: Nationalism and Decolonization*, Durham: Carolina Academic Press, 2002, pp.36-38.

② P. Bauer, *West African Trade: A Study of Competition, Oligopoly and Monopoly in a Changing Economy*, Cambridge: Cambridge University Press, 1963, pp.249-252.

第五章　民族主义时代的经济规划与农业政策（1946—1960）

本章探讨了1946—1960年英国在尼日利亚殖民地的经济规划与农业政策。第二次世界大战后，英国为应对经济危机和维持殖民统治，对尼日利亚实行了经济规划，旨在通过发展农业和基础设施来提升经济效率。1946年，英国公布了《十年发展与福利计划》(Ten-Year Plan of Development and Welfare，简称“十年发展计划”)，优先重视医疗、教育和农业服务，但因资金短缺和政治变动，该计划于1955年终止。随后，根据国际复兴开发银行(International Bank for Reconstruction and Development)的建议，尼日利亚在1955—1960年实施了新的发展计划，强调交通和基础设施建设，但忽视了农村地区的发展。

在农业政策方面，英国通过殖民地发展公司(Colonial Development Corporation)推动农业机械化，如尼日尔农业发展计划，但因缺乏实地实验、机械故障和移民问题，该计划以失败告终。这些计划反映了英国急于利用尼日利亚资源解决自身经济问题的心态，忽视了当地实际情况和农民利益。

殖民经济规划的特征包括财政保守主义、缺乏紧迫感和协调不力，而这导致尼日利亚经济依赖对外贸易，工业发展滞后。规划服务于英国的经济利益，巩固了双边帝国关系，对尼日利亚发展产生负面影响。

本章认为，殖民规划并非真正的发展，而是维持英国剥削的工具，其现代化范式抑制了尼日利亚本土工业和经济的自主发展。

综上所述，英国在尼日利亚的殖民经济规划与农业政策，因缺乏长远规划与本地参与,未能实现预期发展目标,反而加深了尼日利亚的经济依赖和欠发达状态。

第一节　战后社会总罢工与地方政府策略

本节探讨了第二次世界大战后,英国在尼日利亚殖民地所面临的社会动荡与地方政府所采取的应对策略。1945年,尼日利亚爆发大规模罢工,工人要求提高待遇,并迫使政府妥协。此次罢工彰显了劳工与民族主义的力量,并暴露了理查兹宪法的失败。为应对挑战,英国殖民政府调整策略,依靠地方政府体系,试图接受受教育的民族主义者,并抑制民族主义情绪。地方政府选举为尼日利亚人提供了参与政治的机会,但地方政府权力受限,成员素质参差,未能充分发挥其效能。

尽管英国殖民政府在尼日利亚所采取的这些地方策略,一定程度上缓解了社会动荡,维护了殖民统治的稳定,但未能从根本上解决社会矛盾与民族主义诉求。随着时代的变迁与历史的演进,这些策略最终未能阻挡尼日利亚走向独立自主的历史潮流。

一、1945年社会总罢工

第二次世界大战加速了殖民统治所带来的社会经济变革进程。殖民国家利用战争巩固了用于剥削农民剩余价值的营销委员会和商品购买许可制度,并进一步加强了殖民公司及其中间商对农民的剥削。[①]尽管出口作物的价格上涨,但"控制大部分农民出口贸易的营销委员会"扣留了生产者"巨额资金",并以一种极为不划算的方式——转换为收益极低的英国和英联邦证券——来持有这些资金。这种做法实质上剥夺了农民本应享有的经济回报,严重侵害了他们的利益。[②]由于配给制和战时进口许可

① P. Bauer, *West African Trade: A Study of Competition, Oligopoly and Monopoly in a changing Economy*, Cambridge: Cambridge University Press, 1963, pp.249-252.

② G. K. Helleiner, *Peasant Agriculture, Government, and Economic Growth in Nigeria*, Homewood: Richard D. Irwin, 1966, p.32.

制的维持,生产者实际获得的大部分增长收益通常都被投入品(尤其是劳动力和食品)价格的通胀所侵蚀。1945年,据报道,贝宁省遭遇严峻的市场困境,当地物价居高不下,很难获取进口商品。而在奥约省,由于战时管制的存在,整个1945年物资匮乏、商品价格居高不下。索科托省1946年也报告了类似的情况。[①]

受通货膨胀影响最严重的是城市工人,他们的食品、租金和服务价格都很高,给他们带来沉重负担。殖民政府为缓解通货膨胀的影响而采取的措施并不充分。理查兹总督拒绝履行与前任总督布迪龙达成的协议、审查生活费用津贴并会见工会代表。英国殖民当局向欧洲官员支付各种津贴,而忽视了非洲工人的要求和不满,这种公然的种族主义加剧了劳工骚动。在这种背景下,有关政府计划在战后紧缩开支的谣言甚嚣尘上,使人们迫切希望限制政府的行动。[②]

工人们在1945年3月提醒政府关注他们提出的请愿书,要求审查非洲人的工资和生活费用津贴。由于政府缺乏回应,尼日利亚工会于5月在拉各斯组织了一次集会,向政府发出最后通牒,要求其在6月21日之前接受工会的要求,否则政府将面临工人罢工。这些要求包括提高工资、每天最低工资标准为10先令6便士,从1945年5月起支付家庭津贴,以及将生活费用津贴提高50%。[③]

政府拒绝了尼日利亚工会的要求,理由是增加工资不仅加剧通货膨胀,而且会减少公共开支。[④]政府进一步辩称,接受工会的要求将导致税收进一步增加,从而损害非政府雇员的利益。此外,政府宣布拟议

---

① NAI CSO 26.2 File 14617 Vol. XVI Annual Report of Benin Province, 1945, 2, CSO 26/2 Vol.26/2 File12723 Vol. XVI Oyo Province: Annual Report, 1945, 4 and CSO 26/2 File 12518 Vol. XIII, Sokoto Province: Annual Report, 1946, p.1.

② U. Usuanlele, “Poverty and Welfare in Colonial Nigeria, 1900-1954”, A Ph. D Dissertation, Queen’s University Kingston, Ontario, Canada, 2010, p.350.

③ U. Usuanlele, “Poverty and Welfare in Colonial Nigeria, 1900-1954”, A Ph. D Dissertation, Queen’s University Kingston, Ontario, Canada, 2010, p.351.

④ R. Peel, *Old Sinister: A Memoir of Sir Arthur Richards, GCMG First Baron Milverton of Lagos and Clifton in the City of Bristol 1885-1978*, Cambridge: F & P Piggott Ltd, 1986, p.134.

的罢工为非法,并威胁如果工人参加罢工,政府将采取法律行动。[①]这些威胁并没有阻止工人中激进分子动员起来进行全国总罢工。民族主义政治家阿齐基韦得到了《西非先导报》(*West Africa Pilot*)的支持,以及政府释放了被拘留的铁路工人联盟工会成员M.伊穆杜(M. Imoudu),这些都给工人们带来了勇气。工人和民族主义媒体鼓励工会反抗政府并发动总罢工。[②]罢工很快受到许多其他政府机构工薪阶层的支持,并蔓延到尼日利亚各地,吸引了42.9万名工人参加,其中41.16万人受雇于政府。[③]

作为回应,政府采取了各种镇压措施,包括强制关闭阿齐基韦支持罢工的两家报纸。尽管如此,罢工还是得到了妇女和非洲中间商及房东的大力支持,他们提供了各种形式的援助,包括捐款,来维持工人的生活。此外,罢工工人还得到了国际劳工运动的声援和支持。这些帮助使1945年6月21日至8月4日在拉各斯的罢工得以维持,并在一些省份持续到8月中旬。到了7月底,民众对罢工的支持开始下降,工会决定在不满足他们要求的情况下取消罢工。然而,政府也对罢工感到厌倦,并表示愿意进行谈判。不惩罚罢工者的承诺对于结束罢工起到了关键作用。J. S.科尔曼(J. S. Coleman)在证明这次罢工的影响时表示,它"震惊了欧洲人和非洲人,他们意识到尼日利亚人一旦组织起来,就拥有巨大的权力。他们可以反抗白人官僚机构,他们实际上可以控制全国各地的战略中心,通过武力威胁迫使政府做出让步"[④]。这次罢工是工人阶级运动和民族主义者的一项重大成就。它迫使政府开始与工人谈判,并开始解决受过教育的民族主义政客的不满。然而,这也促使政府试图寻

---

① W. Ananaba, *The Trade Union Movement in Nigeria*, Benin: Ethiope Publishing Corporation, 1975, p.53.

② 铁路工人工会不仅是尼日利亚殖民地和保护国最大的工会,他们还控制着对经济具有战略意义的铁路服务系统。

③ U. Usuanlele, "Poverty and Welfare in Colonial Nigeria, 1900-1954", A Ph. D Dissertation, Queen's University Kingston, Ontario, Canada, 2010, p.352.

④ J. S. Coleman, *Nigeria: Background to Nationalism*, Berkeley and Los Angeles: University of California Press, 1963, p.259.

找方法将工人与民族主义政客脱钩,从而重新获得对殖民地的控制。[①]

二、理查兹宪法的失败

1945年3月的总罢工带来了一个关键问题,即如何让受过教育的民族主义者和劳工组成的新力量默许英国持续进行殖民统治。虽然殖民部针对受过教育的民族主义者没有达成一致意见,但殖民官员一致反对殖民地受过教育的民族主义者要求的全面采用英国议会结构。[②]为了避免这种结果,他们努力制定一种新的行政政策,在维持原有政治结构的同时满足受过教育的民族主义者的一些愿望。

20世纪30年代,颇具影响力的殖民部顾问M.佩勒姆(M. Perham)设想让受过教育的民族主义者参与土著当局,以此作为解决殖民地政治问题的办法。但她的立场既没有得到海利的支持,也没有得到殖民部官员的支持。而A.科恩(A. Cohen)赞成引入市政府制度来容纳受过教育的民族主义者。[③]此外,科恩还认为,应该将农村群众纳入政府,让他们对受过教育的民族主义者起到有效的制约作用。[④]为了实施这种新的行政思路,殖民地的行政制度需要改变。战前和战争期间,尼日利亚的战斗性日益增强,劳工与受过教育的民族主义政客结成联盟,并得到激进媒体的武装,这使得改革刻不容缓。

尼日利亚的政治和行政制度此前将其人口分散在三个不同的省份中,并在不同的政治代表制度下运作。尼日利亚南部的两个省份在立法中的代表性有限,其中一些土著行政机构中只有少数受过教育的非洲人。北部省份在立法中由副总督和后来的首席专员代表,受过教育的人被排

---

① U. Usuanlele, "Poverty and Welfare in Colonial Nigeria, 1900-1954", A Ph. D Dissertation, Queen's University Kingston, Ontario, Canada, 2010, pp.352-353.

② C. Nwaubani, "The 1947 'Cohen' Constitutional Proposal and Planned Decolonization", in Toyin Falola, *The Dark Webs: Perspectives on Colonialism in Africa*, Durham: Carolina Academic Press, 2005, pp.66-70.

③ R. Peel, *Old Sinister: A Memoir of Sir Arthur Richards, GCMG First Baron Milverton of Lagos and Clifton in the City of Bristol 1885-1978*, Cambridge: F & P Piggott Ltd, 1986, pp.107-108.

④ P. Kelemen, "Planning for Africa: The British Labour Party's Colonial Development Policy, 1920-1964", *Journal of Agrarian Change*, Vol. 7, No. 1, 2007, p.87.

除在土著行政机构之外。[①]

布迪龙总督在战前曾试图启动政治改革,他支持佩勒姆关于吸纳受过教育的民族主义者的建议和海利关于地区委员会的建议。此外,他还建议皇家委员会应访问尼日利亚,以解决该问题,探讨治理国家的最佳方法。他敦促按照受过教育的非洲人的要求,不顾殖民部官员的意见,将非洲官员纳入其执行委员会。[②]然而,他的继任者理查兹以种族主义的方式行事,无视非洲人的意见,不容忍反对意见,并采取镇压措施。[③]理查兹是卢加德的崇拜者,经常就尼日利亚的管理和未来向他咨询。[④]

可能是在卢加德的影响下,在短暂访问该国之后,理查兹与北部省份最重要的穆斯林统治者索科托苏丹进行了磋商,于1944年起草了《理查兹宪法(草案)》。[⑤]他的草案立即获得立法会批准,并于1945年3月匆忙将其提交英国议会,等待新工党政府的批准。

《理查兹宪法(草案)》废除了1923年《克利福德宪法》授予的少数非官方成员的有限民主利益。对工党影响很大的费边派(Fabians)主张以地方政府形式建立市政管理制度,他们希望建立拉拢受过教育的民族主义者的殖民制度。殖民部的主要费边成员,包括科恩和殖民大臣A. 克里奇-琼斯(A. Creech-Jones),对宪法中排除市政制度,以及未将其扩展到其他主要城镇感到不满。[⑥]结果,工党政府修改了《理查兹宪法(草案)》以适应自己的政策,不仅恢复了立法会的民选非官方议员,而且在宪法草案

---

① U. Usuanlele, "Poverty and Welfare in Colonial Nigeria, 1900-1954", A Ph. D Dissertation, Queen's University Kingston, Ontario, Canada, 2010, p.354.

② R. Peel, *Old Sinister: A Memoir of Sir Arthur Richards, GCMG First Baron Milverton of Lagos and Clifton in the City of Bristol 1885-1978*, Cambridge: F & P Piggott Ltd, 1986, p.106.

③ 在他的领导下,阿齐基韦的民族主义报纸被关闭,一些编辑因煽动叛乱而被监禁,战时对政治活动的限制仍然存在,以压制政治异见。E. Iweribor, *Radical Politics in Nigeria, 1945-1950: The significance of the Zikist Movement*, Zaria: Ahmadu Bello University Press, 1996, pp.104-117。

④ 卢加德反对废除他的间接统治遗产和酋长国制度。

⑤ R. Peel, *Old Sinister: A Memoir of Sir Arthur Richards, GCMG First Baron Milverton of Lagos and Clifton in the City of Bristol 1885-1978*, Cambridge: F & P Piggott Ltd, 1986, pp.114-121.

⑥ R. Peel, *Old Sinister: A Memoir of Sir Arthur Richards, GCMG First Baron Milverton of Lagos and Clifton in the City of Bristol 1885-1978*, Cambridge: Cambridge University Press, 1986, pp.107-108.

中增加了非官方议员的人数。①

宪法的起草和出台工作没有与受过教育的民族主义者协商或征求他们的意见,这是其主要弱点之一。受过教育的民族主义政治家们吸收了《大西洋宪章》的精神,保证所有人都有选择自己政府的权力和战后独立的权利。因此,他们期待着参与宪法的制定,并在战争胜利后实现自治。②

宪法的各个方面都没有达到受过教育的尼日利亚人的期望。其中最引人注目的是划分为三个方面。总督拥有否决权,总督有权提名非官方议员进入立法。将传统统治者纳入立法,拒绝非洲人担任行政职务,保留拉各斯和卡拉巴尔的投票权和纳税资格。继续限制拉各斯和卡拉巴尔的投票权、欧洲既得利益在立法会的代表权,在国家事务中,代表在国家事务中的职能仅限于讨论而不是决策。③

受过教育的民族主义者对与宪法一起出台的四项令人厌恶的法令感到愤慨,即《矿产地》、《皇家土地》(修正案)、《公共土地征用》及《酋长的废黜和任命条例》。④宪法赋予总督对土地、资源和酋长的控制权。受过教育的民族主义者对宪法和这些法令的抗议遭到英国政府的拒绝,导致一系列激进的抗议、罢工、种族间冲突和对英国官员的暗杀。

1948年,新任总督J. 麦克弗森(J. Macpherson)上任,他立即同意与尼日利亚人协商起草新宪法。这部新宪法的起草是与将土著当局管理系统转变为"地方政府"系统同时进行的。《殖民地发展与福利法案》第二部分(1945—1950)的地方计划也是在没有与尼日利亚人协商的情况下起草的,因此也将在这方面进行修订。⑤

① K. Ezera, *Constitutional Developments in Nigeria*, Cambridge: Cambridge University Press, 1964, pp.71-73.

② U. Usuanlele, "Poverty and Welfare in Colonial Nigeria, 1900-1954", A Ph. D Dissertation, Queen's University Kingston, Ontario, Canada, 2010, p.356.

③ J. S. Coleman, *Nigeria: Background to Nationalism*, Berkeley and Los Angeles: University of California Press, 1963, pp.275-282.

④ J. S. Coleman, *Nigeria: Background to Nationalism*, Berkeley and Los Angeles: University of California Press, 1963, pp.282-284.

⑤ U. Usuanlele, "Poverty and Welfare in Colonial Nigeria, 1900-1954", A Ph. D Dissertation, Queen's University Kingston, Ontario, Canada, 2010, p.357.

三、地方政府的策略

鉴于尼日利亚劳工和民族主义分子日益激进,社会主义和反殖情绪日益盛行,战后殖民政府面临的问题是如何使广大民众摆脱民族主义者的影响,并赢得民族主义者的忠诚。[①]工党大臣W.海尔(W. Hare)证实了将受过教育的民族主义者纳入殖民剥削体系中这一项政策的重要性,他认为非洲民族主义是"一种根深蒂固的情绪,在受过教育的阶层中占主导地位,并在群众中迅速传播",他认为"必须使用这种情绪,与我们的目的相结合"。[②]

工党政府的"目的"是继续对非洲进行殖民统治,以开发其资源来重建饱受战争蹂躏的英国经济。为此,殖民部在克里奇-琼斯和科恩等工党领导人的指导下,努力调整非洲民族主义政治的方向,使其偏离自己的目标,并使其服务于帝国的目的。他们希望通过地方政府机构、工会和合作社来实现这一目标。这三个机构是用来拉拢受过教育的民族主义者、劳工和农民,以求通过振兴非洲来提高生产力。[③]

由于受过教育的民族主义者逐渐成为一个突出问题,他们因被排除在政府决策之外而产生的不满情绪日益凸显。地方政府机构积极寻找解决方案,以期缓解这种不满,并促进各民族间的融合。它还有另一个重要目的,英国工党P.凯莱门(P. Kelemen)表示:

> 我认为地方政府是一种将保守的农村群众带入政治舞台的方式,可以对主要以城市为基础的民族主义政治家产生抑制作用。科恩的理由是,地方政府的民主化将"把识字和不识字的人以平衡的

---

① 民族主义者的一些抗议活动,包括对欧洲商业机构的人身攻击、企图暗杀政府秘书,以及抗议1946年至1949年使用的种族隔离措施。

② P. Kelemen, "Planning for Africa: The British Labour Party's Colonial Development Policy, 1920-1964", *Journal of Agrarian Change*, Vol. 7, No. 1, 2007, p.89.

③ U. Usuanlele, "Poverty and Welfare in Colonial Nigeria, 1900-1954", A Ph. D Dissertation, Queen's University Kingston, Ontario, Canada, 2010, p.358.

比例聚集在一起”,以遏制“非洲职业政治家的自私野心”。①

这将使工党能够将受过教育的民族主义者的精力转移到与农村地区的争吵和冲突上。民众参与地方政府的政治,英国行政人员充当裁判,并继续执行开发殖民地资源的任务。在尼日利亚,《理查兹宪法(草案)》及其引发的反对推迟了地方政府制度的引入。在很大程度上,麦克弗森总督废除了《理查兹宪法(草案)》的遗产并实施了工党政府的议程。②这导致在1949年至1951年间同时审查和起草了一部新的《麦克弗森宪法》。该宪法对尼日利亚十年发展规划进行了修订,该计划是为了响应殖民部关于实施《殖民地发展与福利法案》(1945年)的指示而起草的,十年发展规划起初在地方政府进行实验,进而引入选举产生的地方政府。③

即将转变为地方政府的地方当局,在很大程度上是按氏族和种族划分的。许多人在经济上资不抵债,无法雇用或支付受过教育的员工的工资。④然而,尽管如此,一些有文化的退休政府雇员和商人克服了间接统治的专制,并被提名或任命为南方省份的土著当局。这给土著当局带来了一些有文化和受过教育的成员,其中一些是民族主义政治家。此外,在一些酋长与受过教育的精英之间持续存在冲突的地区也进行了实验,例如贝宁省,受过教育的精英成员要么被选举出来,要么被任命为土著行政委员会(Native Administrative Council)成员。

东部省份开始引入成熟的地方政府制度,1950年通过了地方政府法,1951年地方政府议会选举。而西部和北部地区的引入则要等到1953年《西部地区政府法》的颁布。1954年引入了《北方地区地方政府法》

① P. Kelemen, “Planning for Africa: The British Labour Party’s Colonial Development Policy, 1920-1964”, *Journal of Agrarian Change*, Vol. 7, No. 1, 2007, p.87.

② K. Ezera, *Constitutional Developments in Nigeria*, Cambridge: Cambridge University Press, 1964, pp.82-89.

③ U. Usuanlele, “Poverty and Welfare in Colonial Nigeria, 1900-1954”, A Ph. D Dissertation, Queen’s University Kingston, Ontario, Canada, 2010, p.359.

④ U. K. Hicks, *Development from Below: Local Government and Finance in Developing Countries of the Commonwealth*, Oxford: Oxford University Press, 1961, pp.175-177.

(Northern Region Local Government Law)。东部地区几乎全面采用了英国地方政府制度。这废除了传统的权威,建立了县、区和村地方议会的三级制度。西部地区根据自身情况修改了东部地区的法律,保留传统统治者为总统,小酋长为议事会成员。北部根据自己的政治环境,将其地方当局制度修改为酋长和议会。普通委员会在酋长制最不发达的非穆斯林地区最为常见。

地方政府选举第一次为受过教育的人提供了参与行政管理的机会。它们还构成了选择地区和中央立法机构代表的基础。受过教育的民族主义政治家很容易获得提名,特别是地区和中央立法机构的提名。因为他们受过教育,并在社区中具有一定影响力,他们可以在没有工作经验的情况下赢得了东部和西部地区的选举。[①]

北部地区的情况有所不同,那里受教育程度最高的通常是土著当局人员,并且主要是统治贵族的成员。在酋长统治下的北部大部分地区,殖民官员和埃米尔串通起来,绕过民主选举程序,强制任命特定人员作为地方、地区和中央政府的代表。政府指示,议会中的代表权不应建立在"盲目遵守选举多数政策"的基础上,而民选议员不得超过地方政府议会成员的三分之二。[②]正如A. D. 叶哈亚(A. D. Yahaya)在扎里亚案中所表明的那样,当选议员从未超过代表总数的三分之一,直到1957年,那些由埃米尔选出参加选举的人才成为当地政府的第一批当选代表。[③]结果,由埃米尔提名的统治贵族成员和土著当局的忠诚工人在地区和联邦议会中占主导地位。[④]

---

① U. Usuanlele, "Poverty and Welfare in Colonial Nigeria, 1900-1954", A Ph. D Dissertation, Queen's University Kingston, Ontario, Canada, 2010, p.361.

② A. D. Yahaya, *The Native Authority System in Northern Nigeria 1950-1970: A Study in Political Relations with particular reference to the Zaria Native Authority*, Zaria: Ahmadu Bello University Press, 1980, p.58.

③ A. D. Yahaya, *The Native Authority System in Northern Nigeria 1950-1970: A Study in Political Relations with particular reference to the Zaria Native Authority*, Zaria: Ahmadu Bello University Press, 1980, p.58.

④ S. O. Okafor, "Ideal and Reality in British Administrative Policy in Eastern Nigeria", *African Affairs*, Vol. 73, No. 293, 1974, pp.465-466.

受教育程度最高的民族主义政治家当选为地区和中央立法机构候选人,导致地方政府委员会的成员受教育程度较低。在贝宁省,大多数议员没有接受过完整的初等教育,而在阿巴卡利基(Abakaliki)省埃扎(Ezza)议会,只有少数议员会说英语,而且多数议员是农民。①这使议会很容易受到酋长、地区政府和殖民官员的操纵和控制。此外,委员会成员的价值观和利益冲突及外部影响,导致委员会内部矛盾重重。大部分不识字的酋长与受过较好教育的民选成员之间就参与委员会事务的问题发生了冲突。在北部地区,冲突的焦点是如何排除南方省份受过教育的精英参与北方地区的地方行政管理。这些冲突分散了当选的议员和酋长对其人民福利和社区发展问题的注意力,同时为殖民官员提供了一个调停和控制地方政府委员会的平台。②

新的地方政府委员会面临的问题之一,是其权力从属于地区和中央政府。U. 希克斯(U. Hicks)认为,虽然在最初阶段,地方政府的权力和职责"范围广泛且模糊,大概是为了给他们充分的机会展示主动性",但地方政府从来都没有独立于地区和中央政府。③在东部地区,他们由地区政府控制,直到1955年引入新的地方政府法,将他们置于一名部长的控制之下。西部政府也有解散和批准地方政府开支的权力。S. O. 奥卡福(S. O. Okafor)认为,地区和中央政府的这种控制,使得受教育程度最高的人无法参与地方政府事务。④然而,与此同时,有抱负的政治家有意操控议会,他们利用议会的资源为政党筹集资金,以维持他们政党的执政地位,并维持政党领导人的权威。地方政府成为政党的重要组成部分。在北方地区,大多数地方议会:

① S. A. Shopeka, "Local Government and Development in Benin Province 1938-1960", Ph.D. Thesis, Benin: University of Benin, 1990, pp.261-262.

② U. Usuanlele, "Poverty and Welfare in Colonial Nigeria, 1900-1954", A Ph. D Dissertation, Queen's University Kingston, Ontario, Canada, 2010, pp.362-363.

③ U. Hicks, *Development from Below: Local Government and Finance in Developing Countries of the Commonwealth*, London: Oxford University, 1961, p.236.

④ S. O. Okafor, "Ideal and Reality in British Administrative Policy in Eastern Nigeria", *African Affairs*, Vol. 73, No. 293, 1974, p.466.

> 已沦为纯粹的审议机构,被剥夺了批准经费的实权,即便那些理论上拥有资金支配权的人士,也很难真正维护其成员的利益。因为他们的存续以及所能获得的任何资源,都受制于土著当局。仅有区议会和镇议会被赋予了相对有限的财务自主权,但遗憾的是,到了20世纪50年代,它们也退化为了形同虚设的组织。

在东部省份,有权征税的地方政府委员会开始征收各种税收,以使其能够运转,并履行提供服务的法定职能。由于他们征税的金额设有上限,这限制了议会的资金和提供的服务。[①]一些议会甚至削减了福利计划的资金,以满足基础设施和薪酬方面的支出。例如,1949年,贝宁省行政委员会拒绝继续资助以前由地方当局维持的贫民窟,因为优先考虑的是基础设施发展和员工薪酬。

关于地方政府征税引起了不同的反应。在某些情况下,征税必须雇用警察来强制进行。这种征税的方式是由1945年《殖民地发展与福利法案》和由此产生的尼日利亚十年发展规划决定的,因为《殖民地发展与福利法案》和"十年计划"的实施取决于地方议会提供的部分资金。这项政策的制定很少考虑地方议会的财政能力。

第二节　十年发展规划与综合发展方案

本节详细探讨了尼日利亚在1946—1960年实施的十年发展规划及其后续的综合发展方案,分析了"十年计划"出台的背景,包括英国战后遭遇的经济困境和殖民政策调整。随后深入阐述了"十年计划"的内容、理念及实施情况,指出其旨在促进尼日利亚现代化和提高生产力,但受限于资金和资源不足,效果并不如人意。本节还讨论了"十年计划"的修订过

① J. O. Orewa and J. B. Adewumi, *Local Government in Nigeria: The Changing Scene*, Benin: Ethiope Publishing Company, 1983, p.51.

程及1955—1960年发展规划的制定,强调国际复兴开发银行报告对该计划的影响。最后,本节总结了综合发展方案的特点与影响,指出其强化了对私营部门的依赖,并且未能有效解决尼日利亚的发展问题。整体而言,本节揭示了殖民经济规划在尼日利亚的复杂实践及其局限性。

一、十年发展规划的背景:英国战后危机

战后时代最显著的特征之一是资本主义大国之间的力量平衡发生了变化。苏联和美国等在非洲没有殖民地的国家要求进行殖民改革。随着冷战的爆发,苏联力求在意识形态领域推动殖民地的转变,而美国作为资本主义体系的"捍卫者",同样在意识形态与经济的双重驱动下,卷入了这一历史洪流之中。对美国来说,殖民改革将使其工业能够更多地参与到殖民地的经济中。美国成为资本主义世界无可争议的霸主,像英国这样的殖民国家,失去了以前的经济主导地位。以美国在政治、经济和军事领域的霸权为标志的全新等级制出现,对殖民列强及其殖民政策产生了深远的影响,而这些政策反过来又影响了殖民地本身的政治经济。[①]

美国资本上升到霸权地位,极大地促进了殖民国家国内经济的重组,特别是如果它们在重建计划中严重依赖马歇尔计划援助的话。英国资本无力在全球范围内与美国资本竞争,导致了英国经济的重组。英帝国在国内的干预力度显著增强,这一趋势延伸到其他殖民地经济领域,导致对殖民地经济的干预范围和深度均有所扩大。

战后资本主义经济的另一个重要特征是外国投资日益多边化。世界银行、国际货币基金组织和欧洲投资银行(European Investment Bank)等新的国际机构成立了,最初是为了促进饱受战争蹂躏的西方资本主义国家的重建,后来它们将业务扩展到殖民地和资本主义边缘地区。因此,从长远来看,对殖民地的资本投资几乎不再是殖民大国的专属。矛盾的是,正是外国资本来源的这种多样化导致了殖民地更充分地融入世界资本主

① T. Zeleza, "The Political Economy of British Colonial Development and Welfare in Africa", *Transafrican Journal of History*, Vol.14, 1985, p.145.

义体系,并奠定了新殖民主义的根源,国际货币基金组织后来承担了资本主义的全球警察角色。

最后,这一时期见证了跨国公司日益占据主导地位,这反映了资本在世界范围内日益集中,国际资本输出的趋势也随之改变。在主要的资本主义附属国,私人资本投资越来越多地通过跨国公司进行调解,主要是以资本的形式建立和经营海外企业和分支工厂。在一些国家,跨国公司的进入加速了进口替代本国工业化的趋势。因此,在第二次世界大战之后,国际环境有利于调整殖民地世界的依赖关系。随着殖民地在国际资本主义体系中逐步深化其融入程度,本地的人对于殖民改革的呼声愈发高涨,这种压力呈现出日益增长的趋势。

英国政府深感忧虑的是美国在殖民地可能掀起一波投资热潮,这一现象可能对英镑地区的美元储备产生不利影响。值得注意的是,英国在1939年至1945年的战争中,经历了从世界上最大的债权国之一变成最大的债务国,欠下了60亿英镑的外债。[①]美元外流的严重性导致1947年8月出现国际收支危机,迫使英国政府采取严厉的美元保护政策。[②]到1949年7月,形势的严重性促使委员会主席H. S. 莫里森(H. S. Morrison)警告说,由于每周价值1200万英镑的黄金和美元储备正在消失,“从现在起200多天内,它们将降至零,而且在更短的时间内,我们的地位将变得岌岌可危”[③]。在接下来的几年里,情况继续恶化,因为英国和英镑区的独立成员国的国际收支账户,无论是对美元区还是对世界其他地区,都出现了迅速增加的账户赤字。如果不加以控制,美国在殖民地的投资不仅会“在个别殖民地领土上占据主导地位”[④],也会加剧美元危机。

---

① D. J. Morgan, *The Official History of Colonial Development, Volume 5: Guidance Towards Self-Government in British Colonies 1941-1971*, London: Humanities Press, 1980, p.89.

② D. J. Morgan, *The Official History of Colonial Development, Volume 2: Developing British Colonial Resources, 1945-1951*, London: Humanities Press, 1980, pp.4-17.

③ D. J. Morgan, *The Official History of Colonial Development, Volume 2: Developing British Colonial Resources, 1945-1951*, London: Humanities Press, 1980, p.29.

④ P. S. Gupta, *Imperialism and the British Labour Movement, 1914-1964*, London: Macmillan, 1975, p.322.

然而,作为马歇尔援助的受援国,其中一项条款是允许美国国民获得殖民地的原材料,英国政府限制美国资本进入其殖民帝国的程度是有限的。因此,为了迎接来自美国的挑战,以及可能来自复苏的日本和西德的挑战,英国鼓励跨国公司在殖民地建立制造业。殖民地工业化还承诺减少殖民地从美国和其他美元地区的进口,并增加英国对殖民地的资本货物出口,这将有助于振兴英国的工业。然而,在制定殖民地发展政策时,殖民部始终坚持一个目标,即避免给英国带来财政负担。1945年后,英国经过第二次世界大战的洗礼,成为一个经济疲软的国家,而且还面临着1947年和1949年的两次重大危机。这两次危机分别是可兑换危机和货币贬值危机。有人认为,英国在这一时期加入国际组织也是其经济危机的原因之一。这是因为它不仅是各种联盟的主要合作伙伴,也是各个联盟的财政支持者。一位学者指出:"在英国海外利益的总体结构中,它的经济实力是一个至关重要的因素……对英国来说,拥有充足的黄金和美元储备,以及强劲的英镑必不可少。"①1947年可兑换危机导致英镑贬值,这暂时减少了美元赤字。②1950年6月25日朝鲜战争的爆发,因为利益重新组合,使英国无法从货币贬值中获益。据说英国重整军备的预算"从1949—1950年的7.4亿英镑增加到1950年7月的9.5亿英镑,1950年8月增加到11.3亿英镑,1951年1月增加到惊人的15.55亿英镑"③。鉴于此,英国工业无法满足殖民地对钢铁等物品的需求。因此,对殖民地从美元地区进口的限制和英国商品的短缺加强了殖民地"发展"计划的集中化。④

粮食危机的爆发进一步加剧了美元赤字和国际收支问题。粮食储

---

① Mss292/File 966.3/2, Nduka Eze to Mr. Kemmis, Secretary TUC Colonial Advisory Committee, June 7th 1949, TUC Registry Files 1948-1951, Modern Record Centre, The University of Warwick, Warwick, England; File745H.00/8-251, College Park, Maryland, USA, p.2.

② Colonial Office 537/4632, Nigeria-Political Summary, October-November 1948, PRO, London.

③ Mss292/File 966.3/2, Nduka Eze to Mr. Kemmis, Secretary TUC Colonial Advisory Committee, June 7th 1949, TUC Registry Files 1948-1951, Modern Record Centre, The University of Warwick, Warwick, England; File745H.00/8-251, College Park, Maryland, USA, p.2.

④ T. Zeleza, "The Political Economy of British Colonial Development and Welfare in Africa", *Transafrican Journal of History*, Vol. 14, 1985, p.147.

备,特别是油籽储备,已经达到岌岌可危的状态。事实上,除非供应能够增加,否则进一步减产和短缺的前景似乎不可避免。[①]局势变得如此严重,以致于殖民大臣"提议成立一个由他担任主席的世界粮食供应部长级委员会(Ministerial Committee on World Food Supplies),以便不断审查局势、协调行动,并重点关注需要内阁或相关国际机构作出重要决策的问题"[②]。该委员会举行了多次会议,并发表了关于粮食状况日益恶化的报告。最后,它建议唯一可行的解决办法是增加殖民地的农业生产。其他欧洲殖民列强非常清楚,增加殖民生产不仅有助于援助西欧的经济重建,还将巩固西欧在世界外交和政治走廊中的地位。美国和苏联现在不仅是新的"超级大国",而且用英国外交大臣的话来说,都拥有巨大的资源……如果西欧要实现其国际收支平衡并实现世界平衡,就必须充分利用殖民地资源。[③]

因此,面对经济困境所带来的严峻挑战,英国公布了新的殖民"发展"政策,以应对局势之变。在"殖民地发展和社会福利"这一华丽辞藻的背后,隐藏着英国对自身经济利益的考量与追求。殖民地的"发展"必须与英国的重建和发展计划密切协调。"殖民地与英国经济的综合发展作为发展政策的核心要素"这一理念,已正式确立了其在政策制定中的正统地位。丽塔·欣登认为,发展计划在一定程度上是受英国自身需要的启发。因此,毫无疑问,英国统治圈形成了一种共识,即美元和粮食危机只能通过"开发"殖民地资源来解决。一些人还认为,快速的殖民"发展"将有助于英国脱离美国的控制。[④]随着政府准备投资殖民地发展,一个全新的经济计划时代拉开序幕。为此,一项殖民地发展与福利法案应运而生,这标

① D. J. Morgan, *The Official History of Colonial Development, Volume 2: Developing British Colonial Resources, 1945-1951*, London: Humanities Press, 1980, charp.4.

② D. J. Morgan, *The Official History of Colonial Development, Volume 2: Developing British Colonial Resources, 1945-1951,* London: Humanities Press, 1980, p.177.

③ G. Padmore, *Africa: Britain' s Third Empire*, New York: Negro Universities Press, 1949, pp.155-156.

④ P. S. Gupta, *Imperialism and the British Labour Movement, 1914-1964*, London: Macmillan, 1975, p.306.

志着尼日利亚启动首个“十年计划”(1946—1956)正式启动。[①]

二、“十年计划”的内容和理念

“十年计划”是在三个因素的推动下制定的,即第二次世界大战的影响、殖民地的经济意识形态和殖民部的指导方针。与1940年《殖民地发展与福利法案》不同,“十年计划”还考虑到了政治意识形态的影响。

(一)“十年计划”的内容

第二次世界大战后,许多人从军队中退伍,工人们变得越来越焦躁不安,民族主义者提出了各种各样的要求。为了能更好地维持英国对尼日利亚的控制,1946年英国公布了第一份经济规划文件《十年发展与福利计划》。[②]这一计划的时间涵盖了1946年到1956年。该计划优先重视改善医疗和教育,旨在实现尼日利亚的现代化和提高生产力。扩大农业、兽医和林业服务。政府将成立一个新的商业和工业部,下设出口部门和内部部门,其部分工作是建立棕榈油工厂。[③]殖民政府不仅鼓励,而且“诱导”农业变革,并通过立法来刺激该政策的实施。[④]

与1940年《殖民地发展与福利法案》一样,尼日利亚从伦敦拨款来实行这一计划。根据1945年《殖民地发展与福利法案》,每个殖民地都有一笔拨款,这笔拨款用于殖民地未来10年的发展规划。在可利用的1.2亿英镑中,2350万英镑留作中央管理的计划和研究之用,另外1150万英镑用于殖民部的应急之用。剩下的8550万英镑由各殖民地分配。这笔资金所分配的标准是:“殖民地领土和人口、已知的经济资源、目前的发展状

① T. Falola, *Development Planning and Decolonization in Nigeria*, Gainesville: University Press of Florida, 1996.

② T. Falola, *Economic Reforms and Modernization in Nigeria, 1945-1965*, Kent & London: The Kent State University Press, 2004, p.101.

③ Colonial Office 657/53, *A Ten Year Plan of Development and Welfare for Nigeria*, Sessional Paper 24 of 1945, p.174.

④ Colonial Office 657/58, Statement of Agricultural Policy, Sessional Paper 16 of 1946, pp.1, 3, 5.

况、已知存在的发展计划,以及当时可获得的财政资源。"[①]

1946—1956年殖民计划的总规模为5500万英镑,其中英国政府出资2300万英镑,尼日利亚政府从当地收入的900万英镑的贷款中筹集余额。[②]按人均计算,该计划的规模相当于投资1.16先令。1955年,估计有3040万尼日利亚人每人享受"十年计划"的发展费用,即3先令7便士。计划每年平均投资550万英镑,以确保每一位尼日利亚公民都能享受到年度发展的红利。[③]

此外,战后殖民地发展政策的新特点是,所有发展支出,无论是来自殖民地发展与福利基金、殖民政府盈余收入还是殖民政府在伦敦市场筹集的贷款,都必须在每个殖民地制定的十年发展规划的范围内实行。[④]殖民部指出,依赖农业收入是一种制约因素,因为价格波动导致殖民地收入成为发展政策的基础。即使殖民政府及其经济管理有能力和效率,它们仍然不会有资源来开展重大的资本项目。1945年《殖民地发展与福利法案》得出的结论是,唯一的解决办法是殖民地向外部寻求援助。

此时,政府不愿放弃在战争期间建立的战时管制措施。以尼日利亚的可可贸易为例。在战时管制政策下负责处理可可的食品部,将1939—1940年的可可价格固定在每吨16.1英镑。由于可可不是战争期间优先考虑的产品,为了使生产者销售库存的可可,降低价格是必要的。[⑤]战后,战时的管制政策延伸到了和平时期的贸易政策。战后的管制政策引发了骚乱,这一骚乱导致了1947年可可营销委员会(Cocoa Marketing Board)的

---

① M. Havinden and D. Meredith, *Colonialism and Development Britain and its tropical colonies, 1850–1960*, Lonodn and New York: Routledge, 1993, p.252.

② Daily Times (newspaper) 10 March 1952; 29 March 1980.

③ B. Onimode, *Imperialism and Underdevelopment in Nigeria*, London: Zed Press, 1982, p.121.

④ M. Havinden and D. Meredith, *Colonialism and Development Britain and its tropical colonies, 1850–1960*, London and New York: Routledge, 1993, p.252.

⑤ A. Olorunfemi, "Effects of War-Time Trade Controls on Nigerian Cocoa Traders and Producers, 1939–1945: A Case-Study of the Hazards of a Dependent Economy", *The International Journal of African Historical Studies*, Vol.13, No.4, 1980, p.678.

成立,该委员会是英帝国最大的法定垄断组织。[①]在整个20世纪40年代,进口货物的短缺必须通过实行配给和进口管制制度来解决。尼日利亚出口也受到了限制,市场委员会确定了价格和购买农作物的数量,并将储备存放在英国的银行,以低利率进行投资。为了抑制通货膨胀,政府还采取了提高税收和控制价格的措施。[②]

由此可知,"十年计划"是在第二次世界大战的影响、殖民地的经济意识形态和殖民部的指导方针这三个因素的推动下制定的。首先,在战争年代产生的促进地方工业和粮食生产的需求不能再被忽视,放松航运限制和增加进口可能会扼杀这些行业。帮助本土企业的一种方法是阻止类似商品的进口,这必须与从进口中获利的外国公司的利益相平衡。为了满足本土企业家和外国商人的利益,当地工业只能以缓慢的速度发展。[③]

其次,国家面临着从军队中释放出来的大量劳动力的就业问题。与此同时,受过教育的尼日利亚人要求退役士兵接受技术工作培训,而不是从英国招募技术人员。

再次,殖民地产品的国际市场有望扩大。殖民政府不清楚的是,这种国际需求的规模,以及应该采取的最佳控制政策是为了应付日益增加的需求,为出口而生产的政策可能对国内粮食需求产生消极影响。对殖民国家来说,一个理想的计划是继续把重点放在出口作物上,同时采取一些措施增加粮食产量。

最后,为了从战争造成的经济灾难中恢复过来,英国必须继续剥削殖民地,从殖民地中获利。它的策略是发展殖民地,同时也从中受益。官员们不再对规划的想法抱有敌意。此外,促进社会福利的战略可以在不损害英国利益的情况下实施。

---

① A. Olorunfemi, "Effects of War-Time Trade Controls on Nigerian Cocoa Traders and Producers, 1939-1945: A Case-Study of the Hazards of a Dependent Economy", *The International Journal of African Historical Studies*, Vol.13, No.4, 1980, p.687.

② T. Falola, *Development Planning and Decolonization in Nigeria*, Gainesville: University Press of Florida, 1996, p.48.

③ T. Falola, *Development Planning and Decolonization in Nigeria*, Gainesville: University Press of Florida, 1996, p.48.

然而,战后的英国欠美国很多债务,美元是唯一的强势货币。由于英国的"美元缺口",它限制了英国向殖民地提供资金,同时,美元的短缺加剧了进口货物的短缺,从而抑制了战后的经济增长。[①]由于美国需要的热带产品——矿物、可可和咖啡,等等——英国可以从其殖民地获得,并以稀缺的美元出售。因此,英国的战后战略是在殖民地进行投资,以获得更多的原材料,并保持对殖民地的政治控制以获得持久的利润。十年发展规划成为这项投资的一部分。这项社会福利计划旨在培养更健康的人口,从而使健康的土著人为英国生产更多供出口的产品。[②]

以上殖民经济规划明确了殖民部和尼日利亚政府的态度。在战后规划和1945年以后采取的其他经济措施中,都考虑到了物资短缺的影响。战时的工业停滞、人员短缺、创造其他收入和就业来源的需要、对传统出口商品需求的增加,以及向宗主国转移剩余物资的保证,促使英国执行这项计划。

(二)"十年计划"的理念

意识形态是影响"十年计划"的因素之一。指导发展规划的广泛原则是在战争即将结束时确立的。与1940年《殖民地发展与福利法案》不同,"十年计划"还考虑到了政治意识形态的影响。D. 莫里森(D. Morrison)认为,苏联对非洲的兴趣在于展望社会主义国家的崛起,这些国家将在晚些时候建立共产主义。[③]苏联第一个五年发展计划的成功实施,以及发展规划导致的苏联工业化的快速发展,引起了苏联和西方学者对发展规划优点和可行性的争论。大萧条和凯恩斯革命的出现进一步加速了这一讨论。此外,对西方资本主义国家来说,第二次世界大战造

---

① D. J. Morgan, *The Official History of Colonial Development: Volume.2: Developing British Colonial Resources, 1945–1951*, London: Humanities Press, 1980, charps.1and 2.

② T. Falola, *Development Planning and Decolonization in Nigeria*, Gainesville: University Press of Florida, 1996, p.49.

③ D. Morrison, "The Africa of Moscow and Peking – A Review Article", *African Affairs*, Vol.66, No.2, 1967, p.346.

成的破坏和迅速重建工作的需要使发展规划问题更加突出。马歇尔计划和其他重建努力在促进欧洲重建方面的成功有助于证明规划的有用性。此外,印度等新独立的第三世界国家及非洲许多正在经历非殖民化进程的国家,都被苏联的发展规划模式所吸引,该模式帮助该国在很短的时间内将其转变为工业强国。在冷战的背景下,西方国家认为苏联模式可能会吸引许多非洲和其他第三世界国家接受社会主义,因此,他们认为有必要发展另一种发展规划模式来对抗苏联的影响。其结果是出现了两种广泛的发展规划概念:苏联的全面规划模式和西方资本主义国家的非全面规划模式。[①]

在A.克劳利(A. Crowley)看来,第二次世界大战后苏联对非洲殖民地的兴趣基于三个主张:第一,苏联接受了所谓的非洲民族主义的兴起,视那些从西方殖民主义中解放出来的国家为非洲迈向共产主义发展的一个阶段;第二,苏联需要渗透到非洲国家的工会运动中去;苏联还致力于吸引非洲国家的学生前往莫斯科,进一步推动其运动与理念的传播。[②]

J. L. 诺基(J. L. Nogee)和R. H. 唐纳森(R. H. Donaldson)认为,1947年是苏联对非政策的转折点。他指出,"1947年冷战爆发后,苏联才把注意力转向A. 扎德诺夫(A. Zhdanov)所说的'殖民体系的危机'"[③]。苏联对非洲的战略融入了布尔什维克对所谓"最大目标和最小目标"的区分。布尔什维克主义在世界范围内取得胜利的信念无法进行具体阐述。[④]这个目标被无限期地推迟了,因为在殖民地环境下它是不可行的。[⑤]最低目标是基

① J. I. Dibua, *Development and Diffusionism looking Beyond Neopatrimonialism in Nigeria, 1962-1985*, London: Palgrave Macmillan, 2013, pp.38-39.

② A. Crawley, "Communism and African Independence", *African Affairs*, Vol.64, No.255,1965, pp.91-102.

③ J. L. Nogee and R. H. Donaldson, *Soviet Foreign Policy Since World War II*, New York: Porgamon Press, 1988, pp.86, 149.

④ A. Dallin, "The Soviet Union: Political Activity", in Z. Brzezinski, *Africa and the Communist World*, Stanford and London: Stanford University Press, 1964, p.12.

⑤ A. Dallin, "The Soviet Union: Political Activity", in Z. Brzezinski, *Africa and the Communist World*, Stanford and London: Z. Brzezinski, Africa and the Communist World, Stanford and London: Stanford University Press, 1964, p.13.

于这样一种信念,即在独立后,非洲国家将在冷战中追求“积极中立”,并与苏联集团建立日益密切的经济、政治和文化联系。①

尼日利亚的社会主义者呼吁国家直接介入所有经济部门,他们认为政府应该肩负起决定基础设施形态与规模的重任,并掌控生产、出口和进口商品的数量。1944年,英国官方将社会主义描述为一种排除私营部门参与的“全员参与”制度。殖民部拒绝了“全员参与”制度,而选择了所谓的“总体规划”。在总体规划中,政府将为国家参与提供一个总体框架,但允许个人保留大量权力,由个人决定消费和生产。政府对生产或消费情况进行协调。它还提供法律、秩序和公共通讯的条件,并允许个人根据市场前景做出选择。必要时,国家可以为某些产品的生产提供激励措施,或者限制某些产品的生产。国家可以禁止或强制消费某些商品,或提供供水和道路服务。但它允许个人有选择的权利,从本质上来讲,总体规划是一种资本主义意识形态。

殖民地只能从殖民部提供的总体规划中选择发展项目,而尼日利亚社会主义党人则把他们的精力投入到批评这一政策中。每个殖民地可以在国家与私人活动中寻找合适的结合。殖民地需要刺激私人的积极性,促进国有企业与私营企业之间的伙伴关系。国家在为私人企业提供基本服务方面发挥了重要作用。但是,人们认识到,私人企业将面临资金短缺的危险。由于预见到这一点,政府决定给这类企业提供基本的服务,比如为这类企业提供资金和奖励。

作为一项基本原则,总体规划战略也致力于人力资源的开发。“一个国家最大的资产就是人民的勤劳、技能、智慧和进取心。”国家需要弥补人力资源的不足,政府应该考虑资源的可用性、土地所有权制度、改善医疗与教育、促进私人投资,以及减少对人民的剥削问题。②

最后是金融问题。由于资金有限,殖民地必须解决获取资金的问题,

① H. I. Tijani, “British Anticommunist Policy and the Transfer of Power in Nigeria from the late 1930s to 1960”, M. Phil Thesis, University of London, 1998, pp.71-72.

② T. Falola, *Development Planning and Decolonization in Nigeria*, Gainesville: University Press of Florida, 1996, p.50.

并将其用于紧急和富有成效的项目上。殖民地的资金主要有三个来源:殖民地产生的盈余资金;在伦敦筹集的公共贷款;英国依据《殖民地发展与福利法案》提供的贷款或赠款。伦敦希望殖民地在接受赠款之前,先利用自己的盈余来发展殖民地。这种态度源于这样一种信念,即一些殖民地在战争期间积累了许多资金。[①]

在上述背景下,英国鼓励殖民地发展粮食作物生产,以满足自身的农业需求。与此同时,英国不仅推进了一系列社会政治管理计划,还在英属西非地区毅然启动了经济规划政策,以期实现更为全面的发展蓝图。有人认为,这样的计划不仅是为了殖民地的利益,而且是为了使殖民大国从殖民地获取经济利益。[②]殖民地经济发展必须依赖农产品的对外销售,因此即使外部提供的资金有限,殖民地也需要依靠自己盈余资金来采取行动。虽然英国会提供援助,但殖民地必须自己承担殖民地生活水平的重担,英国不可能无期限地对殖民地给予补贴。实际上,20世纪四五十年代,英国纳税人在发展项目上提供的资金很少。[③]

在使用外部赠款时,殖民地必须把重点放在如何实现产量增长和提高经济效率上。为了提高医疗、教育、社会服务和一般福利的标准,必须提高殖民地的经济地位,最大限度地利用殖民地自然资源,并扩大殖民地就业机会。虽然殖民地会从这些变化中受益,但基本的方向仍然是依赖单一作物经济。

英国殖民政府对经济项目和社会项目的支出作出了区分。经济发展是进步的关键:如果殖民地经济有所改善,它就有能力为社会发展项目提供资金。同时,殖民政府的目标是改善社会服务,使其能够促进经济的发展。然而,尽管有这些好处,规划过程仍然是肤浅的——计划包括了理想

---

① T. Falola, *Development Planning and Decolonization in Nigeria*, Gainesville: University Press of Florida, 1996, pp.50-51.

② Mss292/File 966.3/2, Nduka Eze to Mr. Kemmis, Secretary TUC Colonial Advisory Committee, June 7th 1949, TUC Registry Files 1948-1951, Modern Record Centre, The University of Warwick, Warwick, England; File745H.00/8-251, College Park, Maryland, USA, p.2.

③ T. Falola, *Development Planning and Decolonization in Nigeria*, Gainesville: University Press of Florida, 1996, p.51.

项目的“清单”,这些项目之间彼此缺乏联结。殖民政府缺乏用于国民核算的统计资料,而国民核算对于发展规划和制定指标是必不可少的。最重要的是,这些计划没有表明如何实现其目标,应遵循哪些重要政策以确保实现各种目标,以及在规划期间需要对经济进行哪些结构性改革。殖民政府缺乏殖民发展政策的战略部署。1948年,尼日利亚最大的一项计划遭到了议会特别委员会的批评:该计划没有提出一个完整的发展战略,它只是提供了关于如何花钱的建议……在考虑广泛的经济发展之前,他们必须先列出“某些基本原则”。从供水开始,再到教育、农业、林业和兽医服务。实际上,尼日利亚没有从《殖民地发展与福利法案》中获得用于工业发展的资金,所援助的计划都是用于食品加工和家庭手工业。社会福利计划由教育发展主导,直到战后,殖民当局和帝国政府也完全忽视了尼日利亚的教育发展。①

综上所述,四个基本要素构成了英国在尼日利亚殖民规划的基本理念。第一,当时在英国占主导地位的是新古典主义和凯恩斯主义经济哲学。19世纪,古典经济学在与社会主义的较量中败下阵来之后,新古典经济学作为资本主义的奴仆出现,将经济学聚焦在一个更狭窄的层面上。但到了1929—1933年的大萧条时期,当资产阶级经济学对经济灾难无计可施时,经济学的安全是以牺牲其社会相关性为代价换来的。随后,凯恩斯主义革命诞生了,它否定了亚当·斯密的“看不见的手”,并开发了国家部门在经济事务中的关键作用。在美国马歇尔计划的支持下,欧洲战后重建代表了这一国有部门的胜利,同样的补救措施也运用到殖民地。但是英国仍固执地拒绝计划经济。因此,在所谓的“混合经济”中,公共部门的作用主要体现在殖民规划中。政府要扩大资源,合理分配资源,提供基础设施建设。

第二,这种计划理念中残留的自由放任因素决定了资本主义私营部门的特殊作用。这仍然是由“看不见的手”引导的,并构成了增长的引擎。

---

① M. Havinden and D. Meredith, *Colonialism and Development Britain and its tropical colonies, 1850–1960*, London and New York: Routledge, 1993, p.253.

政府要为私营部门主导经济增长创造有利的经济和社会环境。实际上,这意味着那些一直在剥削尼日利亚的占主导地位的英帝国公司,需要继续将尼日利亚的经济盈余转移到英国的经济发展中。

第三,外国援助是对私营部门活动的补充,这意味着资源缺口将通过伦敦的贷款来填补。这增加了帝国资产阶级对殖民地经济的剥削,使国家陷入“债务陷阱”,并确保英国未来对殖民地的剥削。

第四,殖民地规划的总体风格是官僚主义和技术主义。它依赖于英国殖民时期的公务员和帝国主义的“专家”,他们利用尼日利亚的资源来改善英国战后美元短缺的情况,而不是发展尼日利亚经济。诸如国内生产总值、总投资、补贴、财政货币措施、财政责任等凯恩斯主义的陈词滥调,都构成了新古典主义殖民发展概念的方法。

以上“十年计划”宣称的目标之一是提高尼日利亚经济增长率,这意味着试图增加国内生产总值和人均收入。这种殖民经济规划作为一种“增长数字游戏”引入尼日利亚。与此密切相关的是使用殖民经济规划来确保合理分配资源的主张。这基本上是一个社会核算的目标,但由于占主导地位的私营部门的混乱,这个目标最终变成了一个可悲的幻想。

三、中期修订与“综合发展方案”(1950—1960)

十年发展规划本应持续到1956年,但由于宪法修正案规定了联邦制,该计划于1951年突然终止,因此它与“喀麦隆西部、东部、北部和南部四个联邦地区的其他计划”同时进行。由于缺乏财政资源,公共决策过程中存在重大缺陷,以及缺乏与该计划中受益的尼日利亚人的磋商,该提案被阻止。1951年至1956年的计划本应持续五年,但1954年的《利特尔顿宪法》(Lyttleton Constitution)宣布尼日利亚是“一个真正的联邦政府”,1953年卡诺骚乱中发生的民族主义领导人之间的激烈权力斗争迫使该计划于当年被废除。根据S. O. 奥比克泽(S. O. Obikeze)的说法,这个计划与最初的计划没有太大的改变。1956—1962年的计划是针对上述变化而制定的。另一方面,政治事件戏剧性地展开,过去的政治立场迅速逆转,导致北方议员希望“尽快”实现自治。这是1956年行动小组发起的尼日利亚自治动议的结果。最终,尼日利亚在1960年获得了独立。

(一)修订后的计划(1951—1956)

到1951年,“十年计划”的缺点加上该国的政治发展,使该计划得以修订。事实上,早在1948年,这个“十年计划”就受到了英国下议院预算特别委员会的批评。该委员会指出,“十年计划”下的支出分配并没有全面反映尼日利亚的未来发展。该委员会提请注意该计划的特点是严重的支出不足,并指出,该计划无法为英国工业增加原材料的生产。该委员会将这种情况描述为“错误的发展方式”。①

然而,官方给出的修订“十年计划”的理由主要是经济和政治因素。此外,官方认为,实行该计划还需要具备灵活性,以便给负责执行该计划的殖民官员更大的主动权。经济因素包括需要将重点从社会服务部门转向经济部门,以及商品、服务和劳动力成本的急剧增加。在政治上,赋予尼日利亚人在各自立法机构中的多数代表权的宪法改革,使“十年计划”中由殖民官员主导决策的单一政府体系的设想变得过时。殖民当局说,修订将考虑到过去五年的经验,特别是在修订时未能达到“十年计划”规定的目标。②

影响该计划修订的一个重要因素是,受过西方教育的尼日利亚精英和政治家的政治鼓动。战后尼日利亚的政治骚动增加。鉴于尼日利亚人为保卫英帝国所做的贡献,尼日利亚政治家认为,英国应该以政治和经济改革的形式表达感激之情。除其他事项外,他们要求进一步下放政治权力。此外,在战后时期,尼日利亚经济作物在世界市场上的价格不断上涨。结果,尼日利亚在殖民统治时期的国家收入大幅增加。销售委员会的活动大大促进了这一增长,这些委员会向尼日利亚农民支付的价格远低于世界市场价格。尼日利亚政界对营销委员会所支配的大量资金没有

---

① W. F. Stolper, *Planning Without Facts: Lessons in Resource Allocation from Nigeria's Development*, Cambridge, Massachusetts: Harvard University Press, 1968, pp.36-37.

② Government of Nigeria, *A Revised Plan of Development and Welfare for Nigeria 1951-19556*, Sessional Paper No. 6, Lagos: Government Printer, 1951, p.5.

用于促进该国的经济发展发出反抗。

E. A. 布雷特(E. A. Brett)认为，在这一时期，受过教育的非洲西方精英和政治家反对殖民统治，有其自私自利的一面。他指出，他们中的大多数人都是殖民主义的产物。因为殖民国家需要非洲人为其服务，比如店员、教师、翻译和商品买家等。因此，出于自身利益的考虑，殖民国家将某些技能和资源转给非洲人，这些人中的大多数来到城市生活。作为殖民主义的产物，他们依靠殖民机构进行社会流动和生存，但他们获得机会的条件非常不平等。这使他们从不平等、受阻的经济机会和社会歧视的角度来看待现实，这反过来又导致了他们对殖民统治的抵抗。布雷特的结论是，他们反对殖民主义源于殖民主义对他们的社会流动性和获得可用资源的能力施加限制。[①]无论如何，尼日利亚政治家和受过良好教育的精英在鼓动修改“十年计划”中发挥了重要作用。

1951年修订的发展与福利计划预计涵盖1951年至1956年。计划支出3420万英镑，其中1620万英镑来自殖民地发展和福利基金，995万英镑来自贷款，805万英镑来自尼日利亚的收入。殖民政府声称，该计划不仅是对“十年计划”的审查，而且重点已从社会部门转向基本设备和生产性服务。然而，现有证据表明，这种转变只是表面上的。例如，在“十年计划”中，1880万英镑(占计划总支出的38%)用于社会服务和行政，而在修订后的计划中，分配给这一部门的是1040万英镑(30.3%)。在“十年计划”中，向基础装备部门拨款2240万英镑(45.3%)，而在修订后的计划中，对该部门的拨款为1560万英镑(45.4%)。“十年计划”向生产性服务和创收项目拨款820万英镑(占16.7%)，而修订后的计划中对该行业的拨款为830万英镑(占24.3%)。因此，虽然社会服务部门在修订后的计划中拨款减少了7.7%，但生产和创收部门却增加了7.6%。尽管在财政分配上发生了这种轻微的变化，但为了英国的经济利益而开发尼日利亚资源的重点是一样的。

① E. A. Brett, *Colonialism and Underdevelopment in East Africa*, New York: NOK Publishers, 1973, pp.21-22.

从表5.1可以看出,修订计划的性质和重点与“十年计划”并没有根本的不同。规划的理念、内容和形式,以及实施过程,本质上是相同的。因此,1946年至1956年这十年可以看作是一个单一的规划时期。

表5.1 “十年计划”(1946—1956年)与修订计划(1951—1956年)的部门财政分配比较

部门	“十年计划”(1946—1956)	修订计划(1951—1956)
社会服务及行政(包括楼宇)	1880万英镑(38%)	1040万英镑(30.3%)
基本设备	2240万英镑(45.3%)	1560万英镑(45.4%)
生产性服务和创收项目	820万英镑(16.7%)	830万英镑(24.3%)
总和	4940万英镑(不包括在内)	3430万英镑的贷款费用

出处: *Revised Plan of Development and Welfare for Nigeria, 1951-1956*, p.4。

一般来说,物资和人员的短缺阻碍了这一时期的规划,而可用的物资和人员被用于英国的战后重建工作。这在很大程度上导致了该计划未能实现其目标。例如,计划支出320万英镑,1946—1947年实际支出190万英镑。计划支出390万英镑,1947—1948年实际支出190万英镑。计划支出450万英镑,1948—1949年实际支出360万英镑。无论如何,“十年计划”的缺点,加上尼日利亚民族主义活动的加速,促成了1955年该计划的终止。

(二)1955—1960年的发展计划

“十年计划”于1955年3月31日终止,尽管它原计划会持续到1956年3月31日。两个主要因素导致该计划突然终止,即该国国内的宪法发展和国际复兴开发银行1953年派往尼日利亚的特派团的报告。1954年10月,尼日利亚建立了联邦制政府。新宪法赋予地方政府更多的权力,同时限制了联邦政府的协调作用。这使得中央政府难以继续实施在单一制基础上制定的发展计划。此外,1953年,英国殖民当局要求国际复兴开发银行派遣一个“专家”小组到尼日利亚报告该国的经济状况。该特派团负责调查经济问题,并就如何促进尼日利亚的经济发展提出建议。具体而言,国际复兴开发银行的任务是“评估可用于未来发展的资源,研究主要经济部门的发展,并就应采取的步骤提出建议,包括发展活动的时间安排和协调”[①]。特派团的报告于1954年10月发表,其中批评了尼日利亚现有的发展规划方法,并建议采用一种新方法。

根据职权范围,国际复兴开发银行代表团在其报告中采用了部门方法,并讨论了方案的融资问题,分别为联邦政府和地方政府(包括喀麦隆南部)提出了建议。[②]该报告指出,诸如缺乏熟练人员、缺乏关于尼日利亚经济各方面的充分数据、开展发展计划前的准备工作不足、政治权力下放和区域主义等因素阻碍了发展。这些因素助长了种族和区域竞争。与国家在促进经济发展中所起作用的观念一致,该报告建议,国家应将其作用限制在为私营部门的经济发展提供公路和铁路等基础设施上。国际复兴开发银行代表同样建议设立一个国家经济委员会(National Economic Council),负责协调发展政策。

国际复兴开发银行代表团的报告为尼日利亚的发展规划提供了理论依据。该报告完全贬低了土著文化和制度,认为它们是“传统的”“落后的”和“原始的”,阻碍了尼日利亚的发展进程。因此,只有根据以欧洲为中心的传播主义范式,抛弃本土制度和文化,将欧美制度移植到该国,才能促进其发展。因此,该报告通过以欧洲为中心的传播主义将发展等同于西方化的过程,这种态度主导了殖民时期和后殖民时期尼日利亚未来的发展计划。国际复兴开发银行的使命影响尼日利亚未来发展规划的另一个领域是对外国“专家”的依赖,特别是来自世界银行和其他西方国际发展机构,以及由美国政府和非政府援助机构赞助的专家。因此,这些规划的主要理论深受这些外国“专家”的影响。综上,国际复兴开发银行代表团的报告对于理解尼日利亚殖民后期和后殖民时期发展规划的理念、性质和特点至关重要。[③]

---

① International Bank for Reconstruction and Development, *The Economic Development of Nigeria*, p.v.

② International Bank for Reconstruction and Development, *The Economic Development of Nigeria*, p.v.

③ J. I. Dibua, *Development and Diffusionism looking Beyond Neopatrimonialism in Nigeria, 1962-1985*, London: Palgrave Macmillan, 2013, p.61.

需要指出的是,国际复兴开发银行所倡导的那种发展在很大程度上受到了美国模式的影响。事实上,由于美国在20世纪40年代末欧洲重建背景下创建布雷顿森林体系方面发挥了主导作用,美国话语影响了欧洲现代化和发展理论。战后T. 帕森斯(T. Parsons)的结构功能学派和W. W. 罗斯托(W. W. Rostow)的增长阶段理论对发展话语的影响体现了这一点。因此,从理论上讲,“美国和欧洲在通过技术援助项目促进发展方面的利益趋同,在促进20世纪40年代末和50年代初一系列国际组织的建立方面发挥了重要作用”①。美国在发展话语中的主导地位使得美国成为欧洲中心的高潮。②美国对尼日利亚发展政策的影响在制定第一个后殖民国家发展计划中得到了清楚的体现。

根据国际复兴开发银行代表团的报告,英国政府于1954年宣布,它打算颁布一项新的立法,在1955年4月1日至1960年3月31日给殖民地提供发展和福利基金。殖民秘书指示尼日利亚的殖民行政当局调整其现有的发展计划,以符合新的《殖民地发展与福利法案》的规定。1955年4月开始实施新的五年发展计划(1955—1960)。新成立的联邦政府声称,在启动该计划时,修订计划(1951—1956)中的联邦项目实际上已经完成。然而,它补充说,未完成的项目,以及以前的《殖民地发展与福利法案》中未完成的拨款,将继续用于新的联邦和地区计划。③

1955—1960年的发展计划在很大程度上受到国际复兴开发银行特派团报告的影响,实际上它遵循了该报告的建议。根据特派团的报告,该计划的覆盖面比以前的计划更全面。该计划体现了一体化,但强调经济方面的考虑。该方案提出了一个大纲,重点强调计划的灵活性,以便能够随时对计划进行调整。根据国际复兴开发银行代表团为联邦和地区政府

① F. Cooper and R. M. Packard, *International Development and the Social Sciences: Essays on the history and politics of knowledge*, Oakland: University of California Press, 1998, pp.8-9.

② J. N. Pieterse, *Development theory: deconstructions/reconstructions*, California: SAGE Publications, 2001, p.22.

③ Government of Nigeria, *The Economic Program of the Government of the Federation of Nigeria, 1955-1960*, Sessional Paper No. 2, Lagos: Government Printer, 1956, p.3.

准备的建议,制定了五项计划(一项针对联邦政府,三项针对地区,一项针对喀麦隆南部)。因此,尽管计划很详细,项目很完整,但五个计划的内容在很大程度上不协调,导致了大量项目的重叠,浪费了很多人力资源和自然资源。尽管国际复兴开发银行代表团的报告提供了一个参考框架,但各国政府的发展计划目标各不相同。第一个国家发展计划批评了1955—1960年计划,指出这种做法导致整个国家缺乏共同的经济目标。

正如已经指出的那样,国际复兴开发银行代表团建议设立了一个国家经济委员会,以帮助促进项目之间的协调。该委员会成立于1955年,旨在提供“一个论坛,让联邦和各地区可以开会讨论彼此共同的许多经济问题,尽管它们各自的宪法职能和发展政策可能会产生超出各自宪法范围的后果”[①]。该委员会由尼日利亚总督担任主席,由来自联邦和地区政府的四名部长级代表和来自南喀麦隆政府的两名代表组成。然而,1955—1960年计划中的联邦和地区计划是在国家经济委员会成立之前制定的。因此,在计划的形成阶段没有协调。然而,尽管委员会“旨在鼓励国家经济政策的发展”和促进联邦政府之间的合作,但人们期望它在执行这些任务时不“侵犯宪法赋予各国政府的权力”。[②]在这种情况下,各地方政府维护新联邦宪法规定的权利和义务的态度,削弱了协调各自计划的能力。

O. 阿博亚德(O. Aboyade)批评了该计划的组织机构,指出它未能继续实行1946—1956年计划的双向协调规划过程。相反,随着各地区拥有了权力和主动性,规划机制受到来自下层和上层的损耗。结果,尽管1955—1960年的计划在技术上优于以前的计划,但这些计划存在严重缺陷,它们失去了一致性。此外,国家经济委员会也没有有效地履行其协调规划过程的职能。尽管该委员会为联邦和地区政府提供协商的基础,但它并不是定期开会。

虽然以上因素都体现了1955—1960年计划的不足,但该计划的理论基础是其最大弊端。该计划主要与经济增长有关。因此,对国内生产总

① Federal Republic of Nigeria, *Second National Development Plan*, pp.6–7.

② Special United States Economic Mission to Nigeria, *Report*, Washington, 1961, p.19.

值增长的关注使人们忽视了人为因素。[①]此外,1955—1960年计划确立的现代化模式对尼日利亚发展产生了深刻影响。这些计划强调经济作物的生产,这些经济作物可以为宗主国工业提供原材料。根据国际复兴开发银行代表团报告的建议,本土机构抑制了经济的发展,需要将西方机构移植到尼日利亚。这一点在工业部门表现得很明显。该计划声称,通过生产原材料,尼日利亚的经济发展将得到更好的发展。然而,来自美国和日本等国的经济竞争使得殖民政府必须在尼日利亚建立一些工业作为市场保护战略。这些工业基本上是进口替代工业,只包装英国国内工业生产的成品。他们没有将工业发展建立在当地资源现有的工业能力的基础上。相反,当地的工业生产被认为是"原始"和"落后的",因此受到压制。这与现代主义者对本土工业的诋毁是一致的,他们认为,本土工业是无关紧要的工匠技术。工业化被解释为通过大规模、集中和资本密集型的工业进行西方式的大量生产。此外,资源和基础设施集中在现代部门,特别是城市地区,而忽视了"传统"的农村地区。总的来说,该计划加强了利用尼日利亚的资源为殖民国家和外国主导的私营部门的经济利益服务的过程。[②]

无论如何,1955—1960年计划将3.391亿英镑分配给联邦政府,联邦政府的份额为1.646亿英镑。预计外援占计划总拨款的14%,收入盈余和累积资金占40%,其他各种来源占比37%。虽然预计其他一些未指明的来源将提供额外资金,但5%的缺口未算在内。计划拨款的份额用于运输和通信。联邦政府保留了对国家交通和通信设施的建设责任,将其计划总资本支出的56%拨给了这些设施的发展。如果考虑到铁路公司的投资,专用于该部门的百分比为60.5%。[③]强调运输和通信的理由是"从

---

① O. Aboyade, *Foundations of an African Economy: A study of investment and growth in Nigeria*, New York: A. Praeger Publishers, 1966, p.152.

② J. I. Dibua, *Development and Diffusionism looking Beyond Neopatrimonialism in Nigeria, 1962-1985*, London: Palgrave Macmillan, 2013, pp.63-64.

③ T. Falola, *Development Planning and Decolonization in Nigeria*, Gainesville: University Press of Florida, 1996, p.140.

经济角度来看，通信系统是国家所能拥有的最大福祉”①。

除了供水、教育和卫生之外，地方政府同样重视交通。事实上，全国总资本配置的43.1%用于交通和通信。因此，尽管大部分计划拨款（占总资金拨款的57.3%）分配给了各经济部门，但大部分资金都用于运输和通信。对其他部门的分配包括初级生产5.7%、贸易和工业3.2%、电力5.3%。交通运输业占整个国家计划分配总额的38.7%，对交通运输业的重视将有助于原材料和其他初级产品运输到沿海地区，以便运往英国供其工业使用。

然而，为了更好地协调规划过程，1958年，尼日利亚成立了一个联合规划委员会（Joint Planning Committee）。联合规划委员会的成员来自联邦和地区贸易部、财政部、经济计划部、农业和自然资源部及中央银行。它的职责如下：其一，审查和报告选举委员会交办的任务。其二，向选举管理委员会提供意见。其三，指导选委会秘书处，比如准备研究报告和整理信息。②

联合规划委员会存在一些问题。人事方面缺乏连续性。参加联合委员会的人大多数没有直接参与经济计划的制定。私营部门成员在联合政策委员会中没有代表，因为尼日利亚存在一个庞大的私营部门。③

此外，这一期间的规划工作遇到了一些问题，特别是缺乏熟练人员和材料。然而，尼日利亚政府面临的人事问题程度各不相同。虽然联邦和北部地方政府面临着严重的人员短缺，但西部和东部地区的情况在某种程度上要好一些。这部分是殖民政策的产物，该政策不鼓励尼日利亚北部发展西方教育，部分是西部和东部地区存在大学计划的结果。事实上，西部地区对教育的投入使其比其他地区都具有优势，这可能是1960年启动新计划的初衷得以实施的唯一地区。然而，由于在以欧洲为中心的传

---

① Government of Nigeria, *The Economic Program of the Government of the Federation of Nigeria, 1955-1960*, p.43.

② Federal Republic of Nigeria, *Second National Development Plan*, p.7.

③ W. J. Okowa, *The Political Economy of Development Planning in Nigeria*, Port Harcourt: Pam Unique Publishers,1991, p.51.

播主义现代化范式下,所需的大部分材料都是从国外采购的,因此,实际支出少于计划支出。尽管有人声称计划中的方案要促进其灵活性,但政府支出的构成与计划的构成没有明确的关系。[①]

(三)综合发展方案

综合发展方案是国家对所有经济部门的计划。在这样的综合计划下,私营部门没有立足之地。国家规定发展规划的目标及实现这些目标的手段。计划中各个方案的实施对参与实施过程的所有单位都是强制性的,必须符合计划的目标。另一方面,非综合计划,顾名思义,就是政府只对特定经济部门实施规划,同时充分尊重和发挥市场力量的主导作用。这种计划模式下,政府会将焦点集中在关键领域的引导和调控上,而市场的自由竞争机制则在经济运作中保持其显著的影响力。这样的策略旨在实现政府与市场的有效协同,共同推动经济的稳健发展。[②]

然而,尽管综合规划和非综合规划之间存在差异,但这两种形式的发展规划有某些共同特征。总体而言,发展规划主要关注的是资源优化配置的传统经济问题。从广义上说,它可以被描述为国家在未来某个日期为实现一套特定的发展目标而做出的有意识努力。它涉及政府制定整个经济政策的尝试,其中可接受的手段与可实现的目标有关。[③]P. N. C. 奥基格博(P. N. C. Okigbo)在一个他认为既适用于全面发展规划也适用于非全面发展规划的定义中指出,规划是“国家蓄意操纵经济和非经济力量的计划,以控制既定目标组织起来的经济环境,并具体说明在规定的时间内通过合理利用国家资源实现这些目标的方法”[④]。因此,可以说,发展规

① G. K. Helleiner, *Peasant Agriculture, Government and Economic Growth in Nigeria*, Homewood: Richard D. Irwin, 1966, pp.334-335.

② J. I. Dibua, *Development and Diffusionism looking Beyond Neopatrimonialism in Nigeria, 1962-1985*, London: Palgrave Macmillan, 2013, p.39.

③ J. Clifford and G. Osmond, *World Development Handbook*, London: Charles Knight and Co., 1971, p. 36.

④ P. N. C. Okigbo, *National Development Planning in Nigeria 1900-1992*, London: Heinemann, 1989, p.37.

划鼓励对项目进行系统的思考,确定优先事项,合理分配资源,协调和整合各个项目,以形成一个相互关联和相互作用的整体,以实现促进经济发展的目的。[①]

从以上叙述中可以发现,发展规划本质上是国家的一项活动。事实上,人们观察到,计划首先是国家的一项政治活动。[②]在这种背景下,计划作为一个项目,体现了政府对国家各个社会群体要求的态度,这种态度带有多种政治考虑。在实践中,计划在很大程度上是服务于某些社会群体的利益,通常是占统治地位的精英群体。因此,可以将规划视为一种阶级活动,因为这个过程反映了国家的阶级特征。经济规划促进了特权阶级利益的巩固。[③]有人认为,在资本主义经济中,计划"往往是政府达成的交易,而不是协调一致的理性蓝图"[④]。从这个角度来看,在规划方面政治中立国家的想法是站不住脚的,将发展规划视为一项国家活动似乎也没有意义。

人们将借助以国家为为核心的发展蓝图,来扶持和推动一个权威国家的崛起。在国家发展主义的意识形态下,国家被描绘成一个仁慈的家长,以至于人们声称统治阶级有洞察国家福祉的睿智,因此能很好地提出相关的国家发展目标。事实上,发展规划者对民间社会和大众民族主义持高度怀疑态度,因为他们认为这些会破坏国家发展的努力。根据他们对苏联、中国和其他社会主义国家经验的解读,他们认为,对于非工业化国家来说,民众参与和发展是不相容的,因为民众参与不利于为国家建立发展共识。[⑤]因此,发展规划者毫不犹豫地支持尼日利亚的专制政权,其

① O. Iyanda, "Development Planning in Nigeria: Lessons from Experience", *The Guardian*, Vol.25, 1985, p.21.

② B. Higgins, "Political Dimensions and Planning", in P. Lengyel, *Approaches to the Science of Socio-Economic Development*, Paris: UNESCO, 1971, p.344.

③ B. Higgins, "Political Dimensions and Planning", in P. Lengyel, *Approaches to the Science of Socio-Economic Development*, Paris: UNESCO, 1971, pp.327-345.

④ J. Waterbury, *Exposed to Innumerable Delusions: Public Enterprise and State Power in Egypt*, India, Mexico, and Turkey, Cambridge: Cambridge University Press, 1993, p.109.

⑤ V. W. Ruttan, "What Happened to Political Development", *Economic Development and Cultural Change*, Vol. 39, No. 2, 1991, pp.266-267.

幌子是这些政权所奉行的国家民族主义意识形态对促进经济发展至关重要。

作为技术专家,发展规划者认为发展基本上是一项以国家为中心的技术事务,并认为大众团体和地方技术的缺乏使他们无法有效参与这一技术进程。①这种技术发展规划概念"要么希望国家不再是政治斗争的舞台",要么更倾向于将国家描绘成一个中立的机构,它制定明确对促进国家发展至关重要的目标。此外,规划过程中的民众参与和满足民众需求的尝试被视为"发展的刹车"。②这种技术专家的规划概念和威权国家的工具用来培育以欧洲为中心的传播主义,同时完全忽视了促进发展的本土文化和制度。

有人认为,计划只能在社会主义经济中实施。这是因为,要使规划有意义,就必须涵盖经济的所有层面和部门。政府应该陈述计划的目标,并通过指导和控制来分配经济资源,以便在规定的时间内实现这些目标。国家能够强制执行计划,而相应计划的实施对这些计划来说应该是强制性的。还有人认为,这种情况只有在国家控制基本的生产和分配手段,没有市场力量存在的情况下才能实现。因此,国家除了奖励计划的完成和惩罚之外,实际上还能调动资源来确保计划的完成性。③然而,该论点的缺点是,它处于威权主义的以国家为中心的模式中,这一模式没有在规划过程中赋予公民社会和人民的地位,从而导致这项工作缺乏人民的参与性。

然而,基于上述论点,有人指出,资本主义经济中存在的事物相当于经济规划,而不是传统上的发展计划。在这些经济体中,市场力量的盛行导致了不受国家控制的跨国公司的出现。私营部门可以自由决定其增长方向。因此,计划技术是根据政府对经济的有限干预塑造的。其目标是

① W. J. Okowa, *The Political Economy of Development Planning in Nigeria*, Port Harcourt: Pam Unique Publishers, 1991, pp.160-161.

② T. Mkandawire, "The Crisis in Economic Development Theory", *Africa Development*, Vol. 15, No. 3/4, 1990, pp.215-216.

③ E. Toyo, "Is Our Economy Planned?" *The Nigerian Economist*, Vol. 1, No. 8, 1988, p.10.

对经济进行结构分析、制定政策和预测经济总量。[①]在这种经济中,做法是在规划公共部门的同时向私营部门提出建议,如果这些建议违背了私营部门的利益,私营部门不一定执行这些建议。甚至国家也没有义务执行它们的那部分计划,因为它们这样做的能力在很大程度上取决于市场力量,而它们对市场力量没有决定性的控制。[②]

尼日利亚政府不加批判地接受了后一种规划模式。在借鉴这一模式的过程中,尼日利亚政府赋予私营部门在经济发展中的重要作用。它将其计划模式描述为混合经济,"在这种模式下,政府计划短期和中期的资本支出方案,并寻求规范、操纵和控制私营部门"[③]。但与发达资本主义国家不同,尼日利亚的私营部门是由外国公司控制的。因此,政府对该行业的影响很小。

在混合经济的意识形态下,尼日利亚的规划工作旨在为私营部门主导的经济发展创造有利的环境,基本上相当于新殖民主义的规划或被称为欠发达的规划。[④]这是因为,私营部门是由以西方为主的跨国公司主导的。在尼日利亚这样一个依赖西方世界且欠发达的国家,发展规划的目的是彻底改变新殖民主义的结构,同时使人民参与规划的进程。规划的目的应是动员人力和物质资源,促进积极的社会经济改革,同时消除贫穷和促进自力更生。根据法洛拉的说法,发展计划应考虑到现有的人力和物质资源、社会经济发展和民众动员的水平,以及现有的生产和交换模式,并通过深思熟虑的计划政策和方案分配资源,以消除不公平现象,提

① E. O. Ojameruaye, "The Applications of Macro-Econometric Models in Socialist Economic Planning: Lessons for Africa", Paper Presented at the Second Conference of the Nigerian Association of East European and Sino-Soviet Studies (NAEESSS), Held at the University of Benin, Benin City, Nigeria, March 28-30, 1986.

② F. Archibugi, "Planning for Development", in S. Holland, *Beyond Capitalist Planning*, Oxford: Basil Blackwell and Mott,1978, pp.184-199.

③ P.N.C. Okigbo, *National Development Planning in Nigeria, 1900-1992*, London: Heinemann, 1989, p.151.

④ B. Onimode, "Planning for Underdevelopment in Nigeria", in Okwudiba Nnoli, *Path to Nigerian Development*, London: Zed Books,1981, pp.137-150.

高生活水平,使社会从依赖转向自力更生。[①]

第三节 殖民地发展公司与殖民农业政策

本节探讨了第二次世界大战后殖民地发展公司及殖民农业政策的转变。殖民地发展公司旨在增加殖民地产出,节省美元,但多数项目因机械化失败、管理不善等问题以失败告终。殖民农业政策通过大规模机械化计划,如尼日尔农业发展计划(Niger Agricultural Development Project)来实施,但因缺乏实地实验、忽视当地知识及机械故障等原因,同样遭遇挫折。本节指出,这些计划失败的根源在于帝国主义意识形态与殖民统治的矛盾,以及缺乏仔细规划与研究的快速生产欲望。最后,本节评价了殖民经济规划的特征、后果,认为其巩固了双边帝国主义关系,阻碍了殖民地自主发展。

一、殖民地发展公司

1947年3月10日,殖民地经济发展委员会(Colonial Economic Development Council)讨论关于设立殖民地发展公司的声明,以促进殖民地在自给自足的经济基础上增加生产,特别是关于联合王国向海外销售有助于国际收支平衡的食品和原材料的生产。[②]该会议认为,该公司只有在得到有关殖民政府同意后,才能在殖民地开展业务。并指出,该公司将与任何存在或成立的当地发展公司密切合作。

1945年初,议会加强并扩大了1940年《殖民地发展与福利法案》,以帮助开发殖民地的资源,改善殖民地人民的生活。随后,1948年通过了《海外资源开发法案》(Overseas Resources Development Act),以开发殖民地的经济资源。该法案的目的是补充私人企业在殖民地已经在做的事

① T. Falola and J. Ihonvbere, *The Rise and Fall of Nigeria's Second Republic:1979-1984*, London: Zed Books, 1985, p.3.

② D. J. Morgan, *The Official History of Colonial Development, Volume 2, Developing British Colonial Resources, 1945-1951*, London: Humanities Press, 1980, p.320.

情。有些地区的私营企业没有设备或没有能力立即开发经济资源。该法案创建了两个公司:海外食品公司(Overseas Food Corporation)和殖民地发展公司。海外食品公司的任务是增加世界粮食产量,当时人们对人口增长导致的世界粮食短缺的担忧加剧。该公司经营的其中一项最令人难忘的计划是东非坦噶尼喀花生计划(Tanganyikan Groundnuts Scheme)。该计划于1947年创建,1948年4月被海外食品公司接管。该项目耗资2400万英镑。到1948年底,这个计划陷入了困境,于1951年1月被放弃。[①]对于那些寄希望于英国科学技术掌握和控制自然,并利用自然为英国经济谋利的人来说,这一计划的巨大失败令他们大失所望。海外食品公司在整个英国殖民地经营了几个计划,其中许多都遭受了与花生计划相同的命运。

与海外食品公司一样,殖民地发展公司的职责是“确保调查、制定和实施开发殖民地资源的项目,以扩大那里的食品和原材料生产,或在那里进行其他农业、工业或贸易发展”[②]。殖民地发展公司的目的有两个:第一,增加殖民地的产出,特别是出口。只有通过增加殖民地的生产和贸易,殖民地才能赚钱购买它们缺乏的商品和供应品。第二,节省美元。人们认为,需要减少对美国商品的采购,增加对美国农产品的销售。实现这一目标需要大量出口。殖民地农业面临的问题是农业技术和机械化水平低,必须提高殖民地农业技术。[③]殖民地发展公司履行其使命,通过直接从事生产活动来提高殖民地经济体的实际产出——通过经营牧场、矿山和工厂。这反映了一种信念,即西方技术和管理技能能够提高殖民地的生产力。

1945年《殖民地发展与福利法案》为殖民地发展公司提供了1.1亿英镑的借款,用于其开发殖民地经济资源。E. R. 威克(E. R. Wicker)指出,1945年的法案对经济发展作了含蓄的区分。殖民部向殖民政府发放赠

---

① J. M. Hodge, *Triumph of the Expert: Agrarian Doctrines of Development and the Legacies of British Colonialism*, Ohio: Ohio University Press, 2007, pp.210-211.

② HMSO, *Overseas Resources Development Act, 1948*, Section 1.

③ M. Havinden and D. Meredith, *Colonial and Development British and its tropical colonies, 1850-1960*, London and New York: Routledge, 1993, pp.283-284.

款,用于那些不能带来利润的开发工作,而殖民地发展公司则希望选择赚取美元或节省美元的项目支付资金。作为一家公共企业,殖民发展公司在日常管理上独立于英国议会。[①]殖民地发展公司选择的大多数项目都是为英国市场生产食品。英国所有殖民地食品出口的唯一买家是海外食品部,因此,殖民地发展公司要求海外食品部为其在热带殖民地生产的食品提供保证,但没有获得成功。食品部可以从英国、自治领、殖民地和外国购买食品,并且不愿意通过在英国市场为殖民地食品提供有保障的市场来危及其购买力和灵活性。这加强了殖民地发展公司对项目可行性计划的不确定性——即殖民地食品在英国可以出售多少,以什么价格出售。[②]

然而,人们相信,在帮助英国解决国际收支危机方面,殖民地发展公司将发挥至关重要的作用。克里奇-琼斯告诉英国首相C. 艾德礼(C. Attlee),殖民地发展公司将"在经济和自给自足的基础上,着眼于向英国供应食品、原材料和制造品的生产……增加殖民地的生产,将有助于平衡英国的国际收支"[③]。伦敦的期望是,殖民地发展公司将成功完成其使命,而控制殖民地发展公司方向的权力则落在殖民大臣身上。由于殖民地发展公司没有资金,因此殖民地发展公司还依赖殖民大臣和财政部批准每项计划的贷款。

尽管殖民地发展公司可以单独运营项目,但它更倾向于与商业企业联合运营。这样就必须成立一家单独的公司,这家独立的公司在其中共享股权,并由殖民地发展公司直接控制该公司的运营。当殖民地发展公司建立这种伙伴关系时,预计它将拥有控股权。早年,殖民地发展公司往往是其所实施的项目或计划的唯一所有者。这与英国公共公司的理念形成鲜明对比,在英国,此类机构完全拥有股权。到1950年底,已有的50个

---

① E. R. Wicker, "The Colonial Development Corporation (1948-1954)", *The Review of Economic Studies*, Vol.23, No.3, 1956, pp.213-214.

② M. Havinden and D. Meredith, *Colonial and Development British and its tropical colonies, 1850-1960*, London and New York: Routledge, 1993, pp.284-285.

③ J. Kent, *British Imperial Strategy and the Origins of the Cold War, 1944-1949*, Leicester: Leicester University Press, 1993, p.132.

项目中只有8个是与私营企业合作的。1950年后，殖民地发展公司改变了模式，更多地与私营企业合作实施其计划和项目。殖民地发展公司早年遭受了许多损失，“到1953年底，该公司已将其单独负责的项目数量减少到16个，其中5个项目殖民地发展公司正在与私营企业或殖民政府当局进行合作谈判”[①]。为了让殖民地发展公司在开发殖民地的工作中表现出“活跃甚至壮观的态势”，殖民地发展公司从事了一些在经济和商业上都不稳健的计划。[②]1951年保守党重新掌权，对海外食品公司与殖民地发展公司的转型发挥了重要作用。保守党想要控制这些公司对无利可图项目进行支出，因此决定解散海外食品公司，并对殖民地发展公司进行严格的监管。

二、殖民地发展公司项目

虽然殖民地发展公司不负责殖民地生产的任何商品，但在其运作的最初几年，食品和农业原材料是其主要关注的问题。这反映了在战后不久的年代里，世界初级产品短缺，特别是热带食品短缺。在英国，许多食物仍然是定量配给的，包括油棕和植物油，其中一些植物油是在英国殖民地生产的。战后，尼日利亚的食品供应是不足的。这导致了人们严重营养不良，尼日利亚严重依赖粮食进口。殖民地发展公司认识到热带条件下种植粮食的问题，特别是土壤侵蚀和枯竭的问题，强调在继续生产粮食之前需要进行调查。然而，在实践中，殖民地发展公司不听取任何建议，这造成了灾难性的后果。[③]

在截至1962年的15年里，殖民地发展公司参与了42项粮食生产计划，包括畜牧业和渔业，其中有35项是在运作的前5年开始的。无论是帮

① E. R. Wicker, “The Colonial Development Corporation (1948-1954)”, *The Review of Economic Studies*, Vol.23, No.3, 1956, p.216.

② H. N. Hume, “The Work of the Colonial Development Corporation”, *Journal of the Royal Society of Arts*, Vol.104, No.4984, 1956, p.785.

③ M. Havinden and D. Meredith, *Colonial and Development British and its tropical colonies, 1850-1960*, London and New York: Routledge, 1993, p.289.

助缓解殖民地的饥饿还是帮助英国解决粮食短缺问题,殖民地发展公司在粮食生产方面都不太成功:42个项目中有29个项目以失败告终,前5年启动的项目中有四分之三项目失败了。①

人们将渔业作为缓解殖民地经济欠发达的措施,在殖民地引进西方先进技术。同时,渔业也是对抗西方植物油短缺的一个重要因素。所有的渔业项目都在前5年开始,但是均以失败告终。英国已对尼日利亚实施深海捕鱼禁令,并着手在尼亚萨湖(Lake Nyasa)区域发展鱼类产品加工业,同时在肯尼亚推进养鱼项目。这两起事件共使殖民地发展公司损失了约100万英镑的投资资金。失败的主要原因是费用短缺、供应延误、船只和设备经常毁坏、欧洲人的高额工资增加了管理费用、捕鱼获得的收入远远低于预期,以及就在当地市场销售而言,与当地渔民竞争存在困难。这些计划普遍成本不足,管理不善。②

殖民地发展公司仅尝试了六次通过农业计划而非种植园来生产食物,其中两次是在冈比亚(1951年和1959年)的调查,但并未取得积极结果。其余四次均始于1951年之前,在因商业上不可行而被放弃之前,都已进入生产阶段。这些计划都涉及使用机械方法进行土地清理、种植和收割。其中三个计划分别是在冈比亚、尼亚萨兰(Nyasaland,现马拉维共和国)和北婆罗洲种植水稻,还有一个是在尼日利亚的尼日尔农业项目——种植花生。结果均失败,据估计,损失的资金约为75万英镑。它们失败的原因包括机械化耕种的成本较高,特别是为欧洲或北美农业设计的机器在热带条件下出现故障和维护相关的成本;雇用欧洲技术人员、机械师、机械操作员和监督人员所产生的高额间接成本;由于世界粮食危机,这些计划被催促尽快投入全面生产,导致分配给实验工作的时间不足;水稻和花生这两种作物在世界许多地区都是由农民种植的,因此这类

① Colonial Development Corporation, *Annual Report 1949*, p.31.

② M. Havinden and D. Meredith, *Colonial and Development British and its tropical colonies, 1850-1960*, London and New York: Routledge, 1993, p.291.

农场的产品不得不在公开市场上与农民的产品竞争。[①]

在开拓由国家主导的殖民地经济发展的新领域时,殖民地发展公司发现了为什么英国统治期间,取得的成就如此之少,以及为什么私营企业往往不愿冒险,而且经常失败。热带地区的农业发展是极其危险的,殖民地发展公司早年的经验表明,依靠欧洲的技术和专业知识来快速取得成果存在问题。从殖民地居民的角度来看,它没有对尼日利亚的经济发展问题做出有价值的贡献。

1946年至1955年,殖民地经济发展的新方向和尼日利亚的生产方式充满了困难。其中最重要的是英国对食品和其他初级产品供应的需求与殖民地对经济发展计划的需求之间的冲突,这些计划旨在提高生产力并最终提高英国人民的生活水平。正如我们所看到的,这两家公司的许多项目都以灾难和失败告终,因为西方的技术不适用于殖民地。[②]

三、殖民农业政策

第二次世界大战后,殖民地农业政策的转变是通过一个发展计划来实现的,即尼日尔农业发展计划。英国在第二次世界大战之前的农业政策是非常谨慎和保守的,在战后采取了进步的姿态。殖民地的农业部门正在着手进行大规模的项目建设,这些项目最终使英国的科学和整个发展任务感到尴尬。例如,在尼日利亚,人们放弃了仔细调查、试验和推广的麦基政策,转而采用不经过这一过程的大规模机械化计划。造成这种转变的原因有四个:伦敦的英镑危机,伦敦政府的更迭,需要延长帝国的寿命,以及新的农业官员的涌入。

(一)尼日利亚的油籽使团

殖民地发展公司通过1947年访问西非的油籽代表团(Oilseeds Mis-

① M. Havinden and D. Meredith, *Colonialism and Development Britain and its tropical colonies, 1850-1960*, London and New York: Routledge, 1993, p.291.

② M. Havinden and D. Meredith, *Colonialism and Development Britain and its tropical colonies, 1850-1960*, London and New York: Routledge, 1993, pp.297-298.

sion)参与了尼日利亚的发展项目。这次访问的目的是探索在加纳和尼日利亚大规模生产花生和其他油籽的可能性,以满足欧洲对油籽的巨大需求。该小组报告说,靠近尼日尔河周围地区显示出大规模机械化生产花生的可能性。访问尼日利亚的团队设想这个新项目有三个目标:其一,增加谷物和油籽的产量,供应本地市场和出口。其二,在无人居住的地区建立新的村庄社区,将集体机械化耕作与当地农业技能和经验相结合。其三,形成一种新的耕作模式,这种模式可以推广到该地区的所有可耕地,并可以推广到全国其他地区。

尼日利亚殖民政府对引进大规模机械化农业持怀疑态度,因为这不是以前的农业发展模式。在20世纪30年代末引进木犁之前,引进小规模机械化农业的尝试失败了,主要原因是犁的成本和维护费用过高。伦敦说服尼日利亚殖民政府参与农业计划,并说服其官员相信尼日利亚能够复制苏丹的杰齐拉计划(Gezira Scheme),苏丹种植园公司(Sudan Plantation Company)和佃农之间建立了成功的合作伙伴关系。1948年4月,两名来自尼日利亚的殖民官员被派往苏丹杰齐拉进行实地调研。这些官员考察了杰齐拉和加丹巴利亚(Ghadambaliya)的作物机械化生产计划。[①]他们回国后提交的报告影响了莫夸计划(Mokwa Scheme)未来的发展方向,改变了最初对该计划需要做什么的思考。"重点从油籽使团寻求增加花生产量,转变为机械化耕作,让更多的尼日利亚人有粮食可吃,有更多的作物可出售。"[②]这与麦基在20世纪40年代初制定的政策是一致的。他坚持认为,种植经济作物的农民也必须自给自足,种植足够的粮食来养活自己的家庭。

(二)土著与尼日尔农业计划

1949年,殖民当局要求殖民发展公司与尼日利亚殖民政府一起建立

① K. D. S. Baldwin, T*he Niger Agricultural Project: An Experiment in African Development*, Massachusetts: Harvard University Press, 1957, pp.12-14.

② K. D. S. Baldwin, *The Niger Agricultural Project: An Experiment in African Development*, Massachusetts: Harvard University Press, 1957, pp.12-13.

尼日尔农业发展计划。在制定该计划时,双方同意殖民地发展公司将为该计划提供资金,而尼日利亚将负责该计划前七年产生的高达3.1793万英镑的损失。此外,尼日利亚还保证殖民地发展公司在该计划的前十年获得3%的年回报率。根据该协议,该发展计划于1949年6月开始。最初的工作人员是8名外籍人士和1名项目经理。在专业一级没有雇用尼日利亚工作人员。最初的外籍员工团队为当地人建立了一个培训农场和一所工程培训学校。尼日利亚人通过当地咨询委员会参与了该计划。该计划将尼日尔省的居民任命为咨询委员会的主席。成员来自传统的权威机构,也包括各省发展部门的负责人。虽然该委员会的名称包含咨询委员会,但其咨询意见并不涉及该计划的技术操作。他们的主要责任是招募移民并处理他们的福利和投诉。[①]

在执行该计划的过程中有三个合作伙伴,主要是尼日利亚殖民政府、尼日尔农业发展计划有限公司和土著居民。土著居民在决策中没有行政代表或发言权。每个代表都有自己的责任:其一,尼日利亚殖民政府。通过传统当局,它提供了所需的土地、主要道路和水的供应。其二,尼日尔农业发展项目有限公司,它是一个管理公司。成立这家公司是为了明确谁对该计划有控制权。它负责管理定居点,提供农场道路、肥料、拖拉机和农业设备,提供技术和机械人员,清理土地和为播种做准备。其三,土著居民。他们负责播种、除草、锄地,有时还负责收割。[②]

虽然莫夸计划是模仿苏丹杰齐拉计划实施的,但这两个方案只有一些相似之处。像杰齐拉计划一样,土地被分配给不同的定居者。杰齐拉的定居者每人得到大约10英亩的土地。在莫夸计划中,他们的想法是建立10个定居点,每个定居点有80名农民及其家人。授予每个农民48英亩耕地,其中有一半耕地将用于休耕。除了授予农民土地外,另外576英亩将用作示范农场,进行作物和轮作试验。目标是在项目完全

① Notes on Some Agricultural Development Schemes in Africa, October 16, 1951, TNA: Colonial Office 554/458.

② The Niger Agricultural Project, May 20, 1953, TNA: Colonial Office 554/458.

成熟时拥有约6.5万英亩的使用面积。[1]虽然杰齐拉农民拥有土地所有权,但莫夸的定居者只能使用土地,不能拥有土地。和莫夸计划一样,杰齐拉计划也有三方合作的机构:种植者、政府和苏丹种植园公司。虽然这些机构看起来很相似,但在莫夸计划的案例中,耕种者并没有在该计划中拥有所有权。这些农民作为公司的租户,其招募与安置工作由尼日利亚殖民政府承担,并由公司提供必要的支持。在这两种模式中,管理公司扮演着至关重要的技术监督角色,确保各项农业活动的顺利进行及技术标准的达成。

杰齐拉计划和莫夸计划有两个主要的不同之处。第一个是在机械化领域。与杰齐拉计划不同,莫夸计划的关键是实行机械化。机械化是为了展示现代技术在改造农村农业方面的力量。与此同时,在杰齐拉,佃户们负责除草、摘棉花、清洁田地和维护灌溉沟渠。[2]第二个是在研究领域。在移民进入杰齐拉定居点之前,通过试点计划进行了数年的试验和实地调研。这与莫夸计划不同。这个方案在没有实地试验的情况下很快就制定出来了。战后殖民地的发展是对麦基政策的挑战,麦基政策主张实地试验。在新的决策者看来,这种做法无法满足当时的高产量需求。

尽管缺乏实地试验,第一批农民仍在1951年搬进了第一个被称为恩达亚科(Ndayako)的定居点。接下来是1952年建立的帕尼尼(Pannini)定居点。最初的计划是每个定居点有80个农民。项目实施三年后,只有135名农民得到安置。恩达亚科定居点有78名农民,而不是所需的80名农民,帕尼尼只有57名定居者。帕尼尼定居点由来自莫夸地区以外的人组成,而第一个定居点则有来自该地区的人。这个计划,就像由海外食品公司管理的花生计划一样,从一开始就注定要失败。清地进度缓慢且成本高,1952年3月,大约7754英亩的土地被清理干净;1951年11月,每英

① The Niger Agricultural Project, May 20, 1953, TNA: Colonial Office 554/458.

② P. F. M. McLoughlin, "The Sudan's Gezira Scheme: An Economic Profile", *Social and Economic Studies* ,Vol.12, No.2, 1963, p.181.

亩的平均清理成本为12.8英镑,到1952年2月,价格降到了12.13英镑。[①]这种持续上涨的成本与从已经砍伐完树木的土地上移除树桩有关。由于该项目旨在展示机械化农业的力量,土地最初是用福特森柴油拖拉机和兰瑟姆龙盘犁耕种的。空地清理得很匆忙,没人考虑过要把树砍倒。这些隐藏的树根最终给设备带来了问题,减缓了工作的进展。超过5000英亩的土地被清理后,必须用手把树桩和树根挖出来。为了证明树根有多深,并证实问题的严重程度,该计划的经理在他办公室的阳台上保留了一根54英尺长的树根。[②]清理树桩每英亩花费约13英镑。到最后,清理工作不再由机器完成,而是由人工完成,因为尼日尔农业计划的管理层认为这比任何其他方法都便宜。因为机械化清理在设备、维护和人员方面极其昂贵,因此管理层放弃了使用机器设备。[③]几年前才开始的东非花生计划也是如此。人们本以为英国政府会从这些错误中吸取教训,但殖民体系的官僚化和碎片化意味着吸取教训的速度很慢。花生计划经历了莫夸面临的一些问题。该项目开始一年后,只有5%的计划土地被清理,而该项目当年的成本翻了一番。正如S. 埃塞尔伯恩(S. Esselborn)所指出的:"在第二年,按照最初的计划应该种植60万英亩的花生,也许实际上只有1.3万英亩的土地是被正确清理的。"[④]延误是由于所用机器的高故障率造成的,其中大多数机器不适合孔瓦(Kongwa)环境,而项目方花了好几个星期才弄到这些机器的备件。[⑤]

除了困扰莫夸计划的机械化清理问题外,管理部门也开始怀疑非洲农民的能力。经过对移民为期一年的细致观察,管理部门对于非洲农民

① Colonial Development Quarterly Report on Schemes in Operations for quarter ended June 16, 1952, TNA: Colonial Office 7304/52.

② Report of G. W. Nye, OBE secretary of state's deputy agricultural adviser's visit to Mokwa, December 29, 1952, TNA: Colonial Office 554/458.

③ Notes on Some Agricultural Development Schemes in Africa, October 16, 1951, TNA: Colonial Office 554/458.

④ S. Esselborn, "Environment, Memory, and the Groundnut Scheme: Britain's Colonial Agricultural Development Project and Its Global Legacy", *Global Environment*, Vol.11, 2013, p.67.

⑤ J. M. Hodge, *Triumph of the Expert: Agrarian Doctrines of Development and the Legacies of British Colonialism*, Ohio: Ohio University Press, 2007, p.211.

能否有效耕种分配的48英亩土地心存疑虑。尽管有半数土地处于休耕状态,即便公司已先行犁地并做好了耕种准备,农民们仍对于能否成功种植并维护剩余的24英亩土地缺乏明确信心。这一不确定性,引发了对该项目经济效益的深刻质疑与担忧。殖民发展公司在西非的区域经理O. E.默瑟(O. E. Mercer)认为,这个项目的经济可行性取决于每个定居者能耕种多少土地。考虑到莫夸计划的运营方尼日尔农业发展项目有限公司(Niger Agricultural Development Project)已经将一半的资金用于一个尚未完成25%的项目,那么该计划是否应该继续建设其余的定居点,还是应该缩小规模?如果该公司决定继续全面实施该计划,则需要注入更多资金。①公司决定等待年终报告,以确定前进的方向。然而,该公司此时缺乏营运资金,有人建议,如果尼日利亚殖民政府在1952年无法安排进一步的资金,殖民发展公司应该向该公司提供贷款。②1952年6月关于莫夸计划的报告虽然没有3月的报告那么糟糕,但仍然显示出暗淡的前景。就生产而言,总体前景很差。生产成本大大超过了产出价值。到1952年6月为止,由于需要进口备件,拖拉机的修理工作被推迟了。使用拖拉机的成本比预期要高很多,因为维护和运行成本超过了预期的100%。③

铲除树根的成本增加意味着公司花费的资金远远超过了预算。到1952年第二季度,很明显,如果没有额外的资金注入,这项工作就无法继续下去。为了缓解资金问题,尼日利亚殖民政府认购了6万英镑的额外股本,以进一步为该计划提供资金。然而,截至1952年9月,该计划的支出远超出其预算成本。例如,开动拖拉机要花费1.1258万英镑。这一数字超过了预算金额的100%。种子和肥料的预算是5000英镑,但该公司最终只花了1500英镑。1952年9个月,该公司已经损失了2.2763万英镑,据估计,到1952年年底,损失可能会增加到约3万英镑。1953年的前

① Notes of a meeting at the CDC, June 29, 1952, TNA: Colonial Office 554/458.

② Colonial Development Quarterly Report on schemes in operation for quarter ended June 16, 1952, TNA: Colonial Office 7304/52.

③ Colonial Development Quarterly Report on schemes in operation for quarter ended June 16, 1952, TNA: Colonial Office 7304/52.

景看起来很糟糕,因为初步研究表明,该计划将继续在重大损失下运作。①

1952年底,该公司的亏损为2.9599万英镑,接近9月份报告中给出的预计亏损3万英镑。这相当于每个定居者损失约250英镑。截至1952年底,清理的土地总量仅为8684英亩。整个1952年,只有1704英亩的土地被清理。显然,为确保该计划在财政上的可行性,每英亩土地的收益必须实现大幅增长,然而这种增长的可能性微乎其微。作物表现不佳,种植季节的干旱天气导致花生歉收。尽管班巴拉坚果表现稍好,但玉米和小米表现不佳。唯一表现良好的作物是几内亚玉米。②

花生计划的失败对定居者来说一点也不奇怪。他们曾表示不愿在公司管理层要求他们播种的月份播种。花生通常在5月种植,但公司领导层要求农民在7月种植。他们之所以这么晚才播种,是因为清理树桩工作导致的延误。实施该计划的专家认为,即使播种晚了,种子仍会生长得好。然而,庄稼最后歉收了。这种失败对那些依靠产量的三分之一来维持生计的定居者来说是件坏事。许多定居者不满意,并希望在种植计划失败后离开定居点。在农民眼中,殖民官员是不可信的。到年底,殖民地发展公司和尼日利亚殖民政府就该计划的未来展开了讨论。

(三)尼日尔农业计划的问题

1954年7月8日早晨,英国曼彻斯特的居民在当地报纸上看到了这样的标题:"尼日利亚北部花生种植计划的又一次失败"。这篇文章接着报道说,尼日尔的农业项目莫夸计划是在1949年用殖民地发展和福利基金启动的,该项目试图开发128万英亩的土地,但在开发了8000多英亩土地后不得不终止。文章最后提到了坦噶尼喀花生种植计划的失败。③这个项目的失败让英国人感到尴尬,因为他们仍然生活在另一个失败的发

① Colonial Development Quarterly Report on schemes in operation for quarter ended June 16, 1952, TNA: Colonial Office 7304/52.

② Colonial Development Corporation Annual Report for 1952, TNA: Colonial Office 554/458.

③ "Another Groundnuts Scheme Failure in Northern Nigeria", Manchester Guardian.

展计划——东非花生计划的阴影下。需要回答的一个重要问题是:尼日尔农业计划为什么失败了。

这个问题始于最初的规划。它开始时没有任何扩展的实地试验和调查,甚至没有任何实地试验来确定这个地方是否适合种植油籽。唯一的考虑是这里有良好的供水、高降雨量和疏散的路线。与东非花生计划一样,殖民地发展公司和殖民国家跳过了实地试验,因为他们需要快速生产初级产品以供出口。该计划从一开始就很仓促,因为英国需要外汇来平衡国际收支,并为战后重建创造收入。此外,当第二次殖民占领旨在应对世界粮食短缺和即将到来的"马尔萨斯危机"时,这个计划和许多其他类似的计划开始了。建立的示范农场在"肥料使用和品种试验"方面进行了非常有限的试验,[①]没有进行彻底的科学调查来确定哪种种子在项目现场更多产。在管理公司和董事会还没有成立之前,这个计划就开始了,这一点很明显。[②]这个方案的一个矛盾之处在于,一方面这个计划被认为是一个社会实验,另一方面它的发展显然是为了快速产生收入。[③]

这一计划完全违背了当地仔细研究和渐进变化的做法。该计划不仅是一个外部项目,而且还受到伦敦殖民发展公司中央组织的管理。M. V. 拉克豪斯(M. V. Rackhouse)认为,中央机构试图对项目进行微观管理,以便更快地获得回报。他们坚持清林和种植目标,并要求立即收回投资于该计划的资金。他写道:"通过坚持清除和种植目标,并立即收回他们的钱,殖民地发展公司造成了大约2万到3万英镑的损失,原因是伐木、机器损坏和人力浪费。清除这些树桩仍花费很多费用,还有很多树桩等待清理。他们负责用劳动力在新开垦的土地上播种几内亚玉米。然而,一旦计划失败,他们在金钱和声望上都遭受了巨大损失。"[④]

该计划的管理层面临巨大压力,迫切要求迅速获得回报。这一局势

① S. Bolton, E. Arthur and W. Buhler, et al., *Science Agriculture Research: A Compromised Participation*, London: Earthscan Publications, 2002, p.55.

② Memorandum by D. H Parkinson, March 14, 1945, TNA: Colonial Office 583/271/4.

③ Memorandum by M. V. Rackhouse, April 2, 1953, TNA: Colonial Office 554/458.

④ Memorandum by M. V. Rackhouse, April 2, 1953, TNA: Colonial Office 554/458.

导致他们无法兼顾长期规划和执行,只得选择立即着手筹集资金以解燃眉之急。[①]自从该计划建立以来,它面临的另一个主要问题是土著居民的问题。这个问题从一开始就困扰着这个计划。殖民当局作出了一项政治决定,第一个定居点的定居者只能来自莫夸地区。其背后的原因是担心当地人会反对从该国其他地区引进的定居者,从而给该计划的执行带来问题。许多移民,如尼日利亚东部的伊博人,他们可以为该计划提供劳动力,然而,这些人不被北部的尼日利亚人接受成为定居者。对于其余的定居点,殖民政府决定只从北部地区招募定居者,原因是北方人对南方人的蔑视,把他们安置在那里会被认为是占领其土地。然而,北方地区无法提供足够的劳动力来有效地执行该计划。对于一个涉及整个尼日利亚资源的计划来说,在分配定居点时不应该有种族限制,应该从全国各地招募愿意在分配的土地上工作的人。不过这种政策是不可能的,因为殖民地制度未能改变土地占有制度,因为它需要地方当局的合作。[②]

到1952年中期,尼日尔农业计划在吸引定居者方面遇到了严重的问题,那些被招募到第一个定居点的人表现得非常糟糕。恩达亚科定居点从一开始就很失败。没有任何机制确保这些移民有资格获得土地,而他们中的大多数人都是被免费获得土地的愿望吸引来的。后来人们发现,这些移民中有很多人都不是好农民,也对自己的工作不感兴趣。1952年花生歉收,管理公司强行收取了三分之二的收益后,他们中的大多数人决定在年底前离开。[③]只有一个定居点完全建立,人们希望第二个定居点将在1952年底之前完全建立,然后在1953年建立第三个定居点。到1952年3月,殖民政府只建立了1.5个定居点。在讨论定居者的质量时,K. D. S. 鲍德温(K. D. S. Baldwin)写道,要求卡杜纳的劳工部派遣北部省份寻找工作的所有务工人员抵达定居点。抵达的225名男子中有些是退役军人,他们从未想过工作,更不用说进行农业工作了。还有一些人完全不适

① Memorandum by M. V. Rackhouse, April 2, 1953, TNA: Colonial Office 554/458.

② M. van Beusekom, *Negotiating Development: African Farmers and Colonial Experts at the Office du Niger, 1929–1960*, Oxford: James Currey, 2002, p.57.

③ Memorandum by M. V. Rackhouse, April 2, 1953, TNA: Colonial Office 554/458.

合从事繁重的体力劳动——一个人的腿瘸了,没有拐杖就不能走路;另一个人患有晚期梅毒;两个已经被开除了军籍;还有四五个已经80多岁了。不到三个星期,逃走的劳工就越来越多,只剩下87人。不久之后,大多数人都离开了,其中一些人因为在火车站闲逛而被当地法院以流氓和流浪汉的罪名判处监禁。①

到1952年6月底,恩达亚科定居点原来的78名定居者中已有24人被替换,为了达到所需的种植标准,还需要替换24名定居者。到1952年9月,又有4名定居者被驱逐出定居点,一些农民抵制锄地种植花生和班巴拉坚果。因此,该公司被迫接管了260英亩无人耕作的土地。②在定居的第一年就失去了一半以上的定居者,这意味着时间和资源的巨大浪费。这些移民对他们所接触到的耕作方式并不熟悉。不断更换农民意味着没有获得重要的耕作经验,并且在培训新定居者上花费了很多资源。移民问题一直困扰着该计划的执行。吸引自愿移民者是一个问题,因为该地区的人们并不渴望获得土地,他们认为自己的农田很肥沃。他们不会放弃那些土地,去换一种新的耕作方式,且这种耕作方式没有经过测试,也没有被证明比他们自己的方式更有益。寻找合适的移民一直是一个长期存在的问题,公司始终难以招募到足够数量的移民来填补定居点的空缺。

该计划面临的另一个问题是机械问题。计划中使用的拖拉机不适合这片土地。根据殖民地发展公司工程部门从东非花生计划中获得的经验,他们决定在莫夸计划中不使用80马力的推土机清除土地。他们的理解是只有130马力的推土机才合适。130马力的推土机在尼日利亚并不容易获得,需要从美国运来,这需要几个月的时间,意味着该项目将进一步推迟,也将大大增加项目的预算。③因此他们使用了现成的设备:福特

① K. D. S. Baldwin, *The Niger Agricultural Project: An Experiment in African Development*, Massazhusetts: Harvard University Press, 1957, p.39.

② Colonial Development Quarterly Report on schemes in operation for quarter ended September 30, 1952, TNA: Colonial Office 7304/52.

③ K. D. S. Baldwin, *The Niger Agricultural Project: An Experiment in African Development*, Massazhusetts: Harvard University Press, 1957, p.105.

森柴油拖拉机和兰瑟姆龙盘犁。这些机器出现故障时,农民们不得不等上几个月才能从海外得到备件。鲍德温写道:"在整个计划实施期间,机器和零件的延误是一个很大的管理问题。"[①]

机械化方面产生了无数问题,所以他们不得不求助于手工工具。最后,机械化失败了,传统的非洲方法则崭露头角。遗憾的是,该方案的设计者和执行者拒绝接受当地的生产知识,在项目的设计和执行中没有征求当地农民的意见。当地埃米尔或领导人的贡献微乎其微,他们在顾问委员会中担任职位,但其职责仅限于招募定居者并对其实施相应的约束措施。例如,如果他们与当地人民协商,定居者住宅区的建设就会有所不同。事实上,房子是面向道路建造的,这种建筑风格对当地人来说是陌生的。当地人的房子是面对面建造的,这种建筑风格反映了传统的非洲社区生活和社会联系。定居点不像定居者的家,因此他们中的许多人最终没有住在定居点提供的房子里。他们住在莫夸市,每天早上从那里到他们的农场,晚上回家,从而破坏了建立定居点的目的。当地人也了解天气模式和播种的合适时间,但技术官员从未向当地人寻求过这方面的生产知识。[②]

为该项目设计的激励方案是另一个问题。定居者得到三分之一的产品,而公司保留三分之二。定居者没有动力去种植更多的土地,因为他们觉得公司在剥削他们。当地农民没有住在定居点,也不属于该计划的一部分,他们耕种约4英亩土地,平均年收入为25英镑。他们这样做的同时,还可以选择种植任何他们想要的东西。而一个被迫耕种大约24英亩土地的定居者也只能挣到相同的收入。正如鲍德温所说,"很明显,在最初的两年里,移民的平均实际收入只有当地农民在没有机械设备的情况下,在小得多的土地上平均收入的一半到四分之三"[③]。这也是许多定居

① K. D. S. Baldwin, *The Niger Agricultural Project: An Experiment in African Development*, Massazhusetts: Harvard University Press, 1957, pp.114-115.

② B. U. Ukelina, *The Second Colonial Occupation Development Planning, Agriculture, and the Legacies of British Rule in Nigeria*, London: Lexington Books,2017, pp.186-187.

③ K. D. S. Baldwin, *The Niger Agricultural Project: An Experiment in African Development*, Massazhusetts: Harvard University Press, 1957, p.79.

者选择离开定居点的一个重要原因。考虑到他们可以在没有欧洲人严格命令的情况下,在一小块土地上赚同样多的钱,他们选择了自由,而不是生活在殖民地。定居点的士气非常低落,定居者们不相信这个计划。苏丹杰齐拉计划之所以成功,是因为农民们想成为定居点的一部分。莫夸计划中的很多定居者不想住在那里,因此他们带着一种懒散的态度来工作,而且公司还不能强迫移民工作。将他们驱逐出定居点对他们几乎没有负面影响,他们只是回到了自己的村庄正常生活。

困扰尼日尔农业计划的问题与在殖民后期发起的许多其他大规模农业定居计划所面临的问题相似:缺乏当地生产知识,机械设备故障,定居者骚乱或高流动频率。所有这些问题都可以用一个短语来解释——“糟糕的计划”。快速生产的欲望使计划者对这些陷阱视而不见。即使是被誉为成功案例的杰齐拉计划,也是花了数年的时间逐步试验和扩展。尼日尔农业计划忽视了尼日利亚农业部门三十年来积累的智慧。正如B. W. 霍德(B. W. Hodder)所指出的,我们从这个计划的失败中学到的是,任何基于大规模、高度资本化方法的成功农业推广计划,首先取决于对热带条件特征的充分了解;其次,任何形式的农业迁移都应该缓慢而谨慎地进行,因为农村发展的目标应该是简单地将其缺乏的东西嫁接到当地生活中。[①]

总之,随着大多数雄心勃勃的计划开始失败,英国殖民国家的战后发展议程戛然而止。由于帝国主义意识形态和殖民统治的矛盾,这些计划都失败了。在战后时期,随着英国在经济复苏中挣扎,一种新的帝国意识重新出现。与第一次殖民占领时一样,英国不得不表现出其使命是改善殖民地人民的生活条件。张伯伦曾主张将“建设性剥削”作为英国实现其帝国目标的手段。英国不愿在殖民地投资,这意味着殖民统治沦为对殖民地资源的掠夺、榨取和消耗。这导致了殖民地贫困和欠发达的危机,在两次世界大战之间的岁月里,这些危机变得更加明显,受到了全世界的关

---

① B. W. Hodder, *Economic Development in the Tropics*, London: Methuen & Co. Ltd., 1968, p.139.

注。殖民主义再也无法隐藏在其“教化使命”的面具之下。在第二次殖民占领期间制定的发展议程是试图恢复张伯伦的意识形态，这种意识形态经常被财政部和那些坚持殖民地在财政上自给自足的人所挫败。虽然做法改变了，但目标没有变，莫夸计划提供了一个很好的例子。1945年的《殖民地发展与福利法案》旨在应对殖民地的贫困问题。发展议程刚开始，英国就通过了一项新法案，即《海外资源开发法案》，该法案创建了殖民地发展公司和海外食品公司。这两家公司对这些失败的发展计划负有责任，它们破坏了殖民国家所奉行的做法。迅速开发非洲资源的目标意味着这些新计划没有经过仔细地规划、研究和实验。①

技术部门的谨慎和保守的方法是吸取的教训。这些官员与非洲农民一起工作，积累了知识，使他们对非洲社区的农业规划和发展有了更好的了解。麦基坚持认为，通过示范，农业官员必须说服非洲农民。只有这样，他们的推广工作才会成功。在莫夸计划中，规划者不了解或忽视了农业部门的智慧，这对整个发展进程是有害的，因为许多定居者由于产量低而放弃了定居点。他们不相信欧洲的农业实践比非洲的好。该方案的设计者也没有让当地人参与到规划过程中来。与农业部门的麦基政策不同，规划者没有努力学习传统做法，也没有考虑如何将这些做法整合到计划中。如果该计划的设计者和执行者在规划过程中让当地人参与进来，那么该计划遇到的一些问题，比如住房的设计，本可以很容易地解决。规划者错过了一个机会，没有利用非洲人民和麦基的农业部门所实施的政策。在后殖民时期，许多非洲民族主义者和受过教育的精英在殖民时期目睹了这些机械化计划的失败，他们受到美国外援的鼓舞，认为机械化是他们国家通往经济繁荣的途径。许多新兴的非洲领导人没有让这些计划夭折或从头开始重新规划，而是扩大了这些计划或创建了新的计划。他们认为，粮食安全和经济发展需要政府大规模接管农业。他们通过将更多的财政资源(通常是从国际金融组织借来的钱)投入到这些项目中来实

① B. U. Ukelina, *The Second Colonial Occupation Development Planning, Agriculture, and the Legacies of British Rule in Nigeria*, London: Lexington Books, 2017, pp.188-189.

现这一目标。一些管理这些失败殖民计划的欧洲侨民和美国社会科学家,继续为这些项目提供思想和技术援助。莫夸计划是一个很好的例子,反映了殖民后期的萎靡不振,这种萎靡不振一直困扰着后殖民政府。虽然殖民地发展公司和尼日利亚政府都谴责该计划在1953年失败,但他们在北部地区政府找到了新的受托人。该计划经过修改后将在独立后继续进行。然而,它并没有成为人们所期待的现代农业奇迹。

四、殖民经济规划的特征、后果与评价

(一)殖民经济规划的特征

除了影响殖民规划的哲学之外,殖民规划本身的制定和实施,使其成为独立后新殖民主义规划的先驱。1949年之前,殖民主义者所设想的计划是一种传统的生产方式,即使在资本主义渗透涉及农业之后,这一计划也已经开始了几十年。因此,该计划的设计仅仅是为了改变殖民地的传统经济。但在1949年印度独立后,现代化的追求是提高经济绩效,加强其日益增长的资本主义关系,并投资于基础设施。

殖民规划不是一项全国性的工作。优势外资民营企业被委托承担国家发展的重大项目,由政府提供贷款、补贴、技术援助和基础设施等。这意味着这个计划基本上是帝国主义导向的。因此,英国的利益,如美元短缺、原材料供应和制造商品市场,优先于解决殖民地经济欠发达问题。

殖民计划者的政策具有财政保守主义、缺乏紧迫感、持续扼杀工业化和资源利用不足的特点。平衡预算所隐含的财政正统观念被用于降低增长,以确保预算盈余,供殖民主义者征用。殖民地可用的公开的和“隐藏的储备”没有充分地用于发展,这可以从以下方面得到证明:大约3000万人口的计划支出水平很低,每年仅为550万英镑,无法动员计划背后的群众,以及普遍存在的公开的和隐蔽的失业。[①]如1948年由殖民大臣任命

① S. P. Schatz, “Under-Utilised Resources, Directed to Demand and Deficit Financing, Illustrated by Reference to Nigeria”, *Quarterly Journal of Economics*, Vol.73, No.4, 1959, pp.633-644.

的一个活牲畜特派团(Livestock Mission)直到1952年才开会,之后时间又再次延迟,项目才得以执行。

殖民地规划的特点是缺乏纪律和协调不力。这在很大程度上不仅与殖民地经济的优先要求无关,而且在许多情况下与之相冲突。当时没有计划控制机制,甚至在国家经济委员会(National Economic Council)和联合计划委员会(Joint Planning Committee)分别于1956年和1958年作为事后考虑而成立之后,它们既没有监督该计划的执行,也无法有效协调该计划的区域组成部分,因为殖民地联邦制具有离心力。

(二)殖民经济规划的后果

以资产阶级宏观经济规模衡量,尼日利亚殖民规划的结构性和长期后果比其短期数量影响更为重要。在1950—1960年间,尼日利亚总产量每年增长约4%。由于人口年增长率约为2.5%,这意味着实际增长率仅为1.5%,必须扣除资本折旧得出净实际增长率,而净实际增长率当时徘徊在每年1%左右。此外,人均收入为26.10英镑。1952年,该指数仅为27.96英镑。这些数字意味着人均收入的年平均增长率为0.8%(1952—1960年为7.13%)。占总就业人数80%的农业部门增长率为30%,即年增长率仅为3%,仅略高于人口增长率。制造业、建筑业和电力的快速增长与它们最初的低水平有更密切的联系。GDP本身在1956年和1958年持续下降。[①]

1950年的总资本形成估计为3660万英镑,其中公共部门占45.1%。1959—1960年的总资本为1.334亿英镑,其中公共部门占66.6%,即8890万英镑。其中大部分是英国殖民当局承包的基础设施建设。但是,在每年大约1000万英镑的微不足道的增长中,有很大一部分是债务和帝国主义资本。

这种规划遗产的反常特征,包括不把发展视为结构变化,这导致人们接受既定的规划环境,因此规划者仅仅寻求边际调整以提高"效率"。与

① B. Onimode, *Imperialism and Underdevelopment in Nigeria*, London: Zed Press, 1982, p.121.

此同时,新古典凯恩斯主义将计划简化为“混合经济神话”下的“增长政策”,以及它只关注领先的私人企业部门。此外,发展规划扭曲了优先次序,缺乏纪律和紧迫感,痴迷财务业绩,以及忽视群众的合法愿望。独立后的小资产阶级计划也表现出同样的结构性缺陷。许多结构性危机都源于英国资本主义对计划的厌恶。[①]

殖民计划的另一个结构性影响是它巩固了双边帝国主义关系。殖民地发展公司和英联邦发展金融有限公司(Commonwealth Development Corporation),在伦敦为计划方案筹集外国贷款。尼日利亚实行开放政策,让外国投资者来开发资源,所有这些都是为了加强国家融入帝国主义的剥削体系。反过来,这又加剧和便利了外国垄断资本家对殖民地的掠夺,阻碍了尼日利亚国家的发展。

最后,殖民规划服务于尼日利亚资本主义生产方式的目标。尼日利亚对英国殖民当局主导的私营部门的依赖构成了其对私营企业资本主义的服从,过多的发展委员会向该部门提供贷款和补贴的计划,计划建设项目的私人承包流向帝国主义公司,正式采用“混合经济”和国际银行的资本主义建议。所有这些都有助于巩固经济中的资本主义关系。正是这种野蛮剥削的资本主义制度的全面运作,使尼日利亚殖民地经济在独立后的新殖民经济中不发达。

(三)殖民经济规划的评价

D. 里默(D. Rimmer)对尼日利亚欠发达的殖民规划的评价,反映了帝国主义政策的合理化。殖民规划根本不是对托管制度的建设性解释,也不是发展价值观的扩散,而是维持英国对尼日利亚的剥削。

以欧洲为中心的传播主义现代化范式影响了尼日利亚的殖民发展规划。以欧洲为中心的传播主义理论认为,通过消灭土著“传统的”“原始的”“落后的”制度,并移植西方“现代”制度取而代之,可以更有效地促进

① G. K. Helleiner, *Peasant Agriculture, Government and Economic Growth in Nigeria*, Homewood: Richard D. Irwin, 1966, pp.121-161.

其发展。在实践中,殖民规划将这种模式简化为促进生产宗主国工业所需的经济作物作为原材料,并通过为私营部门主导的经济发展提供公路和铁路等基础设施来赚取利润。但是,私营部门由宗主国工业主导,因此,这实际上意味着为英国工业开发尼日利亚的资源创造了有利的环境。从本质上讲,殖民规划清楚地说明了如何利用欧洲中心的传播主义模式来促进尼日利亚资源的开发,以便为英国服务。

现代化所促进的比较优势原则被用来证明把尼日利亚委托给英国工业生产原材料是合理的。尼日利亚基本上被视为一个未开发的依赖农业的国家,应该转变为英国工业的原材料供应国。[①]结果,只鼓励生产几种主要与尼日利亚经济需求无关的原材料。尼日利亚被划分为几个不同的区域,每个区域专门生产特定的原材料。北部地区专门生产花生和棉花,东部地区生产棕榈油和棕榈仁,西部地区生产可可和橡胶。与此同时,与尼日利亚人民的基本食物和营养需求更相关的粮食作物(传统作物)的生产受到阻碍,因为这将与英国工业原材料和市场需求背道而驰。

英国只准备为尼日利亚政府提供最低限度的资金。因此,尽管英国非常重视经济作物的生产,但殖民政府并没有以建立种植园的形式直接参与经济作物的生产,英国也没有鼓励英国公司在尼日利亚建立种植园。这一决定是基于这种政策能给英国殖民政府带来财政收入。直接参与经济作物的生产将否定英国殖民政府最大限度地利用殖民地资源、同时对殖民地事务投入最少资金的政策。因此,为了最大限度地利用尼日利亚的资源,英国决定将经济作物的生产交给农民,通过各种手段使农民放弃粮食作物的生产,转而种植经济作物。经济作物的生产主要在传统环境中进行,但经济作物的大部分盈余由殖民国家通过销售委员会保留。[②]还有一部分资金用于发展与殖民主义运作相关的尼日利亚现代部门,如城市中心,而生产这些经济作物的传统(农村地区)则被忽视了。

---

① E. J. Usoro, "Colonial economic development strategy in Nigeria 1919-1939: A appraisal", *The Nigerian Journal of Economic and Social Studies*, Vol.19, 1977, pp.122-123.

② P. T. Bauer, *West African Trade: A Study of Competition, Oligopoly and Monopoly in a Changing Economy*, Cambridge: Cambridge University Press, 1954, pp.283-299.

英国殖民经济政策的出口导向导致了一种情况，即没有作出有意义的努力来整合尼日利亚不同的经济部门。经济各部门一体化的乘数效应将对该国的经济发展有利。事实上，殖民农业政策导致国家支持的经济作物的生产部门与一个生产力下降的粮食生产部门并存。粮食产量的下降和城乡分化的加剧在后殖民时期变得更加明显，这在一定程度上可以追溯到殖民时期的农业政策。

殖民时期的规划并没有鼓励发展尼日利亚的工业。尼日利亚关于发展规划的声明指出："在条件允许的情况下，将适当关注工业化的可能性，以及这种生产可以经济地、在价格合理的地方进行。"然而，该声明指出，由于尼日利亚的比较优势在于农业生产，因此没有设想尼日利亚成为一个工业国。①殖民行政当局认为，无论工业发展的规模有多大，都应留给私营部门，殖民政府仅限于为私营部门提供有利的环境。

E. O.阿凯雷多卢-艾尔(E. O. Akeredolu-Ale)认为，除了社会和经济基础设施的发展，殖民规划有助于将投资目光集中在尼日利亚。他指出，这导致了公共部门以外的私营经济的活力加强，而与此同时，部分殖民地发展方案正得到执行。他以1912年9月至1946年10月和1946年11月至1968年3月尼日利亚有限责任公司注册率的比较来支持这一观点。1912年至1946年，尼日利亚平均每年注册的公司数量为18家，而1946年至1968年，每年注册的公司数量为248家，增长了1277.8%。②但是应当指出，这些企业大多数是中小型外资私营销售公司，主要从事进出口贸易，而不从事任何制造业。

此外，第二次世界大战后，在尼日利亚建立的制造业(主要是消费品工业)的数量相对增加。然而，这些工业的建立受到英帝国在尼日利亚政治和经济利益考虑的影响。第二次世界大战结束后崛起为世界资本主义大国的美国，反对英国在非洲的经济保护政策，主张在非洲实行门户开放政策。美国同样支持殖民地人民的自决，相信这将使他们的经济更加开

① Government of Nigeria, *Preliminary Statement on Development Planning in Nigeria*, p.5.

② E. O. Akeredolu-Ale, *The Underdevelopment of Indigenous Entrepreneurship in Nigeria*, Ibadan: Ibadan University Press, 1975, p.36.

放,使美国企业能够进一步渗透到非洲大陆。[①]

20世纪30年代,由于殖民地对英国制成品的国际竞争,英国殖民政府对来自其他资本主义国家的廉价商品(尤其是日本商品)实施了歧视性配额。在第二次世界大战后的国际经济氛围中,美国在殖民地倡导门户开放政策,英国决定通过鼓励总部位于英国的跨国公司在殖民地建立进口替代工业来捍卫其非洲殖民地市场。这种进口替代战略深受刘易斯关于黄金海岸工业化研究的影响,他在其中建议将该战略作为克服来自美国和日本等非殖民地工业化国家的廉价制成品竞争的一种方式。因此,进口替代显然是一种旨在为英帝国的经济利益服务的市场保护战略。现代化范式为建立进口替代工业提供了理由,因为它被视为将英国工业现代性的"优越性"移植到了尼日利亚。

与此同时,英国鼓励建立进口替代工业,决定通过引入其他一些经济和政治措施来安抚尼日利亚政客,这些政客反对殖民主义的声音越来越大。在经济领域,商业贸易,更具体地说是进出口业务,一直由英国公司主导。为了安抚尼日利亚政客,同时也为了自己的经济利益,英国战略性地退出了与尼日利亚的商业贸易,转而支持在尼日利亚建立进口替代工业。随着英国工业对尼日利亚资源和市场控制的巩固,尼日利亚人在商业领域获得了更多的机会,殖民政府开始在进口许可证和银行信贷担保等问题上给予尼日利亚商人更多的让步。[②]这一让步,再加上政府高层职位的尼日利亚化和20世纪50年代的政治改革,有助于安抚尼日利亚政客,其中一些人反抗殖民主义的信念减少了。因此,建立进口替代工业的决定旨在为英国的经济利益服务。

20世纪50年代推出的各种殖民工业发展政策,主要目的是为外国工业的经营创造有利的气氛。K. A.阿沃西卡(K. A. Awosika)指出,虽然1957年以前的殖民工业政策被定性为自由放任政策,但该政策的基本目标仍然是由私营企业开发当地资源,政府直接干预最少,基础设施支助最

① G. Williams, *State and Society in Nigeria*, Oxford: Malthouse Press Limited, 2019, p.34.
② G. Williams, *State and Society in Nigeria*, Oxford: Malthouse Press Limited, 2019, p.34.

多。[①]事实上,这是1956年工业政策的精髓,该政策认识到便利的基础设施的重要性,同时强调"如果尼日利亚的资源要发展到尼日利亚政府和人民所希望的程度,就需要海外资本以及管理和技术技能"[②]。考虑到私营部门主导的工业发展有意依靠外国企业的政策,所有殖民地工业政策都有利于外国投资者。这些政策旨在为外国投资者创造一个"友好的投资环境",强调基础设施发展、关税保护,以及税收和信贷激励。例如,1952年通过了《先锋工业援助法》(Aid to Pioneer Industries Act),1957年通过了《工业发展进口税减免法》《工业发展进口关税减免条例》(Industrial Development Import Duties Relief Ordinance),1958年通过了《工业发展所得税减免法》[Industrial Development (Income Tax Relief) Act]。这些偏向外国企业的政策阻碍了尼日利亚本土企业家精神的蓬勃发展。

此外,正如已经指出的那样,殖民计划迫使尼日利亚的经济进入一种依赖对外贸易的模式。因此,对外贸易的扩大对货币收入、储蓄、投资、资本积累的增长、国内商品需求的增加和国内市场发展产生影响。这源于外籍商人公司在尼日利亚经济中占据的主导地位,以及尼日利亚商人在贸易货物、信贷和其他形式的赞助方面对他们的重要依赖,大多数尼日利亚商人缺乏建立制造业的资源。[③]此外,许多受过教育的尼日利亚精英,他们的训练和意识使他们更能理解制造业的需要,他们更关注民族主义活动和公务员的尼日利亚化。即使他们想建立工业,他们也缺乏足够的资本以及难以从外资控制的银行业获得信贷。因此,受过教育的精英阶层认为,政治独立将为工业化和经济发展创造更有利的条件。他们把大部分精力集中在政治权力的转移上。从本质上讲,殖民主义在尼日利亚建立了一种依附的资本主义制度。

---

① K. A. Awosika, "The Role of Fiscal and Monetary Policy in Nigeria's Industrialization, 1956–1966", D. Phil Thesis, University of Oxford, 1973, p.57.

② Government of Nigeria, *Federation of Nigeria: Opportunities for Overseas Investment: Joint Statement by the Federal and Regional Governments of Nigeria*, Lagos: Federal Government Printer, 1956.

③ E. J. Usoro, "Colonial Economic Development Strategy in Nigeria 1919–1939: A Appraisal", *The Nigerian Journal of Economic and Social Studies*, Vol.19, 1977, p.136.

第六章　殖民经济政策的影响与应对之策

本章主要探讨了英国在尼日利亚殖民时期的经济政策及其影响，并提出了应对之策。本章指出，英国殖民经济政策旨在服务英国和欧洲的商业利益，导致尼日利亚经济依赖原材料出口，缺乏内部一致性和工业化。这种经济结构阻碍了尼日利亚本土经济发展，加剧了欠发达状态。本章分析了殖民经济政策的负面影响，包括结构依赖、欠发达及对早期工业化的阻碍。英国通过控制贸易、实施保护主义和寡头垄断，剥夺了尼日利亚的发展潜力。

殖民政府重视经济作物而忽视粮食生产，导致农业贫困和市场萎缩。为应对这些问题，本章提出了制定技术转让政策和前沿工业政策的建议。技术转让政策旨在通过技术引进和本土化，提升尼日利亚的技术能力。前沿工业政策（Frontier Industrial Policy）则强调通过集体战略和区域合作，推动尼日利亚经济结构转型，实现可持续发展。

本章认为，尼日利亚需要超越传统工业政策，采取独特的工业战略，以打破殖民经济结构的束缚。此外，本章还强调了进入区域市场和向同行学习的重要性，这有助于尼日利亚提高工业能力，融入全球价值链。通过发展规模经济和区域价值链，尼日利亚可以抓住工业化机遇，促进经济增长。

第一节　殖民经济政策对尼日利亚的影响

本节分析了英国殖民经济政策对尼日利亚经济产生的深远影响。英国殖民经济政策导致尼日利亚经济依赖原材料出口，阻碍了本土经济发展和工业化进程。本节强调了结构依赖和欠发达这两个问题,指出尼日利亚劳动力和资源创造的财富被欧洲资本主义国家攫取,限制了其发展潜力。此外,殖民经济政策还破坏了尼日利亚传统经济生产体系,使其融入了对其不利的国际资本主义经济体系。本节认为,该政策加剧了尼日利亚的欠发达,并对其早期工业化产生了负面影响。

一、结构依赖

殖民统治时期,有两个因素限制了尼日利亚的发展。首先,尼日利亚劳动力和资源创造的财富被欧洲资本主义国家攫取。其次,尼日利亚利用其经济潜力的能力受到了限制,而这正是发展的意义所在。尼日利亚经济已经融入了发达资本主义经济结构。它们以一种对尼日利亚不利的方式整合在一起,并确保尼日利亚依赖于资本主义大国。结构依赖是欠发达的特征之一,欠发达国家是资本主义经济的附属国。[①]

尼日利亚经济正处于非常严重的危机之中。对尼日利亚经济危机的全面研究将揭示殖民经济政策已经使尼日利亚经济扭曲,并剥夺了其巨大的发展可能性。英国在尼日利亚推行的殖民经济政策不是为尼日利亚人的利益服务的。因此,要使在尼日利亚进行的经济活动有利于大多数尼日利亚人,就必须改变殖民经济。要做到这一点,需要满足两个条件。首先,承认殖民地经济确实不是为了尼日利亚人的利益而构建的;第二,明确殖民经济的核心特征在今天的尼日利亚经济中也存在。

尼日利亚殖民经济的特征是农民生产热带农产品,这些农产品通过中间代理商出售给殖民地贸易公司。这些贸易公司垄断了贸易,控制了贸易网络,其中黎巴嫩人占据了中间地带,而以前的非洲商人被粉碎,不得不占据从属地位。[②]这些贸易公司受到各自帝国政府的保护。虽然这种经济结构并不直接剥削非洲人,但由殖民贸易公司主导和控制的等级

① W. Rodney, *How Europe Underdeveloped Africa*, London: Bogle -L' Ouverture Publications, 1983, p.38.

② S. Amin, "Underde velopment and Dependency in Black Africa: Historical Origin", *Journal of Peace Research*, Vol.9, No.2, 1972, p.115.

结构是剥削非洲人的方式，他们从自己土地上生产的产品中获益甚微。殖民经济的一个显著特征在于，其产生的丰硕成果并非由非洲人享有，尽管是非洲人的土地和汗水创造了这些财富。英国建立起来的殖民经济结构是为了榨取非洲的资源，剥削非洲的劳动力，以造福生活在非洲大陆上的少数欧洲人，以及欧洲的商业和政治阶层，由此产生的殖民经济结构并不是为了造福当地人民。殖民体系对非洲社会进行重组，从宗主国的角度来看，它以最好的条件生产出口作物，而宗主国为这些出口作物只提供微薄的劳动报酬。

英国在尼日利亚的殖民经济政策揭露了英国殖民政府对尼日利亚的剥削和双重标准，英国殖民尼日利亚的目的是促进英国经济和工业的增长和发展。历届殖民政府只重视经济作物的种植而忽视粮食作物的生产。如果殖民地国家完全依赖经济作物作为外汇储备来源而不加以制止和改革，将会产生严重的后果。

殖民经济政策的主要目的是剥削尼日利亚以获取巨额利益。1900—1945年殖民贸易的另一个显著特征是保护主义和不完全竞争。在1914年至1918年的战争期间，尼日利亚的棕榈油被全面禁止出口到德国，棕榈仁、花生和椰子也被限制出口到英帝国。这些限制在战后被取消，但在1920年又重新实施。1932年，帝国优惠制度（the system of Imperial Preference）扩展到殖民地，1934年，日本纺织品进口到尼日利亚受到配额限制。1939年至1945年战争期间，为了保护英镑，英国还实施了进口许可制度（the import licensing system）和货币管制。

英国殖民政府还实行寡头垄断的做法。比如1929年涉及联合航空公司、斯塔普线协议和商品协议的合并，分配配额和控制价格。1937年的购买协议，分享可可购买并规定统一的“限制”价格。然而，这遭到了尼日利亚和加纳人的反对，他们抵制欧洲进口并推迟可可销售，迫使1938年的官方委员会在1940年建议设立西非可可管制委员会。1942年西非农产品管制委员会正式成立，取代了1940年设立的西非可可管制委员会，肩负起了更为广泛的农产品管制职责。这些委员会表面上是为了增加供应，确保有序的市场营销，并通过平衡价格来稳定生产者价格，但实际上只是加强了英国对经济的控制,通过向生产者支付低于世界市场的价格来积累盈余。

表6.1 主要产品进口量(1900—1945年)

时间	棉布-商品(千英镑)	占进口总额的百分比	盐(千英镑)	贸易烈酒(千英镑)	肥皂(千英镑)	煤油(千英镑)	机械(千英镑)
1900	605	31.0	40	179	13	19	-
1905	-	-	42	265	17	29	-
1910	1323	22.6	49	463	49	86	50
1915	-	-	153	277	89	70	140
1920	6120	29.4	536	341	213	346	447
1925	-	-	309	217	134	187	440
1930	3045	24.0	290	190	74	207	298
1935	1866	29.4	205	75	31	89	47
1940	1658	19.2	268	80	33	89	301
1945	-	-	400	95	7	123	296

出处: *Nigerian Administration Report*(1925)C0657/4, and Trade Report, and *Nigerian Handbook*(1936)and *Trade Report*。

在1945年至1960年的战后扩张时期,对硬通货国家的限制依然存在。1939年的国防(财政)条例1952年被修改,加强对日本商品的限制,并对尼日利亚实施英国的外汇管制,以保护英镑。在20世纪50年代后期,这些进口限制除了对社会主义国家的,其余被放宽。但即使在1960年引入自由贸易之后,这些限制仍然存在。

这些限制政策使尼日利亚殖民贸易受到损害。大量进口制造品在帝国主义经济和政治统治下很快取代了许多传统的国内贸易产品,比如棉花、盐、装饰品、餐具、独木舟、枪支、火药、杜松子酒等。国内生产者随着这些进口替代品而面临失业的风险,最终他们被迫从事单一经济产品出口以维持生计。此外,由于所有运输和其他基础设施都用于将出口产品从北到南疏散到船舶上,以及将新进口产品在内陆分配,国内贸易都遭受了挫折。尼日利亚这种对帝国主义的依赖,加剧了帝国主义对尼日利亚的剥削。

与此同时,第二次世界大战后每一项计划都要求增加开支,而采用联邦制则需要将收入重新分配给三个地区。政府的收入大部分来自海关和消费税，1946年海关和消费税占了近43%，到1960年急剧增加到73%。政府还提高了棕榈油、棕榈仁、可可、花生、兽皮和锡的出口关税。由于对所有主要出口作物征收农产品销售税，生产者遭受了严重剥削。进口关税在同一时期有所增加，以便从高需求的产品，如香烟、建筑材料和酒精中获得额外收入。当本地替代品开始出现时，比如20世纪50年代的香烟和纺织品，政府对进口商品征收额外的税，只是为了阻止它们涌入市场。[①]

如果政府的收入在增加，那么它的支出也在增加。然而，收入的增加并不一定转化为所有尼日利亚人生活水平的提高。由于国民收入与农业密切相关，繁荣取决于有利的价格和将利益分配给大多数人口的能力。随着地方政府掌权，他们把钱投给城市和受过教育的人，而忽视了农村和未受过教育的人。[②]因此，一个曾经被殖民过的国家只有在有效地打破以帝国主义为特征的依赖和剥削的恶性循环时才有发展的希望。

综上所述，殖民经济政策的经济功能是扩大世界市场经济，将殖民地卷入世界贸易市场中来。殖民列强的目的是利用其殖民地作为制成品市场，并榨取初级产品作为回报，通过税收和在较小程度上强迫劳动鼓励农民从自给生产转向出口生产。殖民政府并非奉行纯粹的自由放任政策。他们修建了道路、港口和桥梁。他们建造并运营铁路，鼓励新的出口作物和采用更多产的农业技术，在质量控制方面建立了出口产品检验制度，在防治牲畜疾病方面取得了一些进展，且提供了一些基本的医疗和教育服务，但受限于当地经济收入。[③]殖民政府不情愿地承担了这些义务，并希望这些基础设施建设能吸引私人资本，然而，他们没有尝试使殖民地经济多样化，大多数殖民地依赖于少数初级产品，也没有刺激第二工业的努

① Nigeria, *Colonial Annual Report*, Lagos: Government Printer, 1954, pp.21-22.

② T. Falola, *Economic Reforms and Modernization in Nigeria, 1945-1965*, Kent & London: The Kent State University Press, 2004, p.104.

③ R. O. Ekundare, *An Economic History of Nigeria, 1860 - 1960*, London: Methuen & Co Ltd, 1973, p.174.

力。在西非,生产主要掌握在小农手中,而销售则由外国公司控制,非洲人无法打破这些公司的垄断。[①]

二、欠发达

英国的殖民经济政策将尼日利亚农民生产者纳入世界市场,使土著人失去了自给自足生产的舒适和稳定,并将他们置于一个不确定、不稳定并且受剥削的世界市场的网络中。这与尼日利亚的依赖性和欠发达相关,这意味着原材料生产商屈从于世界市场的力量。从这一范式来看,尼日利亚经济的萧条代表着其生产者融入世界市场的深化。正如T. N. 塔慕诺(T. N. Tamuno)所指出的:"从1898年起,英国政府采取逐步在尼日利亚建立不同行政单位的政策……当时政府并没有征求尼日利亚人的意见……以确定他们是否赞成这种合并……参与制定和执行合并政策的英国官员确信,通过这一政策,他们将获得一种方便和实用的手段来管理该国。"[②]

与此同时,英国对尼日利亚市场保持着牢固的控制和主导地位。英国的经济政策显然是为了促进英国的经济利益和野心。[③]殖民主义在经济领域的影响最为深刻。这并不奇怪,因为经济动机是殖民主义的主要原因,而殖民主义反过来又以资本主义为前提。资本主义生产方式和资本主义经济制度是在欧洲发明的,在工业革命时期,欧洲成为了世界工厂。[④] T. 巴巴瓦勒(T. Babawale)认为,尼日利亚经济危机的历史可以追溯到英国殖民主义时期,这导致了该国前殖民模式和生产关系的破坏和错位。他认为,殖民主义给尼日利亚经济带来了扭曲,加深了该国对宗主

① B. Ingham and C. Simmons, *Development Studies and Colonial Policy*, London: Frank Cass, 2005, p.266.

② T. N. Tamuno, "British Colonial Administration in Nigeria in the Twentieth Century", in I. Obaro, *Groundwork of Nigerian History*, Ibadan: Heinemann, 1980, p.395.

③ O. Nnoli, "A Short History of Nigeria Underdevelopment", in O. Nnoli, *Path to Nigeria Development*, London: Zed Books, 1981, p.85.

④ P. N. Chikendu, *Imperialism and Nationalism*, Enugu: Academic Publishing Company, 2004, p.42.

国的依赖。[1]恩诺利展示了独立后尼日利亚的殖民经济政策及其强化是如何阻碍该国进一步发展的:作为殖民主义者的外围成员,前殖民时期的尼日利亚进入全球资本主义经济体系的政策,导致了其传统的社会政治制度和社会结构遭到破坏,它根据外国资本主义国家的需要创造了新的生产性经济活动,从而把注意力从当地的创造潜力和资源转移到欧洲人需要的初级资源的生产上。[2]

英国在尼日利亚的殖民政策在很大程度上是由经济因素决定的。其为了满足英国的需要,对尼日利亚现有的政治结构、法律和行政制度进行了修改。这项政策还包括对尼日利亚经济的控制。根据N. E. 阿克潘(N. E. Akpan)的说法,这种愿望是由工业革命推动的,工业革命增加了英国工业对原材料的需求。[3]正如S. 阿德里比格贝(S. Aderibigbe)所观察到的,英国经济为了生存,迫切需要获得其他的土地资源。因此,英国控制了西非国家的原材料出口,将所有西非产品运往英国。[4]

阿克也支持上述观点,认为资本主义的矛盾不仅改变了它,而且还移植了它。资本主义的移植源于那些降低利润率和阻止剩余价值资本化的矛盾。面对这些影响,追求利润最大化的资本家不可避免地会寻找一个新的环境,让积累过程能够快速进行。资本主义转向尼日利亚,攻击和征服土著,并将他们的经济与西欧的经济相结合。迄今为止,西方帝国主义的殖民化,仍然是非洲历史上最具决定性的事件。

尼日利亚殖民经济依赖经济作物的出口。殖民政府认为,要实现经济作物的发展,不能从根本上摧毁和/或改变人们现有的土著生产技术,

---

① T. Babawale, *Nigeria in the Crisis of Governance and Development: A Retrospective and Prospective Analyses of Selected Issues and Events, Vol.2*, Lagos: Political and Administrative Resource Center, 2007, p.1.

② O. Nnoli, "A Short History of Nigeria Underdevelopment", in O. Nnoli, *Path to Nigeria Development*, London: Zed Press, 1981, p.85.

③ N. E. Akpan, "Colonial Administration in Nigeria", in A. Osuntokun, *Issues in Nigeria Government and Politics*, Ibadan: Rex Charles Publications, 2003, p.43.

④ S. Aderibigbe, *Basic Approach to Government*, Lagos: Joja Educational Research and Publishers Ltd, 2006, p.66.

而是“通过逐步修改这些技术”[1]。修改技术将通过各种方式实现。首先,殖民政府试图向当地农民提供能够提高产量的秧苗。其次,殖民政府还试图提高人民生产的经济作物的质量。[2]基本上,殖民主义者的目标是开发非洲领土的矿产和农业资源,指导西非贸易模式以符合自己的利益,主导殖民地的出口贸易。殖民主义者忽视殖民地工业的发展,没有为殖民地的发展提供资金。因此,英国在农业领域的殖民政策和做法旨在组织和激励尼日利亚的所有人力和物质资源,以最大限度地生产和出口满足英国工业所需的这些经济作物,这并不令人意外。这对尼日利亚经济产生了非常严重的影响。贫穷的尼日利亚农民在殖民经济政策强加给他们的环境下被迫放弃粮食作物的生产,转而专注于生产经济作物。

从一开始,英国的农业倡议就没有对该地区的经济产生多少革命性的影响。至于种植园计划,它对社会的影响微乎其微。然而,它的负面影响是,征用了几英亩的土地来建立种植园,减少了一部分粮食作物的耕地。人们声称当地人租给种植园的土地是最肥沃的地区。[3]

铁路和其他交通工具的使用使尼日利亚的产品能够按照殖民当局决定的贸易条件运往英国和其他欧洲国家,当然,这对尼日利亚所有者不利。法洛拉等人观察到,这些出口作物的价值非常高,这表明尼日利亚遭受巨大的货币损失。据法洛拉介绍,1901年从尼日利亚运往海外的棕榈产品约为6.6万吨;1921年增至27.2万吨,1951年增至49.7万吨。1938年,11.0243万吨棕榈油的价格仅为98.1330万英镑。同年,对价值130.5828万英镑的18.0136万吨花生和价值130.5828英镑的9.71万吨可可进行了评估。[4]这些收入要么被送到帝国财政部或海外银行作为储备,要么用于支付工资和建设基础设施等,为殖民政府服务。为了维持廉价

① E. J. Usoro, *The Nigerian Oil Palm Industry*, Ibadan: Ibadan University Press, 1974, p.35.

② S. O. Aghalino, “British Colonial Policies and the Oil Palm Industry in the Niger Delta Region of Nigeria, 1900–1960”, *African Study Monographs*, Vol.21, No.1, 2000, p.10.

③ S. O. Aghalino, “British Colonial Policies and the Oil Palm Industry in the Niger Delta Region of Nigeria, 1900–1960”, *African Study Monographs*, Vol.21, No.1, 2000, p.13.

④ T. Falola, *History of Nigeria 3: Nigeria in the Twentieth Century*, Lagos: Longman, 2007, p.38.

原材料生产和出口的理念,英国殖民经济政策强调农业发展。[①]尼日利亚的殖民领土不仅是供应英国和欧洲工业所需的廉价原材料的来源,而且也是英国和其他欧洲商人为其制成品寻找外部市场的贸易站。这样,就有效地解决了欧洲消费不足的问题。[②]

在独立后的尼日利亚经济中可以看到英国殖民农业方案的影响,这些方案强调生产者主要生产供出口的作物,而不鼓励生产粮食。当尼日利亚变得越来越贫穷时,他们越来越依赖英国商人和贸易公司,这些欧洲贸易公司继续剥削尼日利亚。这种不对等关系导致尼日利亚中间商的出现,他们成为向欧洲供应产品的工具,并将英国和欧洲制造品分销到尼日利亚。这是殖民当局对尼日利亚人民经济依赖的一个方面。[③]

英国在尼日利亚的殖民工业政策主要是向英国和欧洲的工厂生产和出口矿物产品,如锡、钶钽铁矿、黄金和制成品的进口。[④]殖民商人公司,如联合非洲公司、联合贸易公司(United Trading Company)、非洲木材和胶合板公司(African Timber and Plywood Company)等。通过这些外国公司,实行殖民地的进出口政策。因此,英国殖民政权推动农业和工业体系,意图剥削尼日利亚人民及其矿产资源。阿德里比格贝总结了英国殖民时期的经济思想:其一,殖民主义者的目的是开发非洲国家的矿产和农业资源。其二,他们引导西非的贸易模式符合自己的利益。其三,他们无意发展殖民地的工业。其四,无论在殖民地上进行什么发展,都必须由有关殖民地的人民提供资金。其五,殖民地的出口贸易被欧洲人完全控制。[⑤]

从前面对英国在尼日利亚的经济政策的分析可以看出,英国在尼日

① J. O. Aghahowa and E. E. M. Ukpebor, "The British Colonial Economic Policies and Nigeria Underdevelopment", *The Nigerian Journal of Politics and Public Policy*, Vol3, No.1&2, 1999, p.120.

② E. J. Usoro, "Colonial Economic Development Planning in Nigeria, 1919-1939: An Appraisal", *The Nigerian Journal of Economic and Social Studies*, Vol.19, No.1, 1977, p.12.

③ J. O. Aghahowa and E. E. M. Ukpebor, "The British Colonial Economic Policies and Nigeria Underdevelopment", *The Nigerian Journal of Politics and Public Policy*, Vol3, No.1&2, 1999, p.150.

④ O. Nnoli, "A Short History of Nigeria Underdevelopment", in O. Nnoli, *Path to Nigeria Development*, London: Zed Press, 1981, p.98.

⑤ S. Aderibigbe, *Basic Approach to Government*, Lagos: Joja Educational Research and Publishers Ltd, 2006, p.166.

利亚的殖民农业和工业政策完全破坏了殖民前的经济生产体系。殖民经济结构并未使尼日利亚人有可能成为解决尼日利亚经济问题的主动来源,相反,他们融入了一个经济体系,在这个体系中,他们只是欧洲经济制度的代理人。尼日利亚目前有外向型进出口贸易,其特点是外国对当地经济的控制,以及外国公司剩余价值的升值。①在独立时,尼日利亚的经济不仅受到扭曲,而且还对它所加入的国际资本主义制度的变幻作出反应。尼日利亚经济的特点是生产基础差,没有技术,依赖范围狭窄的经济作物和后来的原油。②自独立以来,尼日利亚经济一直依赖于外国市场、外国援助和外国技术。

英国在尼日利亚的殖民经济政策对尼日利亚的发展产生了影响。例如,U. I. 乌库(U. I. Ukwu)指出,殖民经济政策助长了尼日利亚的欠发达。③殖民经济政策支持终端产品的进口,因为英国希望为自己的制成品找到一个出口市场,以避免国内消费下降和国内利润下降。④殖民经济政策并没有为尼日利亚的工业腾飞奠定坚实的基础。⑤在独立时,尼日利亚需要的是一项深思熟虑的政策,旨在将殖民经济结构从对外依赖转变为面向国内的经济。但是很明显,直到今天,尼日利亚的进口倾向仍然很高。换句话说,尼日利亚已经采取了重大措施,有效地挑战了英国殖民主义者的原材料出口与最终产品进口政策,这表明殖民经济政策在独立后的尼日利亚得到加强且具有连续性。

英国人没有真正发展尼日利亚任何部门,而是剥削尼日利亚。迄今为止,尼日利亚对西方发展模式的依赖、对外部投入的持续依赖、与高度

---

① T. Falola, *History of Nigeria 3: Nigeria in the Twentieth Century*, Lagos: Longman, 2007, p.39.

② T. Babawale, *Nigeria in the Crisis of Governance and Development: A Retrospective and Prospective Analyses of Selected Issues and Events, Vol.2*, Lagos: Political and Administrative Resource Center, 2007, p.1.

③ U. I. Ukwu, "Industrialization and Economic Development in Nigeria: The Significance of SAP", paper presented at the Annual Conference of the Nigeria Economic Society, held at Ile - Ife, 1988, p.1.

④ J. O. Aghahowa and E. E. M. Ukpebor, "The British Colonial Economic Policies and Nigeria Underdevelopment", *The Nigerian Journal of Politics and Public Policy*, Vol3, No. 1&2, 1999, p.157.

⑤ T. Falola, *History of Nigeria 3: Nigeria in the Twentieth Century*, Lagos: Longman,2007, p.50.

工业化国家的合作以实现更快的经济增长和发展，都是受到外部因素的影响。

尼日利亚的欠发达是资本主义、帝国主义和殖民主义剥削的结果。尼日利亚遭到英国殖民统治时，剥削就会增加，剩余利润被转移到发达国家，这剥夺了尼日利亚社会产出的利益，欠发达的情况就会发生。尼日利亚和其他地方的欠发达国家正在变得更加落后，因为发达国家正在以新的方式加强对它们的剥削。掌握在欠发达国家手中的国际贸易比例正在下降。这一比例在1938年约为30%，在20世纪60年代下降至不到20%。[①]即使在21世纪的今天，尼日利亚也未能完全摆脱殖民的影响，它的全部注意力都放在了石油贸易上，[②]如果发生任何影响原油贸易的战争，尼日利亚将变得更加欠发达。

三、对早期工业化的影响

在尼日利亚，殖民政府致力于建设"开放经济"，改造尼日利亚传统经济，使之迎合英国人所喜的进出口贸易。本土纺织行业的遭遇具有象征意义。卢加德在1904年的殖民地报告上写道："我预见到卡诺作为商业中心的衰落，因为欧洲人的货物压制了它的制造业，同其他地区的贸易也被来自英国工厂的商品所直接转化。扎里亚的棉花也不会再来到卡诺。"[③]但是，以卡诺为代表的本土纺织业仍旧顽强生存下来，本土纺织品深受本土人民的欢迎。殖民者也清楚尼日利亚手工业的成就，甚至赞扬当地手工业的品质。[④]20世纪20年代，许多欧洲人用卡诺的布料做衣服，显示出尼日利亚手工业在奢侈品领域的强大竞争力。

---

① W. Rodney, *How Europe Underdeveloped Africa*, London: Bogle -L' Ouverture Publications, 1983, p.20.

② G. K Helleiner, *Peasant Agriculture, Government and Economic Growth in Nigeria*, Homewood: Richard D. Irwin, 1966, pp.121-161.

③ B. Onimode, *Imperialism and Underdevelopment in Nigeria: The Dialectics of Mass Poverty*, London: Zed Press, 1982, p.76.

④ F. D. Lugard, *The Dual Mandate in British Tropical Africa*, Edinburgh and London: William Blackwood and Sons, 1922, pp.509-510.

在面向大众的陶器、肥皂和食盐等方面，地方手工业者面临激烈的进口货物的竞争。通过贸易掌控大众市场的外国大公司对工业化不感兴趣，它们将棕榈油带到欧洲换回肥皂。服务于大公司的是尼日利亚人的小公司，每个都计算着如何从垄断贸易中谋取最大化的短期利润。[①]

两次世界大战期间，英国加强了对尼日利亚经济的控制。英国采取贸易限制、关税保护和贸易许可证制度等措施，将贸易对象限制在英镑区。政府还发布规章以确保欧洲商人人身和货物的自由流动，同时却限制本土制造业的发展。然而这种工业不会带来真正意义上的工业化，无法带来物质福利的巨大进步，也不会使尼日利亚快速地从农业经济向工业经济转型。[②]

殖民时期尼日利亚工业化滞后的原因包括：一是缺乏有工业技能的人才。英国将尼日利亚人视为“未开化的野蛮人”，殖民政府仅仅鼓励尼日利亚人学习家庭手工业技能，而非为快速经济发展教授关键的工业技能。尼日利亚人由于欠缺教育而无法理解自己所使用机器的理论原理和运行机制。二是缺乏工业化的市场。由于关税权掌握在英国人手中，发展工业所需的保护性关税一直得不到英国人的许可。尼日利亚手纺衣料不被允许出口到塞拉利昂、黄金海岸和英国。殖民者还无视尼日利亚农业的改造，仅满足于榨取产品和税收，造成农民的贫困，限制了工业品消费市场的扩大。三是缺乏资本。银行机构掌握在欧洲人手中，尼日利亚商人缺乏资金，也得不到政府支持。他们发起多次请愿运动，但政府不为所动。后来，尼日利亚民族主义者采取同英国人不合作的策略，公众很快响应并抵制欧洲人的货物。在整个殖民统治时期，本土人缺乏融资手段的局面一直未得到改变。

由此可见，殖民时期尼日利亚工业部门滞后的原因，在于殖民者精心筹谋的经济政策。这个政策由两部分构成。第一，殖民者禁止和压制殖民地工业的发展。他们的动机是保持对原材料、技术和制成品市场的垄

---

① 杭聪：《英国殖民统治与尼日利亚的早期工业化》，《历史教学问题》2023年第6期。

② 杭聪：《英国殖民统治与尼日利亚的早期工业化》，《历史教学问题》2023年第6期。

断，将尼日利亚人从出口货物的加工、包装、拣选和分级工序中排除出去。第二，扩大制成品进口和鼓励原材料出口的殖民政策，对消减国内制成品市场和尼日利亚制造业的原材料市场产生很大的负面影响。确保财富转移到欧洲、改变既存的经济结构，构成英国殖民统治的最根本原则。在此原则指导下，到20世纪30年代“开放经济”模式确立，相配套的“间接统治”政治制度也得以稳固发展。随着第二次世界大战爆发，英国面临的经济环境发生巨大变化，英国的殖民体制也随之而变。[①]

第二次世界大战以后，许多尼日利亚领导人意识到迫切需要改变殖民地经济结构，并表达了真诚的愿望，但均未取得进展。但尼日利亚可以将工业政策作为一种工具，帮助其经济重组。尼日利亚殖民政府把工业化及其配套的大规模机械化农业看作是发展的核心。事实上，在将落后的农民社会转变为现代资本主义社会的过程中，大规模工业化与随之而来的大规模生产被赋予了至关重要的作用。对于支持现代化范式的人来说，尼日利亚和其他非洲国家是原始和落后的，他们缺乏有效的科学、技术和管理的理性基础来支持通过科学和技术进行任何有意义的变革。科学与技术在第二次世界大战后占据了主导地位，成为发展的主要目标。[②]

自20世纪60年代以来，美国社会科学家和发展理论家在非洲研究中占据主导地位。与此同时，越来越多的非洲社会科学家在美国机构接受培训，有助于在非洲社会科学家和政策制定者中培养美国工业现代化模式。美国援助机构向非洲国家提供的发展和技术援助加强了这种主导地位。这种模式的核心是相信西方技术和工业经验的普遍适用性。这有助于使技术转让概念成为尼日利亚和其他非洲国家实现技术和工业化的观念。[③]

---

① 杭聪：《英国殖民统治与尼日利亚的早期工业化》，《历史教学问题》2023年第6期。

② B. J. Berman, “African Capitalism and the Paradigm of Modernity: Culture, Technology, and the State”, in B. J. Berman and C. Leys, *African Capitalists in African development*, Boulder: L. Rienner Publishers, 1994, p.236.

③ J. I. Dibua, *Modernization and the Crisis of Development in Africa: The Nigerian Experience*, London and New York: Routledge, 2018, p.174.

此外,强调西方资本主义社会的技术发展和工业化进程被理想化,被认为是任何社会实现发展的唯一可靠手段。因此,移植和复制西方技术及产业发展经验和轨迹,被认为是非西方社会实现发展的必由之路。从这个角度来看,一些技术转让的支持者主张,发展中间技术作为创造本土技术能力的基础,以吸收和复制现代西方技术。[①]中间技术的概念基于现代主义的线性历史观,它主张尼日利亚等非洲国家首先要回归到西方工业化国家19世纪的技术,沿着西方的道路前进,实现技术和工业的现代化。这一建议是不现实的,因为西方国家19世纪的社会文化和经济现实是这些国家特有的,与尼日利亚和其他非洲国家的后殖民现实不同。然而,这些观点为在尼日利亚和其他非洲国家实施的技术转让政策提供了理论基础。[②]

技术转让政策的基础是诋毁所谓落后和原始的非洲土著生产基础,把它描绘成使非洲社会处于永久不发达状态的罪魁祸首。因此,非洲社会发展的关键在于将西方技术移植到尼日利亚和其他非洲国家,因为西方科学和技术作为工具理性的产物,对非西方社会是普遍适用的。这种观点忽略了一个事实,即西方技术是西方社会具体的历史、社会和物资经验的产物,因此,“与西方社会具体的生产过程联系在一起,承担着一定的生产关系”[③]。因此,技术是一种文化进程,不能脱离与技术密切相关的文化进程来谈论技术转让。因此,技术转让的概念相当于文化帝国主义,它要求诋毁和压制土著技术和文化。鉴于此,他们将尼日利亚土著技术和文化定性为原始、落后和非理性。

然而,尽管技术和文化之间存在这种密切的关系,但尼日利亚政策制定者、土著社会科学家和多边机构不加批判地接受了非理性和落后甚至

---

① E. P. Reubens, “Appropriate Technology for Nigerian Development”, in M. Amoda and C. D. Tyson, *Technological Development in Nigeria*, Lagos and New York: Third Press International, 1979, pp.240-248.

② J. I. Dibua, *Modernization and the Crisis of Development in Africa: The Nigerian Experience*, London and New York: Routledge, 2018, p.175.

③ B. Onimode, *A Political Economy of the African Crisis*, London: Zed Books, 1988, p.140.

缺乏任何有意义的本土技术的概念，因此，尼日利亚关于技术发展和工业化的论述完全处于现代化范式的范围内，其缩影是坚定地承诺将西方技术移植到该国，作为实现发展的工具。因此，政策制定者和主流学术研究主要致力于为西方技术顺利进入尼日利亚创造所谓的有利条件。

人们将技术转让视为实现非洲国家追赶工业化国家的“捷径”。[①]从本质上讲，有效的技术转让包括掌握技术的设计、复制引进的技术以及使技术适应当地的需求。[②]这种将西方技术转移到尼日利亚的政策是基于科学的中立性和普遍适用性。科学的中立性强调了资本主义发展的过程，并在西方资本主义社会实现了工业现代化。对利润的追求是推动这些发展的主要因素，它引发了一场深刻的文化变革，导致了生产关系的出现，并重新定位了西方对时间、空间、劳动、身体活动和知识生产的经验。[③]B. J. 伯曼（B. J. Berman）指出，西方技术是一种明显的官僚主义和资本主义技术，它部分依赖于对工艺知识的诋毁，以促进西方工人对工厂和技术控制的从属关系。[④]因此，对构成尼日利亚土著技术基础的工匠技术和工艺的诋毁产生了一些矛盾，这些矛盾是该国技术和工业化危机的根源。

因此，阻碍尼日利亚工业化深入的原因有多种，就工业化本身而言，早期工业化属于有增长无发展，首要的原因在于工业发展中技术转移缓慢。当尼日利亚劳工从事体力劳动或仅仅是操作机器时，并没有真正的技术转移发生。尼日利亚人从未被允许知道殖民者怎样设计机器，甚至

---

① L. Soete, “Opportunities for and Limitations To Technology Leapfrogging”, in United Nations Conference on Trade and Development（UNCTAD）, *Technology, Trade Policy and the Uruguay Round*, New York: United Nations, 1990, pp.3–24.

② A. K. Bagchi, “Technological Self-Reliance, Dependence and Underdevelopment”, in A. Wad, *Science, Technology, and Development*, London: Westview and IT Publications, 1988, pp.74–80.

③ B. J Berman, “African Capitalism and the Paradigm of Modernity: Culture, Technology, and the State”, in B. J. Berman and C. Leys, *African Capitalists in African development*, Boulder: L. Rienner Publishers, 1994, pp.242–243.

④ B. J Berman, “African Capitalism and the Paradigm of Modernity: Culture, Technology, and the State”, in B. J. Berman and C. Leys, *African Capitalists in African development*, Boulder: L. Rienner Publishers, 1994, p.244.

他们的孩子在大学中也无法获得相关知识。技术没有随着劳动力的增长而扩散,大量过剩劳动力的存在也使得对技术型劳动力的需求没有真正得到培育。

其次,工业资本欠缺。外资私人投资偏爱矿业,内部私人资本也不喜投资制造业。即便有投资于制造业的民族资本,也会遇到比外部资本更多的不便。本就不多的政府公共资金也倾向于投向便利商品农业出口的基础设施建设,从而造成制造业所需设施的缺乏。

最后,市场不足。第一,市场的发展需要社会大环境的稳定、社会制度的法治化。这是英国工业革命发生的首要条件,却未能推行于尼日利亚。第二,制成品市场的有效保护需要以关税为代表的经济自主权。关税保护包括是否能对区域内生产的工业品及在进口原材料方面提供保护。这一点是英国殖民者强烈反对的。第三,制造业的发展需要上下游供应产业链。殖民者却只允许尼日利亚发展初级出口加工业和消费品进口替代。第四,殖民者用政策和基础设施阻碍了非洲区域贸易,窄化了制造业发展的市场。第五,殖民者推行的单一经济造成人民困苦,导致市场规模狭小,市场狭小又决定了投资规模小,形成恶性循环。第六,殖民政府以“自由放任”政策伪装自身限制殖民地工业化发展的本意。殖民政府本身就无心发展工业,又由于分区制、政治家吸引选票等原因分散了经济资源,工业化更难达成。[①]

早期工业化形成路径依赖,工业发展所需的资本、技术和人才等方面均难以自主。尼日利亚人至今仍在探索如何在自主型“开放经济”背景下走出一条符合国情的工业化道路。

第二节　应对之策:制定技术转让政策

尼日利亚政府直到20世纪70年代中期才制定出明确的技术转让政策。事实上,在20世纪60年代和70年代初,尼日利亚政府主要关注的是

① 杭聪:《英国殖民统治与尼日利亚的早期工业化》,《历史教学问题》2023年第6期。

人力资本的发展,这被视为工业化进程的关键。人力资本的发展涉及加强科学和技术教育,以便能够建立技术基础设施的各个方面。[①]技术转让的作用被间接地赋予进口替代工业化战略,希望资本货物的进口最终能有助于提高中间产品和资本货物的生产水平。但是,正如A. 阿杜比法(A. Adubifa)所指出的,外国技术的进口主要是为了制造商品,而不是为了获得技能。[②]联邦政府意识到了这一事实,它在1970—1974年的第二次国家发展计划中指出,“进口替代带来了原材料、中间产品和资本货物进口的增加”,从而使制造业高度依赖进口。它提供的解决方案是“升级当地生产的中间产品和资本货物,以销售给其他行业”[③]。

在1975—1980年的第三个国家发展计划中,尼日利亚政府第一次明确提出了技术转让政策。这项计划是在一些联合国机构,例如贸发会议(United Nations Conference on Trade and Development)和工发组织(United Nationals Industrial Development Organisation)及其他一些多边组织,全神贯注于控制向尼日利亚和其他发展中国家肆无忌惮地进口技术的期间拟订的。他们认为,外国技术不受控制地流入这些国家,将导致许多不适当的技术在剥削性合同条件下剥削这些国家。作为工业发展政策的一部分,第三项国家发展计划旨在通过工业技术转让使尼日利亚人接触先进技术,最终使技术本土化。[④]国家科学技术开发局(National Science and Technology Development Agency)成立于1977年,旨在促进科学技术研究和监督技术转让过程。1979年,一个独立的联邦科学技术部(Federal Ministry of Science and Technology)成立,以取代国家科学技术开发局。其中,科学技术部负责制定国家科学技术政策,促进科学技术研究,促进和管理技术转让项目。计划期间,在技术转让方面所采取的最重要的步骤也许是在1979年设立了国家工业产权局(National Office of Industrial

① Federal Republic of Nigeria, *Second National Development Plan*, pp.235, 238-239.

② A. Adubifa, *Technology Policy in Nigeria*, Ibadan: Nigerian Institute of Social and Economic Research, 1990, p.26.

③ Federal Republic of Nigeria, *Second National Development Plan*, pp.141, 143.

④ Federal Republic of Nigeria, *Third National Development Plan*, p.154.

Property)。这个机构是在工发组织和贸发会议的敦促下设立的,专门负责审查和核准技术转让合同。国家工业产权局的职能包括"发展尼日利亚人的谈判技巧,以确保尼日利亚各方签订任何技术转让合同或协议时获得最佳合同条款和条件"。然而,国家工业产权局只能根据仅与合同条款的公平性或其他方面有关的条件批准或拒绝技术转让合同,而与合同的技术内容无关。事实上,国家工业产权局只能对技术转让施加外围影响,它不能决定企业的技术选择,而只是确保技术转让合同的条款不会对该国和尼日利亚缔约方过分不利。因此,选择在尼日利亚使用的技术的责任在于技术的供应商。[①]

此外,与大多数发展中国家的政府一样,尼日利亚政府认识到,依靠外资跨国公司的投资作为实现技术转让的手段不会产生积极的结果。这些公司主要关心的是利润最大化,通常不愿在尼日利亚分公司的技术部门雇用尼日利亚人。为了克服这一缺点并确保技术转让,尼日利亚政府决定更加重视涉及当地私人资本家、联邦或州政府及外国技术合作伙伴的合资企业。合资协议,特别是那些涉及联邦政府的协议,包括规定在特定时期内,尼日利亚人应该接受培训,以接管联合项目的全面运营管理的条款。就水泥、纺织、糖、水果罐头和其他消费品工业而言,培训尼日利亚人全面接管业务控制的过程预计将在三年内完成。然而,尽管有这样的规定,尼日利亚的工程师和其他技术人员通常被雇用在合资企业中,"要么从事光荣的行政工作,要么从事日常操作",而"外籍人员则完全控制技术操作"。[②]在合资的汽车装配工业中,规定在10年内,30%的零部件应在当地生产。此外,政府推动各种消费品的产品标准化,相信遵守这些标准最终有助于促进尼日利亚人某些技术能力的发展。

1981—1985年第四个国家发展计划指出,重点将放在科学和技术上,尼日利亚的规划工作第一次把科学和技术作为一个独立的部门,有自

① A. Adubifa, *Technology Policy in Nigeria*, Ibadan: Nigerian Institute of Social and Economic Research, 1990, pp.73-75.

② B. Onimode, *Imperialism and Underdevelopment in Nigeria: The Dialectics of Hass Poverty*, London, Zed Press, 1982, p.194.

己的财政拨款。这一发展受到1980年非洲统一组织《非洲经济发展拉各斯行动计划》(Lagos Plan of Action for the Economic Development of Africa)建议的影响,该计划已由成员国通过。该建议敦促成员国"采取措施改善现有的筹资机制,并建立新的筹资机制,以便在国家一级可预测和持续的基础上提供资金,以期大幅增加可用于发展其科学和技术能力的资源"。为了实现这一目标,各成员国每年在科学和技术方面的支出不低于国内生产总值的1%。[①]

第四个国家发展计划指出,为了发展本国的技术能力,将更加强调高等教育机构和有关研究机构的科学和技术研究。此外,新的机构[国家技术开发中心(National Technology Development Agency)、国家化学研究所(National Institute of Chemistry)、研究产品开发公司]预计将有助于加强本地技术的获取。但是,到本计划期间结束时,这些机构都没有设立。有人指出,尽管建立了一个单独的部门来处理这些问题,但未能充分资助科学和技术研究,这阻碍了技术创新,从而在该国造成了一个技术泥潭。

在1982年的高峰时期,拨给国家科学和技术系统的资本预算拨款为9800万奈拉,不到联邦预算的1%,不到国民生产总值的0.2%。1983年,这一数字降至6800万奈拉,1984年,这一数字急剧下降至1400万奈拉。1985年的预算草案仅为科学和技术提供了750万奈拉。当然,这些数字远低于《拉各斯行动计划》所建议的占国内生产总值1%的最低研究与发展活动经费水平。[②]

随着科技研究和创新的边缘化,尼日利亚加入了其他发展中国家的行列,根据《巴黎公约》(Paris Convention for the Protection of Industrial Property)向发达资本主义国家"寻找帮助",考虑在"公平合理的条款和条件下"重新谈判技术转让的法律基础。[③]

---

① Federal Government of Nigeria, *National Policy on Science and Technology*, Lagos: Federal Ministry of Science and Technology, 1986, p.26.

② Federal Government of Nigeria, *National Policy on Science and Technology*, Lagos: Federal Ministry of Science and Technology, 1986, p.26.

③ B. Onimode, *Imperialism and Underdevelopment in Nigeria: The Dialectics of Hass Poverty*, London: Zed Press, 1982, p.194.

第一个综合性的官方国家科技政策于1986年发布。该政策指出,政府主要项目的进口技术将以“未包装”的形式采购。战略资本行业将尽可能由尼日利亚人控制。重要的国家发展项目将不会基于未经验证的外国技术。它指出,技术政策的主要目标是“通过自力更生,在尽可能短的时间内,与国家的文化模式和资源的最佳利用相一致,确保持续地提高生活质量和国家安全”。技术产生将涉及“启动、促进和维持那些将通过复制技术产生技术的项目,方法是对进口技术进行拆解、分析和调整,以补充来自当地研究活动的技术发展”。它还将涉及“确保当地科学和技术人员参与国家发展方案和项目的规划、设计、建造、安装和维修”。此外,通过启动确保“将进口的未包装技术纳入适当的工业领域来发展当地能力”的计划,促进本土技术能力的获得。①

国家科学技术政策具体提到了技术转让和扩散,提出了政府旨在实现的六个目标:①编写简化的手册和联络服务,以保证广泛传播和吸收研究成果;②控制外商投资产业的方式,确保在规定期限内取得技术;③鼓励人员流动,作为技术内部传播的关键因素;④为项目报告和其他统计资料建立最新的科学和技术数据库和技术期刊,并与国家和国际信息中心和图书馆网络建立联系;⑤发起、促进和支持向农村地区推广有关的、适当的技术;⑥建立一份当地技术的全面清单,并通过纳入高水平技术以提高效率,开始改进这些技术。

为了通过当地的研究和发展活动促进技术能力,政府还准备向在国内设立这种设施的制造业提供奖励。此外,将向为制造商品而委托当地小型工业技术研究的集团提供税收减免和其他财政奖励。②

政府的当务之急是如何促进主要是在西方资本主义国家的这些技术转移到国内。因此,除了通过多边机构要求发达资本主义国家转让技术的公平条款和条件的老生常谈之外,一个主要的关切是尼日利亚应该从

① Federal Government of Nigeria, *National Policy on Science and Technology*, Lagos: Federal Ministry of Science and Technology, 1986, pp.16-17.

② Federal Government of Nigeria, *National Policy on Science and Technology*, Lagos: Federal Ministry of Science and Technology, 1986, pp.18-19.

哪个外国来源进口技术。正如阿杜比法所指出的，在尼日利亚管理工业发展的技术层面的总体方法，似乎是反对而不是倾向于使用当地的技术来源。很明显，尼日利亚政府的技术转让政策是建立在现代主义观念的基础上的，因此，技术主要被视为外国人拥有的商品。[①]在这种情况下，大量现成的、更符合该国发展需要的本土技术知识被完全忽视了。

第三节　应对之策：制定前沿工业政策

本节讨论了尼日利亚为克服殖民经济结构遗留问题，应制定前沿工业政策，以实现经济可持续发展。前沿工业政策需超越传统模式，强调集体行动，利用区域市场并向同行学习，发展规模经济与区域价值链，通过技术创新，调整产业化结构，利用市场优势。政策旨在促进尼日利亚从低附加值活动向高附加值活动转型，实现工业化与经济多元化。本节还强调，国家需要发挥更大作用，通过设计工业增长战略，实现经济非殖民化。

一、前沿工业政策

尼日利亚殖民经济结构的持续存在提醒人们，尼日利亚经济并不完全为大多数尼日利亚人的利益服务。为了使这些经济服务于大多数尼日利亚人的利益，他们必须从根本上进行结构调整，使尼日利亚人成为所有经济活动的中心。维持殖民经济结构不能给尼日利亚人民带来好处。这源于过去未能对这些经济体进行重组，尼日利亚人从殖民经济结构中获益甚少。

调整殖民经济结构可以使尼日利亚能够开发其自然资源和人力资源。殖民经济需要进行结构改革，以确保在其基础上进行的经济活动使其人民受益。[②]工业政策将作为改变尼日利亚殖民经济的工具。在提出

---

① A. Adubifa, *Technology Policy in Nigeria*, Ibadan: Nigerian Institute of Social and Economic Research, 1990, p.178.

② African Centre for Economic Transformation（ACET）（2017）. African Transformation Report 2017: Agriculture, Powering Africa’s Economic Transformation. Accra: ACET.

将工业政策作为一种消除殖民经济的工具时,必须强调的是,并不是任何一种工业政策都能实现这一目标。一种特殊类型的工业政策才能完成调整殖民地经济结构的艰巨任务。本文把这种特殊的工业政策称为前沿工业政策,以强调这样一个事实,即改变尼日利亚殖民地的经济结构不会通过普通的工业政策来实现,它需要一个具有尼日利亚特色的工业政策。这项政策将确定其所具有的独特潜力,并据此采取行动。毕竟,今天的工业战略是做一些别人没有做的事情。[①]

那么,如何使前沿工业政策为大多数尼日利亚人民服务呢?1986年,尼日利亚与世界银行签订了一项贷款协议。这项协议也得到了国际货币基金组织的认可,大致类似于国际货币基金组织建议的旨在稳定和结构调整的整体政策改革方案。I. B.巴班吉达(I. B. Babangida)政府在大约五年的时间里有力地推行了这些政策,但在20世纪90年代初的一次小型石油繁荣之后,这些政策就中断了。[②]

在接下来的几年里,尼日利亚政府实施了一些重大的政策改革。改革的核心是货币贬值,在三到四年的时间里,奈拉的实际价值下降了近60%。此外,进口管制已适度放宽,同时针对外国投资本土化的相关法规亦有所精简,从而为跨国公司营造了一个更为优越的经营环境。在国内方面,政府通过冻结工资来削减需求,并试图缩减公共支出。由于劳工和其他一些利益集团反对这些举措,政府实施政策时也更加谨慎,这直接导致取消补贴、精减官僚结构、改革半国有企业和将公共部门公司私有化等一系列关键措施的进展显著放缓。[③]

这并不意味着工业政策是解决尼日利亚发展的灵丹妙药。同样,这也并不意味着任何类型的工业政策都可以实现尼日利亚经济的重组。要

① M. Morris and C. Staritz, "Industrialisation Path and Industrial Policy for Developing Countries in Global Value Chains", in S. Ponte, G. Gereffi and G. Raj-Reichert, *Handbook of Global Value Chains*, Cheltenham: Edward Elgar, 2019, pp.507-520.

② World Bank, *World Development Report*, 1997, Oxford: Oxford University Press, 1997, p.236, table 12.

③ A. Kohli, *State-Directed Development: Political Power and Industrialization in the Global Periphery*, Cambridge: Cambridge University Press, 2004, p.361.

让前沿工业政策促进尼日利亚殖民经济结构转型,它必须成为发展战略的一部分,而且必须超越传统的工业政策。重视工业政策集体战略是促进尼日利亚经济增长的一个新路径。

对尼日利亚工业发展采取集体战略的办法,是目前大多数国家努力改革和调整经济方向都在采用的最好方法。在当前的背景下,集体应对发展危机主要有两方面的原因。首先,集体行动将是扭转殖民主义对其影响的行动。换句话说,集体应对殖民经济的挑战将是一项具体的非殖民化行动。其次,在当前的全球工业生产和贸易格局中,尼日利亚不可能单独实现工业化并改变殖民经济结构的特征。就像过去几十年一样,这一任务是不可逾越的。

然而,集体应对殖民经济的转型也不是一项容易的战略。主要是因为让非洲领导人相互信任,以坚定的方式持续合作,这是通过工业政策成功重组非洲经济所需要的实际挑战。但是,非洲国家单独实现工业化的选择更加困难,正如过去的经验所表明的那样,成功的机会很小。集体行动是尼日利亚经济非殖民化唯一可行的途径。尽管这项任务非常艰巨。围绕非洲大陆自由贸易区(African Continental Free Trade Agreement)日益增长的势头,如果能够持续下去,可以成为集体贸易制度转向集体工业战略的集结点,因为两者相辅相成。不仅如此,一些区域经济共同体(Regional Economic Communities)实际上已经制定并开始实施区域工业政策(Regional Industrial Policy)。

区域工业政策的存在表明,非洲领导人意识到通过集体战略改变其经济的潜力,以及其中所涉及的挑战。这些战略应得到广泛接受。在这方面,试图模仿德国或日本所做的努力很可能重现过去120年来使尼日利亚陷入贫困的经济结构。[①]实施前沿工业政策要求尼日利亚政策制定者和政治家站在边缘思考问题,推动今天工业政策的前沿,这样它就可以成为新事物的前沿者。到目前为止,非洲在模仿其他国家方面表现得很

① P. Evans, "Constructing the 21st Century Developmental State: Potentialities and Pitfalls", in O. Edigheji, *Constructing a Developmental State in South Africa*, Cape Town: HSRC Press, 2010, pp.37-58.

出色,因此,它一直是一个追随者,而不是前沿者。前沿工业政策必须扭转这种局面,这样尼日利亚才能成为工业思想、生产和技术领域的领导者。因此,前沿工业政策的关键因素首先是建立自信,这是自奴隶贸易时代以来尼日利亚就一直缺乏的要素。[①]

与第一点相关,工业前沿的边界可以进一步拓展。在当前全球气候变化和全球变暖的严峻形势下,人们被迫切要求以全新的视角重新审视生产、消费模式,以及人与自然之间的和谐共生关系,这标志着一个充满无限可能的"开放时代"的到来。尼日利亚应敏锐地抓住这一历史机遇。从这个意义上说,前沿的工业政策包含了C.克莱默(C. Cramer)称之为"可能性"的哲学,这意味着对希望、乐观主义和自信的强调。[②]但工业发展领域是一个充满实践挑战的领域,一个国家必须走出自信、希望和乐观的心理舒适区,踏入一个以新方式、新领域尝试新思想的充满不适的新天地。前沿的工业政策结合了心理洞察和灵活性的策略,这两者都是工业战略的重要组成部分,这种政策在21世纪可能会取得成功。

前沿工业政策需要具备以下的要素。2016年,联合国非洲经济委员会(United Nations Economic Commission)发布了一份题为《非洲转型工业政策》的出版物,有力地论证了工业政策可以通过利用生产力增长动力,为非洲经济转型做出重大贡献。下文将引用R. H.韦德(R. H. Wade)所说的"古典发展经济学派"来说明使用工业政策作为解决非洲经济结构性约束的背后经济原理。[③]之所以选择借鉴古典发展经济学派的理论,是因为他们的理论、模式和发展战略所依据的条件更接近当今尼日利亚的情况。古典学派的三个基本条件包括发展投资的分配战略、市场缺失和市场失灵的问题,以及发展需要破坏现有均衡的想法。[④]这些理论对今天尼

① S. Amin, "Underdevelopment and Dependency in Black Africa: Historical Origin", *Journal of Peace Research*, Vol. 9, No. 2, pp.105-120.

② C. Cramer, J. Sender and A. Oqubay, *African Economic Development: Evidence, Theory and Practice*, Oxford: Oxford University Press, 2020, p.4.

③ A. Roberts, *A History of Zambia*, London: Heinemann, 2019, p.15.

④ T. Scitovsky, "Two Concepts of External Economies", *Journal of Political Economy*, Vol.62, No.2, 1954, pp.143-151.

日利亚经济结构转型的讨论很重要。

古典经济学派的核心思想之一是,经济转型是可能的,而且在一定条件下是可以实现的。正如我们在尼日利亚所看到的那样,结构改革一直是一个持久的挑战,在大多数国家几乎没有取得进展。在讨论发展中经济体结构变革的机制和要素等技术性问题之前,我们必须相信,变革是可能的,而且是可以实现的。一旦有了这种信念,战略问题自然是一个问题,这种信念可以在重新调整尼日利亚经济的愿景中产生活力。非洲需要克服不可能主义者的淹没噪声,他们准备击落非洲大陆上雄心勃勃的项目。许多人认为,正是这种消极的能量阻碍了非洲经济的发展。

与不可能论者相反,古典发展经济学派的思想深深浸染着一种强烈的信念,即发展和工业化是可能的。发展经济学早期持有强烈的乐观情绪,在某种程度上已被世界许多地区发展和工业化项目的失败所挫伤,以至于信心遭受打击。必须承认,在一些先驱者都失去他们曾拥有的坚定信念的时候,很难保持乐观。但是,在人们已经放弃的情况下,必须克服绝望,将其作为尼日利亚经济结构改革旅程的第一个步骤。

与此同时,还需要改变专业化结构与在边缘思考。发展经济学派所阐述的关键思想之一是前沿工业政策的核心,即通过适当的政策,各国可以改变其优势的专业化结构,以创造全新的动态优势领域,特别是在制造业方面。创造新的需求,改变目前使用的技术,生产新的产业,今天是技术统治世界,这就是为什么当代被称为技术或数字时代。尼日利亚的经济可以通过一个重点突出、优先孵化技术创新的领导来改善。任何一个经济体,如果不重视创新和技术,就会永远贫穷,在全球化进程中落后。尼日利亚拥有所有的禀赋和资源,是非洲最富有的国家之一。尼日利亚是时候随着这个时代的进步而进步了。例如,尼日利亚拥有大片的农业用地,因此,尼日利亚需要推进农业生产。这可以通过发明当地的农业设备来实现,进行大规模生产或价值链生产。[①]尼日利亚高等院校应该鼓励

---

① Z. Meshach, *Political Economy Perspective of Development Planning in Nigeria*, Available at SSRN: https://ssrn.com/abstract=4300669 or http://dx.doi.org/10.2139/ssrn.4300669, 2022, p.14.

研究工作,提出解决方案,这样将有助于改善尼日利亚的经济。

这些都是创造新的、动态优势所需的因素,推动工业发展前沿向外拓展。工业政策可以发挥关键作用,将现有的静态优势重新配置为更有活力的东西,对不断变化的需求结构做出反应,不仅在国内经济,而且在全球经济中也能做出反应。工业政策有可能产生改变一个国家投资和生产结构所需的活力,因为它为政策制定者留下了空间。就像上面提到的信念一样,信心不仅是远大理想的开始,也是面对挫折时保持弹性的开始,而挫折在任何寻求改变现有经济结构的战略中都是不可避免的。W. 佩雷斯(W. Peres)和A. 普里米(A. Primi)根据他们在拉丁美洲的经验,提出了一个重要的观察结果,即当涉及信心的时候,该地区的大多数国家,尤其是大国,都会挣扎,往往受到现有国家能力和资产的阻碍。①

前沿工业政策应该能够打破这一束缚,以诱导创造性的能量,寻求将思想的前沿和既定实践推向极限。创造力和信心是前沿工业政策的核心特征,它促使政策制定者在边缘思考,不仅在技术适应方面,而且在如何在现有技术和技能的限制下做一些不同的事情方面。前沿工业政策侧重于拓展工业发展思维和战略的边界,寻求改变现状,以刺激经济活动的增长。

如果从边缘思考这个角度来看,前沿工业政策框架有可能帮助政策制定者和政治家认识到,要实现持续的工业增长,他们必须超越做普通的事情。换句话说,前沿工业政策作为一种变革性工具"与强调平均值的经济学标准方法形成对比"②。前沿工业政策作为一项增长和发展战略,应该是一个工具,因此,前沿工业政策的方法可以帮助政策制定者认识到,前沿工业政策为人们创造了从"普通思维"中解放出来的空间,因为它专

① W. Peres and A. Primi, "Industrial Policy and Learning: Lessons from Latin America", in A. Oqubay and K. Ohno, *How Nations Learn: Technological Learning, Industrial Policy and Catch-up*, Oxford: Oxford University Press, 2019, pp.207-234.

② H. Chitonge, *Industrialization Africa: Unlocking the Economic Potential of the Continent*, New York: Peter Lang, 2019, p.6.

注于拓展特定情况下可能性的边界,它寻求超越传统思维。

具有坚定的信念是前沿工业政策的一个重要特征,尤其是对于那些在全球制造业环境持续紧缩的情况下寻求发展的后工业化国家而言。对于今天寻求工业化发展的国家来说,由于贸易方式和生产组织方式发生了根本性的变化,空间正在收紧。[①]

在当前的全球制造业背景下,“随着机械化、机器人化和数字化超越了许多劳动密集型生产,机会之窗可能会变得更窄,因此追赶相关技能成为一项艰巨的任务,需要公共部门的主动行动”[②]。这不仅是逐渐兴起的第四次工业革命导致的机会缩小,而且全球价值链的碎片化对非洲和其他地区的后工业化国家构成了巨大挑战。[③]一个国家要想进入全球价值链,就必须站在工业战略的前沿思考和行动。在全球和区域价值链的高附加值环节重新定位和建立新的市场,需要政策制定者“从平均思维中解放出来”,在寻求结合创造力和敏捷性的前沿开展业务。在这种情况下,创造力不仅局限于产生想法,它延伸到以前沿的方式解决实际问题,包括阻碍非洲工业活力的基础设施限制。

此外,还需要有一个雄心勃勃的国家。如果政府的作用仅限于促进私营部门经济的增长,那么实施一个成功的前沿工业政策是不可想象的。改变尼日利亚殖民地经济结构需要国家发挥更大的作用,而不仅仅是激励私营部门的发展。这样的策略往往会在早期遇到收益递减的问题。非洲殖民经济结构转型“不会从市场力量的相互作用中自发产生,而是需要国家干预,国家不仅要确保宏观经济稳定,提供基础设施和公用事业,还

① R. Newfarmer, J. Page and T. Finn,“Industries Without Smokestacks and Structural Transformation in Africa: Overview”, in R. Newfarmer, J. Page and T. Finn, *Industries Without Smokestacks: Industrialization in Africa Reconsidered*, Oxford: Oxford University Press, 2019, pp.1–25.

② G. Yeo, T. Kong and T. K. Giap, “Learning and Catch–up in Singapore: Lessons for Developing Countries”, in A. Oqubay and K. Ohno, *How Nations Learn: Technological Learning, Industrial Policy and Catch–up*, Oxford: Oxford University Press, 2019, p. 202.

③ R. Newfarmer, J. Page and T. Finn, “Industries Without Smokestacks and Structural Transformation in Africa: Overview,” In R. Newfarmer, J. Page and T. Finn, *Industries Without Smokestacks: Industrialization in Africa Reconsidered*, Oxford: Oxford University Press, 2019, pp.1–25.

需要精心设计工业增长战略”[①]。在当前全球经济环境中,主要工业国之间的“贸易和技术战争”不断升级,在工业化方面,市场力量的作用被削弱了。这就是为什么今天的工业化不仅需要一个有能力而且精明的国家,甚至愿意从事间谍活动来促进和维持工业增长。[②]换句话说,今天的工业化只有在一个灵活且雄心勃勃的国家中才有可能实现。

今天的工业化需要厚重的政治,强调国家机构在国内和国际上的相互作用。在这个机构中,国家提供了工业政策努力的目标。尼日利亚工业政策的目标是促进面向出口的企业,通过发展中小型工业增加产值,在当地采购投入,提高国有企业的效率,并获得技术技能。[③]通过需要采取独特的战略,国家不仅要发挥促进私营部门增长的作用,还要发挥多种作用,包括协调投资流动和采取战略部门企业成长的措施。[④]正因为今天一个国家的工业化已成为一项艰巨的任务,进取和灵活的国家已成为这一进程中不可或缺的一部分。积极进取的国家努力通过创造工业政策条件,重新配置现有的生产和需求结构。从这个意义上说,一个成功的国际投资伙伴关系可以帮助尼日利亚改变殖民经济结构,包括缺乏内部一致性、农业占主导地位、多重依赖和资本外逃等问题。

这可以通过始终如一地应用工业政策的基本原则来实现。其中包括通过确定具有最大“分散能力”的部门、分部门或公司,对工业发展采取选择性方法,不仅能创造强大的联系,而且能创造内部一致性和广泛的溢出效应或乘数效应。为实现国家目标而采取深思熟虑和慎重的行动,应有助于为包括私营部门在内的所有行为者创造一个集结点。协调对于克服

① L. Whitfield and L. Buur, “The Politics of Industrial Policy: Ruling Elites and Their Alliances”, *Third World Quarterly*, Vol. 35, No. 4, 2014, p.126.

② A. H. Amsden, “Diffusion of Development: The Late-Industrializing Model and Greater East Asia,” *American Economic Review*, Vol. 18, No. 2, 1989, pp.281-286.

③ G. T. Ijaiya and A. L. Usman, “Development in Disarray: An overview of the Nigerian Experience,” in A. L. Usman and G. T. Ijaiya, *Selected Essays on the Contradictions of Economic Development Theories in Nigeria*, Ilorin: Haytee Press & Publishing Company Ltd, 2000, p.2.

④ J. Lin and C. Monga, “Growth Identification and Facilitation: The Role of the State in the Dynamic Structural Change”, *Development Policy Review*, Vol. 29, No. 3, 2011, pp.264-290.

二元论和榨取主义的结构性限制是至关重要的,在没有明确确定的国家政策力求实现的目标时,这种限制占主导地位。

除了应对当今工业发展挑战的机敏性外,战术是成功的关键。战术家是那些敏锐地意识到自己的长处和短处,并努力利用两者在游戏或战争中胜过其他玩家的人。一些分析人士将一些国家工业化的成功归因于某种程度的运气,[①]但运气不是人能控制的。而且,作为一种战术,一个人可以通过努力、通过法律手段使一切对自己有利。在这种情况下,这可能涉及违反惯例,提出新的做事方法。对非洲国家来说,这需要充分了解全球和当地的条件和制约因素。在促进非洲工业增长方面,策略性包括能够在适当的时候采取集体行动。如前所述,非洲国家很难单独建立足够的工业能力,使其能够进入全球价值链(Global value chains)的高附加值环节。在区域或大陆层面与其他非洲国家共同行动可以增加成功建设工业能力的机会,这将为非洲提供向全球价值链高附加值转型的良好机会。集体发展在非洲并不是什么新鲜事。非洲领导人在20世纪80年代制定的《拉各斯行动计划》将其战略框定为所谓的"集体自力更生",即促进"内生和自我持续的发展"。就改变非洲殖民地经济而言,利用区域机会和现有能力是目前情况下的一种策略。

二、进入区域市场与向同行学习

对尼日利亚工业化采取区域划分的理由可以在非洲经济的共同结构中找到。如前所述,目前的全球制造业生产和贸易结构使非洲各经济体作为个别国家极难从低附加值活动过渡到高附加值活动。有许多理由说明,区域划分的办法比个别战略能够给尼日利亚工业发展提供更好前景。

第一,优先进入区域市场与向同行学习。大多数非洲经济体的工业能力很脆弱,随着时间的推移,大多数国家的工业产能几乎没有增长。发展这些能力需要通过进入全球价值链的高附加值部分来占领部分竞争激

① R. Cherif and F. Hasanov, *The Return of the Policy That Shall Not Be Named: Principles of Industrial Policy*, International Monetary Fund Working Paper No. WP/19/74, 2019, p.6.

烈的全球市场,这不仅对个别非洲国家而且对大多数发展中国家都是困难的。区域方法可以通过发展区域价值链,提供进入区域市场的机会,帮助尼日利亚提高建设工业的能力。针对特定区域价值链的区域市场在执行卫生、安全和植物检疫标准方面不太严格,因此,区域价值链的参与者面临的规则不太严格,从而使该地区无法将全球价值链作为进入全球市场的跳板。非洲国家间贸易的优惠自由化可以为各国提供机会,利用竞争较弱的区域市场。[①]最终利用这一区域市场和标准化程度较低的区域市场经营的经验,发展工业的技术能力。当一个区域内的国家能够提供投入、中间产品和消费品的优惠来源时,就存在建设工业能力的巨大机会。

第二,向同行学习。能够确保发展的一个关键因素是合作,来自各个方面的尼日利亚人必须进行合作,更加努力地工作,以便从一项适当的发展计划中获益。[②]区域工业发展方法的最大回报之一是向同行学习。非洲各国在发展工业能力方面取得的进展各不相同,埃塞俄比亚、卢旺达、摩洛哥和乌干达等一些国家在过去二十年中取得了重大进展。区域工业战略可以帮助那些落后的国家向正在取得进步的国家学习。对尼日利亚来说,向卢旺达、埃塞俄比亚和摩洛哥学习要比向韩国或新加坡学习容易,原因是新加坡工业化的背景与尼日利亚寻求工业化和经济多样化的条件非常不同。如前所述,非洲国家面临着类似的经济结构性限制,当一个国家取得进展时,可以让其他国家的领导人相信在工业发展方面取得进展是可能的。从这个角度来看,向同行学习与亚洲经济体的工业化模式不同,这里强调的是集体方法。

向同行学习的特征基于在区域一级创造信念,即各国可以通过相互学习实现工业化。在这种情况下,取得进展的国家是区域工业战略的一部分,可以为该区域的其他成员提供宝贵的动力和启发。一个国家取得的进步会给该地区的其他国家带来压力,迫使它们学习并努力赶上正在

① African Centre for Economic Transformation: African Transformation Report 2017: Agriculture, Powering Africa's Economic Transformation.

② Z. Meshach, *Political Economy Perspective of Development Planning in Nigeria*, Available at SSRN: https://ssrn.com/abstract=4300669 or http://dx.doi.org/10.2139/ssrn.4300669, 2022, p.16.

取得进步的国家。不仅如此，作为区域工业战略的一员，还会产生同行压力，要求他们表现出色，而不是像以前那样成为局外人。此外，区域工业战略必须由区域结构加以监测，这些结构可以推动迟滞的成员执行区域商定的工业发展战略。

如后文所述，区域经济共同体已经启动了区域工业政策（RIPs），其中一些目前正处于精简具体协议的阶段，如向区域经济共同体成员优先采购、质量保证协议、资格和技能标准化等。随着2019年《南共体工业发展议定书》（Southern Africa Development Industrial Development Protocol Community）的完成，南部非洲发展共同体（Southern Africa Development Community）在实施其区域工业政策方面取得了重大进展，该议定书旨在确保实施南共体工业化战略和路线图时的一致性。[①]虽然尼日利亚不应幻想采用区域性工业发展方法会很容易，但它可以通过向同行学习，推动国家实现工业化。

三、发展规模经济与区域价值链

尼日利亚前沿工业政策在新兴技术、区域和全球价值链及区域贸易协定的影响下，需要抓住机遇，融入全球价值链，利用当前在低技能领域的比较优势，促进附加值，向高技能领域升级，以提高工业化的规模和速度。

前沿工业政策为结构转型和创造就业提供了一条可行的途径，但政策制定者必须重新调整战略，为融入全球价值链提供支持。虽然各国制造业活动的分散为工业化创造了机会，但长期成功将取决于对技能和技术的投资。这些投资对于提高生产力、在高附加值任务中建立比较优势、促进更多的就业、提高生产率和促进结构转型至关重要。

工业发展成为尼日利亚经济转型的重要组成部分。但要取得成功，前沿工业政策应融入全球价值链，旨在发展区域价值链。因此，尼日利亚

① Southern Africa Development Community (SADC) (2019), Status of Integration in SADC Report, Gaborone: SADC.

实现工业化的努力将需要合作。非洲大陆自由贸易区(African Continental Free Trade Area)是一个良好的开端,它为促进区域内贸易提供一个重要途径,以增加出口到外部市场的原材料加工,增加从区域内进口的原材料的价值,并扩大这些产品进入该区域市场的机会。①

事实上,尼日利亚大多数制造活动都发生在全球价值链上。因此,该国的许多公司都参与了从产品设计到零部件采购,再到将产品交付给全球市场上的最终用户的责任。制造过程在全球价值链中的分解,跨越国际边界,使发展中国家实现工业化成为可能。这为尼日利亚创造了启动工业化的机会,专门从事它们在全球价值链上具有比较优势的低附加值任务,同时积极投资于最终在高附加值任务中建立比较优势的活动。这些发展为政策制定者提供了机遇,他们可以利用这些机遇并围绕这些机遇制定战略,使工业化在全球价值链的背景下发挥作用。②

不仅在非洲,而且在其他地方,采用区域工业化方式的好处是利用规模经济。非洲背景下的规模经济涵盖了许多领域,包括扩大市场、资源动员(公共投资)、更多的谈判权力、区域基础设施发展、技术的采用和转让、技能库、外国直接投资和工业能力的发展。③他们认为,与各国单独行动相比,在更大范围内动员资金用于工业发展(包括战略性基础设施的升级和扩建)要容易得多。④

尼日利亚在市场规模方面的优势是,它有年轻的人口,城市人口稳步增长,收入不断增加。非洲收入水平的提高可以有力地刺激制造业增长,特别是食品加工业,因为大多数城市中心对加工食品的需求正在迅速增

① K. G. Abreha and W. Kassa, *Industrialization in Sub-Saharan Africa: Seizing Opportunities in Global Value Chains*, Washington: World Bank, 2021, p.xix.

② K. G. Abreha and W. Kassa, *Industrialization in Sub-Saharan Africa: Seizing Opportunities in Global Value Chains*, Washington: World Bank, 2021, p.2.

③ D. Rodrik, *New Technologies, Global Value Chains and the Developing Economies*, Pathways for Prosperity Commission Background Paper Series No.1, London: University of Oxford, 2018.

④ African Centre for Economic Transformation: African Transformation Report 2017: Agriculture, Powering Africa's Economic Transformation.

长。[①]当这些不断增长的市场结合在一起时，它们就会创造出更大的市场。对投资者来说，这些市场可能比单个国内市场更具吸引力。就工业化而言，在区域而不是国家层面上运作时，规模经济收益是可能的。区域工业战略可以利用这些规模经济收益，并利用它们创造竞争优势。创建区域工业项目，如发展走廊、经济特区和通信项目，是通过区域倡议促进工业化的一些方式进行的。[②]

对工业发展采取区域办法也对尼日利亚有利，因为它使区域价值链得以发展。就非洲而言，区域价值链相对于全球价值链的优势是，与全球价值链相比，特别是在由工业化经济体垄断的高附加值部分，融入区域价值链相对容易。[③]区域市场的优惠准入可以促进成员国之间区域贸易壁垒的发展。区域价值链的增长可以通过可诱导和加强这些联系的优惠采购政策，加强区域经济内部的联系。[④]可以通过在区域价值链内发展区域供应商以取代国际供应商来加强联系。参与区域价值链的当地企业学习不仅可以为区域企业提供升级的机会，还可以为区域企业提供在全球价值链中整合和竞争的能力建设。换句话说，区域价值链由于其本地导向，可以成为有用的学习工具，区域公司可以利用它来增强能力和提高竞争力。参与区域贸易提高了生产率，并在制造业和其他经济领域创造了更多的就业机会。更重要的是，当地企业融入区域价值链有利于工业化的进程，因为区域一体化是国内生产（出口）和投入（进口）的重要渠道。[⑤]

此外，粮食不安全威胁到人的健康和生命，威胁到人的生存权，甚至

---

① African Centre for Economic Transformation: African Transformation Report 2017: Agriculture, Powering Africa's Economic Transformation. Accra: ACET.

② African Centre for Economic Transformation: African Transformation Report 2017: Agriculture, Powering Africa's Economic Transformation.

③ D. Davies, R. Kaplinsky and M. Morris, "Rents, Power and Governance in Global Value Chains", *Journal of World Systems Research*, Vol.24, No.1, pp.44–71.

④ M. Morris and C. Staritz, "Industrialization Path and Industrial Policy for Developing Countries in Global Value Chains", in S. Ponte, G. Gereffi and G. Raj-Reichert, *Handbook of Global Value Chains*, Cheltenham: Edward Elgar, 2019, pp.507–520.

⑤ K. G. Abreha and W. Kassa, *Industrialization in Sub-Saharan Africa: Seizing Opportunities in Global Value Chains*, Washington: World Bank, 2021, p.3.

威胁到世界的发展。粮食安全成为全球关注的问题。在荒漠化、气候变化、石油污染、土壤贫瘠、侵蚀和其他自然灾害等因素的影响下,人口的增加被描述为“恶劣的农业生态”,因为限制了农业用地的可用性。①影响粮食安全的其他因素还包括食品保存不良、贫困和疾病等。②面对这些挑战,缺乏良好的道路和充足的供水等基本基础设施,使农业发展实践变得艰巨。③在尼日利亚,法律薄弱和政策不一致也造成了粮食不安全。现有的提高粮食生产的传统方法不足以推动粮食安全。使用过时的农具和依赖自给农业无法提高粮食生产,从而无法满足不断增长的人口的消费需求,也无法改善尼日利亚的经济面貌。这就解释了为什么世界正在通过现代生物技术使用更好的物种品种,④如转基因生物等现代技术。发达国家正在探索垂直农业和土壤改良技术等前沿技术,以确保可持续的粮食安全。因此,发展中国家应重点采用这些前沿做法,生产足够的和有营养的粮食,从而加强国家的粮食安全、健康和经济增长。需要通过在农业中采用技术前沿,以促进尼日利亚的粮食安全。

在这方面,农业部门有大量机会,当地公司可以在价值链中占据更大的份额。尼日利亚在新鲜食品农产品和蔬菜价值链上向下游移动,在这些产品出口到英国之前对它们进行分类、分级和条形码编码。通过这样做,与他们简单地出口散装、未分级、未包装的新鲜农产品相比,他们在价值链中占据了更高的份额。如果给予这些供应商进入更大的区域市场的机会,他们就可以在该区域捕捉和本土化整个新鲜农产品价值链。⑤

---

① R. Osabohien, E. Osabuohien and E. Urhie, “Food Security, Institutional Framework and Technology: Examining the Nexus in Nigeria Using ARDL Approach”, *Current Nutrition and Food Science*, Vol.14, No.2, 2018, p.154.

② World Vision Canada Education and Public Engagement, “A Hungry World - Understanding the Global Food Crisis”, 2008, <http://www.yourmovement.ca> accessed 9 December 2018.

③ A. M. Tunde and E. Adeniyi, “Impact of Road Transport on Agricultural Development: A Nigerian Example”, *Ethiopian Journal of Environmental Studies and Management*, Vol.5, No.3, 2012, p.4.

④ J. N. Gibbs, *Biotechnology and the Environment: International Regulation*, Great Britain: M Stockton Press, 1987, p.2.

⑤ Economic Development in Africa Report 2019: Made in Africa-Rules of Origin for Enhancing Intra-Africa Trade, New York: United Nations Publication.

促进工业化的政策应以价值链为基础，加强与区域价值链的融合。这种政策的重点应是通过维持竞争的市场环境，促进新机构的进入和生存。然而，随着工资的上涨，政策还应旨在通过区域价值链升级，并结合对基础设施（实体和数字）、金融、能源等关键部门的投资，以及将创业精神和数字技术应用融于一体的技能开发类型，来加速生产率增长。①

① K. G. Abreha and W. Kassa, *Industrialization in Sub-Saharan Africa: Seizing Opportunities in Global Value Chains*, Washington: World Bank, 2021, p.3.

结 语

英国在尼日利亚的殖民经济政策是一段复杂而充满矛盾的历史。从1914年到1960年，英国通过一系列精心设计的政策和制度，对尼日利亚进行了深度剥削和控制。这段历史不仅揭示了殖民主义的残酷本质，也展示了尼日利亚人民在逆境中不屈不挠的斗争精神。

一、殖民经济政策的起源与目的

英国在尼日利亚实施殖民经济政策的初衷是为了满足自身工业发展的需要。随着工业革命的推进，英国工业对原材料的需求急剧增加，而尼日利亚丰富的自然资源成为英国觊觎的对象。英国通过军事征服和政治操控，逐步在尼日利亚建立了殖民统治，并将该国纳入其全球经济体系之中。殖民经济政策的核心目标是实现资源的最大化榨取和市场的垄断控制。英国通过一系列措施，如建立间接统治制度、推行经济作物种植、实施贸易垄断等，确保了尼日利亚的经济活动服务于英国的利益。这些政策不仅剥夺了尼日利亚人民的自主权和发展机会，还导致该国经济的长期滞后和依赖性。

二、殖民经济政策的实施与影响

在实施殖民经济政策的过程中，英国采取了一系列强制性和剥削性的手段。例如，通过间接统治制度，英国利用传统酋长作为代理人，对尼日利亚人民进行控制和剥削。同时，英国还强迫尼日利亚农民种植经济作物，如棉花、可可和棕榈油等，以满足其工业原料的需求。这些经济作物往往以极低的价格被出口到英国,而尼日利亚人民却得不到应有的回报。此外,英国还通过贸易垄断和关税壁垒等手段,限制了尼日利亚本土工业的发展。这使得尼日利亚经济长期依赖于单一的经济作物出口,缺乏多样性和抗风险能力,一旦国际市场发生变化,尼日利亚经济就会遭受严重冲击。殖民经济政策对尼日利亚的影响是深远而持久的。首先,它导致了尼日利亚经济的欠发达和依赖。由于长期被剥夺了自主发展的机会,尼日利亚经济在独立后仍然难以摆脱对外部市场的依赖。其次,殖民经济政策加剧了尼日利亚社会的贫富分化。富人往往与殖民当局勾结,通过剥削和垄断获取巨额财富,而广大贫苦人民则生活在贫困和苦难之中。最后,殖民经济政策还对尼日利亚的政治和文化产生了负面影响,它削弱了尼日利亚人民的民族自豪感和文化自信,为后来的政治动荡与社会危机埋下了隐患。

三、尼日利亚人民的反抗与斗争

面对英国的殖民剥削和压迫,尼日利亚人民从未放弃过反抗和斗争。他们通过各种方式表达不满和诉求,争取自身的权益和尊严。在殖民初期,尼日利亚人民主要采取的是自发的反抗形式,如罢工、示威和起义等。这些反抗行动虽然规模不大,但却展现了尼日利亚人民的斗争精神和不屈意志。随着时间的推移,尼日利亚人民的反抗逐渐组织化和规模化。他们成立了各种政治组织和反抗团体,如尼日利亚国民大会、西非学生联合会等,通过和平斗争的方式争取民族独立和政治权利。在第二次世界大战期间和战后初期,尼日利亚人民的反抗斗争达到了高潮。他们利用国际形势的变化和英国殖民统治的危机,推动了民族独立运动的蓬勃发展。最终,在1960年,尼日利亚赢得了政治独立,结束了英国的殖民统治。

四、殖民经济政策的遗产与反思

尽管尼日利亚已经赢得了政治独立,但殖民经济政策的遗产仍然对其经济和社会发展产生着深远影响。首先,独立后的尼日利亚面临着诸多挑战,如经济结构调整、政治体制改革、社会公正与和谐等。这些挑战在一定程度上都与殖民经济政策有关。殖民经济政策导致尼日利亚在殖民时期被塑造成一个资源导出型经济体。英国殖民者主要对尼日利亚的自然资源感兴趣,如农产品(如棕榈油、可可、花生等)和矿产资源。这种经济模式导致尼日利亚长期依赖初级产品出口,缺乏经济多样性和工业基础。其次,殖民经济政策导致基础设施的遗留。殖民时期,为了更有效地开采和运输资源,殖民政府投资建设了一些基础设施,如铁路、公路和港口。虽然这些设施在一定程度上促进了尼日利亚的经济发展,但它们主要是为了服务殖民者的利益而建设的,并没有形成一个均衡和全面的基础设施网络。再次,殖民经济政策导致社会结构的分化。殖民经济政策加剧了尼日利亚社会的分化。一方面,少数人(如地主、商人和与殖民政府合作的地方精英)从中受益,积累了财富和权力;另一方面,大多数人,尤其是农民和工人,生活在贫困和边缘化中,他们的经济利益常常被忽视或牺牲。最后是政治制度的遗留。殖民时期引入的政治制度,如间接统治,对尼日利亚独立后的政治发展产生了深远影响。这些制度往往加强了现有的社会不平等,使得权力集中在少数人或集团手中,阻碍了民主化进程。

与此同时,尼日利亚需要反思其经济发展模式的可持续性。其一,过度依赖初级产品出口使经济容易受到国际市场波动的影响。因此,推动经济多样化、发展制造业和服务业、提高本土产业的附加值和竞争力,是尼日利亚实现经济可持续发展的关键。其二,殖民经济政策加剧了社会不平等和贫困。因此,尼日利亚需要采取更加公平和包容的经济政策,确保所有人都能从经济发展中受益。这包括改善教育、卫生等公共服务,提高社会保障水平,创造更多的就业机会。其三,政治制度的改革与完善。尼日利亚需要改革和完善其政治制度,以更加民主、透明和有效的方式管理国家事务。这包括加强法治建设、提高政府治理能力、推动政治多元化和民主化进程等。通过这些改革,可以确保经济政策更加符合国家和人民的利益,减少腐败和权力滥用现象的发生。其四,与国际社会的合作与共赢。尼日利亚需要积极参与国际经济合作与竞争,寻求与其他国家和国际组织的共赢发展。通过加强国际贸易、吸引外国投资、学习借鉴先进技术和管理经验等方式,可以推动尼日利亚经济的快速发展和转型升级。同时,尼日利亚也需要维护其国家利益和主权安全,在国际事务中发挥更加积极和重要的作用。

综上所述,尼日利亚在反思和调整殖民经济政策时面临着诸多挑战和机遇。通过深入剖析这些政策的遗产和影响,以及采取更加全面和有效的应对措施,尼日利亚有望实现经济的可持续发展和社会的全面进步。

五、尼日利亚的未来发展之路

为了摆脱殖民经济政策的阴影,实现经济社会的可持续发展,尼日利亚需要探索一条符合自身国情的发展之路。首先,尼日利亚需要加强基础设施建设,提高经济发展的支撑能力。这包括加强交通、能源、通信等基础设施建设,提高生产效率和物流效率。其次,尼日利亚需要推动产业多元化和现代化进程。通过发展制造业、服务业等新兴产业,减少对单一经济作物的依赖,提高经济的抗风险能力。同时,尼日利亚还需要加强科技创新和人才培养,提高自主创新能力和核心竞争力。最后,尼日利亚还需要加强政治体制改革和社会治理创新。通过推动民主化和法治化进程,提高政治体制的透明度和公正性;通过加强社会治理创新,提高社会管理的科学性和有效性。这些措施将有助于促进尼日利亚经济、社会的全面协调发展。总之,英国在尼日利亚的殖民经济政策是一段充满矛盾和斗争的历史,它揭示了殖民主义的残酷本质和剥削本性,也展示了尼日利亚人民在逆境中不屈不挠的斗争精神。面对未来,尼日利亚需要深刻反思殖民经济政策的遗产,并采取有效措施加以应对。只有这样,才能实现经济、社会的可持续发展和国家的繁荣富强。

参考文献

一、中文文献

（一）专著

1. 李安山:《非洲现代史》,江苏人民出版社,2021年。

2. 樊亢、宋则行主编:《外国经济史·近代现代》(第3册),人民出版社,1980年。

3. 郑家馨主编:《殖民主义史　非洲卷》,北京大学出版社,2000年。

（二）译文

1. [加纳] A. A. 博亨主编:《殖民统治下的非洲1880—1935年》,《非洲通史》第七卷,中国对外翻译出版有限公司,2013年。

2. [英]A. D.罗伯茨编:《剑桥非洲史·20世纪卷(1905—1940)》,李鹏涛译,浙江人民出版社,2019年。

3. [美] E. 吉尔伯特、J. T. 雷诺兹:《非洲史》,黄磷译,海南出版社,2007年。

4. [美] A. A.奥斯丁:《非洲经济史:内部发展与外部依赖》,赵亮宇、檀森等译,上海社会科学院出版社,2019年。

（三）期刊论文

1. 杭聪:《英国殖民统治与尼日利亚的早期工业化》,《历史教学问题》

2023年第6期。

二、外文文献

（一）档案

1. *Annual Report for the Northern, Western and Eastern Provinces and the Colony of Lagos*, Government Printer, Lagos, 1944.

2. Abeokuta Province–I. W. F Tods, Ag. Resident Abeokuta Province to Secretary, Western Provinces, 19/07/1939.

3. Commonwealth Office, *Handbook of Railways in Africa*, Cambridge: Cambridge University Press,1919.

4. Federal Government of Nigeria, *National Policy on Science and Technology*, Lagos: Federal Ministry of Science and Technology, 1986.

5. Federal Republic of Nigeria, *Report of the Political Bureau*, Lagos: Federal Government Printer, 1987.

6. Gazetteers of the Northern Provinces, Vol.4, *The Highland Chieftaincy*, London: Frank Cass, 1972.

7. Government of Nigeria, *A Revised Plan of Development and Welfare for Nigeria 1951–1956*, Sessional Paper No. 6, Lagos: Government Printer, 1951.

8. Government of Nigeria, *Federation of Nigeria: Opportunities for Overseas Investment: Joint Statement by the Federal and Regional Governments of Nigeria*, Lagos: Federal Government Printer, 1956.

9. Government of Nigeria, *Preliminary Statement on Development Planning in Nigeria*, Sessional Paper No. 6, Lagos: Government Printer, 1945.

10. Government of Nigeria, *The Economic Program of the Government of the Federation of Nigeria, 1955–1960*, Sessional Paper No. 2, Lagos: Government Printer, 1956.

11. Jarida Nijeria ta Arewa/Northern Provinces News, November 1, 1935.

12.Nation Aarchive Ibdan, CSO 26/3 File 23668 Vol. III Colonial Development Fund: General Paper and Estimates- Memo 15/04/1930.

13.National Archives Ibadan CSO 26/1 /03878 Vol.1 Taxation in Pagan Areas, 1921-1940.

14.National Archives Ibadan, BP 218/1918 Messrs Miller's Timber area, Labour for- Lugard to Resident, Benin Province, 13/06/1918.

15.National Archives Ibadan, BP 240/1914 Report: Method of obtaining and paying carriers and labourers for concession - James Watt, Provincial Commissioner, Benin Province to Secretary, Southern Provinces, 28/09/1914.

16. National Archives Ibadan, BP 4/2/4 James Watt, Resident, Benin Province, Annual Report for the Year ending 31/12/1917.

17. National Archives Ibadan, BP 4/2/5 R. Hargrove, Resident, Benin Province, Annual Report for the year ending 31/12/1918.

18. National Archives Ibadan, BP 4/2/7 James Watt, Resident, Benin Province, Annual Report for 1919/1920.

19.*Nigeria Blue Book*, Lagos: Federal Government Printer, 1933.

20. Nigeria, *Legislative Council Debates*, 12th Session, Lagos: Federal Government Printer, June 12, 1934.

21.Nigeria, *Report on the Economic and Social Progress of the People of Nigeria*, 1932, Lagos: Government Printer, 1933.

22. Nigeria: the Making of a Nation, His Majesty's Stationery Office, 1960.

23. P. N. C. Okigbo, *National Development Planning in Nigeria, 1900-1992*, Fourth Dimension, 1989.

24.Special United States Economic Mission to Nigeria, *Report*, Washington,1961.

25.The Reign of Our King: 1910-1935 (A Twenty-Five-Year Review of the Northern Provinces), Jarida Nijeria ta Arewa/Northern Provinces News, November 1, 1935.

26.United Kingdom, *Colonial Development Act, 1929*, London: His Majesty's Stationery Office, 1929.

27.United Kingdom, Colonial Development Act, 1929, London: Majesty's Stationery Office,1929.

28. West Africa, *Report on the British Shere of the Cameroons*, 1922, Cmd.1647.

29.Winston Churchill, *Speech to the House of Commons, April 28, 1925,* Parliamentary Debates, Vol. 183, cols.

(二)专著

Chapter Ⅰ

1.A. G. Frank, *Capitalism and Underdevelopment in Latin America*, New York: Monthly Review Press, 1967.

2. A. G. Frank, *Dependent Accumulation and Underdevelopment*, London: The Macmillan Press Ltd, 1982.

3. A. G. Hopkins, *An Economic History of West Africa*, London: Longman, 1973.

4.A. H. M. Kirk-Greene, *The Principles of Native Administration in Nigeria: Selected Documents 1900-1947*, Oxford: Oxford University Press, 1965.

5.A. Milner, "*Mr. Chamberlain and Imperial Policy*", *A Chapter in the life of Joseph Chamberlain Published immediately after Chamberlain's death by Associated Newspapers*, London: Associated Newspapersj, 1914.

6.A. Phillips, *The enigma of colonialism: British policy in West Africa*, London: James Currey Ltd, 1989.

7.B. Davidson, *Africa in Modern History*, London, Allen Lane, 1978.

8.B. Nkemdirim, *Social Change and Political Violence in Colonial Nigeria*, Ilfracombe: Stockwell, 1975.

9.B. Onimode, *Imperialism and Underdevelopment in Nigeria: The Dialectics of Mass Poverty*, London: Zed Press, 1982.

10. B. U. Ukelina, *The Second Colonial Occupation Development Planning, Agriculture, and the Legacies of British Rule in Nigeria*, London & New York: Lexington Books, 2017.

11. C. Ake, *Democracy and Development in Africa*, Brookings Institution Press, 1996.

12. C. Coquery-Vidrovitch, *African Women: A Modern History*, Boulder: Westview, 1997.

13. E. A. Ayandele, *The Missionary Impact on Modern Nigeria, 1842-1914: a Political and Social Analysis*, London: Longman, 1966.

14. E. Lyttleton, *Alfred Lyttleton an Account of His Life*, London: Forgotten Books, 2013.

15. F. D. Lugard, *The Dual Mandate in British Tropical Africa*, London: Blackwood, 1922.

16. G. K. Helleiner, *Peasant Agriculture, Government and Economic Growth in Nigeria*, Homewood: Richard D. Irwin, 1966.

17. H. L. Ward-Price, *Dark Subjects*, London: Jarrolds Publishers, 1939.

18. I. Nzimiro, *Studies in Ibo Political Systems - Chieftaincy and Politics in Four Niger States*, Berkeley: University of California Press, 1972.

19. J. I. Dibua, *Modernization and the Crisis of Development in Africa: The Nigerian Experience*, London and New York: Routledge, 2018.

20. J. Iliffe, *The African Poor: A History*, Cambridge: Cambridge University Press, 1989.

21. J. M. Carland, *The Colonial Office and Nigeria, 1898-1914*, Stanford: Hoover Institution Press, 1985.

22. J. M. Hodge, *Triumph of the Expert: Agrarian Doctrines of Development and the Legacies of British Colonialism*, Ohio: Ohio University Press, 2007.

23. J. S. Coleman, *Nigeria: Background to Nationalism*, Berkeley: University of California Press, 1958.

24. L. C. A. Knowles, *The Industrial and Commercial Revolutions in Great Britain during the Nineteenth Century*, London: George Routledge & Sons, 1922.

25.L. C. B. Seaman, *Post-Victorian Britain 1902-1951*, London: Methuen, 1966.

26.M. Crowder, *West Africa Resistance: The Military Response to Colonial Occupation*, London: Hutchinson, 1971.

27.M. Crowder, *West Africa under Colonial Rule*, London: Hutchinson, 1968.

28.M. Mamdani, *Citizen and Subject: Contemporary Africa and the Legacy of Late Colonialism*, Princeton: Princeton University Press, 1996.

29.M. Perham, *Lugard, The Years of Authority 1898-1945*, London: Collins, 1960.

30.O. Nnoli, *Ethnic Politics in Nigeria*, Enugu: Fourth Dimension Publisher, 1980.

31.R. Hyam, *Elgin and Churchill at the Colonial Office*, London: Melbourne, 1968.

32.R. O. Ekundare, *An Economic History of Nigeria, 1860-1960*, New York: Methuen & Co Ltd, 1973.

33.R. Shenton, *The Development of Capitalism in Northern Nigeria*, London: James Currey, 1986.

34.S. Constantine, *The Making of British Colonial Development Policy, 1914-1940*, London: Frank Cass, 2005.

35. T. Falola, *Development Planning and Decolonization in Nigeria*, Gainesville: University Press of Florida, 1996.

36.T. Falola, *Politics and Economy in Ibadan, 1893-1945*, Lagos: Modelor Design Aids, 1989.

37.T. Falola, *The History of Nigeria*, London: Greenwood Press, 1999.

38.U. O. Eleazu, *Federalism and Nation-Building: The Nigerian Experi-*

ence, 1954–1964, Ilfracombe: Stockwell, 1977.

39. W. I. Ofonagoro, *Trade and Imperialism in Southern Nigeria, 1889–1929*, New York: NOK. Publishers International, 1979.

40. W. Rodney, *How Europe Underdeveloped Africa*, London: Bogle–L' Ouverture Publications, 1973.

41. Z. Meshach, *Political Economy Perspective of Development Planning in Nigeria*, Available at SSRN: https://ssrn.com/abstract=4300669 or http://dx.doi.org/10.2139/ssrn.4300669, 2022.

Chapter Ⅱ

42. A. A. Idris and Y. A. Ochefu, *Studies in the History of Central Nigeria Area, Vol.1*, Lagos: CSS Limited, 2002.

43. A. D. Roberts, *The Cambridge History of Africa, Vol. 7*, Cambridge: Cambridge University Press, 1986.

44. A. E. Afigbo, *The Warrant Chiefs: Indirect Rule in Southeastern Nigeria 1891–1929*, London: Longman Group Ltd, 1972.

45. A. F. Calvert, *Nigeria and Its Tin Field*, London: Edward Stanford, 1912.

46. A. N. Poter and A. J. Stockwell, *British Imperial Policy and Decolonization, Volume I, 1938–1951*, London: Palgrave Macmillan, 1987.

47. A. P. Dobson, *US Wartime Aid to Britain 1940–1946*, London: Croom Helm, 1986.

48. A. Smith, *The Wealth of Nations*, London: Barnes & Noble, 2004.

49. B. F. Johnston and P. Kilby, *Agriculture and Structural Transformation: Economic Strategies in Late–Developing Countries*, Oxford: Oxford University Press, 1975.

50. B. Freund, *Capital and Labour in the Nigerian Tin Mines*, Atlantic Highlands: Humanities Press, 1981.

51. B. I. Obiechere, *Studies in Southern Nigerian History*, London: Frank Cass, 1982.

52. B. Ingham, *Development Studies and Colonial Policy*, London: Frank Cass, 1987.

53. B. Niculescu, *Colonial Planning: A Comparative Study*, London: George Allen & Unwin, 1958.

54. B. U. Ukelina, *The Second Colonial Occupation Development Planning, Agriculture, and the Legacies of British Rule in Nigeria*, London & New York: Lexington Books, 2017.

55. C. G. Ames, *Jos, Nigeria: Jos Native Administration*, Jos Native Administration, 1934.

56. C. Wilson, *The History of Unilever, A Study in Economic Growth and Social Change*, London: Cassell, 1954.

57. D. H. Aldcroft, *The British Economy*, London: Distributed by Harvester Press, 1986.

58. D. Killingray and R. Rathbone, *Africa and the Second World War*, London: Macmillan, 1986.

59. E. A. Benians, Sir J. Butler and C. E. Carrington, *The Cambridge History of the British Empire, Vol. III*, Cambridge: Cambridge University Press, 1959.

60. E. K. Hawkins, *Road Transport in Nigeria – A Study of African Enterprise*, Oxford: Oxford University Press, 1958.

61. F. Pedler, *The Lion and the Unicorn in Africa, A History of the Origins of the United Africa Company 1707–1931*, London: Heinemann Educational, 1974.

62. F. V. Meyer, *Britain's Colonies in World Trade*, London: Oxford University Press, 1948.

63. G. Ajayi, *Critical Perspectives on Nigeria's Socio-Political Development in the 20th Century*, Lagos: Stebak Books, 1999.

64. G. Walker, *Traffic and Transport in Nigeria: The Example of an Under Developed Tropical Territory*, London: H.M. Stationery Office, 1959.

65.I. M. Drummond, *Imperial Economic Policy 1917 to 1939: Studies in Expansion and Protection*, London: Allen and Unwin, 1974.

66.I. M. Drummond, *British Economic Policy and Empire, 1919–1939*, London: Routledge, 2015.

67.J. A. Frankel, *The Regionalization of the World Economy*, Chicago: The University of Chicago Press, 1997.

68.L. J. Butler, *Industrialization and the British Colonial State: West Africa, 1939–1951*, London: Frank Cass, 1997.

69.L. J. Butler, *Industrialization and the British Colonial State: West Africa, 1939–1951*, London and New York: Routledge, 1997.

70.M. E. Ochonu, *Colonial Meltdown: Northern Nigeria in the Great Depression*, Ohio: Ohio University Press, 2009.

71.M. Havinden and D. Meredith, *Colonialism and Development Britain and its Tropical Colonies,1850–1960*, London & New York: Routledge, 1993.

72.M. Watts, State, *Oil and Agriculture in Nigeria*, Berkeley: University of California, 1987.

73.O. Ikime, *Groundwork of Nigerian History*, Ibadan: Heinemann, 1980.

74.O. Ikime, *Groundwork of Nigerian History*, Nigeria: HEBN Publishers, 1999.

75.P. H. Davies, *The Trade Makers, Elder Dempster and West Africa 1852–1972*, London: George Allen & Unwin Ltd, 1973.

76.P. Kennedy, *The Realities Behind Diplomacy*, Glasgow: Unwin Hyman, 1981.

77.P. Kilby, *Capital Utilization in Manufacturing: Colombia, Israel, Malaysia and the Philippines*, Oxford: Oxford. University Press,1981.

78.P. N. C. Okigbo, *National Development Planning in Nigeria, 1900–1992*, Fourth Dimension, 1989.

79.S. Berry, *No Condition is Permanent: The Social Dynamics of Agrarian Change in Sub-Saharan Africa*, Madison: University of Wisconsin Press,

1993.

80.S. H. Clifford, *Address to the Nigerian Council, 29 December 1920*, Lagos: Government Printer, 1920.

81.S. Pollard, *The Development of the British Economy. Third Edition 1914–1980*, London: Edward Arnold, 1983.

82.S. Wright, *Nigeria: Struggle for Stability and Status*, Boulder: West View Press, 1998.

83.T. Falola, *Britain and Nigeria: Exploitation or Development?* London: Atlantic Highlands, 1987.

84.T. Falola, *Economic Reforms and Modernization in Nigeria, 1945–1965*, Kent & London: The Kent State University Press, 2004.

85.W. Brustein, *Roots of Hate: Anti–Semitism in Europe Before the Holocaust*, Cambridge: Cambridge University Press, 2003.

Chapter Ⅲ

86.A. G. Frank, *Dependent Accumulation and Underdevelopment*, London: The Macmillan Press Ltd, 1978.

87.A. Schmid and J. de Graaf, *Violence as Communication: Insurgent Terrorism and the Western News Media*, London: Sage, 1982.

88.B. Bourdillon, *Managing the local economy: planning for employment and economic development*, Norwich: Geo Books, 1985.

89.B. Harris, *The Origins of the British Welfare State: Social Welfare in England and Wales, 1800–1945*, New York: Palgrave–Macmillan, 2004.

90.B. Freund, *Capital and Labour in the Nigerian Tin Mines*, London: Longman, 1981.

91.E. A. Brett, *Colonialism and Underdevelopment in East Africa: The Politics of Economic Change 1919–1939*, New York: NOK Publishers, 1973.

92.F. V. Meyer, *Britain's Colonies in World Trade*, London: Oxford University Press, 1948.

93.F. Cooper, *Decolonization and African Society: The Labor Question in*

French and British Africa, Cambridge: Cambridge University Press, 1996.

94. H. A. Gailey, *Sir Donald Cameron, Colonial Governor*, Stanford: Hoover Institution Press, 1974.

95.I. F. Nicolson, *The administration of Nigeria, 1900–1960: Men, methods and myths*, Oxford: Clarendon Press, 1969.

96.J. D. Hargreaves, *Decolonization in Africa*, London: Longman, 1988.

97.J. D. Hargreaves, *Decolonization in Africa*, London: Longman, 1996.

98.J. Kuhanen, *Poverty, Health and Reproduction in early Colonial Uganda*, Joensuun: University of Joensuun Publications in Humanities, 2005.

99.T. H. Marshall, *Social Policy*, London: Hutchinson University Library, 1965.

100.W. K. Hancock, *Wealth of Colonies: the Marshall lectures delivered at Cambridge on 17 and 24 February, 1950*, Cambridge: Cambridge University Press, 1950.

101.W. R. Crocker, *Nigeria: A Critique of British Colonial Administration*, New York: Books for Libraries, 1971.

Chapter Ⅳ

102.A. Bourdillon, *Voluntary Social Services: Their Place in The Modern State*, London: Methuen & Co, 1945.

103.A. Cairncross and N. Watts, *The Economic Section 1939–1961: A study in economic advising*, London: Routledge, 1989.

104.A. G. Hopkins, *An Economic History of West Africa*, London: Routledge, 1973.

105. A. N. Cook, *British Enterprise in Nigeria*, London: University of Pennsylvania Press, 1964.

106.A. N. Poter, A. J. Stockwell, *British Imperial Policy and Decolonization, 1938–1951, Volume I*, London: Palgrave Macmillan, 1987.

107.A. Redford, *Manchester Merchants and Foreign Trade, Volume II, 1850–1939*, Manchester: Manchester University Press, 1956.

108. C. Beer, *The politics of peasant groups in Western Nigeria*, Ibadan: Ibadan University Press, 1976.

109. D. K. Fieldhouse, *Black Africa 1945–1980: Economic Decolonization and Arrested Development*, London: Routledge, 1986.

110. D. K. Fieldhouse, *Colonialism 1870–1945: An Introduction*, London: Palgrave Macmillan, 1983.

111. E. J. Usoro, *The Nigerian Oil Palm Industry*, Ibadan: Ibadan University Press, 1974.

112. E. L. Hargreaves and M. M. Gowing, *History of the Second World War – UK Civil Series Civil Industry and Trade*, London: His Majesty's Stationery Office, 1952.

113. G. Ajayi, *Critical Perspectives on Nigeria's Socio–Political Development in the 20th Century*, Lagos: Stebak Books, 1999.

114. G. O. Olusanya, *The Second World War and Politics in Nigeria 1939–1953*, Lagos: University of Lagos, 1973.

115. J. F. Munro, *Africa and the International Economy, 1800–1960*, London: J. M. Dent/Totowa, 1976.

116. J. M. Lee and M. Petter, *The Colonial Office, War, and Development Policy: Organization and the Planning of a Metropolitan Initiative*, London: Maurice Temple Smith, 1982.

117. J. M. Lee, *The Churchill Coalition 1940–1945*, London: Batsford, 1980.

118. N. K. Buxton and D. H. Aldcroft, *British industry between the wars*, London: Scolar Press, 1979.

119. N. Okwudiba, *Path to Nigerian Development*, Dakar: Codesria, 1981.

120. R. Howard, *Colonialism and Underdevelopment in Ghana*, London: Croom Helm, 1978.

121. T. Falola, *Economic Reforms and Modernization in Nigeria, 1945–1965*, Kent & London: The Kent State University Press, 2004.

122.W. Ananaba, *The Trade Union Movement in Nigeria*, London: Hurst and Company, 1969.

123.W. F. Stolper, *Planning without Facts: Lessons in Resource Allocation from Nigeria's Development*, London: Oxford University Pres, 1966.

Chapter Ⅴ

124. A. D. Yahaya, *The Native Authority System in Northern Nigeria 1950–1970: A Study in Political Relations with particular reference to the Zaria Native Authority*, Zaria: Ahmadu Bello University Press, 1980.

125. B. W. Hodder, *Economic Development in the Tropics*, London: Methuen & Co. Ltd., 1968.

126.D. A. Low and A. Smith, *History of East Africa III*, Oxford: Clarendon Press, 1976.

127.D. J. Morgan, *The Official History of Colonial Development, Volume 2: Developing British Colonial Resources, 1945–1951*, London: Humanities Press, 1980.

128.D. J. Morgan, *The Official History of Colonial Development, Volume 5: Guidance Towards Self-Government in British Colonies 1941–1971*, London: Humanities Press, 1980.

129.E. A. Brett, *Colonialism and Underdevelopment in East Africa*, New York: NOK Publishers, 1973.

130.E. O. Akeredolu-Ale, *The Underdevelopment of Indigenous Entrepreneurship in Nigeria*, Ibadan: Ibadan University Press, 1975.

131.G. Padmore, *Africa: Britain's Third Empire*, New York: Negro Universities Press, 1949.

132.G. Williams, *State and Society in Nigeria*, Oxford: Malthouse Press Limited, 2019.

133.J. Clifford and G. Osmond, *World Development Handbook*, London: Charles Knight and Co., 1971.

134.J. Hodge, Geral Hodil, *Developing Africa: Concepts and practices in twentieth century colonialism*, Manchester: Manchester University Press, 2014.

135.J. I. Dibua, *Development and Diffusionism looking Beyond Neopatrimonialism in Nigeria, 1962–1985*, London: Palgrave Macmillan, 2013.

136.J. Kent, *British Imperial Strategy and the Origins of the Cold War, 1944–1949*, Leicester: Leicester University Press, 1993.

137.J. L. Nogee and R. H. Donaldson, *Soviet Foreign Policy Since World War II*, New York, 1988.

138.J. N. Pieterse, *Development theory: deconstructions/reconstructions*, California: SAGE Publications, 2001.

139.J. O. Orewa and J. B. Adewumi, *Local Government in Nigeria: The Changing Scene*, Benin: Ethiope Publishing Company, 1983.

140. J. S. Coleman, *Nigeria: Background to Nationalism*, Berkeley and Los Angeles: University of California Press, 1963.

141.J. Waterbury, *Exposed to Innumerable Delusions: Public Enterprise and State Power in Egypt*, India, Mexico, and Turkey, Cambridge: Cambridge University Press, 1993.

142.K. D. S. Baldwin, *The Niger Agricultural Project: An Experiment in African Development*, Massachusetts: Harvard University Press, 1957.

143.K. Ezera, *Constitutional Developments in Nigeria*, Cambridge: Cambridge University Press, 1964.

144.N. Ferguson, *Empire: The Rise and Demise of the British World Order and the Lessons for the Global Power*, New York: Basic Books, 2004.

145.O. Aboyade, *Foundations of an African Economy: A study of investment and growth in Nigeria*, New York: A. Praeger publishers, 1966.

146. P. Bauer, *West African Trade: A Study of Competition, Oligopoly and Monopoly in a changing Economy*, Cambridge: Cambridge University Press, 1963.

147.P. Lengyel, *Approaches to the Science of Socio-Economic Development*, Paris: UNESCO, 1971.

148.P. N. C. Okigbo, *National Development Planning in Nigeria 1900–1992*, London: Heinemann and Fourth Dimension, 1989.

149.P. S. Gupta, *Imperialism and the British Labour Movement, 1914–1964*, London: Macmillan, 1975.

150.R. Peel, *Old Sinister: A Memoir of Sir Arthur Richards, GCMG First Baron Milverton of Lagos and Clifton in the City of Bristol 1885–1978*, Cambridge: F & P Piggott Ltd, 1986.

151.S. Bolton, E. Arthur and W. Buhler, *Science Agriculture Research: A Compromised Participation*, London: Earthscan Publications, 2002.

152.S. Holland, *Beyond Capitalist Planning*, Oxford: Basil Blackwell and Mott, 1978.

153.T. Falola, *Africa: Vol. 4: The End of Colonial Rule: Nationalism and Decolonization*, Durham: Carolina Academic Press, 2002.

154.T. Falola, *The Dark Webs: Perspectives on Colonialism in Africa*, Durham: Carolina Academic Press, 2005.

155.T. Falola and J. Ihonvbere, *The Rise and Fall of Nigeria's Second Republic:1979–1984*, London: Zed Books, 1985.

156.U. K. Hicks, *Development from Below: Local Government and Finance in Developing Countries of the Commonwealth*, Oxford: Oxford University Press, 1961.

157.W. Ananaba, *The Trade Union Movement in Nigeria*, Benin: Ethiope Publishing Corporation, 1975.

158.W. F. Stolper, *Planning Without Facts: Lessons in Resource Allocation from Nigeria's Development*, Cambridge, Massachusetts: Harvard University Press, 1968.

159.W. J. Okowa, *The Political Economy of Development Planning in Nigeria*, Port Harcourt: Pam Unique Publishers, 1991.

160.Z. Brzezinski, *Africa and the Communist World*, Stanford and London: Stanford University Press, 1964.

Chapter Ⅵ

161.A. Adubifa, *Technology Policy in Nigeria*, Ibadan: Nigerian Institute of Social and Economic Research, 1990.

162.A. Kohli, *State-Directed Development: Political Power and Industrialization in the Global Periphery*, Cambridge: Cambridge University Press, 2004.

163.A. L. Usman and G. T. Ijaiya, *Selected Essays on the Contradictions of Economic Development Theories in Nigeria*, Ilorin: Haytee Press & Publishing Company Ltd, 2000.

164.A. Oqubay and K. Ohno, *How Nations Learn: Technological Learning, Industrial Policy and Catch-up*, Oxford: Oxford University Press, 2019.

165.A. Osuntokun, *Issues in Nigeria Government and Politics*, Ibadan: Rex Charles Publications, 2003.

166.A. Roberts, *A History of Zambia*, London: Heinemann, 2019.

167.B. Ingham and Colin Simmons, *Development Studies and Colonial Policy*, London: Frank Cass, 2005.

168.B. J. Berman, *Colin Leys, African Capitalists in African development*, Boulder: L. Rienner Publishers, 1994.

169.C. Cramer, J. Sender and A. Oqubay, *African Economic Development: Evidence, Theory and Practice*, Oxford: Oxford University Press, 2020.

170.E. J. Usoro, *The Nigerian Oil Palm Industry*, Ibadan: Ibadan University Press, 1974.

171.H. A. Oluwasanmi, *Agriculture and Nigerian Economic Development*, Oxford: Oxford University Press, 1966.

172.H. Chitonge, *Industrialization Africa: Unlocking the Economic Potential of the Continent*, New York: Peter Lang, 2019.

173.H. Chitonge, *Industrial Policy and the Transformation of the Colonial Economy in Africa: The Zambian Experience*, London and New York: Routledge, 2021.

174.I. Obaro, *Groundwork of Nigerian History*, Ibadan: Heinemann, 1980.

175.J. I. Dibua, *Modernization and the Crisis of Development in Africa: The Nigerian Experience*, London and New York: Routledge, 2018.

176.J. N. Gibbs, *Biotechnology and the Environment: International Regulation*, Great Britain: M Stockton Press, 1987.

177.K. G. Abreha and W. Kassa, *Industrialization in Sub-Saharan Africa: Seizing Opportunities in Global Value Chains*, Washington: World Bank, 2021.

178.M. Amoda and C. D. Tyson, *Technological Development in Nigeria*, Lagos and New York: Third Press International, 1979.

179.R. Newfarmer, J. Page and T. Finn, *Industries Without Smokestacks: Industrialization in Africa Reconsidered*, Oxford: Oxford University Press, 2019.

180. O. Edigheji, *Constructing a Developmental State in South Africa*, Cape Town: HSRC Press, 2010.

181.P. Kilby, *Industrialization in an Open Economy, Nigeria 1945-1966*, Cambridge: Cambridge University Press, 1969.

182. P. N. Chikendu, *Imperialism and Nationalism*, Enugu: Academic Publishing Company, 2004.

183.R. M. Netting, *Hill Farmers of Nigeria: Cultural Ecology of the Kofyar of the Jos Plateau*, Seattle: University of Washington Press, 1968.

184.S. Aderibigbe, *Basic Approach to Government*, Lagos: Joja Educational Research and Publishers Ltd, 2006.

185.S. Ponte, G. Gereffi and G. Raj-Reichert, *Handbook of Global Value Chains*, Cheltenham: Edward Elgar, 2019.

186.T. Babawale, *Nigeria in the Crisis of Governance and Development: A Retrospective and Prospective Analyses of Selected Issues and Events, Vol.2*, Lagos: Political and Administrative Resource Center, 2007.

187.T. Falola, *History of Nigeria 3: Nigeria in the Twentieth Century*, Lagos: Longman, 2007.

（三）论文

Chapter Ⅰ

1. A. B. Aderibigbe, "Trade and British Expansion in the Lagos Area in the Second Half of the Nineteenth Century", *Nigerian Journal of Economic and Social Studies*, Vol.4, No.2, 1962, pp.188-195.

2. A. G. Hopkins, "Economic aspects of political movements in Nigeria and in the Gold Coast,1818-1939", *Journal America of History*, Vol.7, No.1, 1966, pp.133-152.

3. A. I. Asiwaju, "Migrations as revolt: the example of the Ivory Coast and the Upper Volta before 1945", *Journal America of History*, Vol. 17, No. 4, 1976, pp.577-594.

4. A. Li, "Asafo and Destoolment in Colonial Southern Ghana, 1900-1953", *The International Journal of African Historical Studies*, Vol.28, No.2, 1995, pp. 327-357.

5. A. M. Burton, "Treasury Control and Colonial Policy in the late Nineteenth Century", *Public Administration*, Vol.44, No.2, 1966, pp.169-192.

6. B. Bradby, "The Destruction of Natural Economy", *Economy and Society*, Vol.4, No.2, 1975, pp.127-161.

7. B. Bradby, "Unequal Exchange and the Imperialism of Trade", *Bulletin of the Conference of Socialist Economists*, Vol.4, No.3, 1975.

8. E. G. Charle Jr, "English Colonial Policy and the Economy of Nigeria", *The American Journal of Economics and Sociology*, Vol. 26, No. 1, 1967, pp.79-92.

9. E. J. Usoro, "Colonial Economic Development Planning in Nigeria, 1919-1939: An Appraisal", *Nigerian Journal of Economic and Social Studies*, Vol.19, No.1, 1977.

10. F. K. Ekechi, "Perceiving Women as Catalysts", *Africa Today*,

Vol.43, No.3, 1996, pp.235-249.

11. M. Johnson, "Cotton Imperialism in West Africa", *Africa Affair*, Vol.73, No.291,1974, pp.178-187.

12. N. R. Malmsten, "British Government Policy Toward Colonial Development, 1919-1939", *The Journal of Modern History*, Vol. 49, No. 2 ,1977, pp.1249-1287.

13. S. Shepherd, "Cocoa in Western Nigeria, 1890-1940: A Study of an Innovation in a Developing Economy", Ph. D Thesis, The University of Michigan, 1967.

14. U. Usuanlele, "Poverty and Welfare in Colonial Nigeria, 1900-1954", A Ph.D Dissertation, Queen's University Kingston, Ontario, Canada, 2010.

Chapter Ⅱ

15. B. Bourdillon, "Colonial Development and Welfare", *International Affairs*, Vol.20, No.3, 1944, pp.369-380.

16. B. Dan-Azumi, "Tin Mining and Peasant Impoverishment in Jos Division, 1900-1950: A Study in Colonial Domination and Underdevelopment", M.A. Thesis, Zaria: Ahmadu Bello University, 1986.

17. D. Meredith, "State Controlled Marketing and Economic Development: The Case of West African Produce during the Second World War", *The Economic History Review*, Vol.39, No.1, 1986, pp.77-91.

18. D. Meredith, "The British Government and Colonial Economic Development, with particular reference to British West Africa, 1919-1939", Ph.D. thesis, University of Exeter, 1976.

19. D. Meredith, "Imperial images: the Empire Marketing Board, 1926-1932", *History Today*, Vol.37, No.1, 1987, pp.30-36.

20. G. C. Abbott, "A Re-Examination of the 1929 Colonial Development Act", *The Economic History Review*, Vol.24, No.1, 1971, pp.68-81.

21. I. N. Chimee, "Coal and British Colonialism in Nigeria", *RCC Perspectives*, No. 5, 2014, pp.19-26.

22.J. Osuntokun, “Post- First World War Economic and Administrative Problems in Nigeria and the Response of the Clifford Administration”, *Journal of the Historical Society of Nigeria*, Vol.7, No.1, 1973, pp.35–48.

23.M. Tukur, “The imposition of British colonial domination on the Sokoto Caliphate, Borno and neighboring states, 1897–1914: a reinterpretation of colonial sources”, Ph. D Thesis, Ahmadu Bello University, 1979.

24.N. R. Malmsten, “British Government Policy Toward Colonial Development, 1919–1939”, *The Journal of Modern History*, Vol. 49, No. 2 , 1977, pp.1249–1287.

25.P. J. Yearwood, “The expatriate firms and the Colonial economy of Nigeria in the First World War”, *The Journal of Imperial and Commonwealth History*, Vol.26, No.1, 1998, pp.49–71.

26.R. F. Holland, “The Federation of British Industries and the international economy”, *The Economic History Review*, Vol.24, No.2, 1981, pp.287–300.

27.R. J. Southall, “Polarization and Dependence in the Gold Coast Cocoa Trade, 1890–1938”, *Transactions of the Historical Society of Ghana*, Vol. 16, No.1, 1975, pp.93–115.

28.R. Rathbone, “World War I and Africa: Introduction”, *Journal of African History*, Vol.19, No.1, 1978, pp.1–9.

Chapter Ⅲ

29.D. Killingray, “The Empire Resources Development Committee and West Africa, 1916–1920”, *Journal of Imperial and Commonwealth History*, Vol.10, No.2, 1982, pp.194–210.

30.E. Massell, “Export Concentration and Fluctuations in Export Earnings: A Cross-Section Analysis”, *The American Economic Review*, Vol. 54, No.2, 1964.

31.Financial Editor, “Japanese Competition in Empire Markets: Co-operation If the Dominion Essential of Flood of Cheap Goods Is to Be Checked”, *Imperial Review*, Vol.1, 1934.

32.Financial Editor, "The Need of Stability in Empire Currencies", *Imperial Review*, Vol. 1, 1934.

33.H. Johnson, "The West Indies and the conversion of the British Official Classes to the Development Idea", *Journal of Commonwealth and Comparative Politics*, Vol.15, No.1, 1977.

34.J. Flint, "Planned Decolonization and its Failure in British Africa", *African Affairs: The Journal of the Royal African Society*, Vol. 82, No. 328, 1983, pp.389–411.

35.K. Ampiah, "British Commercial Policies against Japanese Expansionism in East and West Africa, 1932–1935", *International Journal of African Historical Studies*, Vol.23, No.4, 1990, pp. 619–641.

36. M. Elsenhans, "The Great Depression of the 1930s and the Third World", *International Studies*, Vol.28, No.3, 1991.

37.M. E. Ochonu,"A Colony in Crisis: Northern Nigeria, British Colonialism, and the Great Depression", A Ph. D thesis, The University of Michigan, 2004.

38. M. Johnson, "Cotton Imperialism in West Africa", *African Affairs*, Vol.73, No.291, 1974, pp.178–187.

39.R. Smyth, "Britain's African Colonies and British Propaganda during the Second World War", *Journal of Imperial and Commonwealth History*, Vol.14, No.1, 1985, pp.65–82.

40.S. Amin, "Underdevelopment and Dependence in Black Africa–Origins and Contemporary Forms", *Journal of Modern African Studies*, Vol.10, No.4, 1972, pp.503–524.

41.W.M. Freund, "Labour Migration to the Northern Nigerian Tin Mines, 1903–1945", *Journal of African History*, Vol.22, 1981, pp.73–84.

42.Y. Usuanlele, "Poverty and Welfare in Colonial Nigeria, 1900–1954", A Ph. D Dissertation, Queen's University Kingston, Ontario, Canada, 2010.

43.Z. D. Goshit, "The Impact of the Great Depression on the Jos Plateau:

A Case Study of the Tin Mine Fields in the 1930s", *Mandyieng: Journal of Central Nigerian Studies*, Vol.1, No.1, 2001.

Chapter Ⅳ

44. A. E. Hinds, "Government Policy and the Nigerian Palm Oil Export Industry, 1939-1949", *The Journal of African History*, Vol. 38, No. 3, 1997, pp.459-478.

45. A. Olorunfemi, "Effects of War-time Trade Controls on Nigerian Cocoa-Traders and Producers, 1939-1945: a case-study of the Hazards of a Dependent Economy", *International Journal of African Historical Studies*, Vol.13, No.4, 1980, pp.672-687.

46. C. K. Eicher, "The Dynamics of Long-Term Agricultural Development in Nigeria", *Journal of Farm Economics*, Vol.49, No.5, 1967, pp.1158-1170.

47. D. Souter, "Colonial Labour Policy and Labour Conditions in Nigeria, 1939-1945", Ph. D thesis, Oxford University, 1981.

48. H. Evans, "Studies in wartime organization—the resident ministry in west Africa", *Africa Affairs*, Vol.43, No.173, 1944, pp.152-158.

49. M. Cowen, "Early years of the Colonial Development Corporation: British State Enterprise Overseas during late Colonialism", *African Affairs*, Vol.83, No.330, 1984, pp.63-75.

50. M. Fortes, "The Impact of War on British West Africa", *International Affairs*, Vol.21, No.2, 1945, pp.206-219.

51. N. E Mba, "Women in Southern Nigerian Political History, 1900-1965", Ph.D. thesis, University of Ibadan, 1978.

52. S. A. Shokpeka and O. A. Nwaokocha, "British Colonial Economic Policy in Nigeria, the Example of Benin Province 1914-1954", *Journal of Human Ecology*, Vol.28, No.1, 2009.

53. T. Falola, "Lebanese Traders in Colonial Southwestern Nigeria", *African Affairs*, Vol.89, No.357, 1990, pp. 523-553.

54.T. Falola, "Salt is Gold: The Management of Salt Scarcity in Nigeria during World War II", *Canadian Journal of African Studies*, Vol. 26, No. 3, 1992, pp.412-436.

Chapter V

55.A.Crawley, "Communism and African Independence", *African Affairs*, Vol.64, No.255, 1965, pp.91-102.

56.A.Olorunfemi, "Effects of War-Time Trade Controls on Nigerian Cocoa Traders and Producers, 1939-1945: A Case-Study of the Hazards of a Dependent Economy", *The International Journal of African Historical Studies*, Vol.13, No.4, 1980, pp.672-687.

57.C. C. S. Newton, "The Sterling Crisis of 1947 and the British Response to the Marshall Plan", *The Economic History Review*, Vol. 37, No. 3, 1984, pp.391-408.

58.D. Morrison, "The Africa of Moscow and Peking - A Review Article", *African Affairs*, Vol.66, No.2, 1967, pp.343-347.

59.E. Toyo, "Is Our Economy Planned?" *The Nigerian Economist*, Vol.1, No.8,1988.

60.H. I. Tijani, "British Anticommunist Policy and the Transfer of Power in Nigeria from the late 1930s to 1960", M. Phil Thesis, University of London, 1998.

61.H. N. Hume, "The Work of the Colonial Development Corporation", *Journal of the Royal Society of Arts*, Vol.104, No.4984, 1956, pp.775-791.

62.K. A. Awosika, "The Role of Fiscal and Monetary Policy in Nigeria's Industrialization, 1956-1966", D. Phil Thesis, University of Oxford, 1973.

63.P. Kelemen, "Planning for Africa: The British Labour Party's Colonial Development Policy, 1920-1964", *Journal of Agrarian Change*, Vol. 7, No.1, 2007, pp.76-98.

64.P. F. M. McLoughlin, "The Sudan's Gezira Scheme: An Economic Profile", *Social and Economic Studies*, Vol.12, No.2, 1963, pp.179-199.

65.S. A. Shopeka, "Local Government and Development in Benin Province 1938-1960", Ph. D. Thesis, Benin: University of Benin, 1990.

66. S. Esselborn, "Environment, Memory, and the Groundnut Scheme: Britain's Colonial Agricultural Development Project and Its Global Legacy", *Global Environment*, Vol.11, 2013, pp.58-93.

67.S. O. Okafor, "Ideal and Reality in British Administrative Policy in Eastern Nigeria", *African Affairs*, Vol.73, No.293, 1974, pp.459-471.

68.S. P. Schatz, "Under-Utilised Resources, Directed to Demand and Deficit Financing, Illustrated by Reference to Nigeria", *Quarterly Journal of Economics*, Vol.73, No.4, 1959, pp.633-644.

69.T. Mkandawire, "The Crisis in Economic Development Theory", *Africa Development*, Vol.15, No.3/4, 1990, pp.209-230.

70. T. Zeleza, "The Political Economy of British Colonial Development and Welfare in Africa", *Transafrican Journal of History*, 1985, Vol.14, 1985, pp.139-161.

71.U. Usuanlele, "Poverty and Welfare in Colonial Nigeria, 1900-1954", A Ph. D Dissertation, Queen's University Kingston, Ontario, Canada, 2010.

72.V. W. Ruttan, "What Happened to Political Development," *Economic Development and Cultural Change*, Vol.39, No.2, 1991, pp.265-292.

Chapter Ⅵ

73.A. H. Amsden, "Diffusion of Development: The Late-Industrializing Model and Greater East Asia", *American Economic Review*, Vol.18, No.2, 1989, pp.281-286.

74.A. Monisola Tunde and Enekole Adeniyi, "Impact of Road Transport on Agricultural Development: A Nigerian Example", *Ethiopian Journal of Environmental Studies and Management*, Vol.5, No.3, 2012, pp.232-238.

75.B. Beckman, "Whose State? State and Capitalist Development in Nigeria", *Review of African Political Economy*, Vol.9, No. 23, 1982, pp.37-51.

76.D. Davies, R. Kaplinsky and M. Morris, "Rents, Power and Governance in Global Value Chains", *Journal of World Systems Research*, Vol.24, No.1, pp.44-71.

77. F. Lugard, *The Dual Mandate in British Tropical Africa*, Edinburgh and London: William Blackwood and Sons, 1922.

78. J. Lin and C. Monga, "Growth Identification and Facilitation: The Role of the State in the Dynamic Structural Change", *Development Policy Review*, Vol.29, No.3, 2011, pp.264-290.

79. J. O. Aghahowa and E. E. M. Ukpebor, "The British Colonial Economic Policies and Nigeria Underdevelopment", *The Nigerian Journal of Politics and Public Policy*, Vol.3, N0.1&2, 1999, pp.193-210.

80. L. Whitfield and L. Buur, "The Politics of Industrial Policy: Ruling Elites and Their Alliances", *Third World Quarterly*, Vol. 35, No. 4, 2014, pp.126-144.

81. R. Osabohien, E. Osabuohien and E. Urhie, "Food Security, Institutional Framework and Technology: Examining the Nexus in Nigeria Using ARDL Approach", *Current Nutrition and Food Science*, Vol. 14, No. 2, 2018, pp.154-163.

82. S. Amin, "Underdevelopment and Dependency in Black Africa: Historical Origin", *Journal of Peace Research*, Vol.9, No.2, pp.105-120.

83. S. O. Aghalino, "British Colonial Policies and the Oil Palm Industry in the Niger Delta Region of Nigeria, 1900-1960", *African Study Monographs*, Vol.21, No1, 2000, pp.19-33.

84. T. Scitovsky, "Two Concepts of External Economies", *Journal of Political Economy*, Vol.62, No.2, 1954, pp.143-151.

后 记

本书以尼日利亚的欠发达为切入点，分析英国殖民政府和宗主国为了实现对尼日利亚的剥削所进行的制度体系建设，进而考察英国政策制定过程和政策举措背后不断变化的动机。首先，分析第一次世界大战之前英国对尼日利亚的暴力征服与殖民剥削的历史背景。其次，论述第一次世界大战期间英国的干预政策、战后萧条时期的经济复苏政策、第二次世界大战期间的管制政策与工业政策，以及战后的经济规划和农业政策，以揭示从第一次世界大战到1960年英国在尼日利亚实行殖民经济政策的性质和目的。最后，总结殖民统治时期英国的殖民经济政策对尼日利亚的影响，以及尼日利亚的应对之策。

殖民经济政策不是仁慈的制度，它通常包括对尼日利亚社会事务的干预。英国对尼日利亚现有的政治结构、法律和行政制度等均进行了修改。根据阿克潘（Akpan）的说法，这种愿望是由工业革命推动的，工业革命增加了英国工业对原材料的需求。殖民经济政策的制定都是为了适应欧洲人的利益和愿望，因此，殖民经济政策最基本的活动就是让非洲人适应欧洲人的目标。[①]英国实施殖民统治的主要目标之一是为欧洲工业获得廉价和持续的原材料供应，为这些不断扩大的工业产品提供市场，并为投资提供新的渠道。因此，英国实施殖民经济政策是使尼日利亚的社会

① [加纳] A. A. 博亨主编：《殖民统治下的非洲1880—1935年》，《非洲通史》第七卷，中国对外翻译出版有限公司，2013年，第298页。

和经济转型,以实现这些目标。[①]

工业革命之后,殖民主义、帝国主义迅速在全世界蔓延,蔓延的时候带着一种“欧洲中心论”的优越感。殖民者认为历史就是不断地从原始社会向工业社会进化,西方人带来了仪器、工程设备、科学知识,甚至那些屠杀了无数土著的火枪大炮,都是欧洲先进的证明,尼日利亚人应该顶礼膜拜,他们的命运必须听从殖民者的安排。这种欧洲中心主义,自然也是欧洲男性强权的延伸,对殖民主义正当性的歌颂,就是对西方男性权力全球化的肯定。这种支配欲的膨胀,本质上就是无尽的占有欲,背后是庞大的工商业资本的贪婪推动的。

① Toyin Falola, *Development Planning and Decolonization in Nigeria*, Gainesville: University Press of Florida, 1996, p.2.